디지털 자산과 보안

Digital Assets & Security

남상엽 · 강민구 · 홍승필 · 고대화 · 김현식 · 이재형 공저

도서출판 상학당

欲爲大者 當爲人役

크고자 하거든 남을 섬기라

디지털 자산과 보안
(Digital Assets & Security)

머리말

디지털 자산(Digital Asset)은 본질적으로 이진형식(Binary Format)으로 존재하며 사용할 권리가 있는 것을 말한다. 사용할 권한이 없는 데이터는 디지털 자산으로 간주하지 않는다. 디지털 문서, 들을 수 있는 콘텐츠, 영화 및 현재 유통되고 있거나 디지털 기기에 저장될 기타 관련 디지털 데이터가 포함되지만 이에 국한되지는 않는다. 디지털 자산이 위치한 물리적 장치의 소유권에도 불구하고 별개의 권리가 있을 수 있으며, 그 의미가 확장되었다.

디지털 자산의 분류에는 현금 대체 디지털 자산, 디지털 세상의 아이템, 암호화폐, 전통 실물자산의 디지털화, 저작권 소유권 및 데이터 관리 등으로 구분한다. 특히 최근의 디지털 자산의 유형은 사진, 로고, 삽화, 애니메이션, 시청각 미디어, 프리젠테이션, 스프레드시트, 워드 문서, 전자 메일, 웹 사이트 및 기타 다수의 디지털 형식과 해당 메타 데이터가 포함된다.

새로운 유형의 디지털 자산의 수는 소비용 디지털 미디어, 예를 들어 스마트폰과 같은 장치의 수가 증가함에 따라 기하급수적으로 증가하고 있다.

자산관리(Asset Management 또는 Wealth Management)는 금융회사가 개인 투자자를 대상으로 투자 포트폴리오 관리와 수입과 지출의 재무기획 등을 도와주는 서비스를 의미한다. 자산관리 서비스는 증권회사, 보험회사, 은행 그리고 투자자문회사들이 제공하고 있다. 개인은 자산관리 서비스를 이용함으로써 더 나은 경제생활을 할 수 있다. 국가적으로도 경제의 건전한 토대를 유지하고 발전시키기 위해서는 자산관리 서비스의 활성화가 필요하다.

디지털 자산관리(DAM : Digital Asset Management)의 시스템은 디지털 자산을 관리, 저장, 수집, 구성 및 검색하기 위해 소프트웨어 및 하드웨어 서비스를 통합한 구조이다. 디지털 자산관리 시스템을 통해 사용자는 필요할 때 콘텐츠를 찾고 사용할 수 있다.

디지털 자산 플랫폼은 안전한 자산관리 및 결재, 대출, 배당 증권형 토큰 발행(STO : Security Token Offering) 등 디지털 자산을 보유할 때 발생할 수 있는 부가가치서비스를 제공한 플랫폼이다.

디지털 자산 플랫폼의 구축으로 최근 블록체인 기술을 기반으로 한 디지털 자산시장은 가장 빠르게 변화하고 있는 산업 가운데 하나이고, 금융소비자 보호를 최우선으로 하되 안전한 서비스 제공을 위한 비즈니스 인프라를 갖춰 국내 법규를 준수하면서 제도화에 발맞춰 단계적으로 준비하고 있다.

디지털 자산 플랫폼의 구축 목적은 부동산 수익증권과 디지털 자산유동화 증권(ABR) 등을 관리할 수 있는 플랫폼이다.

전통자산인 주식이나 채권은 저금리 · 저성장 기조가 지속되어 전통자산을 통한 초과수익률 제고가 어려워지고 있고, 글로벌 투자환경이 갈수록 복잡해지고 변동성도 확대되고 있다.

주식 및 채권(전통투자자산)이 아닌 부동산과 인프라 등 다른 자산에 투자하는 것을 대체투자(Alternative Investment)라고 한다. 대표적인 대체투자자산은 부동산, 금 · 은과 같은 귀금속 등이 있으며, 최근에는 투자수요의 증가로 영화, 항공기, 선박, 발전소, 와인 등 다양한 자산에 투자가 이루어지고 있다.

블록체인 기술을 이용해 한정판 수집품부터 고가의 미술품까지 분할해 소유할 수 있게 되었다. 심지어 부동산까지 블록체인 기술을 이용해 분할 소유하려는 움직임이 계속되고 있다. 이를 통해 투자자들은 높은 가격 때문에 투자를 못하던 분야까지 투자를 할 수 있게 되었다.

디지털 금융은 디지털 기술을 응용한 금융상품 또는 서비스라는 의미로 전자화폐, 전자지급 결재, 인터넷 뱅킹 등 다양한 형태로 이루어지고 있다. 현금대신 전자화폐로 결재하고 세계 어디서나 인터넷으로 은행 서비스를 이용하며, 보험사 직원의 도움없이 자동차 보험에 가입하고 컴퓨터 앞에서 주식을 하는 시대이다. 디지털 기술과 인터넷의 발달 덕분에 금융의 방법과 영역은 더 확장되었다. 디지털 기술은 금융기관으로 하여금 적은 비용으로 기존의 서비스를 뛰어 넘는 새로운 금융 서비스를 제공하게 하는 한편, 전자상거래 등 신규 업무에도 진출하도록 하고 있다.

디파이(DeFi)란 탈중앙화금융(Decentralized Finance) 서비스의 약자로서 블록체인 네트워크상에서 스마트계약 기반으로 가상자산을 이용하여 동작하는 탈중앙화 금융 서비스이다. 즉 은행과 같은 중앙금융기관의 중개를 거치지 않고 예금하거나, 타인에게 코인을 대출해주고 이자를 받는 등 특정 기관의 중개가 없이 금융적 행위를 하는 것을 의미한다.

디파이가 상당히 빠르게 성장하고 있음에도 불구하고 전통적인 금융부문은 은행 및 기타 금융기관에 의해 중앙집중적으로 관리된다. 우리는 이러한 중앙집중식 기관을 알고 신뢰하며 궁극적으로 돈을 가지고 결정을 내릴 때 신뢰할 수 있다. 우리는 선택의 여지가 많지 않기 때문이다.

그러나 디파이는 이러한 전통적인 금융 시스템에 대한(잠재적으로) 실행 가능한 대안으로 떠올랐다. 포괄적인 대안은 사용자의 통제 하에 놓고 신뢰와(주로 오픈소스) 코드를 중심으로 한다.

기존의 디지털 자산은 가치를 지니기가 어려웠다. 아무리 노력해서 디지털 작품 및 콘텐츠를 만들더라도 복제되기가 매우 쉽기 때문이다. 실제로 우리는 지금도 Ctrl+C(복사하기), Ctrl+V(붙여넣기) 한 번으로 유명 작가의 그림이나 사진 파일을 여러 장 만들어낼 수 있다. 그런데 NFT의 등장으로 디지털 자산에도 '가치'가 만들어지기 시작하였다. 다양한 디지털 자산에 대해 블록체인 기반의 대체 불가한 고유값으로 유일성이나 희소성을 부여할 수 있게 된 것이다.

이러한 디지털 자산의 '가치화'는 진정한 의미의 메타버스를 만들기 위해서 필수적이다. 메타버스는 디지털에 존재하거나, 디지털을 활용하는 새로운 세계를 추구하고 있다. 그러기 위해서는 많은 사람들이 디지털 세상에서 활동하고 현실과 똑같이 삶을 영위할 수 있어야 한다. 다양한 사람들이 콘텐츠를 소비하고 오랫동안 활동하기 위해서는 화폐를 바탕으로 한 경제시스템이 필요하다. 그리고 NFT는 디지털 자산에 유일성을 부여하여 거래가 가능한 새로운 경제시스템을 만들어내고 있다.

실제로 메타버스에서 NFT를 통한 디지털 자산의 유통은 빠르게 진행되고 있다. 고유한 가치를 지닌 게임 아이템, 아티스트의 디지털 예술작품, 디지털 명품과 부동산 등이 지금 이 순간에도 활발히 거래되고 있다.

디지털 자산은 블록체인을 통한 근본적인 기술은 안정된 보안성을 가지고 있지만, 디지털 자산을 거래하는 거래 서비스나 지급 · 구현하는 전자지갑, 컴퓨터기기 등에서 보안 취약점이 존재할 수 있으므로 실제 사이버 해킹이 많이 일어나고 있는 것이 현실이다.

또한 전 세계적으로 악성코드 감염, 이메일 공격, 웹사이트 복제 및 피싱 등을 통해 디지털 자산거래소, 개인 · 기업을 대상으로한 사이버 해킹 공격으로 디지털 자산 도난, 탈취, 이중지불 피해 등 큰 피해 사례가 나타나고 있으며, 지금도 사이버 공격이 이루어지고 있는 것이 현실이다.

디지털 자산의 보안성 인증이란 기업이 주요 정보자산을 보호하기 위해 수립 · 관리 · 운영하는 정보보호 관리체계가 인증기준에 적합한지 심사하여 인증을 부여하는 제도이다. 이러한 정보보호 관리체계 인증을 통해 기업들은 본인의 보안성을 증명하고 홍보할 수 있다.

디지털 자산의 보안성 인증은 국제인증과 국내인증으로 구분되는데, 대표적인 국제인증으로는 ISO27001, 국내인증으로는 ISMS-P가 있다.

디지털 자산의 디지털 지갑은 디지털 화폐를 저장 · 관리 · 사용하기 위한 도구이다. 디지털 자산 분야에서 중추적인 위치에 있으며, 사용자가 디지털 자산에 접근할 수 있는 입구이다.

디지털 지갑은 형태에 따라 소프트웨어 지갑과 하드웨어 지갑으로 나눌 수 있다. 소프트웨어 지갑은 휴대폰에 설치된 APP이며, 하드웨어 지갑에는 개인 키를 저장하는 전용장치가 있다.

클라우드 보안은 클라우드 아키텍처 내에서 데이터와 정보를 보호하도록 설계된 기술 및 모범 사례를 포함하는 포괄적인 용어이다. 클라우드 보안은 클라우드에 저장된 데이터에 대한 데이터 개인정보 보호와 보안 및 규정 준수를 보장한다. 클라우드 컴퓨팅은 특성상 분산되어 있고 동적이기 때문에 클라우드 내 데이터 보호에는 특별히 고려해야 할 사항들이 있다.

클라우드 보안에는 시스템을 강화하고 잠재적인 공격자에 대해 경고하며, 발생하는 인시던트를 감지하는 보안제어 및 프로세스 개선이 포함된다. 클라우드 보안 고려사항에는 보안침해 또는 기타 재해가 발생할 경우를 대비하여 비즈니스 연속성 계획 및 데이터 백업 계획이 포함되어야 한다. 광범위한 툴이 포함된 퍼블릭 클라우드, 프라이빗 클라우드, 하이브리드 클라우드를 위한 다양한 클라우드 보안 솔루션이 있다.

퍼블릭 클라우드 환경에서는 클라우드 보안에 공동책임 모델이 도입되어 클라우드 공급업체가 하드웨어와 소프트웨어의 보안을 담당하고 고객은 가상머신, 애플리케이션, 데이터 등의 자체 자산에 대한 보안을 담당한다.

디지털 자산(Digital Asset)은 정보보호 및 개인정보보호 관리체계를 통하여 정보보호 정책수립, 정보보호 관리체계 범위설정, 위험관리, 구현, 사후관리의 5단계의 관리과정을 거쳐야 한다.

디지털 자산을 인증을 받고자 하는 서비스 내 개인정보 처리 관련 업무를 상세하게 분석하고, 개인정보의 Life-Cycle(수집 · 보유 · 이용 · 제공 · 폐기)에 따른 개인정보 흐름을 고려하여 관련된 모든 업무와 정보시스템을 식별하여야 한다.

디지털 자산 활용이란 암호화폐 혹은 가상화폐라고 불리는 비트코인과 이더리움 등 블록체인 기반의 코인에 대한 활용이다. 딜로이트가 디지털 자산으로 표현한 것은 화폐보다는 자산의 관점에서 암호화폐에 접근하는 것이 글로벌 트렌드이기 때문으로 얼마나 잘 활용하는 것이 기업의 성패라고 풀이된다.

디지털 자산은 단순히 '코인'류에만 국한한 것이 아니라 굉장히 다양하고 넓은 분야에서 사용된다. 디파이(블록체인 기반의 금융 시스템), STO(증권형 토큰), NFT(대체 불가능 토큰) 등 분야가 다양하기 때문에 '화폐'만으로 정의해선 안되고, 형체가 있는 것은 아니지만 분명히 실물경제에서 거래가 이뤄지고 있다는 점에서 '가상'이라고 정의하기도 어렵다. 여러 다양한 개념들을 포괄하는 의미에서 '디지털 자산'이라고 표현하는 것이 더 적합하다.

가상융합기술(XR : eXtented Reality)은 오프라인 경제와 디지털 경제의 융합을 통해 현실과 가상세계 간 경계를 허물고 우리의 활동공간을 확장시켜 가상융합공간에서 경제주체간 상호작용이 확대되는 디지털 자산의 시대가 도래될 것이다.

가상융합기술의 활용은 기존 산업의 변화를 유도하고 새로운 성장의 모맨텀을 제공하여 문화콘텐츠 부문은 물론이고 개인의 일상, 산업 및 공공서비스 영역까지 활용되어 새로운 경제가치를 창출하는 이른바 '가상융합경제'로의 패러다임 시프트로 발전될 전망이다.

현재 디지털 자산에 대한 NFT(Non Fungible Token) 거래 시장이 지속적으로 성장하는 가운데 기존 시장을 넘어 게임, 미술, 엔터 등 다양한 분야에 활용될 것으로 전망되고 있다. 올해 블록체인 기반 디지털 자산시장에서 기대주로 떠오른 NFT는 차세대 주력 디지털 자산으로 주목받았다.

디지털 자산은 가치를 지닌 자산의 디지털화를 통해 새롭게 발행된 자산을 뜻한다. NFT는 블록체인 기술을 활용해 이러한 디지털 자산에 고유한 토큰 ID와 소유권이 명시돼 대체 불가능한 것이 특징이다.

이 《디지털 자산과 보안》은 전기, 전자, 컴퓨터, 정보통신, 디지털 트윈, IoT, AR/VR/MR, 인공지능, 콘텐츠, 핀테크 엔지니어링, 보안, 에너지, 전력전자 등 4차산업 관련 공학, 환경, 위생, 금융 및 경영분야의 입문자를 대상으로 디지털 자산과 보안에 대한 기본적인 지식이 없어도 단계별 필요지식 및 수행과정을 꾸준히 따라오면 디지털 자산과 보안에 관련된 지식을 얻어 이해하는 단계로 발전하여 능력향상이라는 숲을 볼 수 있도록 눈높이를 맞추는데 1차적인 목표를 두었다.

《디지털 자산과 보안》의 주요구성은 다음과 같다.

학습 1. 디지털 자산의 개요, 학습 2. 디지털 자산관리의 기술, 학습 3. 디지털 자산관리의 플랫폼, 학습 4. 디지털 자산과 전통자산 융합기술, 학습 5. 디지털 자산과 디지털 금융 융합기술, 학습 6. 디지털 자산과 디파이 서비스 융합기술, 학습 7. 디지털 자산과 메타버스 융합기술, 학습 8. 디지털 자산과 보안의 개요, 학습 9. 디지털 자산과 디지털 지갑 보안 융합기술, 학습 10. 디지털 자산과 클라우드 보안 융합기술, 학습 11. 디지털 자산과 ISMS-P 융합기술, 학습 12. 디지털 자산의 활용, 학습 13. 디지털 자산의 미래로 구성되어 있다.

특히 각 장에서는 디지털 자산과 보안에 대한 교재의 수행질문에 따라 임의적으로 해법을 제시하여 창의적인 사고를 각 장의 본문 및 수행과제로 수행할 수 있다.

《디지털 자산과 보안》이 출간되기까지 가장 많은 지원과 아낌없는 격려를 보내주신 도서출판 상학당의 남승우 사장님 및 디지털 자산과 보안 관련 자문 및 논문, 보고서 사이트 등 자료제공을 해주신 관련 교수님, 기업 및 단체에 대하여 지면을 빌려 깊은 감사의 말씀을 드린다. 특히 디지털 자산과 보안 관련 자료를 인터넷 블로그 및 관련 연구소 자료집에 올려주신 저자들 등 관련 관계자 여러분에게 감사의 마음을 전합니다.

《디지털 자산과 보안》에서 부족했던 점이나 기타 문의사항과 관련한 자료 제공 및 지원은 도서출판 상학당을 통해 지속적으로 지원할 계획이며, 디지털 자산과 보안에 필요한 자료 등, 기타 보충자료 또한 지속적으로 업데이트할 예정이므로 독자 여러분의 따뜻한 질책과 조언을 부탁드립니다.

저자 씀

차 례

디지털 자산과 보안 학습모듈 개요

1. 학습모듈의 목표

디지털 자산과 보안에 대한 시장 및 특허동향과 응용 관련 기술에 대한 기본적인 이해를 통하여 디지털 자산과 보안을 파악하여 그 목표와 응용 및 기술활용범위를 정의하고, 이를 구축하기 위한 기술과 활용 방향을 계획할 수 있다. 디지털 자산 플랫폼 및 보안기술들의 분석 및 활용을 구축하기 위하여 기능 설계에 따라 학습, 추론, 인지, 모델링, 플랫폼 관리 기능을 구현할 수 있다.

2. 선행 학습

디지털 자산의 인공지능, 전통자산의 범용기술(General Purpose Technology), 빅데이터, XR(eXtended Reality)기술, 디지털 트윈, 블록체인, 5G네트워크, 모바일 엣지 컴퓨팅(MEC), IoT, 플랫폼, 세컨라이프, 3D 그래픽, 클라우드, 사이버스페이스(Cyber Space), 가상세계(Virtual World), 가상현실(Virtual Reality), 가상환경(Virtual Environment), CAVE(Cave Automatic Virtual Environment), GUI(Graphical User Interface), 디지털 휴먼(Digital Human), 증강현실(Augmented Reality), Natural Language Processing, Video Synthesis, Audio Synthesis, 3D Rendering, 정보기술 환경분석, IT프로젝트 범위관리, IT프로젝트 일정관리, IT프로젝트 원가관리, 소프트웨어공학, 요구공학

3. 핵심 용어

다지털 자산, 전통자산, 디지털 자산관리, 디바이, 보안, 전자지갑, ISMS-P, 메타버스, 인공지능, 빅데이터, XR(eXtended Reality)기술, 디지털 트윈, 블록체인, 5G네트워크, IoT, 플랫폼, 인공지능 플랫폼, 세컨라이프, 3D 그래픽, 클라우드, NFT, IP, 사이버스페이스(Cyber Space), 가상세계(Virtual World), 가상현실(Virtual Reality), 가상환경(Virtual Environment) , Intelligent Assistant, Companion, 요구사항 수집, 요구사항 정의, 요구사항 명세, 요구사항 검증, 요구사항 관리

4. 교육과정 학점 및 이수시간

학 습	교육과정 학점 및 이수시간	
	학점	이수시간
1. 디지털 자산의 개요	3	3
2. 디지털 자산관리의 기술	3	3
3. 디지털 자산관리의 플랫폼	3	3
4. 디지털 자산과 전통자산 융합기술	3	3
5. 디지털 자산과 디지털 금융 융합기술	3	3
6. 디지털 자산과 디파이 서비스 융합기술	3	3
7. 디지털 자산과 메타버스 융합기술	3	3
8. 디지털 자산과 보안의 개요	3	3
9. 디지털 자산과 디지털 지갑 보안 융합기술	3	3
10. 디지털 자산과 클라우드 보안 융합기술	3	3
11. 디지털 자산과 ISMS-P 융합기술	3	3
12. 디지털 자산의 활용	3	3
13. 디지털 자산의 미래	3	3

디지털 자산과 보안 학습모듈 명세서

학습명	학습내용명
1. 디지털 자산의 개요	1-1 디지털 자산의 개념 1-2 디지털 자산의 유형
2. 디지털 자산관리의 기술	2-1 디지털 자산관리 기술의 개요 2-2 디지털 자산과 시스템 기술 설계원칙 2-3 디지털 자산관리 기능 구조 2-4 디지털 자산관리의 융합기술
3. 디지털 자산관리의 플랫폼	3-1 디지털 자산관리의 플랫폼 개념 3-2 디지털 자산관리 플랫폼의 이점 및 기능
4. 디지털 자산과 전통자산 융합기술	4-1 전통자산의 개념 4-2 디지털 자산과 전통자산의 융합
5. 디지털 자산과 디지털 금융 융합기술	5-1 디지털 금융의 개념 5-2 디지털 자산과 디지털 금융 플랫폼 융합
6. 디지털 자산과 디파이 서비스 융합기술	6-1 디파이 서비스의 개념 6-2 디파이 서비스 융합기술
7. 디지털 자산과 메타버스 융합기술	7-1 메타버스의 개념 7-2 디지털 자산과 메타버스의 융합 7-3 다중 생체인식 기반 통합 거래인증 메타버스 플랫폼
8. 디지털 자산과 보안의 개요	8-1 디지털 자산 보안의 개념 8-2 디지털 자산의 보안성 인증
9. 디지털 자산과 디지털 지갑 보안 융합기술	9-1 디지털 지갑 보안의 개념 9-2 디지털 자산과 디지털 지갑 보안 융합

학습명	학습내용명
10. 디지털 자산과 클라우드 보안 융합기술	13-1 디지털 자산의 미래 13-2 디지털 자산의 미래 보안이슈
11. 디지털 자산과 ISMS-P 융합기술	11-1 정보보호 및 개인정보보호 관리체계의 개념 11-2 디지털 자산과 ISMS-P의 융합
12. 디지털 자산의 활용	12-1 디지털 자산의 활용에 따른 경쟁력 12-2 디지털 자산의 편견과 미래 12-3 기득권적 사고에 발목 잡힌 디지털 자산산업 12-4 디지털 자산의 국가대표산업으로 육성
13. 디지털 자산의 미래	13-1 디지털 자산의 미래 13-2 디지털 자산의 미래 보안이슈

학습 1 디지털 자산의 개요

학습 2	디지털 자산관리의 기술
학습 3	디지털 자산관리의 플랫폼
학습 4	디지털 자산과 전통자산 융합기술
학습 5	디지털 자산과 디지털 금융 융합기술
학습 6	디지털 자산과 디파이 서비스 융합기술
학습 7	디지털 자산과 메타버스 융합기술
학습 8	디지털 자산과 보안의 개요
학습 9	디지털 자산과 디지털 지갑 보안 융합기술
학습 10	디지털 자산과 클라우드 보안 융합기술
학습 11	디지털 자산과 ISMS-P 융합기술
학습 12	디지털 자산의 활용
학습 13	디지털 자산의 미래

학습 목표

1. 디지털 자산의 개요를 이해할 수 있다.

1-1 디지털 자산의 개념

1. 디지털 자산의 개념

디지털 자산(Digital Asset)은 본질적으로 이진 형식(Binary Format)으로 존재하며 사용할 권리가 있는 것을 말한다. 사용할 권한이 없는 데이터는 디지털 자산으로 간주하지 않는다. 디지털 문서, 들을 수 있는 콘텐츠, 영화 및 현재 유통되고 있거나 디지털 기기에 저장될 기타 관련 디지털 데이터가 포함되지만 이에 국한되지는 않는다. 디지털 자산이 위치한 물리적 장치의 소유권에도 불구하고 별개의 권리가 있을 수 있으며, 그 의미가 확장되었다.

전통적인 의미의 디지털 자산이란 물리적 자산과 마찬가지로 가상머신(VM), 서버, 애플리케이션, 데이터 등 실체적인 가상의 어떤 컬렉션을 가리키는 추상적인 용어였다. 하지만 빠르게 변화하는 블록체인, 핀테크 시장의 영향으로 의미가 상당히 이전되었다. 미국을 중심으로 세계 경제와 금융시장을 선도하는 국가들은 블록체인 발전에 암호화폐로써의 디지털 자산은 필수 불가결하다는 태도이다.

블록체인, 핀테크 업계에서는 전통적인 의미를 넘어 암호화폐, 암호화폐를 가리키는 용어로 디지털 자산을 사용한다. 화폐보다 자산의 관점에서 암호화폐에 접근하는 것이 글로벌 트렌드이기 때문이다.

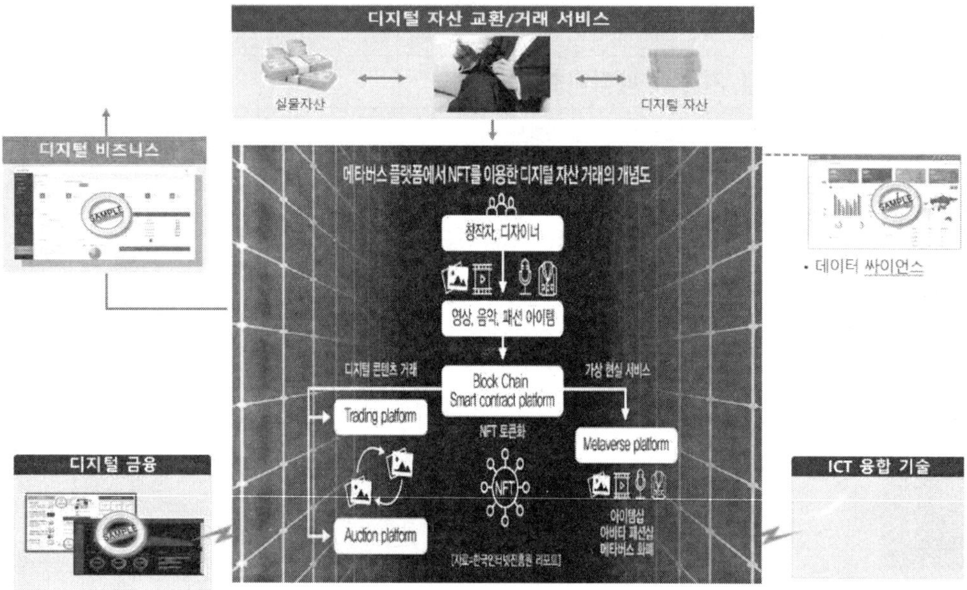

[그림 1-1] 디지털 자산관리 플랫폼 조감도

출처 : 한국인터넷진흥원 'NFT와 스마트컨트랙트 : 디지털 자산 거래와 메타버스생태계' 자료 참조

[그림 1-1]처럼 디지털 자산관리 사업체의 플랫폼과 효율적인 연계방안 및 교류채널 확장은 디지털 자산 플랫폼, 디지털 거래 이용자, 디지털 금융, 디지털 자산(콘텐츠) 제공자, 데이터 사이언스 활용, 그리고 ICT 융합기술 연동 등이다. 안전한 디지털과 현물자산의 연동 및 통합관리, 실물경제 및 사이버 경제활동, 안전한 지불 및 거래활동을 제공한다. 예를 들면 블록체인과 NFT, 메타버스와의 신뢰성 보장, 상호운용성, 현실 세계와 사이버 세상과의 원활한 연동 등이다.

2. 디지털 자산의 특징

디지털 자산의 분류에는 [그림 1-2]처럼 현금 대체 디지털 자산, 디지털 세상의 아이템, 암호화폐, 전통실물 자산의 디지털화, 저작권 소유권 및 데이터 관리 등으로 구분한다. 특히 최근의 디지털 자산의 유형은 사진, 로고, 삽화, 애니메이션, 시청각 미디어, 프리젠테이션, 스프레드시트, 워드 문서, 전자 메일, 웹 사이트 및 기타 다수의 디지털 형식과 해당 메타 데이터가 포함된다.

새로운 유형의 디지털 자산의 수는 소비용 디지털 미디어, 예를 들어 스마트폰과 같은 장치의 수가 증가함에 따라 기하급수적으로 증가하고 있다.

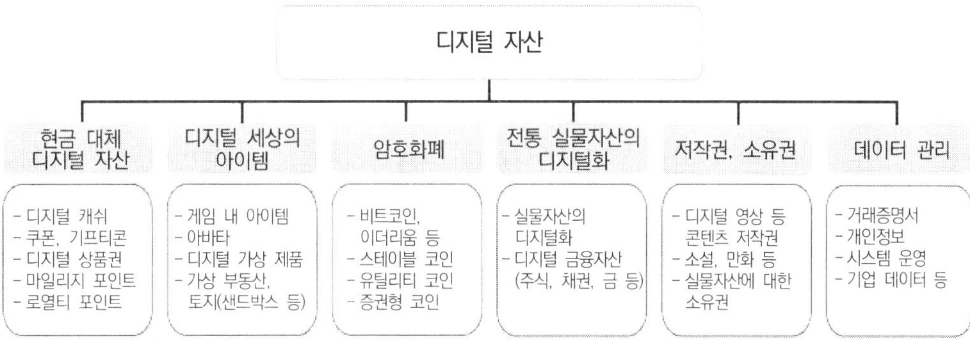

[그림 1-2] 디지털 자산의 분류

출처 : KB금융지주 경영연구소

소프트웨어 응용프로그램의 꾸준한 성장과 광범위한 장치를 포괄하는 다양한 사용자 터미널로 인해 전체 디지털 자산 세계에 대한 우려가 커지고 있다.

인텔은 자사의 '인텔 개발자 포럼 2013'의 프레젠테이션에서 의료, 교육, 투표, 우정, 대화 및 다른 사람들과의 평판을 포함하여 몇 가지 새로운 유형의 디지털 자산을 명명하기도 했다.

3. 디지털 자산관리

디지털 자산관리(DAM : Digital Asset Management)의 시스템은 디지털 자산을 관리, 저장, 수집, 구성 및 검색하기 위해 소프트웨어 및 하드웨어 서비스를 통합한 구조이다. 디지털 자산관리 시스템을 통해 사용자는 필요할 때 콘텐츠를 찾고 사용할 수 있다.

고객은 갈수록 더욱 새롭고 개인화된 콘텐츠를 기대한다. 디지털 자산이 분산된 저장소에 숨겨져 있다면 신속하게 검색, 관리, 제어할 수 없는 것은 물론이고 최신 상태로 유지할 수도 없다. 또한 자산이 스토리지에 있다는 것조차 잊어버리거나 사용하지 않게 된다.

따라서 한 차원 높은 디지털 자산관리 솔루션이 필요하다. 자산 저장기능 이상의 가치를 제공하는 내장된 Adobe Creative Cloud 연결을 통해 자산을 간편하게 편집하고 공유할 수 있다. Adobe는 모든 자산의 버전, 권리, 권한을 관리할 수 있는 글로벌 콘텐츠 플랫폼을 제공한다. 덕분에 자산을 빠르고 효과적으로 전달하고 성과를 확인할 수 있다.

하나의 클라우드 기반 솔루션에서 대용량의 자산을 효율적으로 관리하고, 지속적으로 혁신하며, 최고의 성과를 달성할 수 있다.

Adobe의 Experience Manager Assets는 하나의 플랫폼에서 자산을 검색, 편집, 관리 및 제공할 수 있는 하나의 '디지털 자산관리 툴(DAM-Digital Assert Management)'이다.

Adobe DAM을 통해 콘텐츠를 빠르게 제작할 수 있으므로 고객 만족도와 ROI(Return on Investment : 투자 수익률)를 향상시킬 수 있다.

디지털 경험은 빠른 속도로 콘텐츠를 전달하는 것이 관건이며, 이로 인해 크리에이터와 마케터는 더 많은 자산을 빠르게 제작해야 하는 부담감을 안고 있다. 크리에이터는 자산을 찾기 위해 분산된 자산 저장소를 오가며 자산을 찾느라 허비할 시간이 없다. 마케터는 피드백을 남기거나 간단한 변경사항을 적용하기 위해 Photoshop과 디자인 관련 기술을 배울 여유가 없다.

Adobe Asset Link라는 기본 연결을 통해 크리에이터와 마케터가 협업하여 빠르게 작업할 수 있다. 크리에이티브 툴에서 바로 채우는 패널을 사용하면 디자이너는 편하게 사용 중인 애플리케이션에서 자산을 제어할 수 있다.

예를 들어 InDesign 서버를 사용하면 마케터는 바로 자산을 변경하여 인쇄할 수 있으므로, 별도로 작업을 요청하고 해결될 때까지 기다릴 필요가 없다.

두 팀 모두 더욱 효율적으로 작업할 수 있으므로, 고객과 연관성 높고 개인화된 경험을 수월하게 전달함으로써 원하는 성과를 달성할 수 있다.

Adobe는 메타데이터 태그 지정, 자르기, 키워드 번역과 같은 자산 관련 프로세스로 인해 대규모의 콘텐츠를 전달하는 일이 엄청난 노동인 점을 잘 알고 있다. 그래서 고유의 편리한 자산관리 툴인 'Experience Manager Assets'를 단순한 자산 저장소가 아닌, 수 시간 또는 수일이 걸리는 작업을 단 몇 초 만에 수행하도록 다양한 워크플로우를 자동화하는 업계 선도적인 AI 기반의 콘텐츠 엔진으로 탄생시켰다.

또한 자산과 콘텐츠 조각에 비즈니스별 키워드로 태그를 지정하여 복잡한 메타데이터 입력을 없앴고, 감지 기술을 이용하여 개체, 풍경, 색상, 활동 및 관심 지점을 식별하므로 이를 통해 유사한 자산을 더욱 간편하게 찾을 수 있을 뿐만 아니라 자산 인제스트를 신속하게 수행할 수 있다.

사용자가 한 언어로 키워드를 입력하면, 즉시 다른 언어로 결과를 얻을 수 있도록 검색어를 번역한다. 결론적으로 하나의 멀티미디어 경험으로 시작하여 모든 디바이스, 품질 수준 또는 화면 크기에 맞게 조정하는 기술적인 프로세스를 자동화한 다음, 인터랙티브한 경험을 개인화하여 동적으로 제공할 수 있다.

1-2 디지털 자산의 유형

1. 가상자산

블록체인 기술기반으로 만드는 가상자산(Virtual Assert), 즉 암호화폐(暗號貨幣, Cryptocurrency)는 암호기술을 이용하여 만든 디지털 자산(화폐)이다. 암호화폐는 법률상 '가상자산'으로 명명되므로, 이후 가상자산이란 용어로 설명한다.

가상자산은 네트워크로 연결된 인터넷 공간에서 암호화된 데이터 형태로 사용된다. 가상자산은 지폐나 동전과 같은 실물이 없이 디지털 데이터 형태로 존재하기 때문에 가상화폐(假想貨幣, Virtual Money)라고도 부른다.

가상자산은 결제 수단으로 사용되기보다는 자산의 안전한 보관을 위해 사용되는 경우가 많아서 암호자산(暗號資産, Crypto Asset)이라고 부르기도 한다. 대부분의 가상자산은 탈중앙화된 피투피(P2P) 방식의 블록체인 기술을 이용하여 가치를 저장·전송한다. 가상자산은 해시(Hash)라는 암호화 기술을 이용하여 만든 전자화폐의 일종으로서, 가치를 보증하는 중앙은행이 없이도 거래의 신뢰성과 안전성을 보장받을 수 있다. 가상자산은 국가의 제약이 없는 글로벌 통화로서, 일종의 디지털 골드(Digital Gold)라고 할 수 있다.

가상자산은 흔히 가상화폐라는 말로 혼용되어 사용되기도 하지만, 엄밀히 말하면 서로 구별되는 개념이다. 가상자산은 암호화 기술을 이용하여 만든 화폐이고, 가상화폐는 실물이 없이 가상으로 존재하는 화폐이다. 예를 들어 비트코인, 이더리움, 이오스 등은 가상자산(암호화폐)이고, 싸이월드 도토리, 리니지 아덴 등은 가상화폐이다. 가상자산은 암호화 기술을 이용하여 만든 가상화폐의 일종으로, 결국 가상자산은 가상화폐의 한 종류이다. 가상자산은 달러($)나 원화(₩)와 같은 법정화폐와 달리 화폐를 발행하는 중앙은행이 없이 전세계 인터넷 네트워크에 피투피(P2P) 방식으로 분산 저장되어 운영된다. 가상자산을 발행하고 관리하는 핵심 기술은 블록체인 기술이다.

현재 가상자산은 법적으로는 자산으로 분류하고 있어서, 세법의 영향을 받는다. 미국을 비롯한 몇 개의 국가에서는 이미 제도권에 진입하여, 증권거래소 등에서 자산으로 거래되고 있다.

우리나라의 경우 가상자산에 관한 법률은 '특금법'으로 조만간 시행될 것이지만, 어떤 시행령이 나올지 귀추가 주목된다.

1) 코인과 토큰

가상자산은 〈표 1-1〉처럼 코인(Coin)과 토큰(Token)으로 구분한다.

〈표 1-1〉 코인과 토큰의 차이점

항 목	코 인	토 큰
독립된 블록체인	O	X
전자지갑 호환성	X	O
가상자산 발행	채굴(Mining)	주조(Minting)
예	비트코인(BTC) 이러디움(ETH) 등	테더USD(USDT) 유니스왑(UNI) 등

코인은 독립된 블록체인 네트워크(메인넷) 기반의 가상자산으로 코인별로 독립된 전자지갑을 생성하여 보관하고, 알고리즘 기반으로 사용자에 의해 채굴(Mining)된다. 토큰은 타 블록체인 네트워크를 기반으로 생성된 가상자산으로 하나의 전자지갑에 동일한 블록체인 기반의 다양한 연결이 가능하고, 발행은 토큰 개발자가 필요시 주조(Minting)한다.

2) 대체 가능 토큰과 대체 불가 토큰

토큰은 〈표 1-2〉처럼 대체 가능 토큰(FT : Fungible Token)과 대체 불가 토큰(NFT : Non-Fungible Token)으로 분류한다.

대체 가능 토큰은 현금과 같이 가치가 동일하여 대체 가능한 토큰으로 가상자산 거래소에서 구입한 토큰 1개는 다른 토큰 1개로 대체가 가능하다. FT의 기능은 스마트 계약에 전체 공급량, 잔고, 전송, 제3자 전송, 승인, 허용 기능을 필수적인 기

〈표 1-2〉 대체 가능 토큰과 대체 불가 토큰의 차이점

항 목	대체 가능 토큰(FT)	대체 불가 토큰(NFT)
토큰 정보	토큰 이름 및 약어	고유정보
상호 교환성	O	X
분할성	O(㉥ 0.001 토큰)	X
활용	송금, 물품 구매	자산 소유권

능으로 포함한다. 디파이 서비스의 개발 투자금 모집(ICO : Initial Coin Offering) 또는 락인 효과(실생활의 마일리지, 게임머니 등과 유사) 등으로 활용하고 현재 약 35만 종 이상의 토큰이 개발되었으며, 약 2,000종 이상의 토큰이 거래소에 상장되었다.

FT인 스테이블코인은 법정화폐처럼 가격변동성을 최소화한 토큰으로 디파이 서비스 활성화를 위해서는 가격 변동성이 낮은 가상자산이 필요하다.

그러나 스테이블코인도 자산 가격이 일정해야 하나 현실은 그렇지 못하고, 스테인블코인이 거래소에 상장되어 수요에 따라 가격변동이 발생하고 이러디움 등 시세 급락 시 스테이블코인은 환전 수요 증가로 가격이 상승한다.

즉 스테이블코인 수요 급증시 판매자 부족으로 구매 불가능한 경우가 발생된다. 〈표 1-3〉처럼 스테이블코인은 법정화폐 담보, 가상자산 담보 및 알고리즘 기반으로 구분한다.

〈표 1-3〉 주요 스테이블코인

법정화폐 담보	가상자산 담보	알고리즘 기반
TetherUSD(USDT) USDCoin(USDC) Paxos Standard(PAX)	DAI Stablecoin(DAI)	TerraUSD(UST) TerraKRW(KRT) sUSD(sUSD)

법정화폐 담보의 스테이블코인은 달러 등을 담보로 해당 가격만큼 토큰을 발행하고 은행에 맡기는 등 담보 보유분을 투명하게 공개한다.

가상자산 담보의 스테이블코인은 코인 등을 담보로 해당 시세만큼 토큰을 대출하는데 스마트 계약(블록체인) 내에 보관된다.

알고리즘 기반 스테이블코인은 가상자산 시세 변동에 따라 토큰 총량을 자동 조절(추가 발행, 소각)하여 일정 가격을 유지하는데 UST, sUSD 등 일부를 제외하고는 대부분 $1 가격 유지에 실패를 했다.

NFT는 고유한 정보를 가져 대체 불가능한 토큰이다. 예를 들면 크립토키티토큰의 각각의 고양이는 고유 특성이 있어 다른 고양이로 대체 불가능한 토큰이다. NFT의 기능은 토큰 ID별로 전송 등의 tngood alc 소유자 기록(소유권 보장)을 가지고 있다. NFT의 활용은 실물자산, 디지털 예술품, 게임 캐릭터 등의 소유권 보장 및 거래에 활용한다.

희귀 게임 아이템, 한정판 상품 등에 ERC-1155 표준을 활용하여 수량이 제한된 토큰 발행이 가능하다. 현재는 다수의 NFT 발행, 거래 서비스 등이 등장하고 있다.

〈표 1-4〉 NFT 관련 주요 서비스

분 야	서비스
스포츠	칠리즈(Chiliz), 플로우(Flow)
게임	엔진(Enjin), 엑시인피니티(Axie Infinity)
수집	이코미(Ecomi), 레드폭스랩(RedFox Labs)
메타버스	디센트랄랜드(Decentraland), 샌드(Sand)
경매시장	오픈씨(PoenSea), 니프타게이트웨이(Nifty Gateway)

2. 디지털 금융

현재까지 디지털 금융의 개념은 명확하게 정의되어 있지 않다. 다만 전통적이 오프라인 금융과 대비하여 온라인상의 금융을 디지털 금융이라고 부르는 경우가 있다. '디지털 금융'은 대표적 비대면 산업으로서 전자적 방식의 결제 · 송금 · 중개 등에서 신기술과 결합한 금융플랫폼으로 진화중이다.

금융 플랫폼은 온라인 포털(거래 플랫폼)이나 기술개발 프레임 워크(혁신 플랫폼) 등을 통해 다양한 이용자 그룹의 상호작용이 가능하다,

디지털 신기술을 활용한 새로운 금융은 디지털 경제와 디지털 뉴딜을 선도할 수 있을 뿐만 아니라 혁신적 포용금융이 가능하다.

[그림 1-3]처럼 이러한 디지털 금융에는 AI, 블록체인, 바이오매트릭스, 5G, 클라우드 컴퓨팅, 빅데이터, 사물인터넷, 가상현실과 증강현실, 양자컴퓨팅 등의 4차 산업 신기술과 디지털 금융과 접목되면서 제4차 산업혁명 시대의 중심적인 금융플랫폼이 구축될 전망이다.

앞으로 금융 서비스는 온라인, 모바일을 통해서 제공될 것이다. 이 때문에 과거의 은행처럼 단순히 화폐의 입 · 출금 혹은 대출 등의 금융업무만 담당하는 것이 아니라,

여행 · 자동차 · 부동산 · 유통 등 다양한 업종과 연결한 콘텐츠, 편리한 결제 서비스 등이 하나의 플랫폼에 제공되는 방식으로 발전할 것이다.

이러한 디지털 금융은 결국 빅데이터를 바탕으로 개인 맞춤형 금융상품과 서비스를 제공하는 쪽으로 자리 잡을 것으로 보인다.

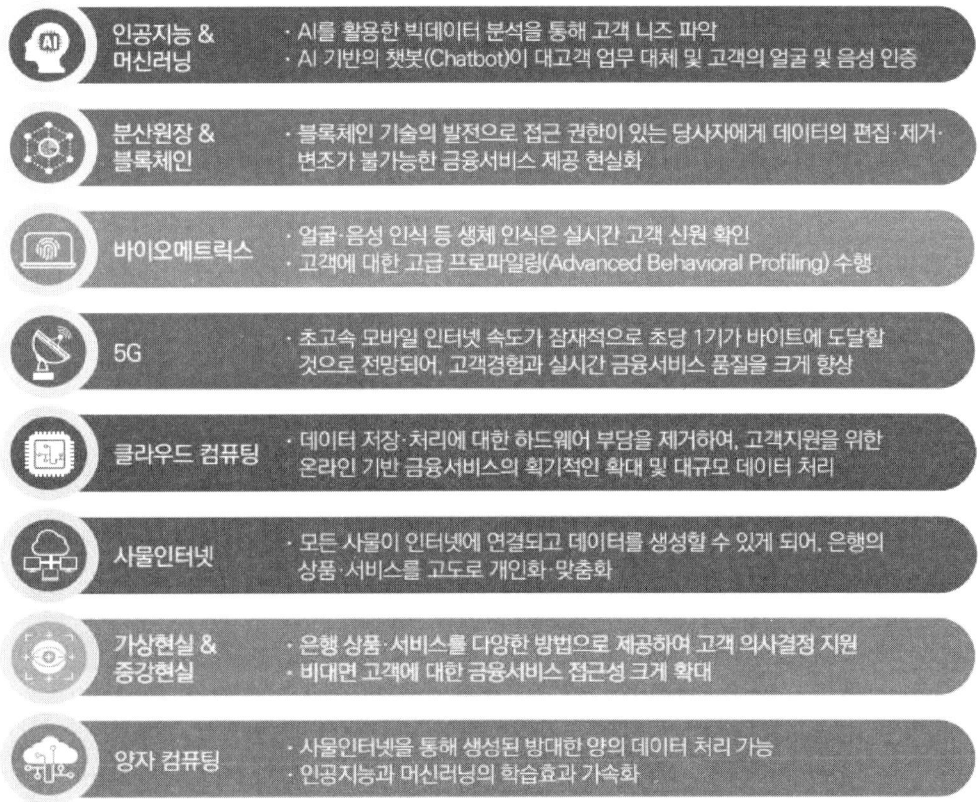

[그림 1-3] 부상하고 있는 디지털 금융 관련 4차 산업기술

이러한 디지털 금융은 기존의 금융사 외에도 일반 기업들이 참여할 기회가 많다.

클라우드 · 빅데이터 · AI 등 디지털 신기술 활용 확대 등에 따라 금융보안(Cyber Security)의 금융 시스템적 중요성이 증대하고 있다. 특히 사이버 위협의 증가에 대한 금융분야의 대응이 매우 중요하다.

금융권에 대한 사이버 공격의 범위와 유형이 확대되고 있으며, 클라우드 등 아웃소싱으로 제3자 리스크(Third Party Risk)도 심화되고 있다.

신종 사이버 공격, 보이스피싱 등 새로운 디지털 금융 리스크로 정보기술(IT) 부문을 넘어 전사적(Enterprise-wide) 대응이 필요하다. 특히 코로나19 등으로 업무

지속계획(BCP : Business Continuity Plan), 망분리 등 기존 규제에 대한 새로운 접근이 요구되는 상황이다.

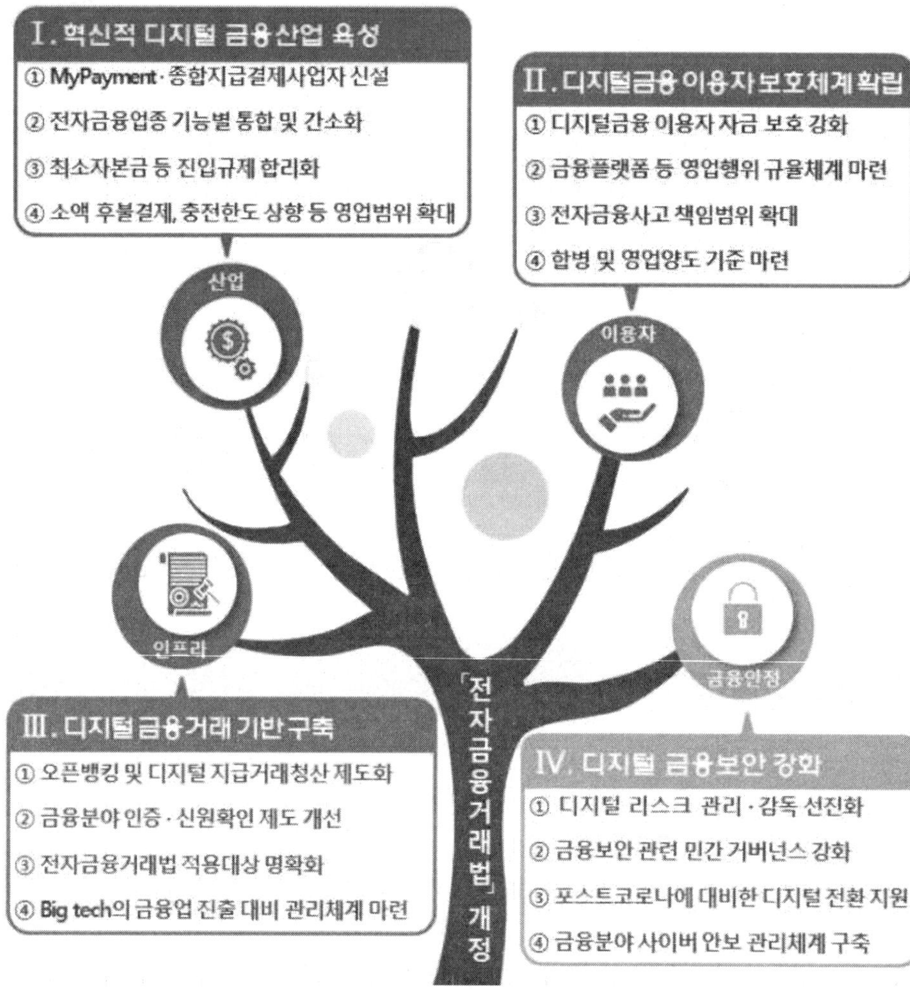

[그림 1-4] 전자금융거래법 개정

최근 오픈뱅킹 등을 통해 핀테크·Big Tech 등 다양한 참여자가 금융공동망을 이용하는 등 디지털 리스크의 상호연계성이 확대되고 있다.

인적보안(Human Security)의 주요 요소로서 국민의 재산 보호와 직결되는 금융보안에 대한 민·관의 체계적 대응도 중요하다. 금융규제 샌드박스 도입, 데이터 3법 개정에 이은 [그림 1-4]처럼 전자금융거래법 개정을 통해 디지털 금융의 법제도 정비를 완결해야 한다. 국민의 경제·금융생활의 편의·안전성을 높이고, 금융산업의 혁신·경쟁을 촉진하며, 디지털뉴딜의 성공을 뒷받침할 필요가 있다.

3. 핀테크와 테크핀

금융사가 디지털 금융서비스를 제공하는 것을 핀테크라고 한다.

[그림 1-5]처럼 핀테크는 금융(Finance)과 기술(Technology)의 합성어로 정보통신기술(ICT) 발전에 따라 결제, 송금, 대출, 자산관리 등 금융 전반에서 나타나는 디지털 혁신을 의미한다.

금융서비스의 변화로 모바일, 눈, 빅데이터 등 새로운 IT기술 등을 활용하여 기존 금융법과 차별화된 금융서비스를 제공하는 기술기반 금융서비스 혁신이 대표적이며, 최근 사례는 모바일 뱅킹과 앱카드 등이다.

은행 영업점을 찾아가지 않고 스마트폰을 이용해 계좌이체, 예 · 적금 가입, 대출 신청 같은 은행업무를 처리할 수 있는 것이 대표적인 핀테크 사례이다.

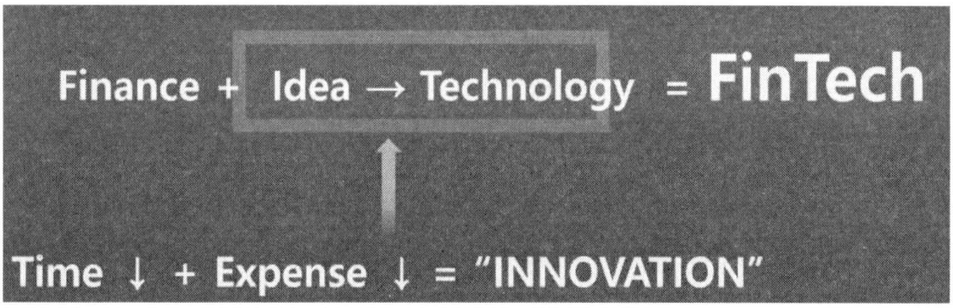

[그림 1-5] 핀테크의 개념

핀테크라 부르는 서비스들이 기존의 금융기술과 차별화된 것은 은행이나 증권사 창구에서 하던 업무를 자신의 디바이스로 원하는 시간과 장소에서 간편하게 처리할 수 있게 된 것이다.

그에 비해 핀테크 서비스들은 은행과 다른 방식으로 은행이 주지 못한 새로운 가치를 이용자들에게 제공한다. 혁신의 주체 또는 금융기관에 한정되지 않으며, 오히려 비금융 회사들이 기존의 금융영역의 변화를 위한 주도권을 쥐고 있는 경우가 많다. 기존 금융기술이 금융기관의 내부 혁신에 가깝다면, 핀테크는 기술기업에 의한 외부로부터의 혁신이라 할 수 있을 것이다. 금융서비스가 금융기관에서 분리되기 시작하는 것이다.

핀테크의 정의와 마찬가지로 핀테크의 개념이 포괄할 수 있는 범위 또한 기준에 따라 광범위하다고 할 수 있다. 넓은 의미에서는 기존 금융기관들의 인터넷 기술기반 서비스들도 핀테크라 부르고 있으며, 좁은 의미로는 금융기관이 수행하던 기능을 대체하는 혁신 서비스를 일컫기도 한다.

또한 대표적인 성공 분야이자 어느 정도 정착해 인지도를 얻은 페이팔, 알리페이, 카카오페이 등의 결재 서비스를 지칭하는 표현으로 쓰이기도 한다. 특히 인터넷뱅킹이나 쇼핑 시에 엑티브X나 공인인증서 등으로 큰 불편을 겪고 있는 한국에서는 핀테크란 말이 간편결제를 뜻할 때가 많다.

개념이 핀테크이다. 중국의 알리바바 같은 ICT 기업이 주도하는 금융혁신을 핀테크 대신 '테크핀'이라고 표현한다. 핀테크가 은행, 카드사 같은 금융기관이 기존 금융서비스에 ICT를 도입하는 것이라면 테크핀은 ICT 기업이 독자적인 기술을 바탕으로 차별화된 금융서비스를 만들어낸다는 뜻이다.

일반적으로 두 단어가 엄밀하게 구별되지는 않지만 테크핀이 핀테크에 비해 금융보다는 기술을 강조한다는 점에서 차이가 있다. '○○페이'로 대표되는 간편결제나 간편송금 서비스, 인터넷전문은행의 출현 등이 테크핀 사례다.

핀테크의 분야 중 웰스테크(WealthTech)는 효율적인 비용으로 자산관리와 투자 프로세스를 개선하는 기술을 의미한다.

웰스테크의 가장 잘 알려진 분야는 로보어드바이저(RA)로 고객의 투자 포트폴리오를 결정하는데 있어 머신러닝 알고리즘을 이용하는 방법이다.

최근 인공지능(AI), 자연어처리(NPL), 머신러닝, 바이오메트릭 기술을 활용하여 퇴직연금, 디지털 중개, 소액 대출, 투자 분석 등 다양한 분야로 확대하고 있다.

4. 디파이 서비스

디파이(DeFi) 서비스는 중앙기관(은행, 증권사, 카드사, 정부부처, 공공기관 등) 없이 제공되는 금융 서비스로써 이제 시작되는 금융시장이다. 예금, 대출 등 전통 금융서비스를 블록체인 및 가상자산 환경을 이용한 탈중앙화 금융(Decentralized Finance) 서비스를 디파이라고 부른다.

〈표 1-5〉 디파이, 전통금융, 핀테크 간 차이점

항목	디파이	전통금융	핀테크
중계자	최소화	금융회사	핀테크회사
지역적 한계	없음	있음	있음
자산, 화폐발행	블록체인	중앙은행	-
자산매매	탈중앙화 거래소	증권거래소	-
투자수단	토콘화된 금융상품, 서비스	주식, 채권 등	핀테크 대출 및 투자상품

블록체인 상의 스마트 계약을 통해 모든 참여자가 상호 신뢰하는 것으로 아직은 명확하게 드러나지 않지만, 이 시장 규모는 점차 확대되고 있다.

전 세계적으로 본다면, 금융기관이 없는 금융시장이 수십 조원을 넘는다. 얼마 전에 페이스북이 전세계 20억명이나 되는 자체 회원들에게 스마트폰으로 금융 서비스를 제공하겠다고 가상자산 디엠 프로젝트를 들고 나와 세계적인 뉴스가 된 적이 있었다. 아직은 행보를 지켜봐야겠지만 어떤 형태로든 구체화될 것이다.

지금까지 디파이 서비스는 단순히 가상자산의 예치와 대출 수준이었으나, 점차 금은 등과 같은 원자재, 토큰화한 가상자산 파생상품, 심지어 달러 같은 법정통화와 기존의 금융 주가지수를 연동한 인덱스 상품, 기타 투자 위험을 줄이기 위한 보험 상품 등도 디파이로 제공하기 시작했다.

이 디파이도 핀테크와 비슷한 과정을 거치면서 발전할 것으로 전문가들이 예상하고 있다. [그림 1-6]처럼 디파이의 구성요소는 블록체인, 가상자산, 프로토콜, 탈중앙화 앱, 통합도구 등 총 5개의 레이어로 구성된다.

[그림 1-6] 디파이 프레임워크

수행 내용

재료 · 자료

- 디지털 자산 관련 자료

기기(장비 · 공구)

- 컴퓨터, 문서작성 프로그램, 프린터, 주변기기

안전 · 유의사항

- 디지털 자산 관련 장비의 안전 및 유의사항을 숙지한다.

수행 순서

01 디지털 자산의 종류 중 하나인 암호화폐에 대하여 분석하라.

암호화폐(暗號貨幣, Cryptocurrency)는 암호기술을 이용하여 만든 디지털 화폐이다. 암호화폐는 네트워크로 연결된 인터넷 공간에서 암호화된 데이터 형태로 사용된다. 암호화폐는 지폐나 동전과 같은 실물이 없이 디지털 데이터 형태로 존재하기 때문에 가상화폐(假想貨幣, Virtual Money)라고도 부른다.

암호화폐는 결제 수단으로 사용되기보다는 자산의 안전한 보관을 위해 사용되는 경우가 많아서 암호자산(暗號資産, Crypto Asset)이라고 부르기도 한다.

자동화된 거래를 지원할 수 있도록 스마트 계약 기반의 거래소, 대출, 파생상품, 자산관리 등의 프로토콜(Protocol)이 등장하였다.

대부분의 암호화폐는 탈중앙화(Decentralized)된 P2P(Peer-to-Peer)프로토콜 방식의 블록체인 기술을 이용하여 가치를 저장 · 전송한다.

암호화폐는 해시(Hash)라는 암호화 기술을 이용하여 만든 전자화폐의 일종으로서, 가치를 보증하는 중앙은행이 없이도 거래의 신뢰성과 안전성을 보장받을 수 있다. 암호화폐는 국가의 제약이 없는 글로벌 통화로서, 일종의 디지털 골드(Digital Gold)라고 할 수 있다.

〈표 1-6〉 주요 탈중앙화 거래소 프로토콜

프로토콜 이름	프로토콜 종류	가격결정
제로엑스(Ox)	오더북(Order Book) 거래소	오프체인(Off-chain) 오더북
방코르(Bancor)	유동성 공급자 (Liquidity Providers)	스마트 계약 내 알고리즘
밸런서(Balancer)		
커브(Curve)		
유니스왑(UniSwap)		
카이버 네트워크 (Kyber Network)	유동성 중계자 (Liquidity Reserve Aggregator)	유동성 공급자가 제시
에이스왑(AirSwap)	P2P	거래자 간 협상

암호화폐는 흔히 가상화폐라는 말로 혼용되어 사용되기도 하지만, 엄밀히 말하면 서로 구별되는 개념이다. 암호화폐는 암호화 기술을 이용하여 만든 화폐이고, 가상화폐는 실물이 없이 가상으로 존재하는 화폐이다.

예를 들어 비트코인, 이더리움, 이오스 등은 암호화폐이고, 싸이월드 도토리, 리니지 아덴 등은 가상화폐이다. 암호화폐는 암호화 기술을 이용하여 만든 가상화폐의 일종이다.

결국 암호화폐는 가상화폐의 한 종류이다. 암호화폐는 달러($)나 원화(₩)와 같은 법정 화폐와 달리 화폐를 발행하는 중앙은행이 없이 전세계 인터넷 네트워크에 피투피(P2P) 방식으로 분산 저장되어 운영된다. 암호화폐를 발행하고 관리하는 핵심 기술은 블록체인 기술이다.

NFT란 대체 불가능 토큰(Non-Fungible Token)으로써, 토큰마다 고유의 값을 가지고 있어 A 토큰을 B 토큰으로 대체할 수 없는 토큰이다. 즉 기존의 비트코인, 이더리움 등과 같이 발행된 가상자산이 서로 동일한 가치로 거래할 수 있는 대체 가능한 토큰이 아닌 '각 토큰이 서로 다른 가치를 가지고 있는 고유한 자산'을 의미한다.

NFT의 발행에는 이더리움 네트워크에서 사용되는 ERC 프로토콜을 사용한다.

ERC(Ethereum Request for Comment)는 '이더리움의 요구사항을 위한 표준'이며, 이는 이더리움을 이용해서 가상자산을 발행할 때 지켜야 하는 규칙이다.

대체 가능한 토큰을 발행하는 규격으로 ERC-20 사용, ERC-20의 특징은 동등한 가치로 구매 · 판매 · 교환하는 것이며, 누가 토큰을 보유하고 있는지에 상관없이 같은 토큰 가치를 가지게 된다.

[그림 1-7] 대체 가능 토큰의 개념도

NFT는 ERC-721과 최근 개발되어 적용되고 있는 ERC-1155 프로토콜을 이용하여 발행한다.

ERC-721의 특징은 예술품, 골동품, 캐릭터에 대한 NFT를 발행하여 토큰을 생성하고, 해당 토큰의 고유한 가격이 결정되면 가상자산으로 거래하는 방식으로, 최근에는 미술품 거래에서 토큰을 분할해 소유하는 등 새로운 방식이 나타나고 있다.

ERC-1155는 ERC-20과 ERC-721의 장점을 혼합하여 두 토큰이 연동하여 거래할 수 있도록 설계된 프로토콜이며, 하나의 트랜잭션을 이용해 한 명 이상의 수신자에게 두 개 이상의 토큰을 보낼 수 있는 멀티 전송(Multi-transfers)이 가능한 것이 특징이다.

2018년 06월, 글로벌 온라인 게임 커뮤니티 플랫폼이자 블록체인 기반 게임 개발사인 '엔진(Enjin)'에서 ERC-721를 대체할 표준코드 ERC-1155를 발표하고, 새로운 NFT 발행 및 기존 NFT와의 호환을 연구하였다.

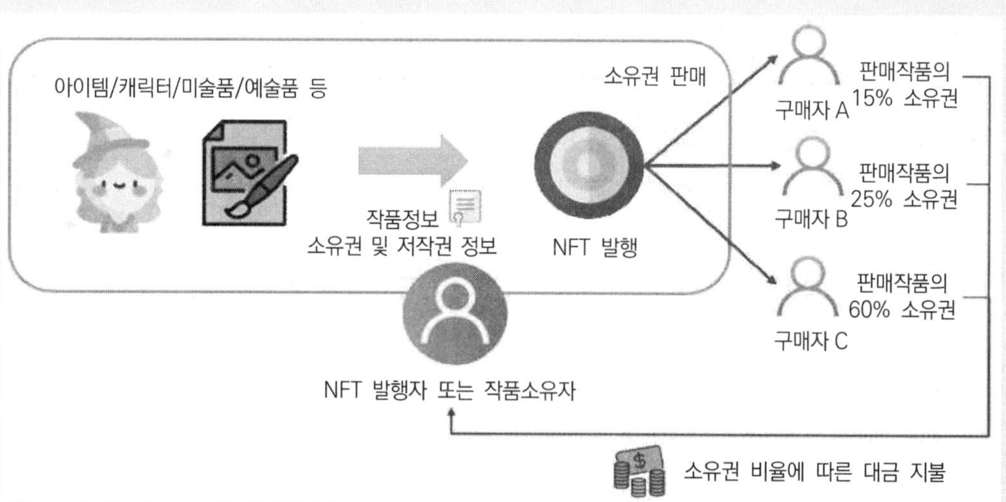

[그림 1-8] 대체 불가능 토큰의 개념도

ERC-1155 트랜잭션은 ERC-20을 이용한 트랜잭션에서 발생하는 GAS(수수료)와 비교하였을 때, ERC-20의 약 60%의 GAS로 처리 가능하여 네트워크 병목현상 개선 및 효율성이 향상되었다.

또한 ERC-20 토큰과 ERC-721 토큰이 블록체인의 비가역성으로 삭제되어도 되는 이전 코드가 남아 발생하는 대규모 저장 공간, 고사양 노드, 전력 소모의 문제를 해결하고 효율성을 높이고자 제시되었다.

NFT의 거래는 2020년 하반기에 폭발적으로 증가하였으며, 2021년 상반기(6월 기준)에 25억달러가 거래되었다. 2021년 1사분기 NFT 거래량은 전년도 전체 거래량의 총합을 초과하였으며, 2021년 3월 거래량은 2020년 12월 거래량의 25~26배 수준으로 증가하고 있다. 이러한 성장으로 다양한 분야와 영역의 기업들이 NFT를 활용한 새로운 비즈니스 또는 서비스, 인프라 등을 개발하고 있으며, 실제 비즈니스에 이용하는 사례가 등장하고 있다.

온라인 게임, 메타버스 등 가상 환경과 미술품, 예술품 등 실물 거래에 NFT를 활용하고 있다. 블록체인 기반의 금융환경에도 NFT를 도입하여 NFT 거래소가 신설되고 DeFi 등과 융합된 새로운 금융서비스의 연구가 진행되고 있다.

02 디지털 자산에 대한 이슈에 대하여 분석하라.

1. 리치센터 보고서

2018년 11월 12일, ㈜체인파트너스(Chain Partners)의 리서치센터는 보고서에서 '왜 대한민국은 디지털 자산을 육성해야 하는가'를 주제로 당국의 합리적 규제를 촉구했다.

보고서는 대한민국이 '세계화'와 '디지털화'라는 메가트렌드를 선도하고 혁신 성장하기 위해서는 디지털 자산에 대한 정부의 합리적인 정책 마련이 시급하다고 강조했다.

특히 당국이 증권형 크라우드 펀딩은 장려하면서 비슷한 순기능을 가지고 기대효과는 훨씬 큰 디지털 자산 시장을 규제하는 것은 모순이라고 지적했다.

또한 "디지털 자산은 혁신적인 금융상품으로 핀테크의 총아가 될 것"이라고 설명했다. 증권형 토큰이 주도할 디지털 자산 시장은 기존 대체 자산의 유동성 문제를 해결해 약 30배 이상 성장잠재력이 크다. 이미 미국, 싱가포르, 홍콩 등 디지털 자산 선진국들은 디지털 자산 시장의 성장잠재력을 빠르게 인지하고, 규제 당국의 주도로 시장을 양성화하려는 움직임을 보이고 있다.

비트코인 및 알트코인을 다단계 금융사기로 깎아내리던 미국 증권거래위원회(SEC)는 화폐라는 용어 대신 디지털 자산이라는 표현을 사용하면서 적극적으로 민간과 소통하며 제도를 마련하고 있다.

이는 미국 정부가 현재 디지털 자산 생태계를 대부분 장악하고 있는 중국에 위기의식을 느낀 것으로 풀이된다. 이에 피델리티 인베스트먼트(Fidelity Investment), ICE, 골드만삭스(Goldman Sachs), 제이피모건(J. P. Morgan) 등 전통 금융기관이 디지털 자산으로 사업영역을 확장하고 있다. 정부의 합리적인 규제 마련으로 불확실성이 해소되면서 새로운 금융시장으로 자리를 잡아가고 있다.

2. 민간 금융시장의 거래 기준

2020년 03월 04일, 암호화폐 등 디지털 자산이 앞으로 5~10년 이내 민간 금융시장의 거래 기준이 될 것이라는 주장이 나왔다. 더블록에 따르면 미국의 자산운용사 스테이트 스트리트의 디지털 자산 담당 총괄 제이 비앙카마노(Jay Biancamano)는 "금융시장은 수수료 및 거래비용 때문에 비효율적이다. 이런 불필요한 낭비는 거래자들의 실제 수익률을 낮추지만, 디지털 자산은 거래비용을 줄여주기 때문에 효율적인 대안일 수 있다"고 발표했다.

이어서 "디지털 자산이 10년 이내로 민간 금융시장에 새로운 거래 기준이 될 것"이라고 말했다. 또한 비앙카마노는 미국 증권거래위원회(SEC)가 적격 투자자 정의 범주를 확대한 것을 긍정적으로 평가했다. 그는 "미국 증권거래위원회의 조치는 더 많은 개인 투자자가 민간 금융거래에 참여할 기회를 열어준 것이며, 전통 자산보다 디지털 자산이 개인 투자자 거래를 활성화할 수 있다"라고 말했다.

3. 두나무 용어 변경

2020년 03월 13일, 업비트를 서비스하는 두나무는 금융거래정보의 보고 및 이용 등에 관한 법률인 특금법 통과와 함께 업비트에서 거래되는 비트코인, 이더리움 등을 통합 지칭하는 용어를 암호화폐에서 디지털 자산(Digital Asset)으로 변경한다고 발표했다.

두나무 커뮤니케이션팀 관계자는 "업비트에서 거래되고 있는 자산의 유형에 대해 이용 고객에게 명확히 전달하고, 암호화폐를 법적인 자산으로 인정하고 있는 국제적 추세를 반영하는 용어로 디지털 자산이 가장 적합한 것으로 판단하고 변경을 결정하였다"라고 말했다.

변경된 용어는 PC 및 모바일 웹, 모바일 애플리케이션 등 모든 업비트 플랫폼에 차례대로 반영된다. 국회 본회의에서 가결된 특금법은 암호화폐 사업자에 대해 자금세탁장지를 위한 의무를 부과하는 법이다.

암호화폐 사업자들은 이에 따라 암호화폐 거래 실명제에 준하는 실명확인 입출금계정 서비스와 정보보호관리 체계(ISMS) 인증 등 요건을 갖춰 금융위에 영업 신고를 해야 한다.

즉 업비트를 운영하는 두나무측은 특금법이 국회 본회의를 통과함에 따라 암호화폐를 법적인 자산으로 인정하고 있는 국제적 추세를 반영하는 용어로 디지털 자산이 가장 적합한 것으로 판단한 것이다.

03 디지털 자산과 관련 기업에 대하여 분석하라.

카카오의 블록체인 자회사 '그라운드 X'가 내년부터 디지털 자산 클립에서 더 다양한 디지털 자산을 포용하고 활용처도 늘린다.

그라운드X는 if kakao(이프 카카오) 콘퍼런스를 통해 디지털 자산으로 만드는 넥스트 인터넷 세상에서 앞으로 '디지털 자산'이 개인 재산의 한 부분으로 중요한 역할을 담당할 것이다.

정보의 시대 구글이나 페이스북 등 혁신 기업이 등장한 것처럼, 디지털 자산시대에는 그라운드X가 글로벌 리더가 될 것이다.

지금까지 보편적으로 현금이나 포인트, 쿠폰, 상품권, 가상 아이템 또는 콘텐츠, 데이터 등을 디지털 자산들로 여겨왔다. 이와 함께 부동산이나 주식, 금, 미술품과 같은 실물 자산 또는 금융 자산들을 블록체인 기반으로 '디지털화'한 자산들에도 주목하고 있다.

세상에 널려 있는 잠재적인 자산을 '디지털 자산'으로 만들어 그라운드X의 플랫폼에 담고 유통시킬 것이다.

스마트폰 애플 '앱스토어' 역할을 디지털 자산시대에는 그라운드X가 맡아서 할 것이다. 이를 위해 그라운드X는 개발자 또는 파트너사(기업)들이 디지털 자산을 발행하고 유통할 수 있는 플랫폼과 도구를 제공하고 있다.

[그림 1-9] 디지털 자산의 글로벌 플랫폼인 그라운드X 제품

그라운드X는 퍼블릭 블록체인 플랫폼 '클레이튼'을 내놓고, 카카오톡 내 디지털 자산 지갑 '클립', 글로벌 디지털 자산 지갑 '카이카스(Kaikas)', 디지털 자산 서비스 개발 및 운영을 위한 클라우드 서비스 '카스(KAS)' 등을 제공하기 시작했다.

이를 통해 파트너사가 디지털 자산을 발행하고 유통, 거래할 수 있는 전 과정을 지원할 수 있는 환경을 구축하게 됐다.

특히 클립은 현재 20만명을 넘는 회원 수를 보유하고 있으며, 지원 가능한 디지털 자산을 늘려나가고 있다. 현재 클립은 그라운드X가 클레이튼 기반 발행한 클레이(KLAY)와 클레이튼 기반 토큰들, 그리고 NFT를 지원하고 있다.

클립은 NFT라는 경험을 만들어 내고 있고, 이는 다양한 목적의 인증 수단으로 활용할 수 있다. 최근에는 '앱투앱' 기능을 통해 클립과 서비스 간 연동도 가능해져, 이제는 클립이 블록체인 업계의 '카카오페이'이다.

NFT(Non-Fungible Token)는 대체 불가능한 토큰으로 클립에서는 '카드'로 불리고, 이는 실물 또는 가상 자산에 고유한 '디지털 자산' 가치를 부여한 토큰이다.

게임 아이템이나 부동산, 미술품, 명품 등은 등가로 적용하지 못해 '대체 불가능한' 토큰이다. 클립에서는 기부나 비상장주식 투자 참여 확인서, 게임 등에 적용한 NFT를 선보이고 있다.

클립은 현재 엔터테인먼트 지식재산권(IP) 기업인 메이크스타(Makestar)와 함께 NFT도 준비 중이다. 클립에서 디지털 자산 활용의 구체화를 위해 메이커스타와 함께 한다.

연예인을 활용해 NFT 카드를 만들어 판매하는 비즈니스 모델을 만들고 있다. 이는 글로벌 서비스로, 클립이 글로벌 블록체인 지갑이 되도록 한다.

그라운드X는 디지털 자산의 범위를 넓히고 본격적으로 일반 대중에게 다가가는 한 해가 될 것이고, 본격적으로 일반 대중에게 다가가게 될 것이다.

현재 집중하고 있는 가상자산과 NFT 카드 기반의 디지털 자산 종류와 활용처를 넓히고, 이와는 또 다른 종류의 새로운 가상자산, 실물 또는 다른 형태의 자산을 클립에 담을 수 있도록 시도할 것이다.

아울러 그라운드X는 다른 블록체인 플랫폼과의 상호운용성을 통해 디지털 자산 활용성도 더 높인다. 다양한 플랫폼과 연계하여 클레이튼 자산이 다른 플랫폼에서 이용 가능하고, 거꾸로 다른 플랫폼 기반 디지털 자산이 클레이튼에서 사용할 수 있도록 해 디지털 자산의 가치와 효용성을 높일 것이다.

그라운드X는 일상에서 디지털 자산이 자연스럽게 사용될 수 있는 환경을 만드는 것이 목표이고, 블록체인을 활용하고자 하는 스타트업과 대기업들을 위한 길잡이 역할을 할 것이다.

학습활동.1 교수 · 학습 방법

교수 방법

- 디지털 자산의 개요에 대한 관련 용어, 구성, 방식 이해 정도를 파악한 후 수업을 진행한다.
- 교수자의 주도로 디지털 자산의 개요 등의 내용을 PPT 자료로 제시한 후 설명한다.
- 가능하면 사전에 개인별 학습 자료를 준비하여 모든 학생이 참여할 수 있는 문제 해결식 수업, 협력 수업이 가능하도록 한다.
- 디지털 자산의 개요 전 과정을 작업의 순서에 따라 단계적으로 실습이 이루어질 수 있도록 지도한다.
- 교재를 통해 수업을 준비하는데 있어서 필요한 모든 정보나 팁, 힌트 등 도움이 될 만한 내용들을 확인할 수 있다.
- 학생들이 만들게 될 각 모델들은 수업시간에 중점적으로 다뤄질 부분과 어휘, 질문, 답을 포함하고 있으며, 또한 탐구할만한 추가적인 아이디어들도 포함하고 있다.

학습 방법

- 디지털 자산의 개요에 대한 관련 용어를 숙지하고, 디지털 자산의 개요에 대해 이해한다.
- 디지털 자산의 개요의 각 단계별 중점 사항을 체계적으로 학습한다.
- 디지털 자산의 개요의 수행순서 전 과정을 실습한다.
- 디지털 자산의 개요의 내용을 이해한다.
- 디지털 자산의 개요를 이해하고 숙달이 될 때까지 학습한다.

학습활동.1 평가 및 피드백

평가 준거

- 평가자는 피평가자가 수행 준거 및 평가 내용에 제시되어 있는 내용을 성공적으로 수행할 수 있는 지를 평가해야 한다.

학습내용	평가항목	성취수준		
		상	중	하
디지털 자산의 개요	디지털 자산의 개요를 이해할 수 있다.			

평가 방법

• 작업 포트폴리오

학습내용	평가항목	성취수준		
		상	중	하
디지털 자산의 개요	디지털 자산의 개요를 이해할 수 있다.			

• 필기시험

학습내용	평가항목	성취수준		
		상	중	하
디지털 자산의 개요	디지털 자산의 개요를 이해할 수 있다.			

• 체크리스트를 통한 관찰

학습내용	평가항목	성취수준		
		상	중	하
디지털 자산의 개요	디지털 자산의 개요를 이해할 수 있다.			

• 피드백

1. 작업 포트폴리오
   - 제출한 보고서를 평가한 후 주요 사항에 대하여 표시하여 돌려준다.
2. 필기시험
   - 평가 결과 성적이 저조한 학생은 보고서 제출 기회를 부여한다.
3. 체크리스트를 통한 관찰
   - 실습 과정에서 평가한 후 개선해야 할 사항 등을 정리하여 돌려둔다.

참 | 고 | 문 | 헌

- 김진범, “대한민국은 왜 디지털 자산을 육성해야 하나”, 코인리더스, 2018.11.12.
- 김한조, 디지털 자산관리(웰스테크)의 글로벌 트랜드 및 사례조사
- 나원정, 다온타임즈, http://www.daontimes.com
- 남궁현, 디지털 금융이란? 핀테크개념, https://m.blog.naver.com/, 2018.10.9.
- 민경식 · 김관영 · 박진상, NFT 기술의 이해와 활용, 한계점 분석, KISA, Insight, 2021.9.10.
- 장명화, NFT 디지털자산시장의 변화, KDB 미래전략연구소
- 정종진, “이제는 디지털 자산”…업비트, 암호화폐 명칭 바꾼다, 아시아타임즈, 2020.03.13.
- 조용기, “디지털 자산 10년 이내 민간 시장 거래 기준 될 것”, 한국블록체인뉴스, 2020.03.05.
- 최종원, 업비트 운영사 두나무 “이젠 ‘암호화폐’ 말고 ‘디지털 자산’이라 불러주세요”, 위키리스크한국, 2020.03.13.
- 다온타임즈, 디지털자산시대, 2021.02.08.
- 디지털 금융 종합혁신방안, 금융위원회, 2020.7.
- 디지털자산, 헤시넷, http://wiki.hash.kr/
- 디파이 구성요소 및 보안고려사항, 전자금융과 금융보안, 금융보안원, 2021 · 3Q
- 은행산업에 펼쳐지는 디지털혁명과 금융 패권의 미래, 삼정 인사이트, Vol. 73, 2021.
- 한국인터넷진흥원(KISA) 보고서, ‘NFT와 스마트컨트랙트 : 디지털 자산 거래와 메타버스생태계’
- Adrian Bridgwater, What is a digital asset? 컴퓨터위클리닷컴, 2013.09.21.

학습 1	디지털 자산의 개요
학습 2	**디지털 자산관리의 기술**
학습 3	디지털 자산관리의 플랫폼
학습 4	디지털 자산과 전통자산 융합기술
학습 5	디지털 자산과 디지털 금융 융합기술
학습 6	디지털 자산과 디파이 서비스 융합기술
학습 7	디지털 자산과 메타버스 융합기술
학습 8	디지털 자산과 보안의 개요
학습 9	디지털 자산과 디지털 지갑 보안 융합기술
학습 10	디지털 자산과 클라우드 보안 융합기술
학습 11	디지털 자산과 ISMS-P 융합기술
학습 12	디지털 자산의 활용
학습 13	디지털 자산의 미래

학습 목표

1. 디지털 자산관리의 기술을 이해할 수 있다.

2-1 디지털 자산관리 기술의 개요

1. 디지털 자산관리 기술의 개념

하루 이틀 쌓인 이 기록들이 모여 한 사람의 '디지털 자산(Digital Asset)'이 된다. 디지털 자산이란 개인, 기업 또는 공공기관에서 생산하고 접수한 문서, 그림, 사진, 동영상, 사운드 등 자산화의 가치가 있는 모든 디지털 자료를 말한다.

디지털 자산시장은 [그림 2-1]처럼 신기술 기반 디지털 기술 혁신과 빅테크 핀테크 기업의 금융시장 진입으로 경쟁이 가속화 되고 있다. 특히 빅데이터 분야에 속하는 기술로 디지털 자산관리는 이미지, 비디오, 디자인, 오디오, 애니메이션 및 3D 콘텐츠와 같은 디지털 자산의 저장, 구성, 검색, 관리, 배포 및 분석을 용이하게 하는 중앙집중식 허브를 제공하는 소프트웨어 응용 프로그램이다.

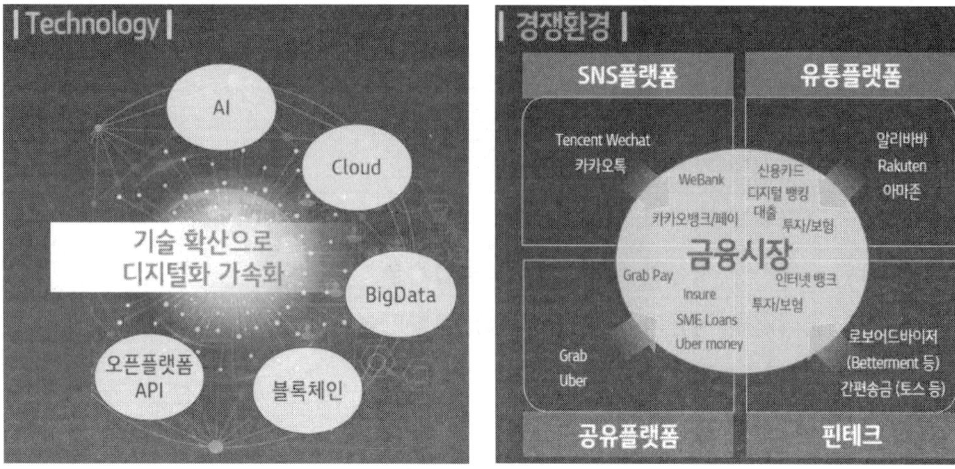

[그림 2-1] 기술혁신과 금융시장 경쟁 가속화

인사(HR), 정보기술(IT), 영업 및 마케팅, 크리에이티브 운영 및 웹사이트 관리부서는 디지털 자산관리 소프트웨어를 사용하여 디지털 자산을 관리하고 있다.

본인에게 사용 권한이 있을 경우에 한해 '디지털 자산'이 된다. '디지털 자산'이라는 단어는 다소 생소하지만 우리 주변에서 흔히 볼 수 있는 VR과 애니메이션, 이모티콘 등이 모두 디지털 자산에 해당된다. 4차 산업혁명이 도래하면서 디지털 자산과 이를 활용한 사업이 주목받고 있으며, 그중에서 디지털 자산 플랫폼 개발사업이 중점이 될 것이다.

최근 콘텐츠 시장을 뒤흔들고 있는 것은 '넷플릭스(NETFLIX)'이다. 이러한 트렌드를 활용해 원하는 시간에 원하는 디바이스로 모든 콘텐츠를 즐길 수 있게 된 OTT서비스가 넷플릭스의 가장 큰 자산이다.

[그림 2-2] 디지털 자산의 넷플릭스

OTT서비스란 'Over The Top'의 약자로, '셋톱박스를 넘어서는'이라는 뜻으로써 인터넷을 이용한 온라인 동영상 스트리밍 서비스를 말한다.

매주 한 편씩 공개하는 기존의 다른 기업 방식을 깨고 시즌 전편을 한꺼번에 공개하면서 연결된 스토리를 이어보고 싶어하는 소비자의 관점을 잘 파악했다고 볼 수 있다. 또한 빅데이터를 통해 사용자의 패턴을 분석하여 취향에 맞는 영상을 추천해준다.

많은 글로벌 기업이 OTT서비스 시장에 뛰어들고 있는 가운데, 넷플릭스와 경쟁하며 사용자에게 더 높은 만족을 줄 기업이 등장할지 기대가 크다.

디지털 자산 기술은 사진, 음악, 비디오, 애니메이션, 팟캐스트 및 기타 멀티미디어 콘텐츠와 같은 미디어 자산을 구성, 저장 및 검색하고 디지털 권한 및 권한을 관리하기 위한 비즈니스 프로세스 응용 프로그램으로 정의하였다.

디지털 자산관리를 조직이 디지털 자산을 쉽게 저장, 구성, 검색, 관리, 배포 및 분석할 수 있도록 하는 중앙 정보소스 역할을 하는 소프트웨어 응용 프로그램으로 정의하였다.

무단 배포 및 저작권 문제를 피하기 위해 전세계 기업들은 산업 전반에 걸쳐 디지털 자산을 수집, 저장, 관리, 강화 및 배포하고 콘텐츠 전략 의사 결정을 향상시키기 위해 디지털 자산관리 솔루션을 빠르게 배포하고 있다.

Adobe, OpenText, Aprimo, Sitecore, Widen 및 Canto와 같은 많은 주요 시장 참가자들도 시장 점유율을 높이기 위해 수많은 성장 전략을 채택하였다.

자산관리 시장의 성장과 더불어 AI, 빅데이터 등 ICT 기술 혁신의 영향으로 비대면 채널을 통한 자산관리 서비스가 빠르게 증가하고 있다.

글로벌 IB들은 일반 투자자들을 위해 AI 알고리즘에 기반한 로보어드바이저(Robo Advisor : RA) 등 비대면 자산관리 솔루션을 제공하고 있다. RA를 활용하면 보다 많은 금융소비자들에게 보다 저렴하고 편리한 서비스를 제공할 수 있으며, 중국, 인도, 베트남 등 아시아 신흥국 시장의 고객들까지 손쉽게 확보할 수 있기 때문이다. 골드만삭스의 Marcus, 뱅크오브아메리카의 Merril Edge, 찰스스왑의 Intelligent Portfolio 등이 대표적인 비대면 기반 RA 솔루션이다.

RA와 더불어 AI 기반의 챗봇을 활용하는 사례도 늘고 있다. 챗봇을 사용하면 투자권유 과정에서 설명의무와 적합성의 원칙을 보다 효율적으로 수행하여 불완전판매 위험을 줄일 수 있으며, 컴플라이언스 규제 준수 비용도 절약할 수 있기 때문이다.

2. 자산관리의 디지털 기술도입

자산관리(Asset Management 또는 Wealth Management)는 금융회사가 개인 투자자를 대상으로 투자 포트폴리오 관리와 수입 · 지출의 재무기획 등을 도와주는 서비스를 의미한다. 자산관리 서비스는 증권회사, 보험회사, 은행 그리고 투자자문 회사들이 제공하고 있다. 개인은 자산관리 서비스를 이용함으로써 더 나은 경제생활을 할 수 있고, 국가적으로도 경제의 건전한 토대를 유지하고 발전시키기 위해서는 자산관리 서비스의 활성화가 필요하다.

[그림 2-3] 디지털 자산관리 기술의 개념

출처 : 아하경제 217호

글로벌 자산관리 시장은 글로벌 금융위기 이후에도 부의 지속적 증가, 선진 시장 내 자산 가치 상승 등으로 견고한 성장세를 유지하고 있다. 세계 부유층의 자산관리 시장규모는 2010년 이후 연 평균 6.6% 성장을 통해 2015년 58.7조 달러에 이르고 있다. 우리나라 부유층의 규모는 2011년 14.2만명에서 2015년 21.1만명으로 증가했다(국내 부유층 기준은 금융자산 10억원 이상의 개인). 보유자산 규모로도 2011년 318조원에서 2015년 476조원으로 크게 성장했다.

자산관리 시장은 디지털 자산관리 서비스 도입으로 부유층에서 대중 부유층 및 일반 투자자로 확대되고 있다. 증권회사들은 보유 자산 규모 1억원 이상인 고객으로 서비스 범위를 확장하고 있다. 은행들은 밀레니얼 고객 확보 및 은퇴자 자산관리 수요 대응 등을 목적으로 디지털 자산관리 서비스를 도입하고 있다. 앞으로 자산관리 서비스는 금융회사들이 고객을 독점적으로 점유하기 위한 수단으로서 치열한 경쟁시장이 될 전망이다.

자산관리 서비스는 금융의 디지털 탈바꿈에 따라 기존과 다른 방식의 접근을 필요로 한다. 새롭게 직면하게 되는 도전 과제는 다음과 같다.

1) 점점 강화되는 규제

금융 상품의 불완전 판매, 비대면 거래의 허점을 이용한 금융사기, 금융회사 직원에 의한 금융사고 발생, 고객 개인정보 유출 등이 반복적으로 발생하고 있다. 디지털화 진전에 따라 금융거래의 안전성 확보와 소비자 보호는 금융정책 당국이 더욱 강조하는 추세이다. 금융회사는 강화되는 규제에 대응하기 위한 내부 통제 비용을 부담해야 한다.

2) 고객 세대별 니즈 다양화

인구 고령화가 빠르게 진전되고 있다. 은퇴를 앞둔 세대들은 연금상품 및 연금소득에 의한 재무설계를 필요로 한다. 또한 2세에게 재산을 상속하는 과정에서 세금 문제에 대한 도움을 받고 싶어 한다.

세대 간 자산 이전에 따라 젊은 고액자산가(HNW) 군이 등장하고 있다. 밀레니얼 세대는 디지털 환경을 선호하고, 고객 세대 별로 자산관리 수요 특성과 서비스 방식이 다르다.

3) 공급자 중심 모델의 한계점 도래

디지털 환경에 고객이 익숙하게 됨에 따라서, 고객들의 서비스 기대 수준이 점점 높아지고 있고, 고객들이 직접 서비스를 이용하는 비중도 커지고 있다. 기존의 자산관리 서비스는 공급자인 금융회사가 주도권을 갖고 제공하였지만, 앞으로는 고객이 주인이 되는 방식이어야 한다. [그림 2-4]처럼 구체적으로는 고객 이해 및 고객 만족 극대화, 탈 산업 간 경쟁, 수요에 의한 생산, 다품종 소량생산의 특징을 갖는다.

4) 개인 PB 운영체제의 한계 도래

시장 내 변동성 증대, 성장 잠재력 하락에 따른 고객투자 수익률 하락과 다양한 자산 선택의 니즈(Needs)가 확대 되고 있다. 이러한 고객의 기대치를 달성하려면 안정적 자산배분 및 다양한 투자전략이 필요하나, 개인 PB 역량 중심 운영체계로는 한계가 있다.

	전통 사업		디지털 사업
사업 모델	상품/서비스 판매의 극대화	>	고객 이해 및 고객 만족도 극대화
경쟁 구도	산업 내 사업자간 제한적인 경쟁	>	탈산업간 경쟁 (진입장벽의 파괴)
생산 형태	생산에 의한 수요	>	수요에 의한 생산
상품 형태	소품종 대량생산	>	다품종 소량생산

[그림 2-4] 디지털 기술발전에 따른 사업 모델 변화

2-2 디지털 자산과 시스템 기술 설계원칙

디지털 자산관리 핵심 디자인 원칙(Digital WM Key Design Principles of the Future)을 정의하고, 이를 기반으로 디지털 자산관리 기능 아키텍처(Digital WM Functional Architecture)를 소개한다.

디지털 탈바꿈 시대에 적합한 자산관리 플랫폼을 제공하기 위해서는 우선적으로 자산관리 주체인 투자자 관점과 이를 지원하는 비즈니스 모델 관점에서 디지털 자산관리 핵심 디자인 원칙(Digital WM Key Design Principles)을 결정해야 한다.

1. 투자자 관점

투자자 관점은 고객 여정(Customer Journey) 상 고객 기대치를 중심으로 핵심 시스템 기술 설계원칙은 다음과 같다.

1) 적극적인 고객 이해를 통해 현명하고 매력적인 고객경험을 제공

인공지능, 감지 도구 및 분석 알고리즘을 활용한 자동화된 디지털 플랫폼 및 도구를 통해 투자자의 심리, 선호도, 기분 변화 등 투자자와 공감할 수 있는 수준으로 투자자를 이해한다. 제공하는 고객 경험은 투자자의 라이프 사이클뿐만 아니라 단

기적인 시장변동 및 불확실성까지 고려하여 언제나 투자자의 고유한 요구(Needs)를 충족한다. 투자자의 모든 행동을 추적하고 지속적으로 학습한다. 투자자는 언제, 어디서나 개인화된 옴니채널(전화, 온라인, 모바일, 스마트워치 등)에서 투자자문가와 실시간 '투자 시나리오' 분석 및 상담을 하고 싶어 한다. 이러한 상호작용은 투자자와 투자자문가가 인간적인 관계로 발전할 수 있다.

2) 인간적인 방식으로 투자자를 이해하여 신뢰 및 투명성 제공

투자자를 감정 있는 인간으로 대한다. 투자자의 투자 경험, 투자 이해도, 디지털 기기 숙련도 등 투자자 수준에 따라 적합한 학습방법을 제공한다. 최고 수준의 과학기술과 알고리즘을 기반으로 스마트한 정보를 제공한다. 항상 투자자의 이익을 위해 행동하며 모든 규정을 준수한다. 가격 결정은 투명하고 투자자의 가치를 기본적으로 생각한다.

3) 고도로 자동화 되고 현대적이며 이해상충이 없는 서비스 제공

모든 상호작용은 단순하고 직관적이며 자동화된 프로세스를 제공한다. 프론트, 미들 및 백 오피스의 프로세스 자동화를 통해 투자자 요구를 능동적으로 대응한다. 최적의 분석 알고리즘을 활용하여 투자자의 의사결정을 지원한다.

현대적 디지털 기술, 사용자 경험(UX) 및 사용자 인터페이스(UI) 원칙을 적용하여 투자자의 지속적인 참여를 유도한다. 고도로 자동화된 로보(Robo)와 인간(Human) 서비스간의 이해상충이 발생하지 않도록 매끄럽게 전환되어야 한다.

2. 비즈니스 모델 관점

비즈니스 모델 관점은 투자자가 기대하는 행복한 고객경험을 제공하기 위해 필요한 비즈니스 모델 요구사항을 포함하여 핵심 디자인 원칙을 정의한다.

1) 디지털 플랫폼 기반으로 운영

개방형 생태계를 운영할 수 있도록 유연한 플랫폼을 제공하고 인증된 오픈 API 방식을 적용하고, 자사 계열사 및 파트너(3rd party 포함)의 새로운 기능을 쉽게 추가하고 통합할 수 있는 상호 운용성을 제공한다.

2) 외부 IT 리소스 활용을 통해 경제적 투자

자체적으로 소프트웨어 및 하드웨어를 관리하는 대신 클라우드를 활용하고, 사무실 공간을 최소화하고 디지털 채널을 최대한 활용한다.

아웃소싱은 확대하지만, 고객 참여 및 디자인 지원분야는 최고의 인력을 확보하고 외부 유틸리티를 적극적으로 활용한다.

로봇 활용과 자동화 도구를 통해 프로세스를 합리화하고 고정비용을 줄인다.

3) 빅데이터 확보, 분석 · 활용 기반을 통해 스마트한 정보를 제공

내부 및 외부, 정형 및 비정형 데이터를 활용하고 데이터의 특성 및 흐름을 고려하여 전사 차원의 필요 데이터를 수집-저장-처리-분석 및 활용 관점에서 구성된 분석 아키텍처를 확보한다.

분석 품질을 제고하기 위해 원천 데이터(로그, 업무계 등)에 대해 MDM(Master Data Management) 거버넌스 체계를 적용하고, 고급(알고리즘, 예측)분석 및 기계 학습을 통해 투자자문가와 투자자에게 스마트한 정보를 제공한다.

4) 민첩성과 안정성을 확보할 수 있는 IT 조직체계를 운영

독립적이면서 민첩성(Agility)이 필요한 신규 디지털 비즈니스의 지원과 기존 코어 시스템의 안정성을 지원하는 IT 조직체계 및 운영방안을 적용한다.

3. 디지털 자산관리 아키텍처

미래의 자산관리는 디지털 신기술을 적용하여 투자자에게 새롭고 매력적인 방식의 고품질 서비스를 제공할 것이다. 자산관리에 필요한 기능은 핵심 디자인 원칙을 고려하여 디지털 자산관리 기능 아키텍처(Digital WM Functional Architecture)로 정의한다.

디지털 자산관리 아키텍처의 주요 특징은 다음과 같다.

1) Integrated Investor/Advisor Journeys

제공 서비스 별로 모든 상호작용은 단순하고, 자동화된 프로세스를 제공하여 로보(Robo) 기반과 인간(Human) 기반 서비스 여정(Journeys)간의 전환이 매끄럽게 이루어진다.

2) Omni Channels & Customer Experience

Omni Channels에서 행복한 고객경험을 할 수 있도록 다양한 지원 서비스 및 사용자 UX/UI 환경을 제공한다.

3) 상호 운영계층의 핵심 빌딩 블록

선도적인 공급업체 및 금융계열사를 디지털 자산관리에 신속하게 연결해서 다양한 서비스를 제공할 수 있는 상호 운영계층을 제공한다.

4) WM 추천 엔진

자동화된 추천 엔진의 범위는 오늘날의 로보어드바이저보다 훨씬 광범위하다. House View을 근간으로 포트폴리오 추천, 고객 맞춤 상품, 모니터링 & 재투자 제안 등 자동화 되고 알고리즘 중심의 개인별 추천 엔진을 제공한다.

5) Big Data & Analytics

빅데이터(Big Data) 수집 및 Advanced Analytics Factory를 통해 개인화, 고객 행동 패턴, 고객 타겟팅 등 다양한 분석결과를 제공한다.

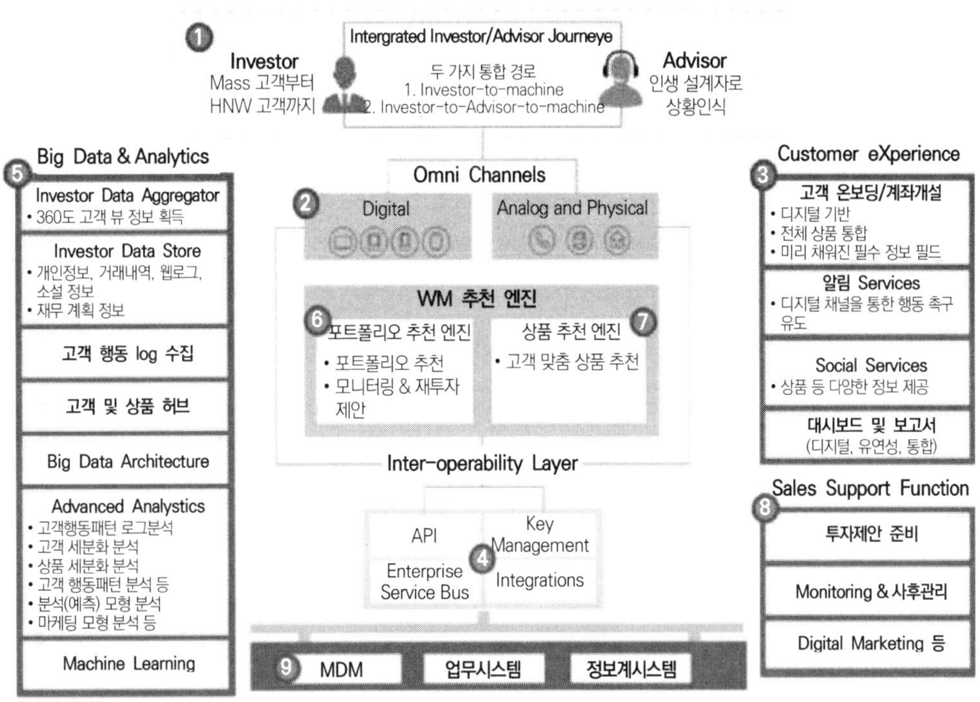

[그림 2-5] 디지털 자산관리 기능 아키텍처 맵

6) Sales Support Function

영업지원을 위한 고객 창출 및 획득, 고객 유입 및 정보 획득, 투자 제안 및 실행, 모니터링 및 사후관리 기능을 제공한다.

7) MDM(Master Data Management)

업무 프로세스 및 시스템 상에서 동일한 기준으로 사용되는 회사의 핵심 정보로, 기업정보의 신뢰성 및 정확도를 보장하고 프로세스를 효과적으로 관리하기 위한 기본적인 정보를 관리한다.

2-3 디지털 자산관리 기능 구조

1. 투자자/투자자문가 여정 통합

투자자(Investor)는 투자 행위를 하는 과정에서 두 가지 경로를 거칠 수 있다. 첫째는 로보어드바이저를 통해 투자자문 엔진(Advice Engine)으로 연결되는 것이다. 둘째는 투자자문가(Advisor)를 통해서 투자자문 엔진으로 이동할 수 있다. 투자자가 어떤 경로를 거치더라도 투자 자문서비스는 일관된 모습으로 제공되어야 한다.

이를 '투자자/투자자문가 여정 통합(Integrated Investor/Advisor Journeys)'이라고 한다. 투자자가 로보어드바이저를 이용하는 경우에도 투자자문가는 투자자와 로보어드바이저 간의 대화를 확인하고, 손실이 발생할 소지가 발생할 경우 즉시 관여할 수 있어야 한다.

또한 투자자문가는 투자자문 엔진이 제공하는 정보와 다양한 인간적 경험을 통해 고객의 행동방식을 추적하여 효과적인 투자자문을 할 수 있어야 한다.

통합 투자 여정에서 투자자와 투자자문가/로보어드바이저 간 상호작용 과정은 다음과 같다.

① 투자자가 로보어드바이저와 온라인 연결 시 사용자 인터페이스(User Interface) 기반의 매력적인 화면을 제공한다.

② 투자자가 인구통계, 보유자산, 투자 목표 등 질문에 대답을 하면 자동으로 재무설계 도구와 통합된 고객 프로파일링을 통해 필요한 저축 수준 제시 등 기본 평가를 제공한다.

③ 투자자가 투자에 흥미를 느끼고 로보어드바이저와 지속적으로 접촉하면 자산 통합 담당자(시스템)에게 투자자의 정보를 공유한다.
④ 로보어드바이저는 투자자 정보를 가져와서 투자자문 엔진을 통해 수수료, 세금, 목표 저축금액과의 과부족 금액 등을 평가 후 투자 방향을 제공한다.
⑤ 투자자가 개인적인 재정 목표, 재정 습관 및 위험 선호도에 관해 더 많은 질문에 응답하기 시작하면 상세한 목표 기반 재무설계를 제공한다.
⑥ 로보어드바이저가 투자자문 엔진을 통해 잠재적 갈등 요소와 이해상충 관계가 발생한 부분을 분석하면 투자자문가는 투자자와 상담을 진행 할 수 있게 자동 통화로 연결한다.
⑦ 투자자문가는 상황인식 시스템을 통해 투자자 투자 목표 계획에 접근해서 협동 브라우징(Co-browsing)을 이용하여 상황을 함께 보면서 해결한다.
⑧ 투자자가 스스로 온라인에 로그인해서 개인 목표를 계속 정의하면 투자자문가는 투자자에게 트윗(Tweet) 등 개인 전자통신을 통해 개인 목표에 대한 문제 제기 및 후속 조치를 제안한다.
⑨ 투자자문가는 로보어드바이저에게 상품 추천(보호)을 의뢰하고 자동화된 상품 추천 엔진이 제공하는 투자 상품을 소개하기 위해 투자자에게 적극적으로 연락한다.
⑩ 사후관리를 위해 한 달 후, 로보어드바이저는 투자자에게 시장 변동사항에 대한 실시간 텍스트를 자동생성한 후 후속 조치사항을 상담한다.

2. 옴니채널과 고객경험(Omni Channels & Customer Experience)

투자자는 언제, 어디서나 개인화된 옴니채널(전화, 온라인, 모바일, 스마트워치 등)에서 투자자문가와 수시로 양방향 의사소통을 통해 실시간 '투자 시나리오' 분석 및 상담을 할 수 있다.

투자 여정에서 고객경험을 제공하기 위한 주요 서비스는 다음과 같다.

1) 고객 온보딩(Onboarding)/계좌개설 서비스

계좌개설 및 가입 확인서는 확인 알림 문자를 자동으로 발송하는 등 디지털화 하고, 온라인 작성에 최적화된 UI를 제공한다. 이를 위해 미리 채워진 필수 정보 필드를 관리하고, 중복 입력과 처음부터 재입력하는 경우를 최소화 한다. 그리고 올바른 입력 정보값에 대해 자동 체크기능을 제공한다.

고객용 디지털 기기와 창구 직원 시스템을 연동하여 동일한 상황을 통해 상담 및 대응이 가능하고 전체 상품을 통합 관리하여 투자자가 원하는 상품 정보 및 상품 콘텐츠를 동시에 제공한다.

2) 알림 서비스

투자자에게 디지털 채널을 통해 실시간으로 맞춤형 행동 촉구(위험 회피, 투자 주문, 상담 등)를 유도하고, 투자자문가가 원하는 경우 투자자와 직접 소통을 할 수 있도록 알림(Notification) 서비스를 제공한다.

고객의 특성 및 상황(예 현재 시장 이벤트에서 영향을 가장 많이 받는 투자자)에 따라 자동으로 알림을 생성하여 소통을 제안한다.

3) 소셜(Social) 서비스

소셜 네트워크 서비스(SNS)와 주소록, 로그인 기능을 연동하고 소셜로 제공할 예금, 펀드, 증권, 연금 및 신탁상품 등 상품 소개와 다양한 투자정보를 제공한다.

4) 대시보드 및 보고서 서비스

현재 상태 등을 개인화된 대쉬보드(Dashboard)를 통해 제공하고, 보고서 설정 지원 기능(시각화 기능, 계산 도구 등)을 제공한다.

3. 상호운영성 계층

디지털 자산관리 기능 아키텍처의 핵심은 상호운용성 계층(Inter-operability Layer)으로 구성요소 간 강력하고 유연한 인터페이스를 제공한다. 상호운용성 계층을 통해 손쉽게 선도적인 공급업체 및 금융계열사를 연결해서 신속하게 다양한 서비스를 개발 할 수 있다. 이러한 도구와 표준을 사용함으로써 미래의 자산관리는 미래 전사 디지털 플랫폼의 구성요소 간 손쉬운 연계를 가능하게 한다.

상호운영성 계층 [그림 2-6]은 서비스 지향 아키텍처, 인터페이스 설계, 트랜잭션 무결성, 통합, 오케스트레이션, API 관리 같은 핵심 개념을 기반으로 구성된다.

1) 서비스 지향 아키텍처(Service-Oriented Architecture : SOA)

이 기종 응용 프로그램의 비즈니스 기능을 재사용 가능한 빌딩 블록 또는 비즈니스 요구에 신속하게 대응 할 수 있는 '서비스'로 구성하는 서비스 지향 아키텍처를 적용한다.

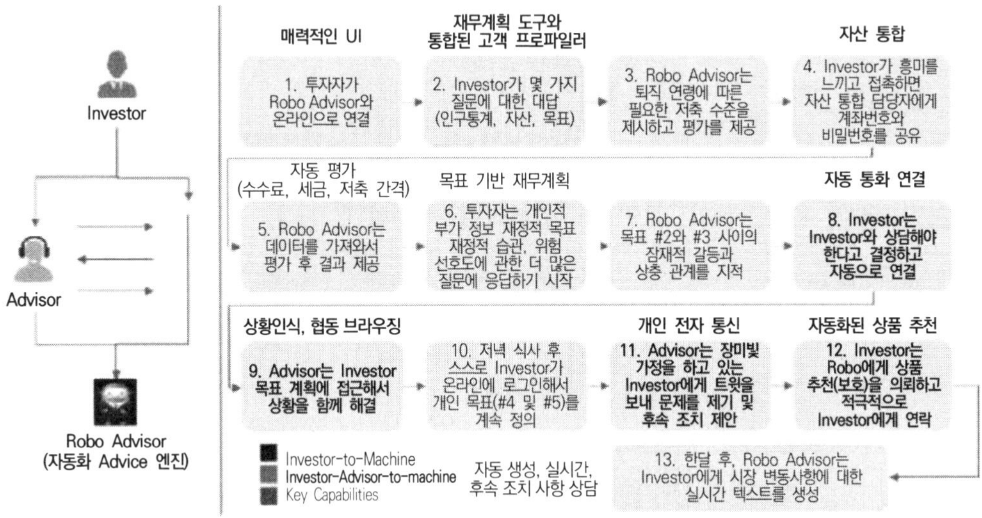

[그림 2-6] 투자자와 자문가의 상호작용과 핵심역량

2) 인터페이스 설계

강력하고 유연한 인터페이스를 구축하기 위해 상호운용성 표준을 채택한 인터페이스 설계를 한다. 설계에 포함해야 하는 인터페이스 프로세스는 시스템 처리 규칙 및 제약 조건, 통신 프로토콜, 사용자 경험, 데이터 송수신 템플릿 및 예외 또는 오류 처리 등이다.

3) 트랜잭션 무결성

예상한 결과로 원하는 작업이 무결성을 확보하도록 지원한다. 이것은 ACID (Atomicity, Consistency, Isolation, Durability) 네 가지 기준을 통해 측정한다.

4) 통 합

통합은 데이터 통합과 응용 프로그램 통합이 있다. 데이터 통합이란 요청하는 응용 프로그램이 DB에 직접 액세스하는 것을 말한다. 그리고 응용 프로그램 통합은 요청 응용 프로그램과 공유하기 전에 데이터를 처리하는 응답 응용 프로그램의 논리 계층을 호출방식으로 처리한다.

5) 오스트레이션

엔드 투 엔드(end-to-end) 비즈니스 프로세스를 구성하는 여러 단계를 관리하는 것을 의미한다. 여기에는 유효성 검사 실패 시 데이터 검색, 규칙 적용 및 데이터 거부와 같은 논리가 포함된다.

6) API 관리

API 관리는 저수준 응용 프로그램의 프로그래밍 인터페이스를 통해 고수준 서비스의 생성, 조합, 관리, 보안 및 소셜화를 가능하게 한다.

4. 자산관리(WM) 투자자문 엔진

투자자문 엔진은 상품 포트폴리오 추천, 고객 맞춤 상품 추천, 모니터링 & 재투자 제안 등을 하우스 뷰(House View)를 근간으로 한 자동화된 알고리즘을 통해 투자자 별로 제공한다. 투자자문 엔진의 투자자문 범위, 핵심 디지인 특징, 통합 컴포넌트 요소, 활성화 기능은 다음과 같다.

1) 투자자문 범위

투자자문 엔진의 범위는 오늘날의 로보어드바이저보다 훨씬 광범위하다. 자산/부채 및 현금 흐름, 증권 투자뿐만 아니라 세금 및 부동산 투자 계획, 건강/여가/가족 등과 관련된 투자자 생애주기 목표 전반이다.

2) 핵심 디지인 특징

알고리즘 기반 목표 투자 계획을 제공하고, 인간(Human) 투자자문가를 돕거나 대체 할 수 있는 도구로 사용한다. 그리고 벤치마크용이 아닌 실제 투자자 목표에 대해 성과 측정이 가능하다.

3) 통합 컴포넌트 요소

고객 프로파일링, 재무 계획, 예산 책정, 포트폴리오 구성/재조정, 세금 최적화, 투자/보호 상품 권장사항, 투자자/투자자문가를 위한 투자 차선책, 테마 투자 및 거래 아이디어, 리서치 도구 등의 컴포넌트를 제공한다.

4) 투자자문 활성화 기능

특정 투자자에게 투자자 간 투자 비교 허용 기능과 투자자와의 상호 작용을 통해 프로필 및 알고리즘을 지속적으로 업데이트 하는 기계 학습(Machine Learning) 기능이 있다. 그리고 내부 및 외부 정보를 활용하여 분석 알고리즘을 작동시키는 빅데이터 엔진이 있다.

투자자에게 상품 추천을 하는 방식은 포트폴리오 추천 방식과 협업 필터링(Collaborative Filtering) 추천 방식이 있다.

(1) 포트폴리오 추천 방식

포트폴리오 추천 방식은 개별 투자자에게 효율적이고 고도화된 투자활동을 할 수 있도록 하우스 뷰를 근간으로 포트폴리오 추천 엔진을 통해 투자 포트폴리오를 제공하는 방식이다. 포트폴리오 추천 엔진의 작동 원리는 타겟 목표 포트폴리오와 현재 포트폴리오를 비교하여 가장 효과적으로 갭을 줄일 수 있는 투자/재투자 아이디어를 제시하는 것이다. 이를 위해 고객 위험 성향, 모델 포트폴리오 설계, 최적화 계산을 위한 세부 자산 단위별 기댓값을 관리한다.

(2) 협업 필터링 추천 방식

협업 필터링 추천 방식은 금융회사별 고유의 알고리즘을 갖고 있다. 예를 들어 모건 스탠리(Morgan Stanley)는 투자자문가와 유사한 선호도를 가지고 있는 다른 투자자문가의 상품 아이디어(Item Rating)를 기반으로 최적화된 상품 아이디어를 추천한다. 모건 스탠리 알고리즘 접근 방식은 다음과 같다.

① 각 추천 상품 아이디어에 대한 투자자문가의 평가 결과를 데이터베이스화 한다.
② 투자자문가의 투자 성향에 대한 설문지 내용 혹은 관리하는 투자자별 포트폴리오 평균치를 데이터 마이닝(Data Mining)을 통해 도출한다.
③ 상품 아이디어의 특성은 투자자문가의 성향과 각 아이디어에 대한 투자자문가의 평가를 비교함으로써 예측값을 결정한다.
④ 각 상품 아이디어에 대한 투자자문가 간 유사 정도를 판단한다.
⑤ 예상 평가치는 투자자문가 성향과 상품 아이디어 특성의 곱으로 도출되어, 해당 아이디어를 가장 높게 Rating할 확률이 높은 투자자문가를 추천한다.

5. 빅데이터 & 분석(Big Data & Analytics)

빅데이터 분석은 투자자의 라이프 스타일을 360도로 관찰하여 투자자가 원하는 것이 무엇인지 파악하여 행복한 고객 경험을 제공하도록 도와준다. 옴니채널에서 빅데이터 수집(그림 2-7) 및 분석 팩토리(Analytics Factory)를 통해 개인화, 고객 패턴, 고객 타겟팅 등 다양한 고급 분석(Advanced Analytics)을 한다. 분석 결과는 고객 경험 엔진을 통해 투자자 친화적인 방식으로 제공한다.

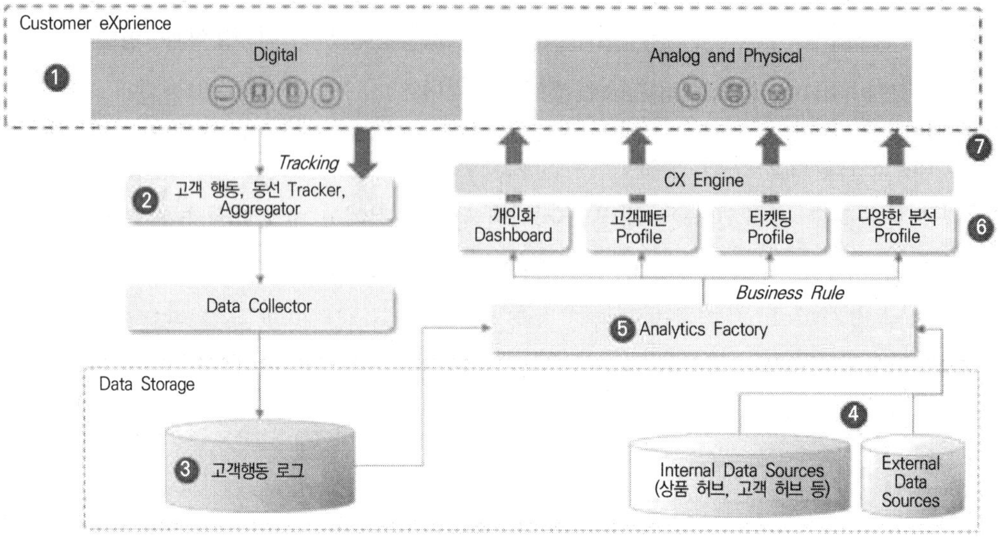

[그림 2-7] 빅데이터와 분석 구조

데이터 집계(Data Aggregator) 기능을 통해 고객이 이용하는 금융사의 고객 계정을 추가할 수 있으므로 특정 투자자의 대차 대조표 및 투자자 전반의 완벽한 뷰(View)를 제공한다. 그리고 투자자가 옴니채널에서 발생시킨 다양한 데이터를 트래킹(Tracking)한 후 고객 행동 로그에 저장한다. 이때 고객 행동 로그는 향후 고객 행동 패턴 분석을 위해 조회 시간, 화면 번호, 계좌번호, 서비스 매체 구분, 종목 코드 등 분석 기본 항목을 관리한다.

고급 분석을 위해 추가로 필요한 데이터로는 내부 데이터인 고객/상품 허브(Hub)와 고객/상품 마트(Mart)가 있고 다양한 비정형 외부 데이터가 있다. 상품 허브는 상품 정보와 상품 콘텐츠 정보의 통합 관리를 통해 상품 정보 활용 시 연관 정보를 쉽고 편리하게 제공할 수 있다. 분석 팩토리(Analytics Factory)는 분석을 수행하고 이를 통합 관리함으로써, 쉽게 분석 결과를 사용 할 수 있게 지원한다.

6. 영업지원 기능(Sales Support Function)

영업지원 프로세스는 고객 창출 및 획득, 고객 유입 및 정보 획득, 투자 제안 및 실행, 모니터링 및 사후관리 단계로 구성된다. 영업지원 단계별 영업지원 기능은 다음과 같다(그림 2-6 참조).

학습 2

1) 캠페인 준비

신규(잠재고객 포함) 및 기존 고객 마케팅 캠페인을 위한 준비로 고객 특성 및 자산규모에 따라 구분하여 캠페인 대상 고객을 선정한다.

2) 캠페인 실행

고객에게 우편물, 이메일 등을 통하여 캠페인을 위한 커뮤니케이션 자료를 배포한다. 캠페인 반응 고객에게 연락 및 미팅 사전예약을 한다.

3) 고객 정보 수집

고객에 대한 심층적 이해를 위한 고객 정보 발굴을 통해 고객 정보를 수집한다. 이를 통해 고객 투자 성향 평가 및 상품/포트폴리오 추천 엔진에 정보로 제공한다.

4) 리스크 측정

고객 포트폴리오 제공을 위해 고객의 위험 수용력(Risk Capacity) 측정 및 리스크 프로파일 정보를 관리한다.

5) 고객 온보딩

고객 정보를 기입하고, 고객으로부터 필요한 서명 및 서류 수취 서류를 백오피스(Back-office)로 전달한다.

6) 고객 미팅 준비

고객 미팅을 위해 필요한 정보를 확인한다.

7) 고객 상품 리서치

고객이 현재 보유하고 있는 투자상품에 대해 리서치 정보를 제공한다.

8) 투자제안 준비

상이한 투자건의 매도/매수가 전체 포트폴리오에 미치는 영향을 평가하여 사용자 친화적인 방법으로 투자제안서 작성한다.

9) 투자실행 및 피드백

고객 지시를 바탕으로, 바람직한 트레이드를 실행하고 결과를 제공한다.

10) 포트폴리오 모니터링

리스크 프로파일, 투자 목표 준수의 관점에서 모니터링한다.

11) 사후관리

판매 후 성과 관련 자료를 고객에게 배포한다.

구 분	영업 지원 기능	
고객 창출 및 획득	1	캠페인 준비
	2	캠페인 실행
고객 유입 및 정보 획득	3	고객 정보 수집
	4	리스크 측정
	5	고객 온보딩
투자 제안 및 실행	6	고객미팅 준비
	7	고객 상품 리서치
	8	투자 제안 준비
	9	투자 실행 및 Feedback
모니터링 및 사후관리	10	포트폴리오 모니터링
	11	사후관리

[그림 2-8] 영업지원 기능

7. 기준 데이터 관리(Master Data Management)

투자자문 엔진의 인공지능이 데이터를 학습할 수 없다면 연료가 떨어진 자동차와 같다. 고급 분석은 데이터로 시작해서 데이터로 끝난다. 그러므로 디지털 자산관리가 제대로 작동하기 위해서는 품질이 확보된 데이터를 수집하고, 다듬고 정리해서 지속적으로 제공되어야 한다.

기준 데이터는 업무 프로세스 및 시스템 상에서 동일한 기준으로 사용되는 기업의 핵심 데이터로서, 기업 정보의 신뢰성 및 정확도를 보장하고 프로세스를 효과적으로 관리하기 위한 기본 데이터이다.

데이터는 활용 목적에 따라 기준 데이터(Master Data), 트랜잭션 데이터(Transaction Data), 분석 데이터(Analytic Data)로 구분한다. 기준데이터는 전사 업무 부문 간 공통의 의미를 가져야 할 정보로, 업무 수행 시 참조되는 데이터이다. 기준 데이터가 중복이나 누락 등의 이유로 부정확할 경우, 기준 데이터를 참조해 생성되는 트랜잭션 데이터부터 이를 가공해 활용하는 분석 데이터까지 신뢰성과 품질에 치명적인 문제가 발생될 수 있다. 정보 분석계는 많은 데이터를 확보하고 있으나, 분석 효율성과 정확도가 떨어지는 경우가 많은데, 대부분의 원인이 기준 데이터 기반으로 데이터를 관리하지 않기 때문이다.

기준 데이터 관리는 단순히 시스템 구축 만을 의미하는 것이 아니다. 기준 데이터의 품질과 일관성을 유지하고 업무 변화에 대응할 수 있는 운영체계에 대한 거버넌스와 운영표준체계를 수립하고, 이를 기반으로 정보시스템을 개발하고 운영하는 인프라 구축을 포함한다[그림 2-9 참조].

[그림 2-9] MDM Framework

8. 미리 본 디지털 자산관리 여정

지금까지 설명한 자산관리 서비스의 미래 변화에 대한 의견 차이는 있을 수 있다. 그러나 지금 변화를 시작해야 한다는 점은 누구나 공감할 것이다.

디지털 탈바꿈이 가속화되고 있는 시대에 투자자문가의 개인 역량에 의존하는 투자자문 서비스는 이용하는 데이터의 범위, 데이터 분석의 활용, 서비스 제공 적시성, 자문서비스에 투입되는 노력과 원가 등의 관점에서 디지털 투자자문을 따라잡을 수 없을 것임은 분명하다.

따라서 향후 5년에서 10년 후 미래 디지털 시대에 적합한 자산관리 방향을 수립하고 탈바꿈의 첫발을 내딛는 것이 중요하다. 자산관리 서비스의 디지털 탈바꿈을 위해서는 로보어드바이저 도입, 개인 자산관리서비스 적용 등 단편적인 접근보다는 아키텍처 관점에서 전체적으로 추진하여야 한다. 디지털화된 자산관리 서비스가 정착되면, 우리나라 금융회사들의 글로벌 경쟁력도 업그레이드될 것이다.

2-4 디지털 자산관리의 융합기술

1. 4차산업 핵심 요소의 인공지능기술

현재 진행 중인 4차 산업혁명의 핵심 기술로는 먼저 기반이 되는 요소 기술로 인공지능(AI : Artificial Intelligence) 빅데이터, 블록체인 사물인터넷(IoT : Internet of Things) 5세대(5G : 5th Generation) 네트워크 생명공학 기술, 재료공학 기술(㉮ 그래핀, 나노), 양자 컴퓨팅 등을 꼽을 수 있다.

그리고 이러한 요소 기술을 기반으로 한 상위 레이어(Layer)에 해당된다고 볼 수 있는 기술로서 무인운송(자율주행자동차), 드론, 적층가공(Additive Manufacturing : 3D 프링팅), 로봇, 스마트 에너지(그리드) 스마트 보안, 스마트 팩토리, 메타버스, 가상현실(VR : Virtual Reality), 증강현실(AR : Augmented Reality) 등이 있다.

디지털 자산의 활용의 예로써 인공지능기술은 이미 자산운용이나 신용평가, 시장감시 등의 분야에서 본격적으로 활용되고 있으며, 블록체인기술은 자본시장 후선업무를 중심으로 활발한 도입시도가 진행되고 있다.

2. 디지털 자산관리에서의 인공지능기술의 활용

디지털 자산에서의 인공지능기술을 도입하고 활용하려는 수요가 점차 늘어나고 있음은 명백하다. 자본시장의 각 분야별로 인공지능기술이 어떻게 활용되고 있는지 알아보고, 자본시장 내 플레이어들이 어떠한 노력을 기울이고 있는지 그 추세를 살펴보고자 한다.

자본시장에서의 인공지능기술의 활용현황을 다음의 네 가지 분야로 구분하여 각각 살펴보았다.

첫째는 자산운용 분야에서의 활용이고, 둘째는 신용평가 부문, 셋째는 챗봇을 활용한 업무 효율화, 마지막으로 넷째는 이상탐지 분야에서의 활용이다.

디지털 자산관리(DAM)로 작업할 때 시간이 더 많이 걸리는 작업 중 하나는 메타데이터 추가와 관련이 있다. AI를 구현하고 이들이 이 작업을 수행할 수 있도록 함으로써 시간 관련 비용을 훨씬 더 줄일 수 있다.

3. 모빌리티 및 디지털 자산관리

2020년에 우리가 한 가지를 배웠다면 그것은 역동적인 작업 습관의 중요성이었다. 원격으로 다양한 장치를 통해 작업할 수 있다는 것은 많은 기업과 조직의 이점에서 절대적인 필요성이 되었다.

DAM 플랫폼은 사람과 조직이 오랫동안 원격으로 작업할 수 있도록 지원해 왔지만 소프트웨어 공급자가 동적 작업을 더 많이 촉진할 것이라고 믿는 것이 합리적이다. 여기에는 앱을 통한 모바일 장치 사용 또는 SaaS(Software as a Service) 계약을 통한 클라우드 스토리지 지원과 같은 여러 DAM 기능 개선이 포함된다.

FotoWare에서 우리는 이미 더 큰 이동성을 원하는 소비자를 위한 준비를 시작했다. SaaS에 대한 관심을 높이는 것 외에도 XNUMX 월에 새로운 모바일 장치를 통해 모바일 앱을 출시하여 팀이 이동 중에 DAM에 액세스하고 사용할 수 있도록 했다.

4. 블록체인기술과 디지털 자산관리

2021년의 트렌드는 블록체인기술이다. 이는 개발과 거래를 추적하는 데 필요한 비트코인의 증가 때문이 아니라 가까운 장래에 다른 영역에서 기술이 더욱 두드러질 수 있다고 믿기 때문에 DAM이 그중 하나이다.

DAM 플랫폼에 블록체인을 구현함으로써 사용자는 파일에 대한 모든 변경 사항을 추적하여 자산을 더욱 강력하게 제어할 수 있다. 더 큰 규모에서 이것은 사람들이 예를 들어 이미지가 변조되었는지 또는 포함된 정보가 변경되었는지 여부를 알 수 있게 해준다.

수행 내용

재료 · 자료

- 디지털 자산 관련 자료

기기(장비 · 공구)

- 컴퓨터, 문서작성 프로그램, 프린터, 주변기기

안전 · 유의사항

- 디지털 자산 관련 장비의 안전 및 유의사항을 숙지한다.

수행 순서

01 디지털 자산관리 시장에 대하여 분석하라.

전세계 디지털 자산관리 시장은 산업에 따라 소매 및 E-Commerce, 은행/금융서비스/보험, 제조, IT 및 통신, 미디어 및 엔터테인먼트, 정부 및 공공부문, 여행 및 접대, 헬스케어, 기타로 분류된다.

① 소매 및 E-Commerce는 2020년 3억 8,700만 달러에서 연평균 성장률 15.0%로 증가하여, 2025년에는 7억 7,900만 달러에 이를 것으로 전망된다.

② 은행/금융서비스/보험(BFSI)은 2020년 4억 2,400만 달러에서 연평균 성장률 11.3%로 증가하여, 2025년에는 7억 2,400만 달러에 이를 것으로 전망된다.

③ 제조는 2020년 4억 400만 달러에서 연평균 성장률 10.7%로 증가하여, 2025년에는 6억 7,200만 달러에 이를 것으로 전망된다.

④ IT 및 통신은 2020년 3억 9,600만 달러에서 연평균 성장률 11.5%로 증가하여, 2025년에는 6억 8,400만 달러에 이를 것으로 전망된다.

⑤ 미디어 및 엔터테인먼트는 2020년 5억 4,700만 달러에서 연평균 성장률 11.5%로 증가하여, 2025년에는 9억 4,100만 달러에 이를 것으로 전망된다.

⑥ 정부 및 공공부문은 2020년 3억 1,300만 달러에서 연평균 성장률 10.2%로 증가하

여, 2025년에는 5억 1,000만 달러에 이를 것으로 전망된다.

⑦ 여행 및 접대는 2020년 3억 5,500만 달러에서 연평균 성장률 12.7%로 증가하여, 2025년에는 6억 4,500만 달러에 이를 것으로 전망된다.

⑧ 헬스케어는 2020년 3억 5,000만 달러에서 연평균 성장률 13.8%로 증가하여, 2025년에는 6억 6,700만 달러에 이를 것으로 전망된다.

⑨ 기타는 2020년 2억 2,400만 달러에서 연평균 성장률 11.0%로 증가하여, 2025년에는 3억 7,800만 달러에 이를 것으로 전망된다.

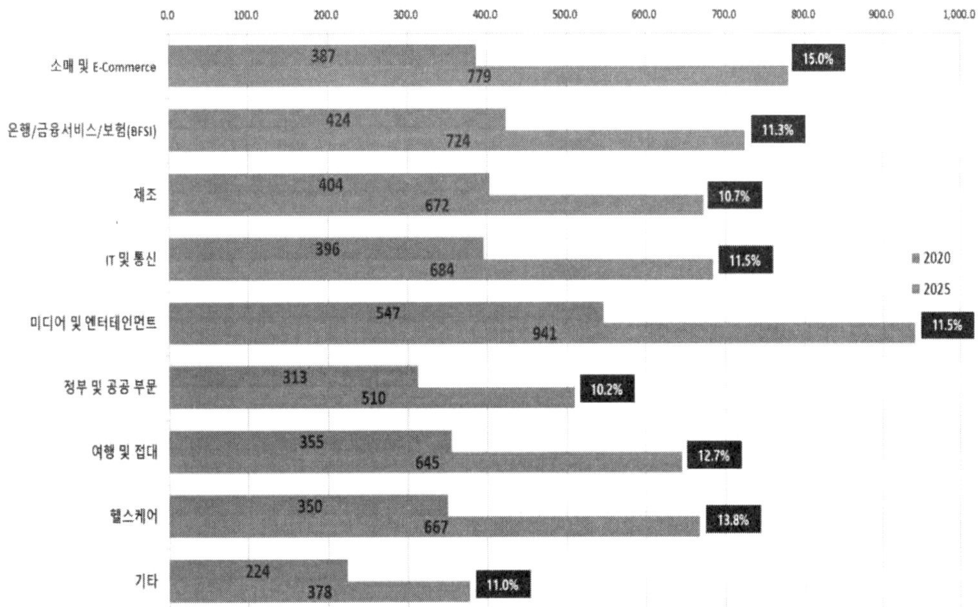

[그림 2-10] 글로벌 디지털 자산관리 시장의 산업별 시장규모 및 전망

출처 : MarketsandMarkets, Digital Asset Management Market, 2020

02 글로벌 금융회사의 자산관리 전략에 대하여 분석하라.

UBS, Credit Suisse, Citi, Bank of America Merrill Lynch, J.P. Morgan Chase & Co., Morgan Stanley와 같은 글로벌 금융회사의 자산관리 전략은 다음과 같은 특징을 갖는다.

1. 자산관리(WM)에 보다 집중

규제 환경에 직면한 투자은행(IB) 부문을 축소하고, 높은 성장 잠재력과 적은 자본으로 안정적 수익기반을 확보할 수 있는 자산관리(WM) 부문에 주력하고 있다.

2. 핵심 고객군 설정으로 맞춤형 서비스 제공

전사 전략과 역량에 맞는 핵심 고객군(Persona)을 정의하고, 고객세분화를 통해 맞춤형 서비스를 제공한다. 모든 고객층에 집중하기 보다 각 사의 전략과 역량에 맞고 수익성이 있는 핵심 고객군을 설정하고, 채널 전략을 고려한 상품 및 서비스를 제공한다.

3. 일관된 House View 유지

일관된 House View 하에 우수하고 시의적절한 상품 및 서비스를 고객에게 제공하는 것이 고객 유지 및 확보에 있어 무엇보다 중요한 수단이다.

4. 상품개발능력 강화

자산관리 부문을 중심으로 각 부문의 연계 및 통합을 통해 금융그룹 전반의 상품개발 능력을 강화한다. 상품개발 능력 강화를 위해 IPS(Investment Products and Services), Solution Partners 등 WM/PB, IB, AM(Asset Management) 간 협력을 강화할 수 있는 조직설치를 통해 고객의 상품만족도를 제고한다.

5. 자문인력 역량 강화 및 업무지원 시스템 개발 주력

상위 부유층 고객에 집중하는 금융회사는 투자자문가의 수보다 고객과 대면하는 자문인력의 역량이 중요하다. 그러나 비용절감을 위한 인력 축소가 필요한 금융회사는 고객과의 대면 업무에 지장을 초래하지 않기 위해 자문인력의 업무 효율성 제고를 위한 지원시스템 개발 등에 집중하고 있다.

6. 고객 접점 확대를 위해 멀티채널 전략 수립

자산관리 고객의 경우 시·공간에 관계없이 상호작용이 가능한 멀티채널 니즈가 있다는 점을 고려해 온·오프라인 기반을 동시에 확대하고 있으며 빅데이터 활용, 고객대상 플랫폼 제공, 시스템 통합 등에 집중하고 있다.

03 2017년 세계경제포럼(WEF) 금융서비스 산업연구에서 '미래 자산 관리 산업에 미치는 10대 파괴 요인'에 대하여 분석하라.

디지털 탈바꿈(Digital Transformation) 시대가 도래 하면서 자산관리 산업에도 파괴적 혁신이 일어나고 있다. 그동안 자산관리 산업에서 투자자문가들이 편안한 영업마진을 실현한 탓으로 상대적으로 많은 투자자들은 제대로 된 서비스를 받지 못했다. 파괴적 혁신은 이러한 불균형을 해결하는 기회를 제공한다.

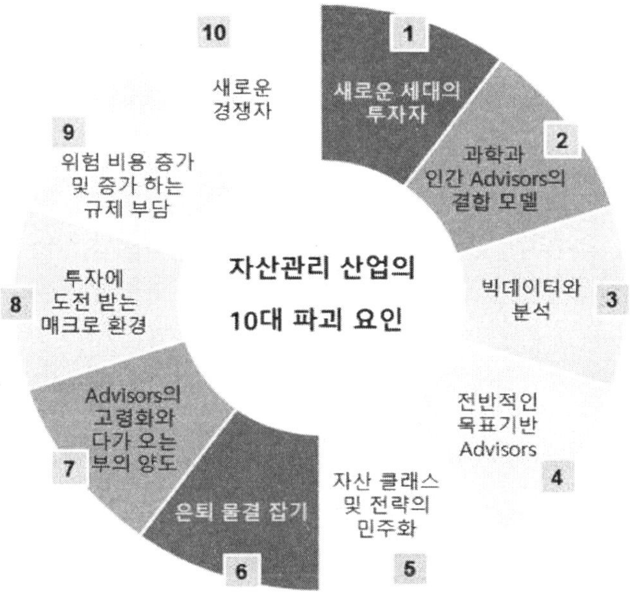

[그림 2-11] 2017 세계경제포럼(WEF) 금융서비스 산업 연구

1. 새로운 세대의 투자자 등장

X세대, Y세대 등의 새로운 투자자가 등장하면서 그들만의 특성과 니즈가 기존 자산관리 서비스 방식에 영향을 미칠 것이다. 새로운 세대의 영향력은 자산관리 산업 전반에 확대가 예상되므로 새로운 세대를 민족시킬 수 있는 서비스 체계를 마련해야 한다.

2. 과학과 인간 Advisors의 결합 모델

로보어드바이저(Robo-advisors)의 등장으로 로보와 인간 투자자문가(Human advisors) 모델의 새로운 조합이 등장한다. 투자자에게 인간적 신뢰와 따뜻함, 과학적 장점을 제공할 수 있는 적합한 조합이 필요하다.

3. 빅데이터와 분석

빅데이터(Big Data) 등 고급 분석(Advanced Analytics)은 새로운 고객과의 교류, CRM 및 위험관리를 위한 새로운 방법으로 자산관리를 변화시키는 첨단기술이 될 것이다.

4. 전반적인 목표기반 Advisors

투자자는 로보어드바이저와 인간 투자자문가가 제공하는 다양한 투자 및 자금 조달 전략을 통해 종종 상반되는 목표로 혼란스러울 수 있다. 이러한 문제가 발생하지 않도록 목표달성 방법에 대해 통합적인 자문체계를 고려해야 한다.

5. 자산 클래스 및 전략의 민주화

소매투자자도 고액자산가(HNW) 또는 기관 투자자와 동일한 자산 클래스 및 투자 전략에 대한 접근을 요구한다.

6. 은퇴 물결 잡기

퇴직 전 예상 근속기간을 고려하는 것은 지금도 투자자와 투자자문가 대화의 핵심에 있지만, 미래에는 더욱 더 관심에 대상이 된다.

7. Advisors의 고령화와 다가오는 부의 양도

투자자문가는 고령화되고 빠르게 산업을 떠나게 되면서 부의 이동이 발생한다. 현재 투자자문가의 30%는 10년 이내에 은퇴 할 것이다. 이로 인해 투자자와 투자자문가의 관계가 재편될 것이다.

8. 투자에 도전 받는 매크로 환경

저변동성 시대에서 고변동성 시대로 전환되면서 투자자와 투자자문가가 올바른 수익과 위험 조합을 찾는데 까다로운 매크로 환경이 나타난다.

9. 위험 비용 증가 및 증가하는 규제 부담

위험 비용 증가 및 규제 부담 증가로 자산관리회사와 금융그룹에 새로운 도전 과제가 부여된다.

학습 2

10. 새로운 경쟁자

기존 PB의 타 자산관리회사로 이동뿐만 아니라 새로운 자산관리회사와 새로운 비즈니스 모델의 출현으로 동일한 고객과 자산에 대한 경쟁 강도가 높아진다.

04 미래의 자산관리 산업 변화 요소에 대하여 분석하라.

자산관리 산업환경 변화 요인, 글로벌 금융회사의 자산관리 전략, 미래 자산관리 산업의 10대 파괴 요인 등을 종합적으로 검토하여 미래 디지털 탈바꿈 시대에 자산관리 산업에 영향을 줄 변화 요소를 정의했다.

1. 투자자

① X세대, Y세대 등 새로운 투자자가 등장하면서 기존 자산관리 서비스 제공 방식의 개선이 필요하다.

② 고령화 증가로 근로소득에서 연금소득으로 소득 원천의 변화로 은퇴설계를 위한 관리 수요가 증가한다.

③ 세대간 자산 이전 확대로 디지털 기기 사용에 익숙한 젊은 고액자산가(HNW) 계층이 증가한다.

④ 소매투자자도 고액자산가(HNW) 또는 기관 투자자와 동일한 자산 클래스 및 투자 전략에 대한 접근을 요구한다.

⑤ 투자자는 로보어드바이저와 인간 투자자문가가 제공하는 다양한 투자 조언 및 자금 조달 전략을 통해 종종 상반되는 목표로 혼란스러울 수 있다.

2. 투자자문가

① 로보어드바이저가 지원할 수 없는 상위 부유층을 전담하는 핵심 투자전문가 조직이

필요하다.

② 인간 투자전문가와 로보어드바이저 간 이해상충이 발생하지 않도록 매끄러운 조합이 필요하다.

3. 서비스

① 고객 공감을 바탕으로 매력적인 고객경험(Customer Experience)을 제공할 수 있는 지원체계를 마련해야 한다.

② 2대에서 3대로 확대되는 초부유층(UHNW)을 대상으로 고객별 가문자산관리 서비스를 강화해야 한다.

③ 핵심 고객군(Persona)을 정의하고, 고객세분화를 통해 맞춤형 서비스가 필요하다.

4. 자산관리회사

① 디지털 탈바꿈 가속화로 산업간 진입 장벽이 파괴되면서 경쟁이 심화된다.

② 상위 고객층 지원을 위해 핵심 자산관리사의 역량을 강화해야 한다.

③ 시장 내 변동성 증대 및 성장 잠재력 하락에 따른 안정적 자산배분 및 다양한 투자전략 제공이 필요하다.

④ 감독기관의 규제강화로 비용과 위험이 증가한다.

5. 기 술

① 빅데이터기반 분석서비스가 자산관리 전 영역으로 확대된다.

② 고객대상으로 자산관리 플랫폼 서비스가 확대된다.

③ 민첩성(Agility)과 안정성을 확보할 수 있는 지원체계의 확보가 필요하다.

학습활동.2 교수 · 학습 방법

교수 방법

- 디지털 자산관리의 기술에 대한 관련 용어, 구성, 방식 이해 정도를 파악한 후 수업을 진행한다.
- 교수자의 주도로 디지털 자산관리의 기술 등의 내용을 PPT 자료로 제시한 후 설명한다.
- 가능하면 사전에 개인별 학습 자료를 준비하여 모든 학생이 참여할 수 있는 문제 해결식 수업, 협력 수업이 가능하도록 한다.
- 디지털 자산관리의 기술 전 과정을 작업의 순서에 따라 단계적으로 실습이 이루어질 수 있도록 지도한다.
- 교재를 통해 수업을 준비하는데 있어서 필요한 모든 정보나 팁, 힌트 등 도움이 될 만한 내용들을 확인할 수 있다.
- 학생들이 만들게 될 각 모델들은 수업시간에 중점적으로 다뤄질 부분과 어휘, 질문, 답을 포함하고 있으며 또한 탐구할만한 추가적인 아이디어들도 포함하고 있다.

학습 방법

- 디지털 자산관리의 기술에 대한 관련 용어를 숙지하고, 디지털 자산관리의 기술에 대해 이해한다.
- 디지털 자산관리의 기술의 각 단계별 중점 사항을 체계적으로 학습한다.
- 디지털 자산관리의 기술의 수행순서의 전 과정을 실습한다.
- 디지털 자산관리의 기술의 내용을 이해한다.
- 디지털 자산관리의 기술을 이해하고 숙달이 될 때까지 학습한다.

학습활동.2 평가 및 피드백

평가 준거

- 평가자는 피평가자가 수행 준거 및 평가 내용에 제시되어 있는 내용을 성공적으로 수행할 수 있는 지를 평가해야 한다.

학습내용	평가항목	성취수준		
		상	중	하
디지털 자산관리의 기술	디지털 자산관리의 기술을 이해할 수 있다.			

평가 방법

- 작업 포트폴리오

학습내용	평가항목	성취수준		
		상	중	하
디지털 자산관리의 기술	디지털 자산관리의 기술을 이해할 수 있다.			

- 필기시험

학습내용	평가항목	성취수준		
		상	중	하
디지털 자산관리의 기술	디지털 자산관리의 기술을 이해할 수 있다.			

- 체크리스트를 통한 관찰

학습내용	평가항목	성취수준		
		상	중	하
디지털 자산관리의 기술	디지털 자산관리의 기술을 이해할 수 있다.			

- 피드백

1. 작업 포트폴리오
   - 제출한 보고서를 평가한 후 주요 사항에 대하여 표시하여 돌려준다.
2. 필기시험
   - 평가 결과 성적이 저조한 학생은 보고서 제출 기회를 부여한다.
3. 체크리스트를 통한 관찰
   - 실습 과정에서 평가한 후 개선해야 할 사항 등을 정리하여 돌려둔다.

참 | 고 | 문 | 헌

- 김용태, IOSCO와 논의 중인 렉텍(RegTech) 과제, 자본시장연구원 22주년 개원기념 세미나, 2019.
- 이호재, 디지털 자산관리 디자인 원칙과 아키텍처, 투이컨설팅, 2018.7.30.
- 이호재, 자산관리 서비스의 디지털 탈바꿈, 기능 아키텍처 1, 2. 투이컨설팅, 2018.08.01.
- 이호재, 자산관리 서비스의 디지털 탈바꿈, 투이컨설팅, 2018.7.23.
- 이효섭, 디지털 혁신을 위한 한국 금융투자업계의 과제, 자본시장연구원, 2019.12.
- 최공필, 금융회사 로보어드바이저 시장의 성장 전망, 코스콤, 2021.8.27(https://newsroom.koscom.co.kr).
- 디지털 자산관리 시장, 연구개발특구진흥재단(https://www.innopolis.or.kr), 2021.10.
- 아하경제 217호 자산관리란 무엇인가? (http://www.econovill.com), 2014.11.10.
- CB Insights 2018, Global FinTech Report, Q1~4 2018.
- CB Insights 2019, Global FinTech Report, Q1~2 2019.
- Gupta S · Simonds S., Goldman Sachs' Digital Journey, Harvard Business School Case 518-039 1-18, 2017.
- KB금융지주경영연구소(2017), 'Korean Wealth Report : 한국 부자 보고서'.
- KDB산업은행(2017), '개인자산관리서비스 동향과 시사점', Weekly KDB Report 2017.7.10.
- KEB하나은행/하나금융경영연구소(2018), '2018 Korean Wealth Report : 한국 부자들의 자산 관리 방식 및 라이프스타일'
- MarketsandMarkets, Digital Asset Management Market, 2020.
- n TechNavio, Global Digital Asset Management Market, 2021.
- WEF(2017), 'The Digital Wealth Manager of the Future'

학습 2

학습 1	디지털 자산의 개요
학습 2	디지털 자산관리의 기술
학습 3	**디지털 자산관리의 플랫폼**
학습 4	디지털 자산과 전통자산 융합기술
학습 5	디지털 자산과 디지털 금융 융합기술
학습 6	디지털 자산과 디파이 서비스 융합기술
학습 7	디지털 자산과 메타버스 융합기술
학습 8	디지털 자산과 보안의 개요
학습 9	디지털 자산과 디지털 지갑 보안 융합기술
학습 10	디지털 자산과 클라우드 보안 융합기술
학습 11	디지털 자산과 ISMS-P 융합기술
학습 12	디지털 자산의 활용
학습 13	디지털 자산의 미래

학습 목표	1. 디지털 자산관리의 플랫폼을 이해할 수 있다.

3-1 디지털 자산관리의 플랫폼 개념

1. 디지털 자산관리의 플랫폼 탄생

디지털 자산 플랫폼은 안전한 자산관리 및 결재, 대출, 배당 증권형토큰발행(STO : Security Token Offering) 등 디지털 자산을 보유할 때 발생할 수 있는 부가가치서비스를 제공한 플랫폼이다.

디지털 자산 플랫폼의 구축은 최근 블록체인 기술을 기반으로 한 디지털 자산시장은 가장 빠르게 변화하고 있는 산업 가운데 하나이고, 금융소비자 보호를 최우선으로 하되 안전한 서비스 제공을 위한 비즈니스 인프라를 갖춰 국내 법규를 준수하면서 제도화에 발맞춰 단계적으로 준비하고 있다.

디지털 자산 플랫폼의 구축 목적은 부동산 수익증권과 디지털 자산유동화 증권(ABR) 등을 관리할 수 있는 플랫폼이다.

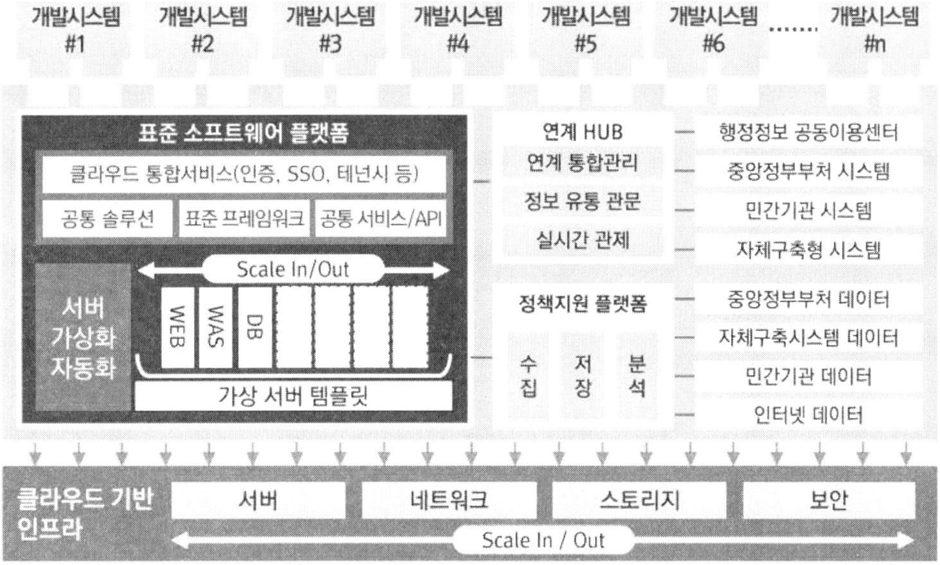

[그림 3-1] 디지털 자산관리 플랫폼의 구성 예

[그림 3-1]은 디지털 자산관리 플랫폼의 클라우드 기반의 인프라를 이용하여 정부 행정지원 플랫폼과 연동한 구축사례이다.

코로나19로 인하여 다양한 원인들로 파생된 불안정한 세계정세로 인하여 디지털 자산에 대한 안전자산관리에 대하여 지속적으로 관심이 증가되고 있다.

그래서 디지털 자산 및 기존의 부동산 투자의 허들인 블록체인 기술 및 보안기술을 통하여 누구나 쉽게 안정적으로 투자할 수 있는 시험적인 사례를 통하여 검증되고 있다.

부동산이라는 전통적인 실물자산을 디지털 토큰화하여 메타버스 상의 가상환경에서 블록체인에 기반한 대체 불가능 토큰(NFT) 가상화폐이나 단지 디지털 토큰화만 하여 발행하는 STO가 있다. STO는 전통적인 자산인 부동산 외에도 고가의 미술품, 음원 등을 비롯한 다양한 형태의 자산으로도 진행이 가능하다.

〈표 3-1〉 국가별 자산 플랫폼 연계사례

국 가	기 업	주요사례
독 일	푼다먼트	토큰화한 부동산 채권 판매승인
미 국	레드스완	증권형 토큰 플랫폼 '폴리매스'를 통한 부동산 자산 토콘화
스위스	브릭마켓	건물을 토큰화하여 개인들에게 판매
영 국	소더비	디지털증권 발행 플랫폼 '스마트래드'와 함께 부동산 자산 토큰화 진행 중
싱가폴	블루웨일	블록체인 기반 디지털화된 자산 유동화증권 발행 합의 및 계약 완료

〈표 3-2〉 국가별 STO서비스 현황

국 가	기 업	주요사례
독 일	Fundamen	유럽 지역내 부동산을 토큰화 함
	Brickblock	누구나 제약없이(제3자 개입없이) 부동산을 토큰화하여 쉽고 빠르게 거래
	Realisto	투자금액은 에스크로(ESCROW)를 기반으로 하는 신탁에 의해 관리됨
미 국	QuantmRE	디지털화 펀드를 통해 주거용 부동산의 수익 지분에 투자 & 수익률 배당
스위스	스위스리얼코인	상업용 부동산에 대한 디지털화된 펀드를 통한 수익 지분 투자 & 수익 배당
에스토니아	Thaler One	투자자는 부동산에 대한 임대수익과 부동산 처분시의 이익, 융자 개시 수수료를 받을 수 있음
	Slice RE	상업용 부동산에 대한 소유권 확보, 임대수익에 대한 분기별 수익배당, 선택적 투자 가능

그러므로 국가별 규제 및 자격을 준수하기 때문에 다양한 형태로 STO가 진행되고 있다. 미국, 독일, 스위스 등 각국에서는 토큰화한 디지털 자산에 대한 관심이 높아지고 있고 기업들의 참여가 증가되고 있는 추세이다.

유럽의 독일과 캐나다 시장에서는 비트코인과 같은 디지털 자산을 제도권으로 편입시키려는 움직임을 나타나고 있다.

독일의 프랑크푸르트 거래소에서 비트코인 상장지수상품(ETP : Exchage Traded Product)가 등장했다. 2021년 2월에는 세계 최초의 비트코인 상장지수펀드(ETF)가 캐나다에서 출시됐고, 이어 3월 브라질 증권거래위원회도 비트코인 상장지수펀드를 승인했다.

한국에서도 디지털 자산을 제도화하려는 시도가 있다. 금융위원회는 가상화폐 가운데 증권형토큰을 자본시장법을 통해 규제하기 위해 검토하고 있다. 금융위원회는 증권형토큰을 놓고, '증권성을 띤 가상화폐로 일반적으로 배당 등 이익을 얻으려고 보유하는 가상화폐'로 분류한다.

한국에서도 세종 텔레컴 등이 부동산 시장을 겨냥한 디지털 자산거래 플랫폼을 준비하고 있고, SK 증권 등에서는 디지털 자산 플랫폼을 구축하고 있다. 부동산 집합투자 서비스는 기존 관련법(전자증권)을 준수함에 따라서 예탁결재원에 수익증권(펀드)를 기록하고, 블록체인 분산원장 기술을 활용해 동시에 기록하면서 STO를 검증하고 시험하고 있다.

3-2 디지털 자산관리 플랫폼의 이점 및 기능

학습 3

디지털 자산관리(DAM) 플랫폼은 다른 엔터프라이즈 소프트웨어 솔루션과 연동되는 리치 미디어를 구성 및 저장하고 검색에 필요한 중앙 허브를 제공한다. 이로써 고객 여정 전반에서 일관된 경험을 제공할 수 있게 된다.

디지털 자산관리의 과제는 여러 장애 요소로써 규모에 맞게 자산을 관리하지 못하고 분산된 자산스토리지, 비효율적인 버전관리 및 제한적인 디지털 액세스 권한 등으로 인해 디지털 자산을 공유, 보호, 저장, 강화하는 데 어려움을 겪을 수 있다.

1. 디지털 자산관리(DAM) 플랫폼의 이점

DAM 플랫폼을 통한 자산관리 시 얻을 수 있는 이점은 디지털 자산관리 솔루션을 통해 경험을 민첩하고 일관되게 제공하고 제어할 수 있다는 점이다.

1) 크리에이티브 팀과 비즈니스 팀 간의 업무효율성 향상

공동 작업자, 검토자, 외부 팀은 공용 리포지토리와 파일검색을 위한 강력한 메타데이터 기능을 갖춘 플랫폼을 통해 작업을 신속하게 완료할 수 있다.

2) 강력해진 권한 제어

공동 작업자에게 디지털 권한을 할당할 수 있으므로 공동 작업자가 파일사용과 열람에 대한 정보를 확인할 수 있고, 관리자는 액세스 권한이 있는 사용자를 정확하게 파악할 수 있다.

3) 팀 간의 원활한 버전 관리

기존 자산과 후속 버전 간을 연계하여 추적할 수 있는 고급 제어기능을 통해 최근에 승인된 디지털 자산을 손쉽게 전달할 수 있다.

4) 어디에서나 자산을 활용할 수 있는 유연성

모든 디바이스에서 자산을 공유 · 연결 · 배포할 수 있으므로 미리 보기를 통해 빠르게 액세스할 수 있고, 공동 작업자와 검토자가 메타데이터, 워크플로우 등을 통해 자산을 찾을 수 있도록 허용할 수 있다.

2. 디지털 자산관리(DAM) 플랫폼의 기능

1) 디지털 자산관리 기능

(1) 자산제어

사용자만이 자산을 편집, 주석 달기, 게시, 이동할 수 있는 자산 잠금기능을 통해 작업하는 동안 다른 사람의 변경사항이 적용되지 않도록 할 수 있다.

크리에이티브 콘텐츠의 최종 버전에서 오류가 발견된 경우를 경험해본 적이 있을 것이다. 크리에이티브 자산은 다운로드, 편집, 다시 업로드 그리고 공유과정을 지나오면서 여러 사람의 손을 거치게 된다.

예를 들면 Adobe Experience Manager Assets의 자산제어 기능을 통해 사용자는 자산을 제어하여 편집, 주석 달기, 게시, 이동할 수 있고 작업을 완료할 때까지 다른 사용자가 액세스하지 못하게 할 수 있다. 다른 사람의 변경사항은 덮어 쓰기 되지 않으므로, 특히 여러 명의 사용자와 여러 팀이 공동으로 자산을 편집할 때 유용하게 활용 가능하다.

(2) 자산수집

자산 컬렉션을 간편하게 만들고 편집한 다음 다른 사용자와 공유할 수 있다. 자산, 폴더 등의 참조 목록을 포함하는 정적 컬렉션뿐만 아니라 검색 기준에 따라 자산을 동적으로 포함하는 스마트 컬렉션을 생성할 수 있다.

컬렉션 공유를 통해 마케팅 및 자산 향상할 수 있다. 마케팅팀의 업무 프로세스를 향상시키려면 디지털 자산을 효율적으로 관리하고 공유할 수 있어야 한다. 자산이 생성되지 않았거나, 찾을 수 없거나, 승인되지 않은 경우 마케팅팀은 병목현상을 경험할 수 있다. 또한 협업 작업영역에서 크리에이티브 파일을 간편하게 공유할 수 없다면 워크플로우를 원활하게 진행할 수 없다.

Adobe Experience Manager Assets의 예를 들면 자산수집 기능을 사용하면 자산을 제작하고 편집한 다음, 다른 사용자와 공유하는 일을 간소화할 수 있다. 자산, 폴더, 컬렉션의 정적 참조목록을 포함하는 컬렉션뿐만 아니라 검색 기준에 따라 자산을 가져오는 컬렉션 등 사용방식에 맞게 여러 유형의 컬렉션을 생성할 수 있다. 또한 다양한 위치에 있는 자산으로 컬렉션을 만들고 액세스, 보기 및 편집 권한을 각기 다른 여러 사용자와 공유할 수 있다.

(3) 자산 인사이트

분석팀에 의존하지 않고도 가장 효과적인 자산을 파악할 수 있다. DAM 사용자에게 제공되는 데이터 인사이트를 통해 콘텐츠가 다양한 상황에서 어떻게 작동하는지 확인함으로써 자산을 신속하게 최적화할 수 있다. 간단한 중앙 보고기능을 통해 콘텐츠에 대한 참여, 소비, 상호작용 등을 확인할 수 있다.

효과적인 자산과 효과적이지 않은 자산을 파악할 수 있다. 마케터는 고객에게 제공한 경험이 실제 어떠한 성과를 내고 있는지 알고 싶어 한다. 어떤 자산이 효과가 있는지, 개선이 필요한 자산은 없는지, 어떤 채널에서 경험 소비가 활발한지 파악하고 싶어 한다. 마케팅 활동의 효과를 분석하려면 모든 채널에서 주요 성과지표(KPI)를 측정할 수 있어야 한다. 그러나 콘텐츠를 대량으로 제작하고 제공하는 경우, 분석을 위한 데이터를 수집하고 해당 정보에서 실질적인 인사이트를 도출해내기는 결코 쉽지 않다.

자산 인사이트와 DAM의 세부적인 보고기능을 함께 사용하면 IT 팀의 도움 없이도 다양한 상황에서 여러 자산이 어떠한 성과를 내는지 확인할 수 있다. 이를 통해 개선이 필요한 자산을 신속하게 최적화할 수 있다. KPI, 자산 성과, 참여와 관련된 중앙 보고기능을 통해 가시성을 높이고, 다양한 보고서를 생성할 수 있다. 또한 도출된 인사이트를 활용하여 고객과 연관성 높은 디지털 경험을 제작할 수 있다. 이를 통해 지능적인 의사결정을 내릴 수 있으므로 비용이 많이 드는 자산 제작 활동에 대한 ROI를 높이고, 유사한 상황에서 효과적인 자산을 재사용할 수 있다. 예를 들면 이 모든 것이 Adobe Experience Manager Assets로 가능하다.

(4) 브랜드 포털

에이전시, 채널 파트너, 내 · 외부 팀과 자산을 간편하고 안전하게 주고받을 수 있다. 셀프 서비스 포털을 통해 액세스 권한을 조정하여 기밀정보를 보호하면서 적합한 팀에 자산을 제공하고, 에이전시 파트너로부터 자산을 받을 수 있다.

필요한 자산만 공유가 가능하다. 다른 사용자에게 디지털 자산에 대한 액세스 권한을 부여하면 보다 효율적으로 작업할 수 있지만, 모든 것을 공유하고 싶지는 않을 것이다. 또한 파트너 팀이 전체 데이터베이스가 아니라 필요한 자산만 찾아 다운로드하기를 바랄 것이고, 에이전시 파트너에 자산을 저작 환경으로 손쉽게 업로드하는 방법을 제공하고 싶을 것이며, 다른 사용자들이 자산을 어떻게 사용하고 배포하고 있는지 확인하면서 이들을 보다 효율적이면서도 안전하게 관리하고자 할 것이다.

예를 들면 Adobe Experience Manager Assets 브랜드 포털을 사용하면 여러 팀에 최신 유저 인터페이스를 통해 특정 자산에 대한 액세스 권한을 부여할 수 있다. 이로써 기밀정보를 보호하면서 승인된 자산을 다른 사용자가 손쉽게 검색하고 공유하도록 할 수 있다. 또한 브랜드 포털은 포털에 새로운 자산을 바로 업로드하는 옵션을 통해 에이전시 파트너가 간편하고 안전하게 자산을 업로드하도록 지원할 수 있다. 브랜드 포털 관리자는 다양한 구성기능과 브랜드 옵션을 사용하여 디자인을 최적화할 수 있을 뿐만 아니라, 포괄적인 정보를 제공하고 내보내기가 가능한 사용현황 보고서를 통해 자산을 배포하고 사용하는 방식에 대한 실질적인 인사이트를 얻을 수 있다.

(5) 디지털 자산관리 워크플로우

계획, 디자인, 검토, 승인, 게시를 위한 워크플로우를 간편하게 생성하여 자산을 빠르게 게시할 수 있다. 간단히 클릭하여 사용자를 추가하고 역할을 선택하면 시스템이 자동으로 작업을 할당한다.

원활한 워크플로우가 가능하다. 디지털 콘텐츠를 제공하기 위해서는 여러 단계를 거쳐야 한다. 초기 계획부터 최종 게시에 이르는 전체 과정을 고려할 때, 각 단계를 처리하는 담당자가 필요하다고 생각할 수 있다. 또한 팀원이 자신에게 할당된 작업을 받지 못하거나 자산이 손실되면 병목 현상이 발생하고 귀중한 시간을 낭비하게 된다.

Adobe Experience Manager Assets로 예를 들면 디지털 자산관리 워크플로우를 통해 콘텐츠가 저장된 리포지토리에서 워크플로우의 모든 단계를 관리하여 작업을 간소화할 수 있다. 자산을 입력하거나 사용자를 프로젝트에 추가하고, 역할을 할당하는 것이 수월해진다. Adobe Experience Manager Assets가 필요한 작업을 자동으로 할당한다.

(6) 디지털 권한 관리

사용만료 정보와 자산상태를 효율적으로 관리할 수 있다. 라이선스가 부여되지 않았거나, 승인되지 않았거나, 만료된 자산을 사용함으로써 발생할 수 있는 법적 불이익의 위험을 줄일 수 있다.

효율적인 디지털 권한 관리를 할 수 있다. 디지털 자산에는 보통 사용일정과 기타 제한사항을 지정하는 라이선스 요건이 있다. 이전에는 이러한 자산상태를 효율적으로 관리하고 싶어도 시간이 지남에 따라 자산이 사용되는 모든 위치를 추적하는

데 많은 어려움이 있었다. 이제 만료된 자산과 시점을 수월하게 추적할 수 있다.

디지털 권한관리(DRM) 기능을 사용하면 라이선스 정보를 자산과 연결하여 해당 자산이 모든 라이선스 요건을 준수하는지 확인할 수 있다. 그러면 더 이상 승인되지 않거나 라이선스가 부여되지 않은 자산을 실수로 사용함으로써 발생할 수 있는 재정적 위험과 법적 위험을 줄일 수 있다. Adobe Experience Manager Assets는 Adobe Experience Manager 플랫폼과 긴밀하게 통합되어 있으므로 하나의 인터페이스에서 모든 자산 만료정보와 자산상태를 효율적으로 관리할 수 있다.

학습 3

(7) 파일 유형지원

강력한 파일 유형지원으로 디지털 자산을 효율적으로 관리할 수 있다.

예를 들면 Adobe Experience Manager Assets는 InDesign, Photoshop, Illustrator와 같은 Adobe Creative Cloud 애플리케이션뿐만 아니라 Word, PDF, JPEG, PNG, TIF와 같은 일반적인 파일형식 등 다양하게 지원한다. 또한 3D, 파노라마, VR, AR과 같은 최신 파일형식을 활용하여 몰입형 사용자 경험을 만들 수 있도록 지원한다.

재사용 가능한 3D 자산으로 무한한 가능성을 발휘할 수 있다. 몰입형 가상경험을 만드는 데에는 오랜 시간과 많은 비용이 소요된다. 그러나 기존의 3D 자산을 활용할 수 있다면 예산이나 일정 부담 없이 차세대 경험을 제작할 수 있다. 크리에이티브 프로세스를 간소화하여 간편한 인터페이스를 통해 기존 3D 자산을 적용, 관리, 제공할 수 있으므로 풍부한 고객 경험을 신속하게 제작할 수 있다. 물론 출시 시간도 단축된다.

강력한 파일 유형지원을 통해 비용 소모가 큰 사진을 사실적인 3D 자산으로 대체할 수 있으므로 워크플로우가 크게 간소화되고, 모든 자산을 유연하게 재사용할 수 있다. 디지털 자산관리 시스템(DAM)에 원활하게 전달되는 고품질의 3D 자산을 생성한 다음, 채널 전반에 사용자 정의 가능한 몰입형 경험을 제공하여 고객 만족도를 높일 수 있다.

(8) 버전 내역

Assets는 생성된 모든 버전을 자동으로 저장하고 중복 버전을 감지하여 제거하거나, 편집 진행상황을 추적하고 필요한 경우 이전 버전으로 되돌릴 수 있다. 또한 라이선스가 없거나 사용이 제한된 자산을 사용할 위험이 줄어든다.

자산은 극대화하고 위험은 최소화할 수 있다. 리치 미디어를 만드는 것은 결코 간단하지 않으며, 한 자산의 여러 버전을 생성해야 할 수 있다. 그러한 과정에서 중복 자산이 존재하기 마련이지만 이를 추적하기가 어렵다. 최신 버전이 제공되고 있는지, 또는 적절한 버전이 사용되고 있는지 파악하기가 쉽지 않다.

버전 내역을 사용하면 하나의 인터페이스에서 자산을 신속하고 효율적으로 관리하고 승인할 수 있다. 자산이 편집되는 진행 상황을 간편하게 추적하여 최신 버전으로 작업할 수 있고, 중복 감지를 통해 자산이 중복되지 않게 할 수 있다. 또한 버전 내역은 모든 버전의 자산을 저장하므로 현재 변경사항이 더 이상 유효하지 않거나 필요 없는 경우 손쉽게 이전 버전으로 되돌릴 수 있고, 시각적 비교 툴로 모든 다른 버전을 간편하게 보고 비교할 수 있다.

(9) 콘텐츠 자동화

콘텐츠 자동화 예는 Experience Manager Assets에서 Adobe Creative Cloud의 앱을 사용하도록 한 것으로, 마케터는 규모의 자산 제작을 자동화하여 다양한 디자인 버전을 신속하게 생성할 수 있다.

프로덕션 아티스트 도움 없이 신속하게 제작이 가능하다. 새로운 콘텐츠 자동화 기능을 통해 마케터가 사용이 간편한 Experience Manager Assets의 인터페이스에서 Adobe Creative Cloud 편집기능을 이용할 수 있다.

따라서 마케터가 크리에이티브 팀의 도움을 받지 않고 규모의 자산제작을 자동화할 수 있어 다양한 버전의 이미지를 만드는 데 소요되는 리소스를 대폭 절감할 수 있다.

콘텐츠 자동화를 통해 DAM에서 강력한 Photoshop 및 Lightroom 편집 서비스를 직접 이용할 수 있어 마케터도 Creative Cloud 앱의 기술적인 지식없이 리터칭, 자동 조정, 자동 똑바르게 하기, 배경제거와 같은 작업을 수행할 수 있다.

따라서 반복적인 편집과정에서 소요되는 시간을 대폭 줄일 수 있을 뿐만 아니라 기술지식이 없는 사용자도 다양한 버전을 신속하고 손쉽게 만들 수 있어 상당한 시간과 예산을 절감할 수 있다.

2) 다이내믹 미디어 전달기능

(1) 다이내믹 미디어

다이내믹 미디어는 다이내믹 디지털 경험을 관리하고 게시할 수 있는 Experience Manager Assets의 고유 기능으로, 프레임워크와 구성 요소를 사용하여 모든 디바이스에 3D 등 인터랙티브한 멀티미디어 경험을 맞춤화하여 제공할 수 있다.

모든 유형의 리치 미디어를 모든 화면에 맞게 최적화할 수 있다. 파일크기는 매력적인 경험을 원활하게 전달하는 데 가장 큰 걸림돌 중 하나가 될 수 있다. 또한 모든 디바이스 및 채널 유형은 고유한 특성을 지니므로, 리치 미디어를 원하는 방식으로 표시하려면 먼저 모든 경험을 각각의 플랫폼에 맞게 최적화해야 한다. 하지만 이를 수동으로 하려면 상당한 시간과 노력이 필요하다.

다이내믹 미디어 기능을 통해 미디어를 지능적으로 변형하고 전달할 수 있다. 하나의 기본파일에서 작업하여 각 미디어에 적합한 자산버전을 간편하게 무제한으로 생성할 수 있다. 스마트 이미징 기술은 사용 가능한 대역폭과 디바이스 유형을 자동으로 감지하여 이미지 파일의 품질을 그대로 유지하면서 크기를 최대 70%까지 최소화하므로, 원활하고 빠른 로딩 경험을 제공해 전환율을 높일 수 있다.

다이내믹 미디어 기능에 포함된 즉시 사용 가능한 3D 기능으로 마케터가 전문적인 기술 지식이나 고급 인프라가 없더라도 모든 디바이스에서 대규모로 몰입형 3D 경험을 제작할 수 있다.

(2) 경험조각 관리

다이내믹 미디어 기능을 사용하여 Adobe Experience Manager Site에서 생성한 경험조각을 향상시킴으로써 화면 및 채널 유형에 상관없이 인터랙티브한 경험을 일관되게 전달할 수 있다.

모든 화면에 자동으로 최적화되는 디지털 경험을 제공한다. 디지털 경험의 모든 요소를 생성하고 추적하는 데에는 상당한 시간과 노력이 필요하다. 특히 경험을 전달할 채널이나 화면 크기에 맞게 새 레이아웃을 디자인하고 편집해야 하는 경우 더욱 그렇다.

경험조각 관리기능으로 경험을 한 번 만들어 모든 화면 크기에 맞게 자동으로 최적화할 수 있다. 다이내믹 미디어 기능을 사용하면 채널 유형에 상관없이 콘텐츠와 레이아웃을 경험조각의 모듈형 메뉴로 모아 Adobe Experience Manager에서 바로 관리할 수 있다. 이 기술은 채널 유형에 상관없이 경험조각을 원하는 형식에 맞는 레이아웃으로 자동으로 결합하고, 인터랙티브한 핫스팟을 모든 자산(이미지 또는 동영상)에 추가할 수 있다.

(3) 강력한 동영상 지원

SD, HD 등 적합한 디바이스와 대역폭에 최적의 동영상 품질을 자동으로 제공하고, IT 팀의 도움 없이도 마스터 파일을 사용하여 다이내믹 동영상을 통해 기술적 프로세스를 자동화하여 품질, 크기, 경험 등 모든 요구를 충족하는 동영상을 만들 수 있다.

IT 팀의 도움 없이 기술적 동영상 프로세스 처리가 가능하다. 여러 디바이스에 동영상을 스트리밍하려면 여러 크기와 대역폭으로 준비해야 한다. 이때 보통 IT 팀의 지원을 받게 된다.

이제 강력한 동영상 지원기능을 통해 IT 팀의 도움 없이도 마케터에게 친숙한 일련의 구성 요소를 사용하여 고품질의 동영상 경험을 제공할 수 있다. 복잡한 기술 없이 마스터 파일을 사용하여 다이내믹 동영상을 통해 모든 디바이스에서 모든 대역폭으로 일관되고 매끄럽게 동영상을 재생할 수 있다. HTML5 기반의 플레이어로 데스크탑과 모바일 모두에서 원활하게 재생할 수 있다. 자동 재생, 반복 등과 같은 동작에서 모양에 이르기까지 필요에 따라 이러한 플레이어를 사용자 정의할 수 있고, 다이내믹 미디어와 AEM Assets를 통해 360도 동영상과 같은 풍부한 동영상 경험을 간편하게 제공할 수 있다. 전문기술이나 IT 또는 엔지니어링 팀의 도움 없이 모든 작업을 수행할 수 있다.

(4) 스마트 자르기

스마트 자르기 툴로 이미지 또는 동영상의 초점을 자동으로 감지하고 자름으로써 번거로운 편집작업을 줄일 수 있다. 또한 Adobe Sensei 기반의 인공지능으로 제품 이미지에서 고품질 견본을 만들 수 있으므로, 고객에게 다양한 색상과 텍스처의 제품 이미지를 제공할 수 있다.

시간 소모적인 작업을 빠르게 처리할 수 있다. 이미지와 동영상을 자르는 일은 시간 소모적일 수 있다. 그리기, 측정, 자르기 등 번거로운 작업을 줄일 수 있다면 팀은 더욱 중요한 작업에 많은 시간을 할애할 수 있다.

스마트 자르기 툴을 사용하면 워크플로우를 간소화하고 번거로운 작업을 줄일 수 있다. Adobe Sensei 기반의 AI와 머신러닝 프레임워크를 통해 이미지 또는 동영상의 초점을 자동으로 감지하고 자를 수 있으며, 화면 크기에 상관없이 원하는 부분을 캡처할 수 있다. 이를 통해 모든 유형의 고객 경험을 제한 없이 제작할 수 있다.

3) 검색 및 메타데이터 기능

(1) 디지털 자산 검색

Adobe만의 인공지능 및 머신러닝 엔진인 Adobe Sensei를 기반으로 한 자동화되고 직관적인 검색 옵션을 통해 원하는 자산을 빠르게 찾을 수 있다.

검색 시간을 줄이고 제작에 집중할 수 있다. 새로운 콘텐츠를 선보이기 위해 원하는 자산을 찾느라 수많은 목록을 스크롤하면서 시간을 허비하는 경우가 많다. 이러한 경우 업무 효율성과 경쟁력이 떨어질 수 있다.

디지털 자산 검색기능을 사용하면 원하는 자산을 찾기 위해 전체 DAM을 살피지 않아도 된다. AI와 머신러닝이 지원되어 시각적으로 유사한 자산을 찾는 경우에도 가장 연관성 높은 검색 결과만 표시되며, 추가 작업이 필요 없다.

(2) 엔터프라이즈급 메타데이터

엔터프라이즈급 메타데이터를 사용하면 메타데이터 추가 작업을 간소화하고, 자산 검색기능을 향상시킬 수 있다. 종속성 메타데이터 필드를 정의하여 카탈로그를 빠르고 정확하게 생성할 수 있다. 서드파티 시스템 또는 파일에서 대량의 메타데이터를 가져오고, 다른 애플리케이션에 사용할 완성된 메타데이터를 신속하게 내보낼 수 있다.

메타데이터 입력을 수월하게 한다. 적절하게 정의된 메타데이터 없이는 대규모 자산 라이브러리를 관리하는 것이 매우 어렵다. 강력하면서도 간소화된 분류방식이 없다면 자산을 가져오거나 분류하고 내보내는 것이 큰 부담이 되고, 필요한 콘텐츠를 검색하는 데 많은 어려움을 겪게 된다. 또한 리포지토리는 점차 정리되지 않은 파일 더미가 된다.

Adobe Experience Manager Assets를 통해 메타데이터 추가 작업을 간소화하는 엔터프라이즈급 메타데이터 툴을 사용할 수 있다. DAM 관리자가 정의할 수 있는 강력한 컨텍스트 기반의 규칙과, 부모 필드가 채워질 때에만 표시되는 종속성 메타데이터 필드를 제공한다. 또한 필수 메타데이터 필드를 정의하고 강화할 수도 있다. 예를 들어 '라이선스 필요'를 클릭하면 자산의 저작권 정보, 사용 약관, 만료 정보가 필수 필드로 표시되도록 할 수 있다. 결과 카탈로그가 정확하게 생성되므로 팀은 빠르게 자산을 찾아 개인화하고 전달할 수 있다.

학습 3

(3) 다국어 자산관리

한 가지 언어로 검색어를 입력하면 Adobe Sensei가 즉시 번역하여, 정의된 모든 언어 라이브러리에서 해당 자산을 모두 전달한다. 메타데이터가 영어로만 제공되는 경우에도 마찬가지이다. 이제 비용과 시간이 많이 드는 메타데이터 번역 서비스에 의존하지 않아도 된다.

자산번역 시 정확한 의미 전달이 가능하다. 풍부한 기술력으로 이제 자산과의 언어 장벽을 허물 수 있다. 또한 검색어나 메타데이터와 같이 간단한 용어번역을 하기 위해 서드파티 번역 서비스를 이용할 필요도 없다.

다국어 자산관리는 메타데이터가 영어로만 제공되는 경우에도 실시간으로 검색어를 자동으로 번역한다. 사용자가 다양한 언어로 키워드를 입력하면 Adobe Sensei 머신러닝 알고리즘은 키워드를 즉시 번역하고, 정의된 언어 라이브러리를 검색하여 일치하는 모든 자산을 제공해 준다. 따라서 비용과 시간이 많이 드는 메타데이터 번역 서비스에 의존하지 않고도 자산을 다양한 언어로 검색할 수 있다.

(4) 스마트 태그

스마트 태그 툴은 기본적인 설명을 추가하는 수준을 뛰어넘어 특정 비즈니스에 해당하는 지능형 키워드를 사용해 이미지, 동영상 및 텍스트 자산에 자동으로 태그를 지정한다. Adobe Sensei는 AI와 머신러닝을 기반으로 자산의 콘텐츠를 인식하고, 연관성 높은 설명식 태그를 제공한다.

지능적인 자동 태그기능이 가능하다. 자산에 태그를 지정하는 일은 크리에이티브 전문가와 마케터 모두에게 골칫거리가 아닐 수 없다. 자동 태그기능은 많은 콘텐츠 제작자의 부담을 덜어 주지만, 대부분 솔루션은 원하는 키워드를 빠르게 찾을 수 있는 세부 정보가 결여된 일반 키워드만 적용한다.

Adobe Experience Manager Assets는 유일하게 자가 학습 알고리즘을 기반으로 설명식 태그를 생성하므로, 몇 번의 클릭만으로 원하는 자산을 쉽게 찾을 수 있다.

스마트 태그에는 Adobe의 인공지능 및 머신러닝 프레임워크인 Adobe Sensei가 사용되어 학습을 통해 이미지, 동영상, 텍스트 자산을 인식하고 일반 태그와 특정 비즈니스 관련 태그를 자동으로 적용한다.

예를 들어 Adobe Sensei는 Mickey Mouse가 포함된 이미지 자산을 인식하고 'Mickey Mouse' 태그를 자동으로 추가하도록 학습한다. 동영상 파일의 경우 스마트 태그를 사용하면 사용자는 자동으로 첨부된 태그를 클릭하고 동영상에서 해당 개체 또는 구문이 표시되는 지점으로 이동할 수 있다.

4) Creative Cloud 통합기능

(1) Adobe Asset Link

콘텐츠 제작 속도를 높여 크리에이티브 전문가와 마케터의 협업 방식을 혁신할 수 있다. Asset Link를 사용하면 Photoshop, Illustrator, InDesign 또는 XD에서 Experience Manager Assets에 저장된 자산을 디자인하고 편집, 검토, 승인할 수 있다.

연결, 제작, 협업이 가능하다. 크리에이티브 전문가는 작업에 액세스하여 편집하기 위해 디지털 자산관리(DAM) 플랫폼을 학습하지 않아도 되고, 마케터는 피드백을 남기기 위해 Photoshop의 기능을 이해할 필요가 없다. 팀에서의 역할에 상관없이 새로운 플랫폼을 이해하는 데 많은 시간을 할애할수록 고객에게 중요한 콘텐츠를 제공하는 데 필요한 시간이 줄어들게 된다.

어디에서나 이용 가능한 Adobe Experience Manager Assets를 통해 Adobe Asset Link를 사용하여 Creative Cloud에 기본으로 연결함으로써 워크플로우를 최적화할 수 있다. 이를 통해 자산에 대한 의견을 제시하거나 요청된 변경사항을 신속하게 적용하는 등 다양한 작업을 더욱 간편하게 처리할 수 있다. 별도의 대규모 통합 과정을 거치지 않고 Creative Cloud 계정 정보로 SSO(Single Sign-On)를 통해 Photoshop, Illustrator, InDesign 또는 XD에서 DAM 및 Creative Cloud 자산에 액세스할 수 있으며, 파일을 간편하게 제어하거나 자산 버전을 자동으로 관리하고, DAM에 변경사항을 통합할 수 있다. 이제 협업을 통해 매력적인 디지털 경험을 제공하는 것이 수월해진다.

(2) InDesign Server

Assets 템플릿은 DAM을 종료하지 않고도 Adobe InDesign 문서를 변경할 수 있는 전용 작업영역을 제공한다.

InDesign 전문 지식 없이도 손쉽게 편집이 가능하다. 시각적으로 풍부한 InDesign 파일을 재사용하여 개인화된 인쇄 경험을 만들고자 할 때 기존 텍스트를 약간 변경하기만 하면 되지만, InDesign에 대한 전문 지식이 없다면 간단한 편집을 할 때도 전체 문서를 크리에이티브 팀에 다시 보내야 하는 번거로움을 감내해야 한다.

InDesign 서버를 사용하면 이러한 문제를 해결할 수 있다. InDesign에 능숙하지 않더라도 크리에이티브 팀에서 만든 자산 템플릿을 간단하게 편집하고, 이러한 문서를 저장 및 관리하여 모든 마케팅 자료에서 기본 템플릿으로 사용할 수 있다. 콘텐츠를 신속하게 적용하고 배포할 수 있으므로, 디지털 및 인쇄 메시지를 일관되게 제공할 수 있다. 또한 웹 인터페이스에서 InDesign 템플릿을 편집할 수 있으므로, 간단한 변경이 필요한 경우 디자인 팀에 의존하지 않고 실질적인 협업에 집중할 수 있다.

수행 내용

재료 · 자료

- 디지털 자산 관련 자료

기기(장비 · 공구)

- 컴퓨터, 문서작성 프로그램, 프린터, 주변기기

안전 · 유의사항

- 디지털 자산 관련 장비의 안전 및 유의사항을 숙지한다.

수행 순서

01 디지털 자산관리 플랫폼 구축사례에 대하여 분석하라.

1. 신한금융 그룹의 SDAP

신한금융그룹은 신한동해오픈을 기념해 국내 골프대회 최초로 디지털 자산 NFT를 시범 발행하였다.

NFT는 Non-Fungible Token(대체 불가능 토큰)의 약자로 게임, 예술품, 스포츠 등을 블록체인 기술을 통해 토큰화한 디지털 자산이다.

신한동해오픈 NFT는 3라운드 본선진출 60여명 선수의 동의를 거쳐 그들의 생동감 있는 티샷 영상과 시즌 성적, 평균타수, 드라이브 거리, 그린 적중률 등의 데이터를 담는다.

발행은 신한금융그룹 자회사 신한DS가 개발한 이더리움 기반 디지털 자산 플랫폼 SDAP(Shinhan Digital Asset Platform)으로, 제작은 스포츠마케팅 전문회사 스포츠웨이브가 맡는다.

SDAP은 NFT뿐만 아니라 포인트성 토큰, 디지털 바우처, 디지털 증권 등 다양한 유형의 디지털 자산을 발행 및 관리할 수 있는 금융 특화 디지털 자산 플랫폼 솔루션이다.

발행시기는 신한동해오픈 종료 직후로 각 선수와 신한금융그룹 임직원에게 각각 시범

증정되고, 신한동해오픈 공식 홈페이지를 통해 조회와 소유권 확인이 가능하다.

2. 한컴워드의 금거래 디지털 자산 플랫폼 구축

한글과컴퓨터그룹 계열사이자 블록체인 전문 기업 한컴위드가 글로벌 디지털 자산 기업 '아로와나테크'에 투자했다.

아로와나테크가 진행하는 금 기반 '아로와나 프로젝트'에 기술 파트너로 참여하기 위한 목적이다.

아로와나 프로젝트는 블록체인 기술을 활용해 대표적 현물자산인 금을 디지털 자산으로 관리하고 거래할 수 있는 플랫폼 제공을 목표로 한다.

한컴위드에서 개발하고 있는 '디지털 자산 플랫폼'을 이용하여 한컴금거래소에서 발행하는 금 기반의 모바일 상품권(디지털 바우처) 및 디지털 코드가 적용된 다양한 상품을 아로와나 토큰(ARW)으로 유통하는 등 블록체인 기반의 디지털 금융 플랫폼을 구축하고 서비스를 제공한다.

02 디지털 자산관리 플랫폼에 대하여 기존 제품과 Adobe와의 비교 분석하라.

항 목	경제제품	Adobe Experience Manager Assert
라이프사이클 전체의 자산관리	자사제품들이 통합되어 있지 않으므로 엔드 투 엔드 자산관리 솔루션을 구축하려면 여러 제품을 조합하여 사용해야 한다.	자산 제작부터 관리, 전달 및 최적화에 이르는 자산 라이프사이클의 모든 단계를 지원하는 유일한 DAM을 제공한다.
AI 및 머신러닝을 통한 업무자동화	리치 미디어 전달에는 한계가 있는 일반 머신러닝 기능을 제공하는 주요 AI 업체의 제품을 도입하거나 이 업체들에 아웃소싱한다.	Adobe Sensei라는 독자적인 AI 기술을 활용한 최고의 지능형 DAM으로, 스마트 태깅과 스마트 자르기 기능을 통해 작업시간을 단축할 수 있다.
자산성과에 대한 인사이트 확보	서드파티 분석 파트너와의 협력이 필수적이므로, IT 부서가 데이터를 소유하게 되고 마케터와 DAM 사용자는 데이터를 이용할 수 없다.	Adobe Analytics와 기본적으로 연계할 수 있는 유일한 솔루션으로, DAM의 자산성과 데이터를 마케터가 원하는 대로 활용할 수 있다.

항 목	경제제품	Adobe Experience Manager Assert
다이내믹 미디어 관리 및 전달	콘텐츠 전달 네트워크와의 연계가 필수적이다. 따라서 부서 간 소통이 어렵고, CDN 비용이 증가하고, 관리가 필요한 통합 포인트가 하나 더 늘어나게 된다.	엔터프라이즈 디지털 자산관리와 업계 최고의 리치 미디어 전달기능을 제공하는 유일한 DAM이다.
Creative Cloud와의 긴밀한 연계	동일한 공급업체와의 통합만 가능하므로 차별화가 어렵고 설정 및 관리를 위해 서드파티 통합에 더 의지하게 된다.	Adobe 제품은 Creative Cloud와 기본적으로 연계되어 있으며, Creative Cloud for enterprise 애플리케이션에서 직접 DAM을 검색할 수 있는 기본 패널을 갖추고 있다.
리치 미디어 전달을 다양하게 활용	기본적인 이미지 처리에만 그쳐 동영상 트랜스코딩과 관련된 기능은 거의 없다.	고급 리치 미디어 전달 솔루션으로 인터랙티브한 요소, 색상관리, 선명하게 하기, 텍스처, 패턴, 텍스트 오버레이, 패스 따라 자르기, 이미지 세트 자동화와 같은 기능을 제공한다.
풍부한 동영상 기능으로 고객참여 극대화	기본적인 동영상 인코딩 기능을 지원하지만 인터랙티브한 요소 또는 리치 미디어 요소를 추가할 수 없다.	Adobe 제품은 고객참여를 극대화하는 데 필요한 동영상 관리기능을 갖춘 유일한 솔루션으로 적응형 스트리밍, 반응형 및 맞춤형 플레이어, 구매 의욕을 자극하는 인터랙티브한 콘텐츠 제작 등의 기능을 제공한다.

03 디지털 자산관리 플랫폼의 확산에 대하여 분석하라.

디지털 자산관리 플랫폼의 구성요소로는 패시브(인덱스) 펀드, ETF, 로보어드바이저, 자산운용 플랫폼 등을 들 수 있다.

패시브(인덱스)펀드와 ETF가 액티브펀드 대비 낮은 수수료로 고객의 자산을 확대 시킬 수 있는 상품이라면 로보어드바이저는 자산배분을 통해 고객 자산을 보다 안정적으로 관리할 것으로 기대를 받고 있다.

즉 저금리 시대 자산관리가 주식, 채권 등 전통 자산에 기반한 반면 앞으로의 자산관리는 인플레이션 등 다양한 시나리오에 대응하기 위해 대체투자, 지역배분 등으로 포트폴리오를 확대해야 하는데, 이를 로보어드바이저가 담당하는 것이다. 자산운용 플랫폼의 경우에도 AI 기반 BlackRock Robo-Advisor 4.0에서 보듯 기존 인력의 역할을 복제하고, 이후 이들을 대신할 Robo-Boss가 조만간 등장하면서 디지털 전환 속도가 더욱 빨라질 것으로 보인다.

국내의 경우 다수의 신생 디지털 자산관리 플랫폼은 로보어드바이저를 통한 포트폴리오 구성과 이에 따르는 ETF 기반의 상품 매매 등을 실행해 왔는데, 마이데이터 사업 허용은 이를 한 단계 더 높은 수준으로 진화시킬 것으로 생각한다.

최근 마이데이터를 준비하는 다수의 기업들은 디지털 자산관리를 주요 서비스로 내세우고 있는데, 해당 서비스가 기존 고객 자산통합 조회뿐만 아니라 고객성향에 맞춰 자산을 재분배하고 이를 과거 수익률과 비교해 고객에 제시한다면 해당 서비스를 대중화시키리라 본다.

특히 빅테크 등이 마이데이터 인허가 획득 이후 자산관리 서비스를 시행하게 된다면 고객 자산관리는 대중화와 함께 수수료 인하 등 경쟁이 심화될 가능성이 높다. 빅테크 기반의 마이데이터 사업자는 자산관리 플랫폼 도입 초기 이익 창출보다는 트래픽을 늘려 자사 서비스 이용을 확대하는데 초점을 맞출 것으로 보인다. 이를 위해 현재 신용카드 판매 사례에서 확인할 수 있듯이 기존 사업자보다 고객에게 더 많은 혜택을 제공할 것을 금융회사에 요청할 것으로 보이는데 자산관리에 있어서는 펀드 판매, IRP 등의 수수료 추가 인하로 연결될 가능성이 높다.

기존 자산관리가 PB 등 특정 계층을 대상으로 한 포트폴리오를 판매하고 주기적으로 이를 리밸런싱 하는 것이었다면 앞으로는 일반인을 대상으로 디지털 자산관리 플랫폼을 만들고 로보어드바이저를 자체 제작해 다양한 포트폴리오를 제시하는 것으로 충분한 것이 아닐까? 아니면 개인 디지털 자산관리에 대한 접점은 빅테크로의 이동이 불가피하니 판매보다는 제조 역할, 즉 ETF 등의 운용 상품 개발에 치중해야 하지 않을까?

금융회사는 고객을 자사 플랫폼 내에서 지속적으로 활동하게 만들고 새로운 고객을 유입시키기 위해 자산관리 전반에 대한 인식을 제고할 필요가 있다.

소액이라 할지라도 자산관리가 왜 필요한지, 자산배분이 어떠한 효과를 가져다 줄 수 있는지를 우선 안내하고, 실제 개발 및 운용에 있어 급격한 시장변동에 안정적으로 손님이 대처할 수 있도록 지원해야 한다. 즉 수익률 중심의 자산관리 플랫폼보다는 손님이 장기계획에 맞춰 자산을 축적하고, 위기 시에 개인 손실을 최소화할 수 있도록 자문하는 것이 바람직할 것으로 보인다.

또한 상품 제조 측면에 있어서는 이미 경쟁 중인 해외 ETF와 다양성 및 수수료 측면에서의 차이를 줄여나갈 필요가 있다.

금융정책당국은 이러한 시장변화를 현재 이뤄지는 마이데이터 인허가를 통해 디지털 자산관리 플랫폼간 경쟁환경을 조성하여 소비자 편의를 제고하면서, 소비자가 안심하고 이용할 수 있도록 최근 발표한 "금융플랫폼 사업자 등이 신기술 활용시 투명성 및 책임성 확보를 위한 원칙"하에 규제를 확립하는 것이 필요하다.

수익률에 민감해질 수 있는 디지털 플랫폼에서 부동산 또는 동산 담보 P2P를 판매하기보다 운용원칙을 더 자세히 공시하게 하고 비유동성 자산 등 고위험 자산에 과도한 비중을 두지 않도록 규제할 필요가 있다.

사업자가 수익 창출 목적으로 자사 플랫폼이 소유한 금융회사의 교차판매 비중을 높이는 것은 아닌지도 검토가 이뤄져야 한다.

마이데이터 사업자의 경우에는 고객 관련 데이터 동의가 실질적으로 이뤄지고, 주체의 동의하에 데이터가 이동되는지도 주목해야 한다.

실질적인 자산관리가 가능하도록 업권간 규제를 완화할 필요가 있다. 즉 다수 고객이 수수료 비용이 적고 유동화가 편리한 ETF를 거래하는 상황에서 금융회사 디지털 자산관리 플랫폼이 이를 관리할 수 있도록 신탁, 일임 관련 업권 차이를 재검토하기를 기대한다.

학습활동.3 교수 · 학습 방법

교수 방법

- 디지털 자산관리의 플랫폼에 대한 관련 용어, 구성, 방식 이해 정도를 파악한 후 수업을 진행한다.
- 교수자의 주도로 디지털 자산관리의 플랫폼 등의 내용을 PPT 자료로 제시한 후 설명한다.
- 가능하면 사전에 개인별 학습 자료를 준비하여 모든 학생이 참여할 수 있는 문제 해결식 수업, 협력 수업이 가능하도록 한다.
- 디지털 자산관리의 플랫폼 전 과정을 작업의 순서에 따라 단계적으로 실습이 이루어질 수 있도록 지도한다.
- 교재를 통해 수업을 준비하는데 있어서 필요한 모든 정보나 팁, 힌트 등 도움이 될 만한 내용들을 확인할 수 있다.
- 학생들이 만들게 될 각 모델들은 수업시간에 중점적으로 다뤄질 부분과 어휘, 질문, 답을 포함하고 있으며, 또한 탐구할만한 추가적인 아이디어들도 포함하고 있다.

학습 방법

- 디지털 자산관리의 플랫폼에 대한 관련 용어를 숙지하고, 디지털 자산관리의 플랫폼에 대해 이해한다.
- 디지털 자산관리의 플랫폼의 각 단계별 중점 사항을 체계적으로 학습한다.
- 디지털 자산관리의 플랫폼의 수행순서의 전 과정을 실습한다.
- 디지털 자산관리의 플랫폼의 내용을 이해한다.
- 디지털 자산관리의 플랫폼을 이해하고 숙달이 될 때까지 학습한다.

학습활동.3 평가 및 피드백

평가 준거

- 평가자는 피평가자가 수행 준거 및 평가 내용에 제시되어 있는 내용을 성공적으로 수행할 수 있는 지를 평가해야 한다.

학습내용	평가항목	성취수준		
		상	중	하
디지털 자산관리의 플랫폼	디지털 자산관리의 플랫폼을 이해할 수 있다.			

평가 방법

• 작업 포트폴리오

학습내용	평가항목	성취수준		
		상	중	하
디지털 자산관리의 플랫폼	디지털 자산관리의 플랫폼을 이해할 수 있다.			

• 필기시험

학습내용	평가항목	성취수준		
		상	중	하
디지털 자산관리의 플랫폼	디지털 자산관리의 플랫폼을 이해할 수 있다.			

• 체크리스트를 통한 관찰

학습내용	평가항목	성취수준		
		상	중	하
디지털 자산관리의 플랫폼	디지털 자산관리의 플랫폼을 이해할 수 있다.			

• 피드백

1. 작업 포트폴리오
   - 제출한 보고서를 평가한 후 주요 사항에 대하여 표시하여 돌려준다.
2. 필기시험
   - 평가 결과 성적이 저조한 학생은 보고서 제출 기회를 부여한다.
3. 체크리스트를 통한 관찰
   - 실습 과정에서 평가한 후 개선해야 할 사항 등을 정리하여 돌려둔다.

참 | 고 | 문 | 헌

- 김상진, 디지털 자산관리 플랫폼 확산과 금융산업의 변화, 하나포커스, 2020.9.14.
- 이종도, 디지털 금융으로 변화하는 자산관리, 이투뉴스(http://www.e2news.com), 2021.4.14.
- 진선희, SK증권 디지털자산 플랫폼 공들여, http://www.businesspost.co.kr/, 2021.7.16.
- 세종텔레컴의 디지털 자산 거래 플랫폼과 국가별 STO서비스 현황, https://blog.daum.net/kmbc/1507, 2021.4.10.
- https://business.adobe.com/kr/

학습 1	디지털 자산의 개요
학습 2	디지털 자산관리의 기술
학습 3	디지털 자산관리의 플랫폼
학습 4	**디지털 자산과 전통자산 융합기술**
학습 5	디지털 자산과 디지털 금융 융합기술
학습 6	디지털 자산과 디파이 서비스 융합기술
학습 7	디지털 자산과 메타버스 융합기술
학습 8	디지털 자산과 보안의 개요
학습 9	디지털 자산과 디지털 지갑 보안 융합기술
학습 10	디지털 자산과 클라우드 보안 융합기술
학습 11	디지털 자산과 ISMS-P 융합기술
학습 12	디지털 자산의 활용
학습 13	디지털 자산의 미래

학습 4

학습 목표

1. 디지털 자산과 전통자산 융합기술을 이해할 수 있다.

4-1 전통자산의 개념

1. 전통자산의 개념

전통자산인 주식이나 채권은 저금리 · 저성장 기조가 지속돼 전통자산을 통한 초과수익률 제고가 어려워지고 있고, 글로벌 투자환경이 갈수록 복잡해지고 변동성도 확대되고 있다.

특히 미 · 중 무역분쟁과 일본의 무역규제, 글로벌 저금리 · 저성장 기조 등으로 전통자산에 대한 기대수익률이 크게 낮아지고 있다. 이에 크로스보더(국경간 거래) 인수합병(M&A)과 대체투자 발굴 등으로 돌파구를 찾아야 한다는 목소리가 높다.

대안으로 사모 부채펀드는 기업에 자금을 대출하거나 회사채, 후순위 대출, 우선주 등에 투자하며 대출이나 회사채 발행이 어려운 기업에도 출자하고 멀티에셋펀드와 같은 신규 자산군은 주식과 채권, 대체 등 복수의 다양한 자산군을 조합해 초과수익을 내는 것에 대한 투자를 제시하고 있다.

전통적 자산이던 주식과 채권 대신 부동산과 인프라 등 대체투자에 대한 운용업계의 관심이 빠르게 커지고 있다. 기존 주식·채권형 펀드에 집중하던 종합운용사 역시 부동산과 인프라 등 대체자산에만 투자하는 공모펀드를 출시하고 관련 조직을 신설하는 등 대체투자에 무게중심을 두는 모양새다. 그간 대체투자가 안정적인 성과를 낸데다 최근 인플레이션에 대한 우려로 주식과 채권의 변동성이 커질 것이라는 전망이 나온 만큼 업계는 이 같은 현상이 당분간 계속될 것으로 보고 있다.

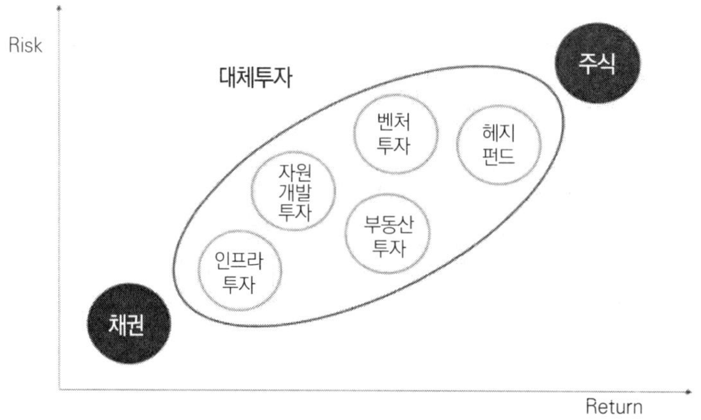

[그림 4-1] 전통자산과 대체투자자산별 수익률과 변동성

[그림 4-1]처럼 전통자산보다 대체투자 자산이 일반적으로 채권보다 수익률이 높고 주식보다 변동성이 낮다. 일반적으로 대체투자는 전통적인 투자 자산군에 포함되지 않는 투자를 의미하며 사모주식, 헤지펀드, 부동산, 인프라 등이 있다. 대체투자란 주식, 채권 등 전통적인 투자 자산군에 포함되지 않는 대상에 대한 투자를 포괄하는 의미로 사용된다.

2. 대체투자자산의 개념

1) 대체투자란 무엇인가

주식 및 채권(전통투자자산)이 아닌 대신 부동산과 인프라 등 다른 자산에 투자하는 것을 대체투자(Alternative Investment)라고 한다. 대표적인 대체투자자산은 부동산, 금/은과 같은 귀금속 등이 있으며, 최근에는 투자수요의 증가로 영화, 항공기, 선박, 발전소, 와인 등 다양한 자산에 투자가 이루어지고 있다.

〈표 4-1〉 전통투자상품과 대체투자상품의 비교

구 분	전통투자상품	대체투자상품
투자대상	주식, 채권 단기상품 등 증권에 주로 투자하는 상품	부동산, 파생상품, 실물자산 등에 투자하는 상품
사 례	주식형 펀드, 채권형 펀드, MMF 등	헤지 펀드, 부동산 펀드, PEF, 원자재 펀드 등

2) 대체투자의 특징

① 전통적인 투장상품과 상관관계가 낮아서 분산투자효과가 크다.

② 대부분 대체투자상품은 장외에서 거래되어 유종성이 부족하기 때문에 환매금지기간(Lock Up Period)이 있고 투자기간이 길다.

③ 매수중심(Long Only)이 아닌 차입, 공매도, 파생상품의 활용도가 높다.

④ 기관 투자자 도는 거액자산가들이 주로 참여한다.

⑤ 전통자산과 달리 유동성 위험, 운용역 위험, 시가평가 위험 등이 강해서 높은 전문성이 요구된다.

⑥ 운용자의 능력이 중요하여 보수율이 높고 성공보수도 존재한다(2-20Rule, 운용보수 2%, 성공보수 20% 등).

3) 개인의 대체투자 가능성

대체투자자산의 속성상 투자기간이 길고, 환매(현금화)에 어려움이 있어 그동안은 주로 전문투자자 위주의 시장이었다. 하지만 최근에는 수익률을 높이기 위해 개인투자자들도 적극적으로 대체투자자산을 찾아 나서고 있는 상황이다. 최근 벤처기업에서 벤처기업, 영화 등의 문화콘텐츠뿐 아니라 다양한 대체투자 기회를 지속 제공하고자 노력하고 있다.

대체투자는 현금화가 어렵고 투자기간이 상대적으로 긴 것이 특징이다. 이러한 부분을 고려하여 개인의 자금계획에 맞게 투자가 필요하다. 아울러 투자자산이 수익을 창출하는 방법과 매출의 안정성(거래상대방의 안정성)을 반드시 확인한 후 투자를 결정하여야 한다.

4) 대체투자가 중요한 이유

정말로 월급 빼고 다 오르는 시대가 시작됐다. 그동안 곤두박질치던 시장금리마저도 상승하기 시작했다. 작년 하반기부터 미국의 경기회복과 이에 따른 금리인상이

학습 4

대두되었고, 이에 따라 금리도 오름세를 지속하고 있는 모습이다. 하지만 한국은행 기준금리는 여전히 1.25%로 사상 최저상태에 머물러 있고, 전통적인 투자수단인 주식, 채권, 예금의 수익률 반등은 여전히 쉽지 않을 것으로 예상된다.

고령화 사회에 진입하며 경제성장률과 금리의 동반 하락에 따른 수익률 제고를 위해 연기금 및 기관투자자들은 전통자산의 비중은 줄이고 대체투자자산의 비중은 확대해 나가고 있는 추세이다.

최근 국내 3대 연기금(국민연금, 사학연금, 공무원연금) 모두 대체투자 비중을 확대하였고, 대체투자의 수익률은 총운용수익률보다 2배 이상 높은 성과를 기록하였다. 아울러 대체투자자산은 꾸준한 현금흐름이 동반되는 경우가 많다. 투자를 통해 근로소득과 같이 일정한 수익을 기대할 수 있다. 또한 날로 증가하는 금융시장의 리스크를 분산하기 위한 목적으로도 대체투자에 대한 수요는 지속적으로 증가할 것으로 보인다.

글로벌 연기금 역시 수익률과 리스크 분산을 위해 대체투자를 지속적으로 늘리고 있는 추세이다. 주요 7개국 글로벌 연기금의 자산배분 비중은 최근 10년 동안 7%에서 24%로 약 3배 증가하였다.

4-2 디지털 자산과 전통자산의 융합

1. 전통자산을 투자하는 새로운 방법

블록체인에 투자하면 코인만 떠올리던 시대는 지났다. [그림 4-2]처럼 블록체인 기술은 전통자산을 가상자산화하고, 이전에는 자산이라고 생각할 수 없었던 것들에 자산의 지위를 부여하고 있다.

블록체인 기술을 이용해 한정판 수집품부터 고가의 미술품까지 분할해 소유할 수 있게 됐다. 심지어 부동산까지 블록체인 기술을 이용해 분할 소유하려는 움직임이 계속되고 있다. 이를 통해 투자자들은 높은 가격 때문에 투자를 못하던 분야까지 투자를 할 수 있게 됐다.

이에 더해 대체 불가능한 토큰(NFT)을 이용해 최초의 트윗, 최초의 가상자산 거래, 게임 내 아이템 등에 자산의 지위를 부여한다.

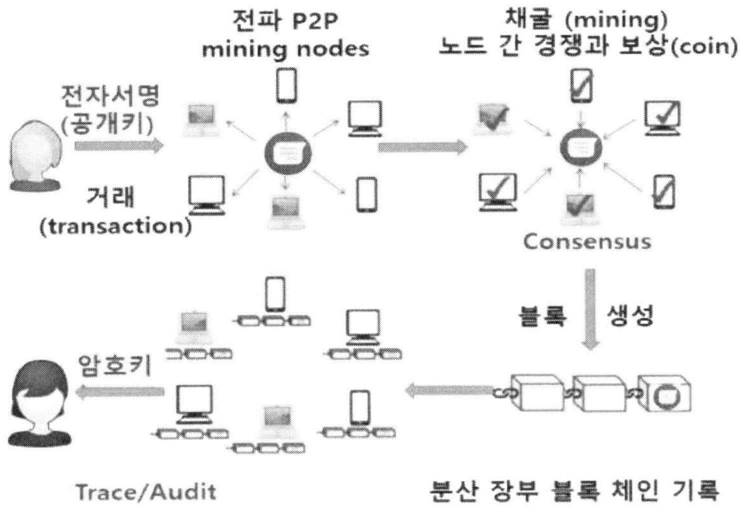

[그림 4-2] 블록체인 시스템의 개요

이더리움 발행 프로토콜에는 ERC-20과 ERC-7215) 두 가지 종류가 있는데 ERC-20은 ETH 단위로 불리는 대체 가능한 코인이고, ERC-721은 각 코인마다 고유성을 부여하여 다른 코인과 대체 불가능하도록 발행하는 NFT(Non-Fungible Token)이다. 암호화폐가 가치와 교환성을 갖도록 발행하는 것이 ERC-20 프로토콜이고, 유일무이한 고유한 속성을 할당하여 다른 코인과 대체하지 못하도록 발행하는 것이 ERC-721 프로토콜이다.

〈표 4-2〉에서 두 발행 표준의 기본 기능과 차이점을 목록으로 표현하였다.

〈표 4-2〉 ERC-20과 ERC-721 토큰 발행 표준과 차이

ERC-20 표준의 기능	ERC721 표준의 기능
balanceOf() : 현재 소유자 계정의 금액	ERC-20의 거래 관련 프로토롤 함수 포함 {balanceOf(), totalSupply(), transfer(), approve()} +
totalSupply() : 전체 토큰 발행액	name() : NFT가 발행된 상품의 고유 이름
transferFrom() : 거래 당사자의 주소	symbol() : NFT가 발행된 상품의 고유 기호
transfer() : 거래 송금 금액	ownerOf() : 소유자
allowance() : 소비자가 계정 소유자로 부터 금액을 받는 것의 허용	tokenMetadata() : NFT가 발행된 상품의 메타데이터 정보
approve() : 소비자가 소유자 계정에서 금액을 받는 것을 승인	tokenOfOwnerByIndex() : 토큰 소유자 인덱스 정보

기존의 ERC-20을 구현하는 표준함수는 대체 가능한 암호화폐의 발행과 소유, 거래를 지원하기 위한 기능을 제공하는데, ERC-721에서는 토큰이 어떤 상품에 부착되어 고유한 속성을 갖고, 현재 NFT 소유자가 누구인지 표시하는 함수 등을 지원한다. 메타데이터를 할당하면 IDoT(Identity of things)라고 부르는 새로운 '고유 사물 식별 환경'을 구성할 수 있다. IDoT와 기존의 인터넷 IoT 기술이 융합하면 새로운 디지털 가상공간의 환경과 비즈니스를 창출할 수 있게 된다.

암호화폐를 발행하는 행위를 mint라고 하는데, 콘텐츠 창작자는 디지털 자산에 NFT mint를 지원하는 스마트 컨트랙트 기능을 활용하여 NFT로 발행하고 거래 지원 플랫폼에 등록할 수 있다. 고유한 디지털 자산(Digital Asset)마다 고유한 NFT가 발행되는 것이다. NFT의 최초 거래 이후의 재거래에 대해서도 기존의 미술품 거래에 적용되는 바와 같이 원작자에게는 10%의 로열티가 지급되어 디지털 콘텐츠 창작자에게는 새로운 수익 창출과 비즈니스의 기회가 열린 것이다.

이때 NFT의 가격을 제시하거나 경매하는 방법 등 다양한 거래방식을 지원하는 플랫폼을 이용할 수 있다. 현재 NFT 발행과 거래를 지원하는 서비스 플랫폼으로는 Rarible, Terra Virtua, Enjin, Mintbase, Opensea, MarkersPlace, Known Origin, Async Art, Nifty Gateway, Superrare, Cryptograph, Crypto Kitties, Handshake Domains 등이 있다.

대부분의 NFT 서비스 플랫폼은 DAO로 구축되어 NFT의 발행과 거래, 거래에 대한 보상의 절차를 스마트 콘트랙트로 진행하게 된다.

현재 이더리움 기반의 NFT가 대세이지만, 이더리움 스마트 컨트랙트의 가스비(Gas limit)가 상대적으로 고가이므로 발행 비용을 낮추기 위하여, 이더리움에서 하드포크9) 발행되는 여러 가지 코인들을 NFT 발행에 사용되고 있다. 트론(Tron)의 TRX-721 등이 비 이더리움 계열 NFT에 속한다. 이러한 알트코인의 일부는 아직 기술적으로 불완전하거나 비즈니스 모델을 갖추지 못한 경우가 있으므로 관련된 코인에 투자 시에는 매우 신중한 기술적인 검토와 판단이 요구된다.

최근 나스닥은 상장사의 첫 거래를 기념하기 위한 '퍼스트 트레이드' NFT를 출시한다고 밝혔다.

국내 가상자산 거래소 코빗도 국내 첫 비트코인 · 이더리움 거래 작명권을 NFT로 만들어 경매했다. 이처럼 블록체인 기술은 투자의 패러다임을 바꾸고 있다.

이에 테크M은 유튜브 채널 '템TV'를 통해 열리는 '테크M 콘퍼런스 Reimaginin the Future, 미래를 다시 상상하다' 행사에서 블록체인 기술이 투자의 개념을 바꾸고 있다. 블록체인이 바꿀 미래에서 부동산, 예술품 등의 실물자산을 가상자산화하는 디지털 트렌스포메이션 영역과 가상자산들을 투자하고 관리하는 방법으로 자산운용 영역을 변경하고 있다.

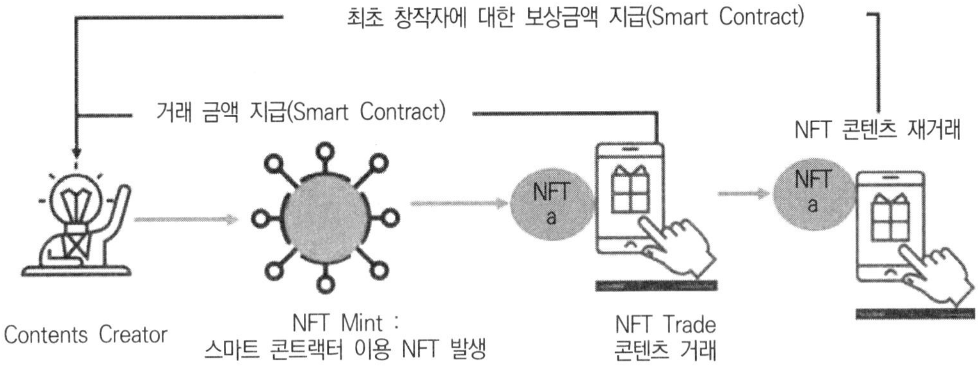

[그림 4-3] NFT 발행(Mint)과 콘텐츠 거래 재거래에 대한 창작자에 대한 보상 절차

최근에 미술품 분할소유를 통해 뱅크시, 조지콘도 그림을 사고 팔 수 있도록 만든 '프로라타 아트(ProRata Art)'를 출시하였다.

최근 시장에서는 한정판 명품, 스니커즈, 아트토이 등을 분할 소유하고 거래할 수 있는 '스톡 오브 띵스(Stock of Things)' 등을 선보이고 있다.

블록체인 기술을 융합한 디지털 자산거래 플랫폼을 통해 전통자산인 부동산 서비스 등을 일반 투자자에게 판매하고 유통서비스를 제공하는 기업들에는 비브릭, 세종텔레콤, 이지스자산운용, DS네트워크자산운용 등이 있다.

테사(TESSA)는 미술품 실물을 구매해 자산의 안정성을 확보하고 소유권을 분할한다. 이를 통해 높은 거래 용이성을 구축하고 블록체인에 거래 내역을 기록해 거래의 투명성과 신뢰도를 보장한다. 이렇게 발행된 분할 소유권은 높은 유동성과 더불어 고가 미술품 거래 진입 장벽을 낮춘다.

최근에 처음 공식 판매한 데이비드 호크니의 작품을 시작으로 바스키아, 키스헤링, 카우스, 뱅크시, 보테로 등 글로벌 대가들의 작품 11점을 3,300여명이 공동으로 소유하고 있고, 블록체인을 활용해 분할된 소유권도 활발하게 재거래되고 있다.

아울러 테사는 성수동에 위치한 'TESSA #UNTITLED'이라는 전용 전시관을 개관하였다. 루치오 폰타나 전시를 비롯해 일부 작품은 분할 소유로 공개 판매하며, 앤디 워홀의 작품도 협의하고 있다. 클로드 모네나 반 고흐 같은 수백억원대의 작품도 취급하는 것을 목표로 삼고 있다.

2. 디지털 자산의 융합

디지털 자산은 기존 금융자산을 융합하고 일부는 대체할 것이다. 물리적으로 존재하는 전통자산들의 부동산, 금, 자동차도 앞으로 모두 디지털 자산화될 것이다. 어떤 금융기관이든 이걸 어떻게 선도적으로 이끌어 나가느냐에 따라 앞으로 판도가 바뀔 것이다.

암호화폐 산업에 대한 부정적인 인식은 2017~2018년 비트코인의 거품과 사기·다단계 등 불법행위와 그에 따른 심각한 피해에 기초해 있다.

최근에는 시장이 변화하고 있고 암호화폐 산업은 거래소 신고등록제 등 조금씩 틀을 갖추고 있고, 각국 금융기관들은 이런 분위기를 타고 진출에 속도를 내고 있다. 미국 은행감독기구인 통화감독청(OCC)은 지난해에 연방은행의 암호화폐 수탁 서비스를 허용하고 있다. 암호화폐 거래소들과는 관계를 맺지 않던 제이피(JP)모건 같은 큰 은행도 올해 들어선 거래소 계좌를 개설해줬다. 스탠더드차터드도 기관 대상 수탁 서비스에 나섰다.

국내에선 아직 허용되지 않았지만 케이비와 신한은행, 엔에이치(NH)농협은행 등 주요 은행들은 이 시장을 준비하고 있다.

엔에이치는 법무법인 태평양, 블록체인 기술기업 헥슬란트와 '엔에이치 커스터디'(가칭)라는 컨소시엄을 구성했다. 은행은 이미 제도권 안에서 사업 중이라 보안과 규제준수 체계가 구축돼 있다. 향후 은행 중심의 디지털 자산 수탁서비스가 하나의 사업으로 자리매김할 것이다.

안전한 보관과 편리한 관리를 제공하는 수탁서비스가 구축되면 다음엔 자산운용이 가능해진다. 전통적인 펀드회사인 피델리티도 작년에 수탁서비스를 출시했고, 최근 증권거래위원회(SEC)에 비트코인 인덱스 펀드 신청서를 제출하고, 운용도 넓혀나갈 준비를 하고 있다.

전통자산을 디지털화한 증권형 토큰은 전통 금융회사가 특히 강점을 가질 수 있다. 향후 생태계가 활성화된다면 증권형 토큰과 가상자산을 모두 운용하는 기업들이 나타날 것이다.

전통 금융권의 디지털 자산도입에서 제도와 기술면에서 가장 빠른 진척을 보이는 분야는 각국 중앙은행의 디지털화폐(CBDC) 프로젝트다.

작년 페이스북이 리브라 백서를 발표하자 미국 민간의 디지털달러 프로젝트 등 관련 논의는 속도를 냈고, 중국에선 중앙은행이 주도하는 디지털위안(DCEP) 프로젝트가 시범 운용중이다.

한국은행도 최근 디지털화폐(CBDC) 연구 조직을 만들었다. 다만 지금은 중앙은행이 디지털화폐를 발행할지 말지가 아니라 발행을 위한 검토를 할지 말지를 결정하기 위해 관련 연구를 진행중인 단계이다.

암호화폐(가상자산) 송금 때 송금인과 수취인을 모두 파악하도록 한 자금이동규칙(트래블룰)과 관련해, 각국 규제당국과 민간기업들은 트래블룰 준수의 필요성을 절감하면서도 어려움을 토로하고 있다. 다만 민관 협력과 국제 공조 등을 통한 표준화가 필요하다는 데는 누구도 이견을 달지 않았다.

암호화폐의 트래블룰 준수는 만만치 않은 과제이다.

암호화폐 관련 범죄의 양상을 보면 트래블룰이 지켜지지 않는 배경이 드러난다. 텔레그램 메신저를 이용해 암호화폐를 받고 성착취 동영상을 유통시켰던 박사방·엔(N)번방 사건이 대표적이다.

암호화폐 범죄는 다크웹 등을 통해 조직적으로 전문적으로 이뤄진다. 지난해 압류한 범죄 자금 중 약 1,030만 달러가 암호화폐였다.

트래블룰은 기존 금융권에서는 당연하게 받아들여지는 규칙이다. 세계 각국의 은행 등은 국제은행간통신협회(SWIFT)의 표준화된 코드(스위프트 코드)를 통해 자금이동 때 트래블룰을 구현한다.

하지만 암호화폐 업계에는 지난해 국제자금세탁방지기구(FATF)가 회원국들에 가상자산 사업자들의 트래블룰 의무화를 요구했을 뿐 명확한 해결책은 나오지 않은 상태다.

업계의 난제 중 하나가 스위프트 코드 같은 표준안이 없다는 점이다. 현재 세계 암호화폐 관련 협회와 표준안을 만들기 위한 작업을 진행 중이다.

특히 암호화폐는 국경을 무시로 넘나들 수 있는 특성이 있는 만큼, 표준화 작업에는 국제적 규모의 공조가 필수적이다.

데이터 표준안이 마련되면 가상자산 사업자들끼리 상호 준수하는 방식으로 트래블룰 문제를 해결할 수 있다.

이런 고민을 거쳐 규제 당국과 민간 기업들이 동일한 목표를 지향하는 가운데 실질적인 민관 협력을 실현한 사례도 있다.

일본 정부는 (민간 기구인) 일본암호자산거래업협회(JVCEA)와 금융청이 대화를 통해 해결할 문제를 식별하고 협업을 통해 자금이동규칙 솔루션을 개발한다.

3. 디지털 자산의 메타버스 활용

가상세계 메타버스를 통해 미래 고객인 MZ세대와 공감할 수 있는 새로운 금융시장을 준비하고 있다.

메타버스를 통해 고객에게 새로운 가치와 경험을 제공하는 방식으로 아바타(Avarta)와 가상 영업점을 활용한 다양한 형태의 메타버스를 시도해 활용방안을 모색하고 있다.

메타버스 플랫폼으로는 가상현실 게임 중심의 로브록스(Roblox)와 가상공간에서 원격 현실 행사와 이벤트(Tele-presence Events)를 지원하는 제페토(Zepeto), 가상세계의 부동산과 자산거래 서비스 Decentraland 등이 대표적인데, 현재 급속도로 새로운 서비스들이 런칭되고 있다.

메타버스 환경에서 사용자들은 게임에 필요하거나, 가상현실 행사나 모임에 참여하기 위하여 다양한 아이템을 구입하게 되고 이러한 것을 지원하는 아이템 샵, 아바타 패션 샵이 메타버스에 입주하게 되었고, 메타버스 화폐가 통용되어 이러한 메타버스 가상 디지털 사물의 결제대금으로 지급하게 된다.

NFT는 앞서 설명한 스마트 컨트랙트 기반의 디지털 자산거래를 위한 거래와 경매 플랫폼(Trading and Auction Platform) 시장을 만들었는데, 메타버스 플랫폼에서는 가상 디지털 자산거래와 가상 환경의 비즈니스를 지원하는 가장 완벽한 환경을 제공하게 된다.

가상환경 디자이너들이 패션 샵 또는 아이템 샵을 개장하여 아바타에 필요한 옷 등을 판매하기 시작하였고, 구찌 등 명품 브랜드들이 로브록스 또는 제페토 등의 메타버스 환경에 아바타 샵을 입점하고 있다. 사용자들이 메타버스 환경에서 자신의 아바타를 원하는 패션으로 치장하여 가상공간 또는 자신의 SNS에서 활동할 수 있도록 지원하게 된다. 아바타는 가상공간에서 또 다른 나의 분신으로써 많은 사용자들이 각자의 개성과 멋을 표현하고 싶어 하기 때문에 아바타 패션 샵 서비스에 대한 수요는 매우 성장할 전망이다.

NFT(대체 불가 토큰 : Non-Fungible Token)는 가상자산에 원본 인증과 거래 내역 추적 기능을 부여하면서 디지털 콘텐츠 창작자들에게 새로운 디지털 자산거래를 통한 수익 창출과 비즈니스의 기회를 제공하게 되었다.

NFT의 기반이 되는 블록체인과 스마트 콘트랙트 기술이 메타버스로 등장하는 가상현실 생태계와 만나서 새로운 가상 디지털 자산의 생태계를 형성하고 있다.

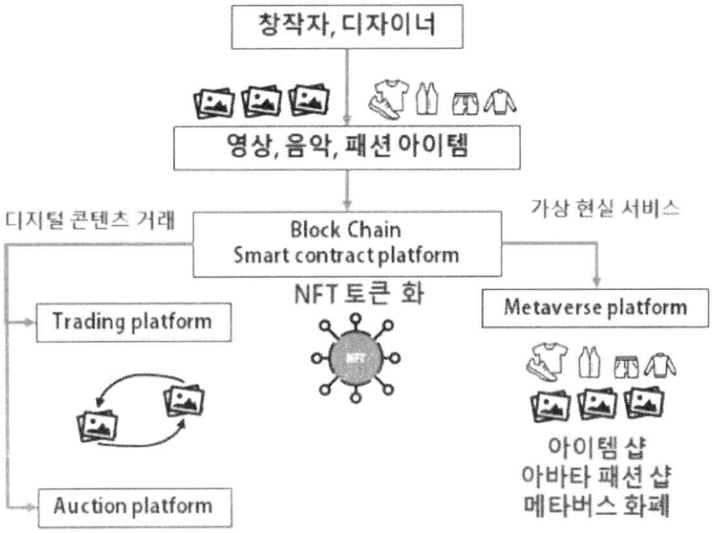

[그림 4-4] 메타버스 플랫폼에서 NFT 이용 가상 디지털 자산거래 및 라이선스 서비스

과거에는 가상화폐 또는 암호화폐 코인들이 실물 경제와 연계되지 못하여 블록체인의 비즈니스 모델이 무엇인가에 대해 많은 의구심이 있었으나, NFT와 메타버스 생태계의 융합은 가상세계에서 새로운 디지털 산업의 생태계가 태동하도록 만들고 있다.

KB금융그룹은 메타버스 활용과 경험 확산을 위해 게더(Gather) 플랫폼을 활용한 'KB금융타운'을 오픈했다.

KB금융타운은 금융비즈센터, 재택센터, 놀이공간 등 3개의 공간으로 이뤄졌고 금융비즈센터는 영업점, 홍보채용 상담부스, 대강당, 소셜공간으로 구성했다.

재택센터는 재택근무자와 사무실 근무 직원 간의 원활한 소통과 협업이 가능하도록 꾸몄으며, 놀이공간에는 공원과 미로찾기 게임 등 휴식공간으로 만들었다. 임원들과 부서장들이 참여하는 경영진 회의와 외부업체와의 기술미팅 등을 KB금융타운에서 개최하고 앞으로는 경영진 회의나 타운홀 미팅 등에 적극적으로 활용할 계획이다.

또한 KB금융은 기술 기업들과 협업을 통해 금융 콘텐츠 개발도 추진하고, 로블록스(ROBLOX) 플랫폼이나 가상 현실기기(HMD)를 활용한 가상금융 체험관을 실험한다. 또한 아바타와 AI를 활용해 메타버스 영업점을 구축해 고객상담 · 이체 · 상품 가입 등 금융서비스 제공 가능성을 검증할 계획이다.

메타버스는 향후 디지털 자산과 융합되며 새로운 금융시장이 열릴 것이고, 미래 고객 선점과 금융혁신을 위한 다양한 형태의 메타버스를 실험을 통해 새로운 금융 서비스 채널로 만들어 갈 것이다.

수행 내용

재료 · 자료

• 디지털 자산과 보안 관련 자료

기기(장비 · 공구)

• 컴퓨터, 문서작성 프로그램, 프린터, 주변기기

안전 · 유의사항

• 디지털 자산과 보안 관련 장비의 안전 및 유의사항을 숙지한다.

수행 순서

01 전통자산의 투자위험에 대비하는 분산투자에 대하여 분석하라.

전통자산인 금융상품에는 예금, 적금, 보험 등 기본적인 상품들 이외에도 보다 공격적인 재테크를 위해 좋은 상품들이 있다. 즉 '투자'와 관련된 상품들이다. 투자 하면 떠오르는 전통자산의 대표 상품인 주식과 채권 중 비교적 안정성이 높은 전통자산에는 채권, 채권 펀드 등이 있다.

1. 채권투자

'채권'이란 정부, 공공기관, 주식회사 등이 거액의 자금을 마련하기 위해 발행하는 유가증권으로 일종의 차용증서이다. 즉 정부, 기관, 기업이 빚진 것을 증명하는 문서이다.

'채권투자'는 자금을 필요로 하는 정부나 공공기관 등에 돈을 빌려주고 일정 기간 동안 이자를 받다가 만기가 되면 원금까지 되돌려 받는 금융상품이다. 정부 혹은 지방자치단체, 공공기관, 주식회사 등이 발행 주체이기 때문에 안정성이 높은 편이고, 시장이 안 좋을 때는 중간에 매각할 수도 있고 만기까지 보유할 수도 있기 때문에(선택 가능) 리스크 관리가 가능하다.

1) 채권투자의 종류

먼저 누가 발행하는지에 따라 나눌 수 있다. 국가가 발행하는 '국채'는 가장 덜 위험한 채권이다. 이외에도 지방기관에서 발행하는 '지방채', 공공기관이 발행하는 '특수채', 주식회사가 발행하는 '회사채'가 있다.

국채나 신용도가 높은 일반법인 등이 발행하는 회사채의 경우, 은행 예금보다 안전하지만 수익률은 상대적으로 낮은 편이다. 회사채의 경우 채권을 발행하는 법인의 신용등급이 낮을수록 부도 위험이 크고 수익률은 상대적으로 높아진다. 투자 전에 잘 살펴보고 판단하는 것이 좋다.

원금 상환까지 걸리는 기간에 따라서도 분류할 수 있다. 1년 미만일 경우에는 단기채권형, 평균 2~3년 정도일 경우에는 중·장기채권형으로 볼 수 있다.

보증 유무에 따라 분류할 경우엔 보증채, 무보증채로 나눌 수 있다.

이밖에도 이자지급방법, 액면이자 확정여부, 상환방법 등에 따라 나누어진다. 절대적인 분류 기준이 있다기 보다는 여러가지 기준에 따라 유동적으로 분류된다.

2) 채권투자 방법

증권사 홈페이지나 앱을 통해 채권상품 정보를 확인한다. 원하는 채권을 사기 전에 먼저 정해야 할 것이 있다. 바로 '수익목표'와 '위험목표'이다.

수익목표는 채권상품의 '수익률'을 기준으로 정하는 것이 좋다. 증권사에서 판매하는 채권 펀드 상품들은 기간별로 목표 수익률을 표기하고 있다. 이를 바탕으로 몇 개월 후 어느 정도의 수익률이 예상되는지, 수익률의 추이가 어떻게 움직이는지도 확인할 수 있다.

위험목표는 투자위험에 대해 어느 정도까지 감수할 수 있을지 예상하는 것을 의미한다. 채권상품이 아무리 안전하다 하더라도 여타 금융자산과 마찬가지로 채무불이행, 신용, 유동성 등 투자위험을 내포하고 있기 때문이다.

투자방식은 크게 두 가지로 나눈다. 투자자가 채권에 직접 공모하는 직접투자방식과 채권 펀드에 가입하는 방식으로 전문가가 운용하도록 맡기는 간접투자방식이 있다.

채권 초보자일 경우, 채권 펀드에 투자를 많이 하는 경우가 많다. 이 채권 펀드는 증권사뿐 아니라 은행에서도 구입할 수 있다. 채권 100%로 이뤄져 있는 펀드라면, 주식형 펀드보다 안정성이 높지만 수익률은 낮은 편이다. 이런 점을 보완하기 위해 채권과 주식을 섞은 혼합형 펀드도 인기가 많다.

3) 채권의 수익

채권상품은 주식이나 부동산과 달리 미래 수익률이 정해져 있다. 채권을 발행한 국가,

공공기관, 기업이 망하지 않는 이상 만기일까지 (그동안 아무리 채권 가격이 오르내리더라도) 보유하고 있으면 원금과 더불어 채권 이자를 받을 수 있게 된다.

또한 주식 투자처럼 주가가 쌀 때 사서 비쌀 때 팔아 수익을 내듯이, 채권 투자 또한 쌀 때 사서 가격이 올랐을 때 팔아 수익을 낼 수도 있다.

예를 들어 1년 만기 5% 수익률 회사채 상품을 샀다고 가정해 본다. 6개월 정도 지났는데 이 기업의 신용등급이 좋아져서 6~7%의 수익률을 기대할 수 있다면, 만기 전에 매각해 수익을 얻을 수 있는 것이다(매매 차익).

당연하지만 중요한 내용이다. 회사채를 살 땐 신용등급이 BB인 기업보다 AAA인 기업이 원금을 보전해 줄 가능성이 높으니, 기업의 재무상황, 신용등급 등을 꼼꼼히 따져보고 구입하는 것이 손해볼 확률 또한 낮다는 점이다.

02 암호화폐의 자금이동 규칙(트래블룰 : Trevel Rule)에 대하여 분석하라.

트래블룰은 '자금이동 규칙'이다. 쉽게 말해 금융시스템에서 자금이 오갈 때 중개자는 송금인 A와 수신인 B의 신원정보를 모두 갖고 있어야 한다.

이는 불법 자금세탁을 막고 추적을 용이하게 하기 위한 방편으로, 전세계 은행들은 이미 오래전부터 표준화된 트래블룰을 마련하고 공통된 시스템 아래 관련 업무를 처리해왔다.

국제자금세탁방지기구(FATF)는 가상자산 사업자가 다른 가상자산 사업자와의 관계에서 가상자산을 전송할 경우에 송신자 및 수신자의 성명, 지갑 주소 등 정보를 모두 파악하도록 하는 트래블룰을 국제기준으로 하는 권고안을 발표하였다,

또 가상자산 역시 일종의 화폐, 재산적 가치를 지닌 징표이므로 정부는 지난해 국제자금세탁방지기구(FATF) 권고를 받아들여 특금법 개정안에 가상자산사업자(VASP)가 지켜야 할 의무 중 하나로 트래블룰을 명시했다.

해당 내용에 따르면 거래소들은 100만원 이상의 가상자산 송금, 수취가 발생할 경우 송금인과 수취인 양측의 성명, 거래에 사용된 지갑 주소, 만약 해외송금일 경우 송금인의 주소와 주민등록번호까지 확인할 의무가 있다.

자금세탁방지를 위한 것이라니 얼핏 봐선 당연해 보이지만 문제는 일반 은행 시스템과 다른 블록체인의 가상자산 거래 구조에 있다.

가상자산 발행과 유통의 기본이 되는 블록체인은 기본적으로 익명성을 갖는다.

일종의 통장 개념인 '가상자산 지갑'은 은행에서 계좌를 열 때와 달리 개설 시점에 신원 정보를 받지 않고 지갑 주소(계좌번호)로만 사용자를 구분한다.

이 때문에 지갑 대 지갑 거래에서는 상대방이 신원을 밝히지 않는 이상 알아낼 수 없다.

다만 가상자산 거래소를 통할 경우 회원가입 시점에 이용자의 기본 인적사항을 확인하므로 자사회원에 한해 신원확인이 가능하다.

문제는 타 거래소 회원의 정보까진 알 방법이 없는데 트래블룰은 수취인에 대한 정보까지 송금하는 거래소가 알아야 한다고 규정하고 있다.

결국 트래블룰을 준수하려면 전세계 가상자산 거래소가 상호간 회원정보를 주고받을 수 있는 표준 트래블룰 규칙, 시스템 등을 공동으로 구축해야 한다는 이야기가 된다.

이게 말처럼 쉽지 않은 이유는 현재 민간 사업자인 각 거래소간 연결고리가 그리 끈끈하지 않기 때문이다.

국내만 하더라도 60여 곳의 거래소가 존재하지만 이들을 법적 테두리 안에 연결할 업권법이 부재한 상황이고 난립한 거래소들의 입장과 운영 방향성을 하나로 끌어갈 만큼의 영향력 있는 협회도 없다는 점에서 표준 트래블룰을 만드는 일이 쉽지 않은 상황이다.

물론 정부도 이런 어려움을 잘 알고 있다. 따라서 사업신고는 특금법 시행 6개월 뒤인 9월 24일까지 하도록 하되 트래블룰 시행은 내년 3월까지 반년의 유예를 더 주기로 했다.

업계에 따르면 이달 초 농협은행이 실명계좌 제휴를 맺은 빗썸, 코인원에 트래블룰 도입 전까지 '가상자산 입출금 일시적 중단'을 제안하면서 해당 논란이 다시 수면 위로 오른 상황이다.

사실 지금은 특금법 사업신고를 앞두고 은행들도 적잖은 부담을 안고 있는 상황이다.

주무부처인 금융위가 거래소 실명계좌 발급에 대해 은행이 직접 거래소의 위험성을 평가할 것을 주문한 데다가 계좌 발급 후 거래소에서 문제가 발생할 경우 면책권도 주지 않겠다고 선언했기 때문이다.

게다가 트래블룰은 사업신고보다 훨씬 이후까지 구축 여유가 남아 있는데 일단 실명계좌를 발급한 직후 내년 3월까지 트래블룰과 관련해 거래소에서 모종의 사고가 발생한다면 이 또한 은행 입장에선 난감한 상황이 된다.

현재 은행이 거래소와 제휴해서 얻을 수 있는 이점은 실명계좌 발급에 따른 일부 수수료 정도이다. 다만 업비트 수준의 대형 거래소가 아닌 이상 거래소와 제휴로 얻는 수수료는 은행 매출과 비교해 적은 규모인 것이다. 즉 은행도 철저한 리스크 관리가 필요한 민간 기업의 입장에서 굳이 작은 이익을 위해 시한폭탄을 품에 안을 필요는 없는 상황이다.

거래소들도 할 말이 있다. 만약 트래블룰 시스템 구축까지 거래소 내부 가두리 거래만 가능해질 경우 시세 조작이 쉬워지고 거래소별 시세 편차가 커져 시장이 혼란해질 수 있다.

학습 4

이를 강력하게 항의할 수 없는 건 아직까지 은행이 실명계좌란 칼자루를 쥐고 있기 때문이다. 다만 상황변화를 위한 물밑 교섭을 벌이는 한편, 타 은행들로 이 같은 요구가 확대되지 않기를 바랄 수밖에 없는 처지이다.

물론 거래소들이 손가락만 물고 있었던 건 아니다. 자구책 마련을 위해 업비트, 빗썸, 코인원, 코빗 등 4대 거래소가 손잡고 트래블룰 시스템 개발을 위한 합작법인(JV)을 출범했다.

이는 국내 핵심 거래소들이 함께 공동 트래블룰 솔루션을 마련해 손을 잡았다는 점에서 국내 트래블룰 표준화에 대한 새 전기가 만들어질 것이다.

그러나 업비트가 JV 탈퇴를 선언하고 자회사인 람다256을 통한 자체 트래블룰 솔루션 개발에 나서면서 JV도 처음과 같은 영향력을 갖긴 어렵게 됐다.

같은 4대 거래소라도 현재 국내에선 업비트 점유율이 약 70~80%에 이를 정도로 높은 상황이기 때문이다. 한편 업비트는 국내 거래소 중 가장 먼저 가상자산사업자 신고를 마쳤다. 코인원과 빗썸이 농협의 제지로 주춤하는 사이 업비트는 확률상 가장 먼저 사업자 신고를 수리 받고 본격적인 사업 확대에 날개를 펼게 될 전망이다.

지금의 복잡한 상황 타개를 위해선 최소한 규제처가 한발 더 양보하거나 거래소 업계가 보다 적극적으로 힘을 합치는 수밖에 없다.

사실 트래블룰은 개인 간 익명 거래에 대해서는 기술적으로 적용이 불가능한 사안이라 거래소를 틀어막는다고 해도 완전한 통제는 불가능하다. 이를 감안해 FATF나 정부도 트래블룰 이행 조건을 다소 완화해주는 안이 있을 수 있다.

물론 거래소들 역시 무조건 '어렵다'고만 할 것이 아니라 각자의 이익은 잠시 접어두고 시장 존속을 위한 대승적 협력에 나설 필요가 있다. 아직까진 서로가 팽팽한 줄다리기를 벌이는 모습이지만 수주 안에 윤곽이 드러날 전망이다.

03 암호화폐의 표준화된 코드(스위프트 코드)에 대하여 분석하라.

표준화된 코드(스위프트 코드 : Swift Code)는 신속하고 정확한 해외송금을 위해 만든 국제적인 코드이다. 관련 홈페이지는 www.theswiftcodes.com이다.

보통 영문과 숫자의 혼합으로 8자리 또는 11자리로 이루어져 있다. 즉 AAAA는 은행코드, BB는 국가코드, CC는 지역코드, DDD는 지점코드로 11자이지만 DDD는 없는 곳이 있어서 8자리만 쓰는 경우도 있다. 주관 본부는 벨기에에 있다.

ISO 9362, BIC CODE라고 하며 해외 송금을 위해 만든 코드라니까 금융기관만 있을 것 같지만, 사실 일반 기업들도 해외 지사가 많으면 자금관리를 위해 SWIFT를 발급 받아 쓰고 있다.

대표적으로 삼성전자(SECTKRSE), 현대자동차그룹(HYMOKRSE) 등이 있다.

미국이 이란의 핵개발로 인해 SWIFT 코드를 막은 적이 있으며, 대북제재의 일환으로 최근에는 북한의 SWIFT 코드 차단을 시도하고 있다가 결국엔 2017년 3월부로 막았다. 그리고 2017년 4월 Shadow Brokers라는 NSA 내부관계자라고 보이는 사람이 NSA의 SWIFT 해킹(거래내역 등)을 코어 덤프해서 공개했다.

사실 중계은행 대부분이 미국계라 미국 OFAC 필터링에만 걸어도 대부분의 은행에선 해당 국가로 송금하기 쉽지 않다

구성은 다음과 같다. [은행 4자리] [국가번호 2자리] [소재지 2자리] [지점코드 3자리 (본점은 XXX)]

은행약칭 4자리는 해당 은행의 역사와 관련이 깊다(예 우리은행 - 한빛은행, 신협, 산림조합, MG 새마을금고, 상호저축은행은 발급받은 코드가 아예 없어서 해외송금이 불가능하다. 페이팔이면 가능하다).

대한민국의 국가번호 2자리는 모두 KR이다. 'KoRea'로 생각하든, 'Korea, Republic of'로 생각하든 큰 상관은 없다. 또한 소재지 2자리는 거의 대부분 SEoul 의 약칭인 SE를 사용한다. 심지어 서울이 근거지가 아닌 지방은행에서도 SE를 사용하는 경우도 있다.

04 디지털 자산이 확대되는 이유에 대하여 분석하라.

디지털 자산(digital assets)의 생태계는 NFT의 암호화폐 기술과 디지털 미디어의 역동적인 융합으로 빠르게 성장하고 있다.

암호화폐에 대한 인식이 도박, 신기루 취급을 받던 과거와 비교하면 그 위상이 크게 달라지고 블록체인 기반 제품, 플랫폼이 폭발적으로 증가하고 있다. 또한 암호화폐 거래소인 코인베이스의 미국증시 상장으로 디지털 자산의 제도권 편입의 물꼬를 텄다고 볼 수 있다. 최근에는 골드만삭스 등 제도권 금융업체도 적극적으로 비트코인 투자상품 개발에 나서는 추세이다.

디지털 자산의 가능성, 잠재력을 기술 업계에서는 투자관점이 아닌 효율성, 편리성의 관점에서 더 편하고 빠르고 안전한 결재수단으로서의 가능성을 높이 산 것이다.

블록체인 핵심기술인 분산원장(Distributed Ledger)기술을 활용해 데이터를 기록·저장할 수 있다는 점, 프로그램처럼 설계하고 작동(Programmable Money)한다는 점도 기술분야에서는 주목한 특징이다. 비유하자면 종이 편지를 대체한 이메일과 같다. 현재 금융시스템을 디지털 자산 중심으로 바꾸면 효율성이 높아지고, 블록체인과 암호화폐를 통한 디지털 자산 붐을 주동하고 있다는 사실만은 분명하다.

돈은 실용적인 목적을 위한 정보시스템으로 생각하고 전세계 은행은 각기 다른 데이터베이스를 운영하고 있으며, 결과적으로 매우 느린 시스템을 사용하고 있다.

즉 국제송금 등 은행간 거래의 경우 영업일 기준 1~5일이 소요되고 수수료 등 비용도 많이 들어 비효율이 초래되고 정보전달 관점에서 보면 수표나 신용카드 역시 더 나은 시스템으로 발전할 여지가 많은 것이다.

최근 핀테크(Fintech, 금융+기술)의 대명사인 페이팔 역시 이메일 주소를 이용하여 간편하게 송금한다는 아이디어에서 출발했고, 금융업계의 비효율의 혁신차원에서 가치관이 최근의 이슈된 암호화폐까지 이어져 온 셈이다.

비트코인 등 암호화폐 생태계는 인터넷 태동초기에 비유할 수 있고, 인터넷이 기술과 체계 등의 모든 것을 바꾼 것처럼 비트코인 등 암호화폐 등을 대변하는 디지털 자산이 금융시스템 전체를 바꿀 수 있는 것이다.

[그림 4-4] 5대 빅테크 기업

출처 그래픽 : 김현지

금융시스템은 더 편리하고 빠른 시스템으로 변화는 디지털 자산의 필수 조건이자 강력한 무기인 셈이다.

최근 [그림 4-4]의 5대 빅데이터 기업들은 대체결재(Alternative Payments), 전자지갑(Digital Walletes), 후불결재, 암호화폐(Cryptocurrency) 등의 분야로의 디지털 자산 분야로의 확장 움직임 등을 보이고 있다. 특히 애플 지갑(Apple Wallet) 앱이 디지털 자산분야의 확장이 되면 업계 선두지위를 차지할 것으로 예상된다.

마이크로소프트 역시 지난해 암호화폐를 채굴하는 시스템을 특허를 신청했고 블록체인 기술 기반 분산 아이디(DID)시스템도 개발하였고 클라우드 서비스 애저의 BaaS분야 솔루션도 선보이고 있다.

아마존 역시 비트코인 등 암호화폐를 결재수단으로 도입 등을 통한 디지털 자산 활용 준비를 하고 있는 상황이다.

페이스북 역시 스테이블 코인의 디엠(Diem)을 선보일 계획이고, 구글은 구글벤처스(GV)를 통해 블록체인 및 디지털 자산 분야에 적극적으로 투자하고 있다.

비자(Visa), 페이팔, ICE 등 선도적 금융업체들 역시 디지털 자산분야에 발을 담고 있고, 핀테크 업체 핀테라(Fundera)에 따르면 결재 시 비트코인을 받는 기업수는 전세계 1만 5,174개에 달하고 있는 실정이다.

많은 투자가 디지털 자산, 암호화폐, 블록체인 등에 몰리는 이유는 기존 금융산업이 낙후로 인하여 디지털 자산, 암호화폐 등은 더 저렴하고 편한 차세대 결재수단, 데이터 관점에서의 통화라는 새로운 개념 등으로의 변화라고 볼 수 있다.

금융분야의 보수성으로 인하여 규제라는 울타리 속에서 보수적으로 움직임으로 인해 결국은 다양한 비효율은 소비자들의 불편으로 이어지고, 기존 금융서비스에서 이용할 수 없는 사각지대에 놓이게 되어 파괴적인 혁신을 이루지 못하게 된다.

결국 혁신하지 않으면 도태되는 것이 기업의 생리이므로 금융보다 파괴되기 적절한 산업이 없고 핀테크 기업의 혁신, 금융절감, 불평등 감소, 저개발국 금융서비스 확장 등 혁신이 이미 눈앞에 다가왔다.

〈표 4-3〉처럼 새로운 강자로 등장하는 디지털 자산분야로 변신하는 IT 관련 기업들의 NFT 시장에 진입하고 있는 기업들이다.

이러한 추세와 더불어 블록체인 또는 암호화폐 관련 비즈니스 라인을 보유한 기업들이 NFT 시장에 속속 진입하고 있다.

스포츠 패션회사 나이키는 블록체인 기술을 이용해 운동화 정보를 토큰화하는 NFT 관련 특허를 등록했으며, 관련 기술을 적용한 상품에 대해서는 '크립토킥스(Cryptokicks)'라는 브랜드를 사용하고 있다. 미국 특허청에 공개된 나이키의 특허출원 내용에 따르면,

학습 4

〈표 4-3〉 NFT 관련 비즈니스 시장에 진출하고 있는 기업들

분 야	기업명	NFT 관련 비즈니스
스포츠	NBA	NBA Top Shot
	MLB	MLB Champions
	Formula 1	F1 Delta Time
패 션	NIKE	CryptoKicks
	LVMH	명품의 진위를 증명하기 위한 블록체인 'AURA' 출시
	BREITLING	NFT를 포함하는 이더리움 시스템으로 정품 인증
엔터테인먼트 & 영화	Turner Sports	Blocklete Games
	Warner Music Group	블록체인 기반 게임업체 Dapper Labs에 투자
테크 & 인프라	AMD	Robotcache BGA와 파트너십
	Microsoft	Azure Heroes
	IBM	NFT 지원 커스텀 블록체인
	HTC	Exodus 1
	삼성	NFT 지원 전자지갑
비디오 게임	Ubisoft	Rabbid Tokens
	CAPCOM	Street Fighters
	ATARI	Atari Token

해당 기술은 블록체인 기술을 사용해 암호화된 보안 디지털 자산을 물리적 제품(나이키의 운동화)에 연결할 수 있는 시스템을 제공하는 것을 특징으로 한다. 즉 블록체인 기반 시스템을 사용해 운동화의 소유권을 추적하고 정품 여부를 확인할 수 있게 된바, '크립토킥스' 한 켤레를 구매하면 해당 운동화의 고유 식별자에 첨부된 디지털 자산도 함께 받게 된다. 나이키의 경우 한정판 운동화를 구매해서 비싼 가격으로 되팔아 수익을 남기는 등의 2차 시장이 활발히 형성돼 있는바, 업계에서는 블록체인 기반 정품 인증기술이 이 과정에서 유용하게 사용되면서 또 다른 정품 운동화 구매로 이어질 것으로 기대하고 있다.

나이키 이외에도 각 분야의 기업들은 지적재산권(특허 및 브랜드)이나 라이선스를 통해 NFT 관련 비즈니스 시장에 점차 진출하고 있다.

한편 암호화를 비롯한 기술부문 기업, 펀드, 거래소 및 기존 VC 회사들도 NFT 시장에 대규모 투자를 진행하고 있다. 희귀 디지털 아이템 및 암호화 수집품을 위한 대표적 P2P 마켓 플랫폼인 Opensea는 실리콘밸리의 저명한 벤처캐피털 기업인 Andreessen Horowitz가 이끄는 펀딩 라운드에서 2300만 달러를 모금하면서 주요 벤처캐피털 회사가 NFT 시장의 장기적인 전망에 대해 긍정적 입장을 취하고 있음을 업계에 보여줬다.

또한 NFT 플랫폼 Recur는 최대 암호화폐 펀드와 개인 투자자(예 Hashed, Gary Vaynerchuk 및 Delphi Digital)로부터 500만 달러를 모금했고, 최근 런치패드 공매에 이어 전략 판매를 마친 Binance Smart Chain NFT 플랫폼 Blind Boxes는 출시 며칠 만에 5억 9,000만 달러의 완전 희석 평가액을 달성했다.

이에 더해 앞으로 출시될 NFT 플랫폼도 업계의 기대를 받고 있다. 저명한 스타트업 인큐베이터이자 초기 단계 투자자 중 하나인 Moonrock Capital은 애니메이션 디지털 수집품 게임 및 플랫폼인 Polkamon을 인큐베이션했고, 블록체인 기반 게임업체 Crypto Prophecies는 DeFi 펀드와 폴리곤으로부터 자금을 조달해 NFT 게임을 구축했다. NFT 보험 및 분할 플랫폼 또한 DeFi 펀드로부터 대규모 투자를 받고 있는바, 업계 전문가들은 향후 몇 달 동안 전반적인 NFT 인프라가 폭풍 성장할 것으로 전망하고 있다.

NFT는 실제로 2021년 글로벌 IT 업계에서 잠재력을 보여주기 시작했다. Larva Labs의 CryptoPunk와 같은 프로젝트는 사상 최대의 매출을 올렸고, NFT 관련 스타트업들은 인상적인 성과를 보이고 있는 중이다.

NFT는 물리적 현실세계에 존재하는 모든 유형의 창작물에 대한 일종의 '디지털 트윈' 역할을 하므로, 디지털 전환의 시대적 흐름을 타고 계속해서 번창할 것으로 기대된다. 현재 주요 기업들은 눈에 띄게 빠른 속도로 NFT 생태계에 참여하고 있다.

다만 최근의 과도한 관심에서 비롯된 투기성 NFT 자산에 대해서는 주의를 요한다. 새로운 개척지가 된 디지털 자산의 NFT 시장에서 어떤 혁신적인 비즈니스가 탄생될 지 글로벌 IT 업계가 주목하고 있다.

학습 4

학습활동.4 교수 · 학습 방법

교수 방법

- 디지털 자산과 전통자산의 융합기술에 대한 관련 용어, 구성, 방식 이해 정도를 파악한 후 수업을 진행한다.
- 교수자의 주도로 디지털 자산과 전통자산의 융합기술 등의 내용을 PPT 자료로 제시한 후 설명한다.
- 가능하면 사전에 개인별 학습 자료를 준비하여 모든 학생이 참여할 수 있는 문제 해결식 수업, 협력 수업이 가능하도록 한다.
- 디지털 자산과 전통자산의 융합기술 전 과정을 작업의 순서에 따라 단계적으로 실습이 이루어질 수 있도록 지도한다.
- 교재를 통해 수업을 준비하는데 있어서 필요한 모든 정보나 팁, 힌트 등 도움이 될 만한 내용들을 확인할 수 있다.
- 학생들이 만들게 될 각 모델들은 수업시간에 중점적으로 다뤄질 부분과 어휘, 질문, 답을 포함하고 있으며 또한 탐구할만한 추가적인 아이디어들도 포함하고 있다.

학습 방법

- 디지털 자산과 전통자산의 융합기술에 대한 관련 용어를 숙지하고, 디지털 자산과 전통자산의 융합기술에 대해 이해한다.
- 디지털 자산과 전통자산의 융합기술의 각 단계별 중점 사항을 체계적으로 학습한다.
- 디지털 자산과 전통자산의 융합기술의 수행순서의 전 과정을 실습한다.
- 디지털 자산과 전통자산의 융합기술의 내용을 이해한다.
- 디지털 자산과 전통자산의 융합기술을 이해하고 숙달이 될 때까지 학습한다.

학습활동.4 평가 및 피드백

평가 준거

- 평가자는 피평가자가 수행 준거 및 평가 내용에 제시되어 있는 내용을 성공적으로 수행할 수 있는 지를 평가해야 한다.

학습내용	평가항목	성취수준		
		상	중	하
디지털 자산과 전통자산의 융합기술	디지털 자산과 전통자산의 융합기술을 이해할 수 있다.			

평가 방법

• 작업 포트폴리오

학습내용	평가항목	성취수준		
		상	중	하
디지털 자산과 전통자산의 융합기술	디지털 자산과 전통자산의 융합기술을 이해할 수 있다.			

• 필기시험

학습내용	평가항목	성취수준		
		상	중	하
디지털 자산과 전통자산의 융합기술	디지털 자산과 전통자산의 융합기술을 이해할 수 있다.			

• 체크리스트를 통한 관찰

학습내용	평가항목	성취수준		
		상	중	하
디지털 자산과 전통자산의 융합기술	디지털 자산과 전통자산의 융합기술을 이해할 수 있다.			

• 피드백

1. 작업 포트폴리오
   - 제출한 보고서를 평가한 후 주요 사항에 대하여 표시하여 돌려준다.
2. 필기시험
   - 평가 결과 성적이 저조한 학생은 보고서 제출 기회를 부여한다.
3. 체크리스트를 통한 관찰
   - 실습 과정에서 평가한 후 개선해야 할 사항 등을 정리하여 돌려둔다.

참 | 고 | 문 | 헌

- 김병철, DZXO2020, http://www.coindeskkorea.com/, 2020.9.16.
- 김시호, 디지털 자산 거래와 메타버스 생태계, KISA report, 2021.7.
- 김연하, 전통자산 대체투자 운용사 핵심이동, 서울경제, https://www.sedaily.com/NewsVIew/1RVLJDHM9R, 2018.02.06.
- 박원익, 왜 실리코밸리는 디지털 자산에 뛰어드나?, 더밀크(https://contents.premium.naver.com/themiilk), 2021.8.05.
- 와디즈 캐스트, 대체투자를 통한 개인 자산배분 전략, 2017.4.19.
- 이건한, 트래블룰이 뭐길래, www.bloter.net/, 2021.8.23.
- 이성우, 전통자산에 투자하는 새로운 방법, 2021.4.13.
- 이지현, 암호화폐 다음은 NFT, KOTRA, 2021.5.06.
- 정치의 경영철학, https://jeongchii.tistory.com/, 2020.10.26.

학습 1	디지털 자산의 개요
학습 2	디지털 자산관리의 기술
학습 3	디지털 자산관리의 플랫폼
학습 4	디지털 자산과 전통자산 융합기술
학습 5	**디지털 자산과 디지털 금융 융합기술**
학습 6	디지털 자산과 디파이 서비스 융합기술
학습 7	디지털 자산과 메타버스 융합기술
학습 8	디지털 자산과 보안의 개요
학습 9	디지털 자산과 디지털 지갑 보안 융합기술
학습 10	디지털 자산과 클라우드 보안 융합기술
학습 11	디지털 자산과 ISMS-P 융합기술
학습 12	디지털 자산의 활용
학습 13	디지털 자산의 미래

학습 5

학습 목표	1. 디지털 자산과 디지털 금융 융합기술을 이해할 수 있다.

5-1 디지털 금융의 개념

1. 디지털 금융의 탄생

디지털 금융은 디지털 기술을 응용한 금융상품 또는 서비스라는 의미로 전자화폐, 전자지급 결재, 인터넷 뱅킹 등 다양한 형태로 이루어지고 있다. 현금대신 전자화폐로 결재하고 세계 어디서나 인터넷으로 은행서비스를 이용하며 보험사 직원의 도움없이 자동차 보험에 가입하고 컴퓨터 앞에서 주식을 하는 시대이다.

디지털 기술과 인터넷의 발달 덕분에 금융의 방법과 영역은 더 확장되었다. 디지털 기술은 금융기관으로 하여금 적은 비용으로 기존의 서비스를 뛰어 넘는 새로운 금융서비스를 제공하게 하는 한편, 전자상거래 등 신규업무에도 진출하도록 하고 있다.

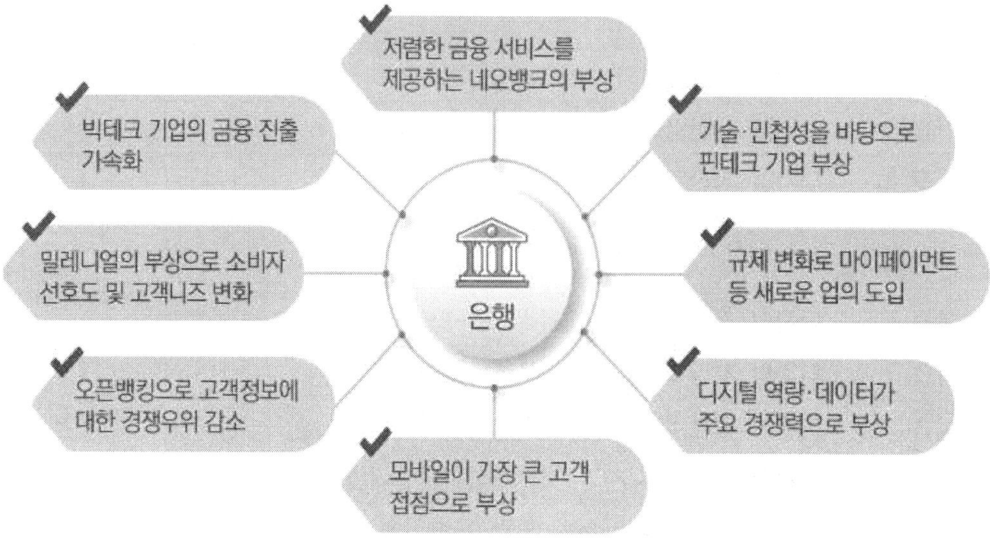

[그림 5-1] 국내은행이 직면한 주요 환경변화와 위협요인

[그림 5-1]처럼 은행산업을 둘러싼 경영환경의 변화는 현재 국내 은행들이 처한 어려움과 고민을 잘 보여주고 있다. 은행업의 전통적인 산업구조가 바뀌고 있다. 미국의 IT 리서치 기업인 가트너(Gartner)는 2030년까지 현재 은행의 80%가 폐업하거나 타 은행에 흡수될 것이라고 예측한 바 있다. 뱅킹은 필요하지만 은행은 사라질 것이라던 빌 게이츠(Bill Gates)의 말이 현실화되고 있다고 해도 무방한 상황이 오늘날 펼쳐지고 있는 것이다.

시대의 거대한 흐름인 디지털 전환 과정은 은행의 밸류체인(Value Chain) 전반에 걸쳐 혼란을 불러일으키고 있으며, 새로운 기술로 편의성이 극대화된 금융서비스를 제공하는 핀테크나 금융업으로의 진출을 확대 중인 빅테크와 같은 신규 진입자들은 금융 생태계를 재편하고 있다.

밀레니얼(Millennial) 세대가 새로운 주 소비층으로 부상하면서 은행과 같은 전통적인 금융기관에 대한 신뢰나 고객 충성도는 축소되고 있다. 데이터3법 개정, 오픈뱅킹 등으로 국내 금융업계에 데이터 생태계가 태동하고 있으며, 마이데이터 시행으로 고객 정보의 주도권이 은행에서 정보주체인 소비자로 옮겨감에 따라 고객 데이터에 대한 독점력도 약화되고 있다. 우리 삶의 필수 수단이 된 모바일의 대중화로 고객의 결정은 더욱 빨라지고 예측이 어렵다.

오프라인 지점 없이 인터넷이나 모바일로만 금융서비스를 제공하는 네오뱅크도 부상하고 있다.

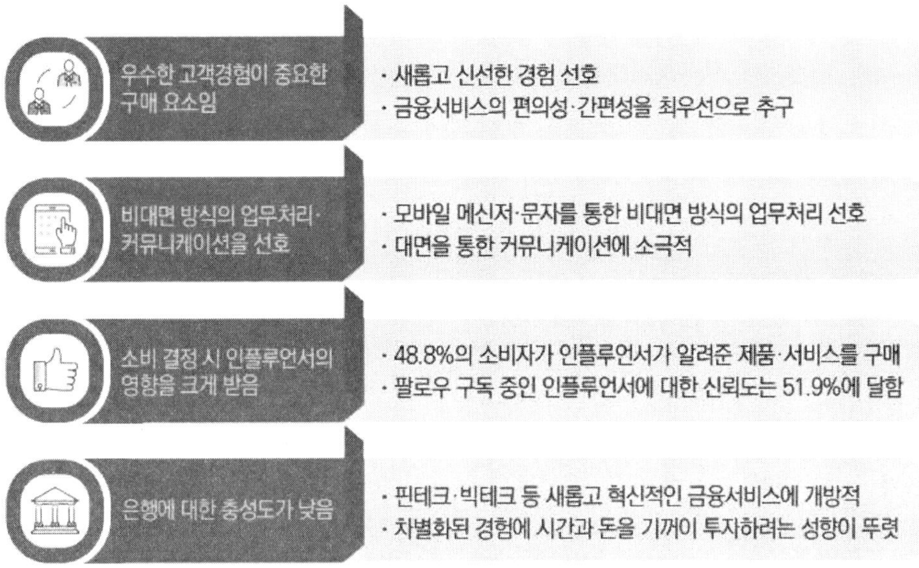

[그림 5-2] 금융 관련 밀레니얼 시대의 특성

디지털 혁신에 대응하기 위해 은행을 포함한 전 금융권에 걸쳐 비즈니스 모델 변화에 대한 필요성이 증대되고 있으며, 모바일은 그 변화의 중심에 있다. 비즈니스 인사이더(Business Insider)에 따르면, 모바일뱅킹은 온라인뱅킹의 5배 속도로 성장하고 있다.

모바일뱅킹의 가장 큰 장점은 시간과 장소의 제한 없이 언제 어디서나 접속할 수 있다는 점이다. 금융서비스의 물리적 제약이 해소됨에 따라 소비자의 금융 접근성이 크게 향상되었고, 결과적으로 소비자의 금융 통제력 강화로 이어졌다. 고객은 손 안의 기기를 통해 잔고확인 · 이체 등 다양한 금융서비스를 사용할 수 있게 되어 이전과는 비교할 수 없을 정도로 서비스 편의성이 증가하였다.

모바일은 디지털에 대한 시각에 중대한 영향을 미쳐 은행업계에 '모바일 우선, 디지털은 전부(Mobile First, Digital Everything)'란 인식을 보편화시켰고, 은행이 추진하는 디지털 전환에서도 모바일뱅킹은 가장 중요한 부분을 차지한다. 모바일뱅킹은 앞으로도 고객을 접하는 최대 접점으로서 은행으로 하여금 고객 친화적인 변화를 지속적으로 강제할 것이며, 디지털에 잘 적응하여 모바일 서비스 강화에 얼마나 민첩하게 대응하는지가 은행 경쟁력에 큰 영향을 미칠 것으로 전망된다.

에어비앤비, 우버, 페이스북 등 플랫폼이 세상을 바꾸고 있다. 플랫폼 비즈니스는 전통 산업을 와해시키고 업권 간 경계를 무너뜨리고 있다.

에어비앤비는 호텔 하나 없이 세상에서 가장 큰 호텔 체인이 되었고, 우버는 스스로 차를 만들지 않아도 세계 유수의 자동차 회사의 기업가치를 뛰어넘는다. 페이스북은 독자적인 디지털 화폐 계획으로 금융시스템을 뒤흔들고 있다.

국내 금융업계에도 디지털 혁신의 물결이 거세다. 특히 너나없이 '금융플랫폼 기업'이 되겠다고 외치고 있다.

한국 금융위 플랫폼 금융정책의 방향은 다음과 같다.

첫째는 플랫폼의 비금융정보 등을 신용평가 등에 적극 활용한다. 예를 들면 온라인 쇼핑 등 비금융정보만 활용해 개인신용 평가하는 비금융CB 허가 등이다.

둘째는 공적기관 상거래 매출정보 등이 플랫폼 기업의 데이터 분석 등을 통해 금융서비스로 이어질 수 있도록 지원한다. 예를 들면 신보 등이 보유한 상거래 매출정보 등을 안전하게 처리후 민간금융권 등 개방한다.

셋째는 플랫폼을 통한 금융서비스 관련된 규제사항 정비이다. 예를 들면 플랫폼 사업자에 대한 매출증대 1사 전속주의 완화와 어름할인 시 신용공여한도 잔정 합리화 등이다.

2. 세상을 바꾸는 디지털 플랫폼

플랫폼은 생산자와 사용자를 연결하고 상품과 서비스 등을 교환하여 모든 참여자들이 가치를 창출하도록 구축된 '토대'이자 '기반'이다. 다양한 상품을 생산하거나 판매하기 위해 공통적으로 사용되는 기본 구조(예 자동차 플랫폼), 상품 거래나 응용 프로그램을 개발할 수 있는 인프라(예 온라인 쇼핑몰, 운영체제), 작업을 하거나 대상에 접근하기 위한 구조물(예 철도 플랫폼)을 의미하기도 한다.

[그림 5-3]처럼 플랫폼 사업모델은 생산자와 소비자의 양면 시장(Two-sided Market)을 대상으로 하며, 네트워크 효과가 사업의 핵심 원리이다. 더 많이 연결될

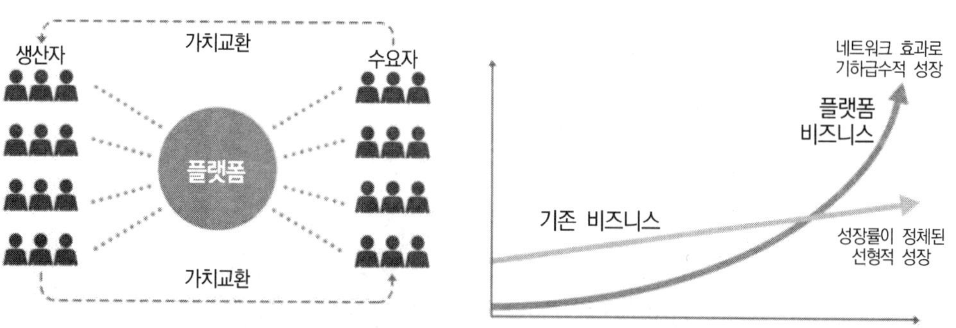

(a) 플랫폼의 구조(양면 시장) (b) 플랫폼 사업 모델의 성장 경로

[그림 5-3] 디지털 플랫폼의 구조와 사업 모델 성장 경로

수록 플랫폼의 가치는 기하급수적으로 커지며, 더 많은 네트워크를 가진 플랫폼 운영자에 생산자와 소비자가 집중되면서 승자독식의 경쟁구도가 만들어진다.

디지털 금융플랫폼은 모바일 뱅킹 중심의 비대면 서비스를 의미하는 경우가 많다. 생산자인 금융회사가 직접 소비자에게 서비스를 제공하는 단면 시장(Single-side Market)의 성격이 크고, 양면 시장(Two-sided Market)에서 가치를 교환하는 진정한 의미의 플랫폼이라 말하기는 어렵다.

다만 고객이 모이는 일종의 '토대'라는 점에서 이를 디지털 금융플랫폼에 포함하기로 하자. 점차 금융회사의 플랫폼은 외부 사업자를 연결하는 등 개방성을 더해 양면시장으로 발전할 것으로 예상된다.

한편 플랫폼은 산업구조를 송두리째 바꾸고 있다. 지난 20년간 자본시장에서 플랫폼 기업이 압도적으로 성장하였다. 2006년을 보면 에너지, 은행 등이 상위를 차지했으나 현재 빅테크 플랫폼 기업들이 전통 기업들을 압도하고 있다.

금융업에서도 전통적인 금융회사보다 테크 기반의 금융플랫폼의 위상이 커지고 있다. 2005년에는 전통 금융사만 존재했으나, 현재에는 지급결제 플랫폼과 핀테크 기반 금융플랫폼의 기업가치가 기존 금융회사를 압도하고 있다.

학습 5

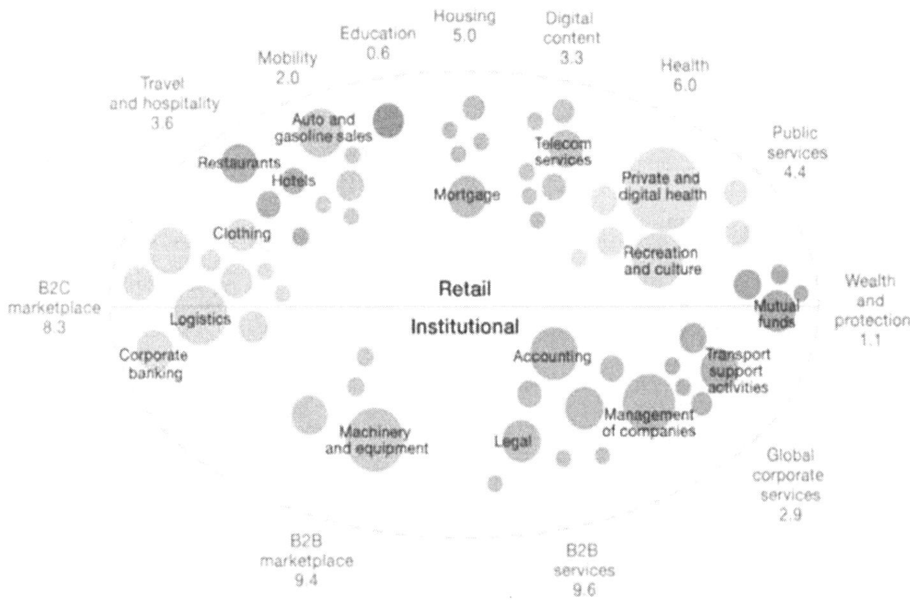

[그림 5-4] 2025년 디지털 생태계 시장 규모

출처 : Mxkinsey

과거에는 시설 규모를 키워 공급에서 규모의 경제를 실현하는 기업이 승자였다면, 지금은 고객을 많이 모아 수요에서 규모의 경제를 실현하는 기업이 승자가 되고 있다.

이는 업종별 산업구조가 [그림 5-4]처럼 플랫폼 중심의 '디지털 생태계(Digital Ecosystem)'로 변하고 있기 때문이다.

스마트폰을 통해 손안에서 모든 것을 해결하고자 하는 소비자들이 등장하면서 디지털 플랫폼으로 사람이 모이고 있다. 가령 여행분야에서는 여행지 탐색, 항공권 구매, 숙박 예약 등이 하나의 디지털 플랫폼을 통해 해결할 수 있게 되면서, '내 손안의 여행사'로 불리는 OTA(Online Travel Agency)들이 기존 여행사를 몰아내고 있다.

3. 금융회사의 디지털 금융플랫폼 추구

전통적인 금융회사에서 '디지털 금융플랫폼'으로 거듭나겠다는 의지를 나타내고 있는데, 그 이유는 다음과 같다.

첫째, 고객의 금융거래가 급속도로 비대면화 되면서 채널 개편의 필요성이 커졌기 때문이다. 스마트폰 사용이 자연스러운 MZ세대는 비대면 채널 이용이 더욱 두드러지며, 코로나19이후에는 장년층까지 확대되고 있다.

점포가 핵심 채널인 금융회사로서는 내점 고객 감소로 효율성이 저하될 우려가 크다. 게다가 고객들은 빅테크 수준의 뛰어난 고객경험을 금융회사에게도 요구하고 있다. 내가 원하는 금융서비스를 언제 어디서나 쉽고 재미있게 이용하고, 내게 맞는 금융상품 및 서비스를 알아서 제안해주기를 요구하고 있다. 오프라인 환경에서는 쉽지 않은 요구이다. 이러한 환경 속에서 디지털 플랫폼은 금융회사에 효율성을 높일 하나의 기회일 수 있다. 저비용으로 고객 기반을 확대할 수도 있으며, 수익성이 낮아 접근하지 못했던 고객군에 대한 영업도 가능하기 때문이다.

종이 지도에서는 불가능했던 '최적 길찾기'가 지도를 데이터로 바꾼 네비게이션에서는 가능해진 것처럼, 플랫폼에서 생성된 거래 정보를 분석하면 다양한 맞춤형 상품 · 서비스 개발도 용이해진다.

둘째, 막강한 고객기반을 갖춘 빅테크들이 금융업에도 본격 진출하기 시작했다.

알리바바나 아마존 등 빅테크는 대부분 결제 분야부터 시작했다. 간편결제가 기존 사업인 커머스, SNS 등과 시너지가 크고, 금융거래 정보를 확보할 수 있는 수단이기 때문이다. 고객경험 설계 역량이나 보안 등 기술은 금융회사보다 간편한 결제를 만들어내는데 기여했다. 이렇게 고객기반을 확보한 빅테크들은 본격적으로 금융서비스를 제공하기 시작했다.

국내에서도 네이버와 카카오 역시 간편결제와 송금부터 시작하여 뱅킹, 금융투자업, 보험업까지 라이센스를 확보하거나 제휴를 통해 진출하고 있다. 빅테크에 비해 생활분야 데이터가 부족하고 고객기반도 미흡한 금융회사는 빅테크에 고객 접점을 빼앗기도 상품 공급자로 전락할 두려움이 크다.

셋째, 정부정책도 금융회사의 디지털 금융플랫폼 경쟁을 가속화시키고 있다.

인터넷전문은행이 디지털 금융플랫폼의 위력을 한껏 보여주었으며, 오픈뱅킹과 마이데이터는 고객의 금융거래 접점을 바꾸고, 업권별 경쟁이 아닌 금융플랫폼간 경쟁을 심화시킬 전망이다.

오픈뱅킹을 통해 금융회사는 물리적인 금융플랫폼이 된다. 오픈뱅킹은 은행 등 참가기관이 고객의 계좌정보를 표준화된 API로 제공하는 인프라를 말한다.

금융소비자는 금융앱 하나로 여러 은행에 있는 본인 계좌를 조회하고, 결제나 송금을 할 수 있게 되었고, 핀테크는 API를 활용하여 금융서비스 개발이 편리해졌다.

은행이 API 인프라를 제공하여 핀테크와 고객을 연결하고, 타 금융회사와 고객을 연결할 수도 있게 되었다. 연결되는 금융회사의 범위도 확대되어 은행 외에 금융투자와 저축은행 등까지 확대되었다. 참여기관의 확대로 디지털 금융플랫폼으로서의 가치가 더욱 커지게 될 것이다.

마이데이터(본인 신용정보관리업)는 여러 금융회사에 흩어져 있는 고객의 본인신용정보를 모아 한 눈에 파악하여 쉽게 관리할 수 있게 하고, 이를 분석하여 적절한 금융상품을 추천하거나 자산관리를 돕는 새로운 금융업이다.

기본적으로 디지털 금융플랫폼의 형태를 띠며, 금융회사와 고객을 연결하여 가치를 창출하는 양면시장의 금융플랫폼이 제도적으로 등장한 것이다.

〈표 5-1〉 국내 빅테크 기업의 금융업 진출현황

<table>
<tr><th>구 분</th><th>네이버</th><th>카카오</th><th>토 스</th></tr>
<tr><td>간편결재 송금</td><td>네이버페이</td><td>카카오페이</td><td>토 스</td></tr>
<tr><td>은 행</td><td rowspan="2">네이버파이낸셜 설립
(미래에셋증권 협력)</td><td>카카오뱅크</td><td>토스뱅크 준비중</td></tr>
<tr><td>금융투자</td><td>카카오페이증권</td><td>토스증권 준비중</td></tr>
<tr><td>보 험</td><td>NF보험서비스(GA)</td><td>디지털 손보사
예비인가 신청</td><td>토스인슈어런스(GA)</td></tr>
</table>

금융회사 입장에서는 자칫 고객 접점이 약화될 우려가 있다. 고객들의 선호도는 고객경험 제공 역량이 뛰어나고 생활데이터와 결합이 용이한 빅테크 기반 마이데이터 플랫폼이 우위에 있을 것으로 예상되기 때문이다.

금융회사는 스스로 빅테크에 견줄만한 마이데이터 사업자로서의 플랫폼을 구축해야 한다.

5-2 디지털 자산과 디지털 금융 플랫폼 융합

1. 디지털 금융의 변화

디지털 금융의 변화는 [그림 5-5]처럼 디지털 요구(Digital Demand)사항인 간편함, 개인 맞춤화, 온디맨드, 정보보안 등이고 디지털 공급(Digital Supply)은 SNS, 모바일, 애널리틱스, 클라우드 등이 있다.

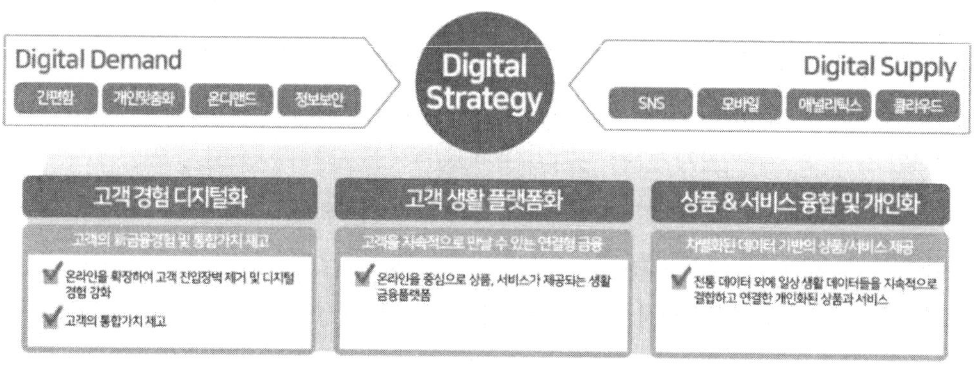

[그림 5-5] 금융업의 변화

이를 통하여 온라인을 확장하여 고객 진입장벽 제거 및 디지털 경험이 강화되고 고객의 통합가치 등을 제고함으로써 고객의 신금융경험 및 통합가치를 제고한다.

온라인을 중심으로 상품, 서비스가 제공되는 생활금융 플랫폼을 통하여 고객을 지속적으로 만날 수 있는 연결형 금융인 고객생활 플렛폼화를 추진한다.

전통 데이터 외에 일생생활 데이터들을 지속적으로 결합하고, 연결한 개인화된 상품과 서비스의 융합 등을 제공한다.

2. 디지털 금융 플랫폼의 개념

디지털 금융 플랫폼의 개념은 [그림 5-6]처럼 디지털 금융 플랫폼의 서비스 통합(빅데이터, AI,IPA, CX, 모바일, 블록체인, 클라우드 등)을 통하여 종래의 단방향 상품, 서비스 출시에서 데이터와 고객중심 통합 상품서비스를 추진한다.

또한 기존서비스인 최소투자, 원가절감이 가치 창출경쟁력에서 디지털 서비스인 활동 데이터 분석을 통한 개인화된 금융 경험 창출이 경쟁력으로 추진하고 기존 서비스인 일반적 상품, 서비스로 제한적인 성장 등에서 차별화된 상품과 서비스로 안전적인 성장을 구현하는 것이다.

[그림 5-6] 디지털 금융 플랫폼의 개념

3. 디지털 금융 플랫폼의 구성

디지털 금융 플랫폼의 구성은 [그림 5-7]처럼 금융서비스와 금융 Enterprise로 구성되어 있다.

금융 엔터프라이즈 플랫폼은 빅데이터 분석 플랫폼, 사각형 AI, 대화형 AI플랫폼 및 블록체인 플랫폼으로 구성된 표준개발 플랫폼과 개발 Assert/데이터/공동 기능

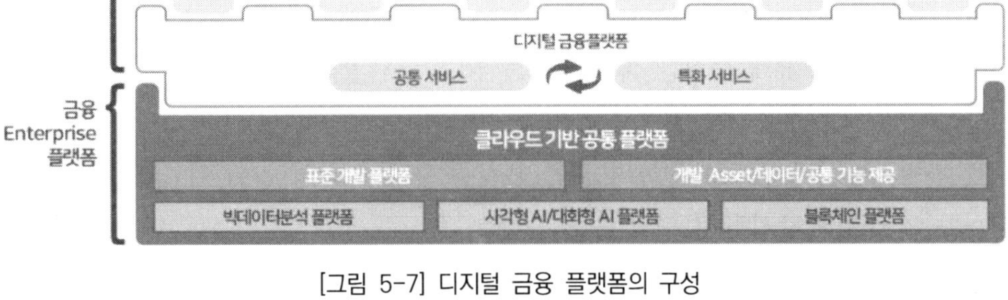

[그림 5-7] 디지털 금융 플랫폼의 구성

제공한 글라우드 기반 공통 플랫폼이다.

금융서비스는 디지털 금융서비스 플랫폼에서 공통서비스와 특화된 서비스를 제공한다. 제공되는 금융서비스는 디지털 아이덴티티, AI 가상비서, 보험금 자동청구, 디지털 페이먼트, 이미지 견적, AI 문자인식 등의 서비스를 제공한다.

4. 금융회사의 개방형 디지털 플랫폼

에어비앤비, 우버, 구글, 페이스북, 유튜브, 이베이, 알리바바, 페이팔 등은 디지털 경제의 선도 기업들이다. 이들의 공통점은 플랫폼 비즈니스 모델로 성공하고 있다는 것이다. 플랫폼 비즈니스 모델은 네트워크 효과를 활용하는 비즈니스 모델이다. 서로 다른 두 개 이상의 네트워크를 구성하고, 네트워크를 매칭시킴으로써 가치를 창출하는 방식이다.

새로운 기업이 등장하여 기존 시장을 무너뜨리는 방법으로서 플랫폼 비즈니스 모델의 효과는 강력하다. 우버는 운전자와 승객 네트워크를 구성하고, 이들을 효율적으로 매칭시킴으로써 기존 택시 산업의 지형을 바꾸는데 성공했다. 기존 기업들도 플랫폼 비즈니스 모델을 도입하여 성과를 낼 수 있다. 애플은 음악 소비자 네트워크를 구성함으로써 iPod 시장 확보에 성공했다. 또한 앱스토어 플랫폼으로 iPhone으로 기존 모바일폰 시장의 리더가 되었다.

지금까지는 플랫폼 비즈니스 모델은 테크놀러지 기업들이 주로 택하는 전략이었다. 그리고 이러한 전략은 금융산업에도 위협이 되고 있다. 페이스북은 암호화폐 '리브라(Libra)'를 추진하고 있다. 칼리브라(Calibra)라는 자회사를 설립해 다수의 기술 기업들이 참여하는 컨소시엄인 리브라 연합을 세운다는 계획이다. 비자, 마스터카드, 페이팔, 우버, 리프트 등 28개 기업이 창립 멤버로 참여한다. 비자나 마스터 카드 로고가 있는 가게에서는 리브라로 결제가 가능하게 된다. 카카오뱅크는 카카오의 메신저 플랫폼을 기반으로 우리나라 인터넷은행의 선두주자가 되었다.

금융회사들은 플랫폼 비즈니스 모델을 도입하고자 한다. 이미 상당한 규모의 고객, 가맹점, 협력사 네트워크를 확보하고 있기 때문에 가능할 것으로 보인다. 문제는 '어디에서 어떻게 추진할 것인가'라는 점이다. 금융회사가 플랫폼 비즈니스 모델로 탈바꿈하는 것은 제도적으로도 가능성이 커지고 있다. 2019년 4월부터 금융혁신 특별지원법 시행으로 인하여 그동안 각종 규제에 막혀 있던 혁신적인 금융서비스들을 시장에 출시하게 되었다.

[그림 5-8]처럼 개방형 플랫폼은 개방형 표준에 근거하여 표준문서가 제정(게재)되고,

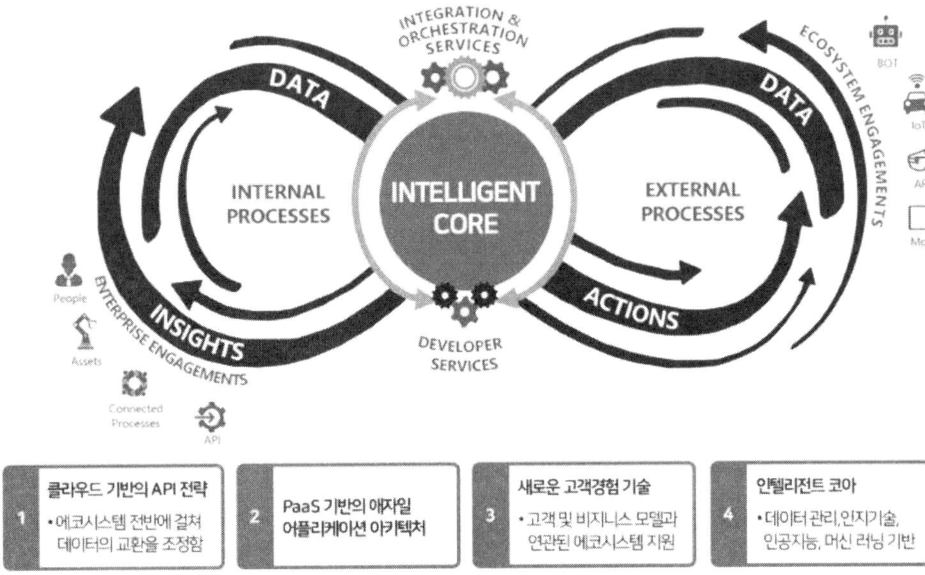

[그림 5-8] 금융회사의 개방형 디지털 플랫폼

문서화된 응용 프로프램 인터페이스(API : Application Program Interfaces)를 제공하는 소프트웨어 시스템을 의미한다. 개방형 API는 개발 당시 의도하였던 원래 프로그램의 소스 코드의 수정을 하지 않고서도, 또 다른 기능으로 소프트웨어를 이용할 수 있는 구조를 갖고 있다. 이러한 인터페이스를 이용하여 제삼자는 기능을 추가하여 손쉽게 소프트웨어를 이용하고, 자신의 소프트웨어를 융합하여 플랫폼에 탑재할 수 있다. 개방형 플랫폼을 이용한다는 것은, 플랫폼 벤더가 아직 완료하지 못한 또는 기존에 생각하지 못한 기능을 개발자가 추가할 수 있는 부작용(Side effect)인 것이다.

최근 금융위원회는 오픈뱅킹을 추진하기 위해 금융결제원을 중심으로 은행권 공동 오픈플랫폼을 도입하였다. 오픈 API를 이용하여 참여하는 은행 및 핀테크 회사들이 고객의 계좌 정보 조회, 계좌 이체 등을 하나의 앱에서 처리할 수 있게 되었다. 은행산업 전체로는 플랫폼의 도입이 이제는 더 이상 낯설지 않다.

또한 블록체인, 인공지능, 클라우드, 디지털 트윈 등의 기술은 금융의 플랫폼화를 촉진하고 있다. 기존 금융데이터가 아닌 대체데이터를 활용할 수 있는 기회도 커지고 있다. 금융회사들은 이미 보유하고 있는 고객데이터에 소셜미디어 또는 통신 및 커머스 데이터를 통합하여 분석함으로써 새로운 서비스를 전개할 수 있는 환경이 되었다. 오픈API를 통해 수집된 데이터와 개인의 디지털 행동 패턴을 활용한 디지털 플랫폼의 시대로 전환이 되고 있는 것이다.

추진 중인 신용정보법 개정안에서는 신용정보의 오픈을 추진하고 있다. 주된 내용 중 하나는 금융데이터가 아닌 비금융데이터를 활용한 신용평가회사를 가능하게 한다는 것이다. 금융거래 실적이 없는 사회 초년생, 프리랜서, 가정주부 등은 금융데이터가 없어서 신용평가를 받을 수가 없었다. 이들에게도 비금융데이터 기반 신용평가를 함으로써, 금융거래를 할 수 있도록 한다는 것이다.

금융회사는 이제 자신이 보유하고 있는 데이터만으로는 디지털 세상에 적합한 금융서비스를 제공할 수 없다. 자체에서 개발한 상품만으로는 더 이상 디지털 고객을 만족시킬 수 없다.

디지털 환경에 적응하는 방법은 자체에서 모든 것을 제공하는 것이 아니라, 오픈 API를 기반으로 외부와 협업해야 한다. 협업을 원활하게 하기 위한 방안으로서 디지털 협업 플랫폼을 도입해야 한다.

지금까지의 국내 금융회사들은 자체 기술력으로 상품과 서비스를 만들고 새로운 혁신을 이끌어 왔다. 하지만 이는 디지털 고객의 니즈를 충족시킬 수도 없고 금융환경 변화에 대응할 수도 없다. 특히 빠르게 발전하는 디지털 테크놀로지의 속도를 따라가는 것은 불가능하다. 빅뱅 방식의 대규모 투자로 대응하는 것은 한계에 이르렀다. 빅테크 및 핀테크와 협업이 미래의 성과를 좌우할 것이다. 협업을 잘 하는 것이 성공요인이고, 이는 디지털 협업 플랫폼의 성능에 따라 결정될 것이다.

5. 디지털 플랫폼 융합사례

[그림 5-9]처럼 카카오는 기 구축 대형 생활 플랫폼 기반과 대면 서비스의 디지털화 및 제휴를 통한 디지털 금융혁신을 통하여 디지털 융합 플랫폼을 구축하였다.

[그림 5-10]처럼 라인의 디지털 플랫폼은 생활플랫폼과 금융플랫폼을 나누어서 구축한 사례이다.

라인에서 제공하는 라인 파이낸셜 블록체인은 금융 플랫폼에 최적화된 블록체인 플랫폼으로 보안과 성능이 우수한 합의 알고리즘을 가진 자체 블록체인 기술로 CBDC(중앙은행 디지털 화폐)사업이 요구하는 거래를 확정시키는데 필요한 결제 완결성을 보장하고, 빠른 속도와 많은 결제량을 처리할 수 있는 확장성을 제공한다.

또 라인의 글로벌 서비스를 운영한 기술력을 바탕으로 결제 정보에 대한 기밀성을 보장한다. 뿐만 아니라 맞춤 설정을 통해 다양한 금융 시스템의 요구사항들과 금융 규약을 준수하기 쉽게 만들어졌다. 공개된 오픈소스 프로젝트는 라인 블록체인 플랫폼에 바탕을 둔 것으로, 레이어 구조와 모듈러 디자인을 채택해 필요한 모듈을 조합하여 서비스에 맞는 블록체인을 직접 구성해볼 수 있다.

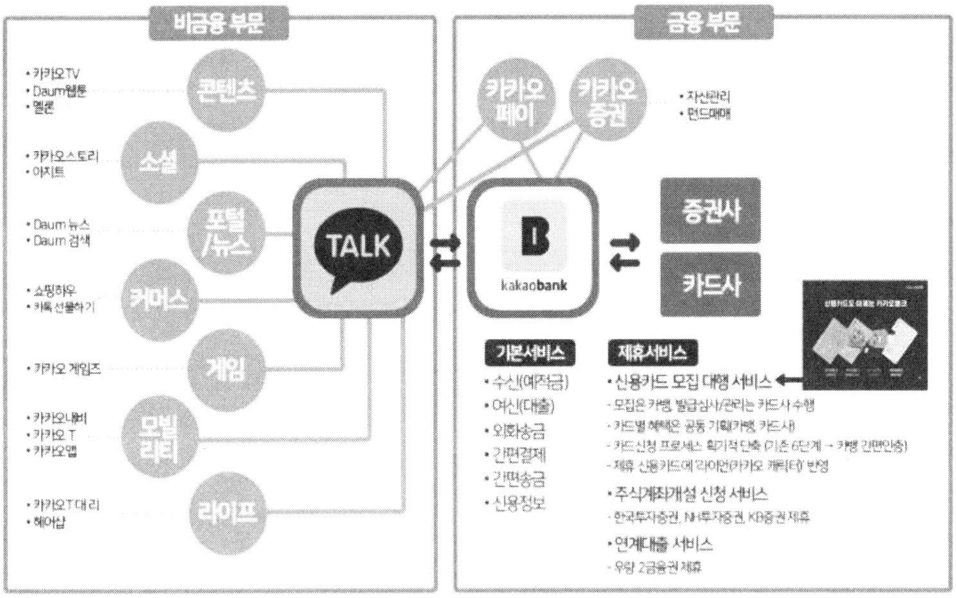

[그림 5-9] 카카오의 디지털 플랫폼 융합사례

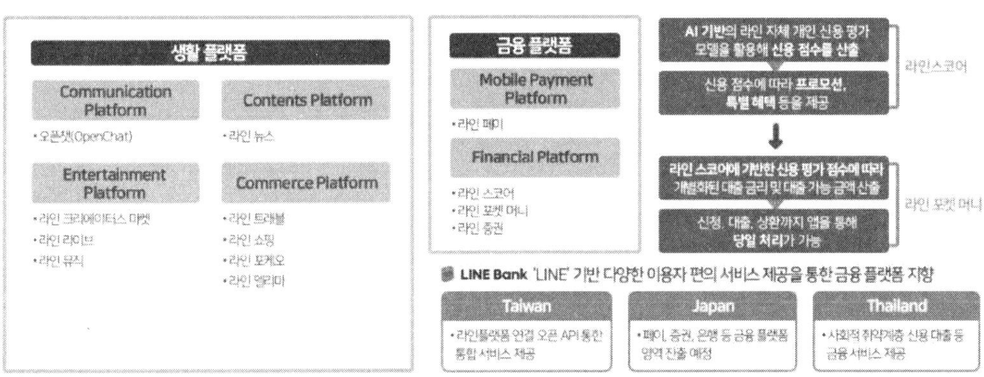

[그림 5-10] 라인의 디지털 플랫폼 융합 사례

또한 라인 파이낸셜 블록체인 홈페에지에서는 중앙은행 디지털 화폐를 위한 블록체인 시스템에 대한 소개와 전세계 각국가들의 CBDC 발행 현황과 CBDC에 대한 개념을 일반인들이 알기 쉽게 사례를 통해 설명하였다.

한편 라인은 다양한 아시아 국가의 중앙은행과 CBDC 플랫폼에 대해 논의하고 있으며, 라인 블록체인 플랫폼의 장점을 그대로 살리면서 각 중앙은행들의 요구사항을 반영해 CBDC에 적용하는 것을 목표로 하고 있다.

수행 내용

재료 · 자료

• 디지털 자산 관련 자료

기기(장비 · 공구)

• 컴퓨터, 문서작성 프로그램, 프린터, 주변기기

안전 · 유의사항

• 디지털 자산 관련 장비의 안전 및 유의사항을 숙지한다.

수행 순서

01 은행의 변화를 초래한 이유에 대하여 분석하라.

은행의 변화를 이끄는 5가지 핵심 요인은 다음과 같다.

2030년의 은행은 오늘날과 매우 다른 모습을 하고 있을 것이다. 은행의 전통적인 밸류체인 일부는 개선될 것이고, 일부는 근본적으로 완전히 진화할 것이다. 향후 전세계 은행 산업 변화에 근본적인 변화를 초래할 핵심 요인을 크게 5가지로 정리할 수 있으며, 이들은 이미 은행의 전통적인 사업방식을 변화시키고 있다.

1. 밀레니얼 : 지금까지와는 다른 고객

전세계적으로 주요 소비층으로 떠오른 밀레니얼 세대들은 '디지털 세대'로 불릴 정도로 디지털에 익숙하며 새롭고 신선한 경험을 추구하고, 모바일 등 비대면 수단을 통한 업무처리를 선호하는 경향이 크다.

이러한 밀레니얼의 특성은 은행의 서비스를 비대면화, 개인 맞춤화, 편의성 · 고객경험 최적화의 형태로 변모시킬 것이며, 은행의 고객관리 체계는 주변 사람들에게 영향을 미치는 영향도 중심으로 변화될 것이다.

2. 모바일 : 삶을 통제하는 원격제어 수단으로 부상

스마트폰 등 모바일은 현대인의 다양한 생활 서비스가 집적된 매체가 되었으며, 현대인은 모바일이 없으면 불편함을 넘어 일상생활이 불가능할 정도로 모바일에 대한 의존도가 매우 높아졌다. 모바일의 대중화는 은행서비스에 대한 물리적인 제한을 해소함으로써 소비자들의 금융서비스 접근성을 크게 향상시켰다. 또한 모바일은 고객을 만나는 최대 접점으로 부상하여 은행 지점의 필요성을 크게 감소시킴으로써 전통적인 영업점 중심의 뱅킹서비스를 포함하여 기존의 은행 생태계에 큰 변화를 가져오고 있다.

3. 기술 : 불가능을 가능하게 하는 마스터키

기술의 발전은 사회 전반적으로 디지털 혁신을 촉발시켰으며, 성공적인 디지털 전환은 은행을 포함하여 금융업계의 생존을 위한 필수 수단이 되었다. 기술의 발전은 데이터 기반의 고객 맞춤화 서비스 등 새롭고 혁신적인 금융서비스를 가능하게 하고, 고객경험을 강화하는 등 은행의 변화를 이끄는 주요 요인이다.

기술의 발전은 고객들이 일상적인 금융상품 · 서비스를 소비하는 방식을 바꾸고 있으며, 전세계 은행들의 전통적인 영업방식에 지속적으로 영향을 미치고 있다. 기술은 기기 · 애플리케이션(이하 앱) 등을 개선하여 금융서비스를 더욱 개인화하고 편의성을 높이고 있으며, 인공지능(AI : Artificial Intelligence), 머신러닝(ML : Machine Learning) 등과 같은 4차산업 관련 기술은 디지털 전환과 맞물려 더욱 새롭고 혁신적인 서비스가 가능하도록 은행의 변화를 이끌고 있다. 비즈니스 인사이더의 설문조사에 따르면 은행 임원의 39%가 기술이 비용을 절감시킬 수 있고, 24%가 고객경험을 향상시키는 데 가장 큰 영향을 미치고 있다고 답했다.

모바일 디지털 채널을 통해 금융서비스를 이용하려는 소비자들의 욕구가 커지면서 뱅킹 관련 기술이 급격히 발전하고 있다. 현재는 고객의 동의를 받은 제3자에게 응용 프로그램 인터페이스(API : Application Programming Interface)를 개방하여 은행의 고객 데이터를 이용할 수 있도록 하는 오픈뱅킹(Open Banking) 관련 기술 확산이 전세계적인 흐름이다.

향후에는 블록체인이나 인공지능, 사물인터넷 등의 기술이 은행업에 가장 큰 변화를 이끌 것으로 전망된다. 글로벌 선진 은행들은 프로세스를 간소화하고 비용을 절감하기 위해 블록체인 기술 기반의 분산원장 도입을 적극 검토하고 있다. 고객들은 이미 시중은행의 프론트 오피스에서 AI가 제공하는 챗봇(Chatbot)을 접할 수 있으며, AI 음성비서를 사용하여 목소리로 은행서비스를 사용하는 보이스뱅킹도 상용화되고 있다. 이러한 기술의 발전은 은행의 프로세스, 채널, 서비스 등 밸류체인 전 영역에 걸쳐 커다란 변화를 불러오고 있다.

4. 규제 : 금융혁신을 촉진하는 규제동향

전세계적으로 은행 관련 규제는 소비자 권리를 강화하고, 데이터 개방을 의무화하는 움직임을 보이고 있다. 오픈 API를 통한 데이터 개방은 고객정보에 대한 은행의 정보우위를 약화시키고 있으며, 기존 은행의 비즈니스 모델로 대응하기 어려운 데이터 생태계를 형성하고 있다.

게다가 국내에서는 마이페이먼트 등 새로운 혁신 금융서비스가 도입될 수 있는 환경을 조성중이다.

이렇게 고객 데이터를 개방하는 글로벌 규제 동향에 발맞추어 국내에서도 전 금융권의 오픈 API 구축 의무화가 정책적으로 추진되고 있으며, 은행권은 금융업계 내에서 가장 선도적으로 오픈뱅킹이 도입되었다.

오픈뱅킹의 도입은 은행업계에 근본적인 변화를 가져올 수 있는 요인이 될 수 있다. 은행에게 고객데이터는 핵심자산이다. 은행의 고객정보에 포함된 거래정보 등 민감한 금융정보는 고객을 이해하는 단서이자 고객의 니즈를 파악하여 수익을 올릴 수 있는 수단이다. 은행은 그동안 고객의 데이터를 자신의 전유물인 것처럼 폐쇄적으로 운영 · 관리해왔으며, 고객에 대한 강력한 정보 우위를 바탕으로 서비스 경쟁력을 유지할 수 있었다.

그러나 오픈뱅킹은 고객데이터 측면에서 기존 은행과 핀테크와 같은 타 금융서비스 제공자 간 경쟁의 장을 평준화시킨다는 점에서, 은행 및 핀테크 기업 모두에게 새로운 경쟁체제로 진입하는 분수령으로 작용하였다. 특히 은행은 그동안 영위해오던 고객 정보에 대한 경쟁우위를 상당 부분 상실하기 시작했다.

게다가 오픈 API를 통한 고객데이터 개방은 기존의 전통적인 은행 비즈니스 모델로 대응하기 어려운 디지털 위주의 데이터 생태계를 형성하고 있다. 이러한 데이터 생태계는 금융권뿐만 아니라 업권을 넘어서는 데이터 경쟁을 촉발하여 은행으로 하여금 디지털 전환 및 디지털 역량 제고 등과 같은 근본적인 변화와 혁신을 요구하고 있다. 단순히 영업점에 앉아 방문 고객들을 응대하는 것이 아닌, 핀테크, 빅테크 등과 경쟁하기 위해 은행이 데이터 역량을 필수적으로 확보해야 하는 무한경쟁 상황에 내몰린 것이다.

오픈뱅킹 외에도 국내에서는 금융결제망 참가를 통해 은행과 유사한 계좌 기반 서비스를 수행하는 '종합지급결제업' 및 계좌에 대해 결제 · 송금 등 이체지시를 할 수 있는 '지급지시전달업' 도입을 위해 전자금융거래법 개편이 예정되어 있다. 이와 같이 소비자금융 혁신을 촉진하고자 하는 금융당국의 기조 및 정책과 그에 따른 새로운 업의 도입 등 은행을 둘러싼 규제환경의 변화는 금융 경쟁력을 유지하기 위한 은행의 혁신과 변화를 가속화하고 있다.

5. 경쟁자 : 새로운 강자의 출현, 핀테크 · 네오뱅크 및 빅테크

기술 기반의 편의성 높은 금융서비스를 제공하는 핀테크, 무료에 가까운 저렴한 금융서비스를 앞세워 비대면 디지털 채널 영업만을 수행하는 네오뱅크는 기존 은행의 입지를 위협하고 있다.

또한 빅테크 기업들은 자신들이 보유한 플랫폼을 중심으로 금융영역으로의 진출을 가속화하고 있다. 밀레니얼 세대를 중심으로 이들이 제공하는 금융서비스에 대한 수요는 지속적으로 증가할 것으로 전망된다.

학습 5

1) 혁신의 핀테크 – 금융산업의 디스럽터에서 주류로 올라서다

핀테크(Fintech)란 금융(Finance)과 IT기술(Technology)의 합성어로 새로운 아이디어 · 신기술을 바탕으로 혁신적인 금융서비스를 제공하는 스타트업이나 기업을 지칭한다. 핀테크 기업은 디지털 기술을 활용하여 금융서비스에 대한 편의성을 극대화함으로써 금융 소비자들의 기대와 니즈를 충족시키고 있다. 핀테크 기업들의 특징을 살펴보면 다음과 같다.

첫째, 극대화된 서비스 편의성을 제공한다. 비싸고 불공정하게 느껴지는 수수료, 너무 엄격한 고객 정책, 자사 상품 중심의 천편일률적이고 편의성이 떨어지는 서비스 등 기존 은행들은 고객의 높아진 기대를 맞추지 못했다. 핀테크 기업은 이러한 고객의 페인 포인트(Pain Point)를 파고들어 기술과 새로운 아이디어를 접목하여 비용이 저렴하면서도 빠르고 편의성이 극대화된 새로운 차원의 혁신적인 금융서비스를 제공하여 기존 뱅킹서비스에 불만을 품은 소비자들을 사로잡았다.

둘째, 고객의 요구사항에 기민하게 반응하는 민첩성이다. 핀테크 기업은 서비스 출시 · 개선에 신속하며, 스타트업의 특성상 변화에 유동적이기 때문에 고객의 피드백에 유연하게 대처할 수 있는 강점이 있다. 이러한 특징을 가진 핀테크 기업의 고객 기반은 방대하지만 유연성이 떨어지고 변화에 빠르게 반응하지 못하는 은행 · 금융기관과 대비되며, 금융산업 내 새로운 차원의 경쟁환경을 만들었다.

셋째, 우수한 고객경험을 제공한다. 핀테크 기업은 디지털 트렌드와 고객의 기대치를 결합하여 고객에게 혁신적인 경험을 부여하는 데 중점을 두고 있다. 고객중심의 쉬운 사용자 인터페이스를 통해 고객여정(Customer Journey)을 신속하고 원활하게 하는 반면, 데이터 분석을 통해 고객에게 맞춤화·차별화된 경험을 제공한다.

핀테크 기업은 은행뿐만 아니라 보험, 자산관리 등 다양한 업권의 금융기관과도 경쟁함으로써 업계 트렌드를 선도하고 금융의 새로운 미래를 형성하고 있다. 글로벌 컨설팅 기업 맥킨지는 2025년까지 은행은 리테일 부문 수익의 최대 60%를 핀테크 기업들에게 뺏길 수 있다고 전망한 바 있다. 핀테크 기업은 더 이상 금융업계의 디스럽터(Disruptor)가 아닌 주류로 자리 잡았으며, 금융업계의 주도권을 놓고 기존 은행의 입지를 위협하고 있다.

2) 새로운 형태의 은행의 등장 – 비대면 디지털 뱅킹서비스 네오뱅크의 부상

네오뱅크(Neobank)는 핀테크 기업에 의해 설립하는 경우가 많으며, 기존 은행과 동일하게 은행 라이선스(License)를 받아 여·수신 기능을 수행한다. 다만 지점을 중심으로 영업업무를 수행하는 전통적인 은행들과는 달리 네오뱅크는 비대면 디지털 채널만을 사용하여 영업을 수행한다는 점이 가장 큰 차이점이다.

그렇기 때문에 디지털 전용은행(Digital-only Bank) 또는 모바일 전용은행(Mobile-only Bank)으로 불리며, 우리나라에서는 인터넷 전문은행으로 지칭된다. 네오뱅크의 가장 큰 경쟁력 중 하나는 무료에 가까운 낮은 수수료다. 지점이나 점포 운영비용이 들지 않기 때문에 기존 은행들이 제공하는 유료서비스를 매우 저렴하게 제공할 수 있다.

전세계적으로 네오뱅크는 전통적인 은행들의 강력한 대안으로 부상하고 있으며, 은행의 기존 밸류체인에도 변화를 가져오며 은행 생태계를 재정의하고 있다. 글로벌 컨설팅 기업 액센 츄어에 따르면, 2019년 기준 영국 네오뱅크의 신규 고객유치 성장률은 170%를 기록하고 있다.

유럽의 대표적인 네오뱅크인 N26은 2019년 미국으로 시장을 확대하여 약 5개월간 25만명의 고객을 유치하며 확장세를 이어가고 있다.

미국 샌프란시스코에 본사를 둔 차임(Chime)은 2018년 중반 고객수가 100만 명이었으나, 2019년 9월 기준 500만명 이상의 고객을 유치하여 약 1년 동안 400%의 고객유치 성장률을 기록하였다.

영국의 스탈링뱅크(Starling Bank)는 개인 고객만을 대상으로 금융서비스를 제공하는 B2C 리테일뱅킹서비스만 제공하였으나, 기업을 대상으로 B2B 서비스를 제공하는 플랫폼을 출시하여 수익원과 서비스를 다각화하였다.

국내에도 인터넷 전문은행인 카카오뱅크가 2017년 7월 서비스를 시작한 이후 2년만인 2019년 7월 12일 고객 수가 1,000만명을 돌파하였다. 2020년 6월 기준 수신금액 22.3조원, 여신금액 17.3조원을 기록하였으며, 국내 경제활동인구의 44.3%가 카카오뱅크 고객인 것으로 나타났다. 밀레니얼이 주 소비층으로 부상하고 소비자들이 금융서비스 채널로 모바일을 선호하기 때문에 네오뱅크의 부상은 불가피한 흐름이 되고 있다. 디지털 시대의 요구에 부응하여 더 많은 네오뱅크가 생겨날수록 결국 전통적인 은행들을 약화시킬 것이다.

3) 빅테크의 역습 - 산업 경계의 파괴, IT 공룡의 금융업 진출 가속화

빅테크(Big Tech) 기업이란 금융서비스를 제공하는 거대 IT기업을 가리킨다. 금융뿐만 아니라 광범위한 영역에서 다양한 온라인 · 디지털 서비스를 제공하며, 금융부문에서는 기술을 바탕으로 편의성과 고객경험이 우수한 금융서비스를 제공한다. 미국의 구글 · 아마존 · 페이스북 · 애플, 중국의 바이두 · 알리바바 · 텐센트, 한국의 카카오 · 네이버 등이 대표적인 빅테크 기업으로 구분된다.

디지털 플랫폼을 기반으로 지급결제 영역에 성공적으로 진출하여 영향력을 키운 거대 IT기업들은 지급결제 서비스를 넘어 다양한 B2C 금융서비스를 제공하며 금융업 진출을 가속화하고 있다.

빅테크 기업들은 금융데이터가 고객을 더욱 깊이 이해하는 중요 수단이자 새로운 수익 창출 수단으로 인식하고 있다. 이에 따라 빅테크 기업들이 금융업 진출을 확대하면서 은행 밸류체인은 이들에 의해 상당 부분 잠식될 것으로 전망된다. 아마존의 경우 상거래 판매자를 대상으로 최대 1년간 75만 달러까지 실질적으로 여신을 제공하는 아마존 대출(Amazon Lending)서비스를 제공하고 있으며, 구글은 리테일뱅킹에 집중하여 씨티은행과의 제휴를 통해 2021년 중 개인은행계좌(Citi Plex Account)를 도입할 예정이다.

국내의 경우도 예외가 아니다. 네이버는 2019년 11월 네이버페이를 분사하여 금융전문 자회사 네이버파이낸셜을 설립하였으며, '네이버통장'을 필두로 온라인 사업자 전용 대출상품인 '스마트스토어 사업자(소상공인) 대출'을 2020년 12월 출시하였다.

거대 IT기업들은 뛰어난 디지털 역량, 대규모 플랫폼 고객 및 검색 · 유통 등 축적된 데이터, 우수한 고객경험에 정통한 조직, 그리고 막강한 기업 브랜드를 갖추고 있으며 디지털 플랫폼을 중심으로 금융 편의성을 극대화시키고 비용 효율적으로 자사의 금융 비즈니스 모델을 지속적으로 진화시키고 있다. 무엇보다도 이들 기업들은 밀레니얼 세대를 중심으로 높은 고객 충성도 · 신뢰도를 가지고 있다. 디지털 기기를 신체의 일부인 양 손에 끼고 성장하였기 때문에 새로운 디지털 제안(Digital Offering)에 익숙한 젊은 밀레니얼 소비자들을 중심으로 거대 IT기업이 제공하는 금융서비스에 대한 수요는 지속적으로 늘어날 것으로 전망된다.

결과적으로 점점 더 많은 금융 소비자들이 거대 IT기업이 제공하는 금융서비스를 사용하려고 할 것이다. 특히 이들이 제공하는 서비스가 기존 은행들이 제공하는 서비스보다 더 나은 경우, 이러한 현상은 더욱 가속화될 것이다.

플랫폼과 연계하여 금융서비스를 강화할 수 있는 거대 IT기업들의 잠재력은 뱅킹 생태계의 균형을 바꿀 수도 있다. 은행과 빅테크 기업과의 상생을 위한 협력을 고려하더라도, 미래의 은행 생태계에서 은행들은 뛰어난 금융서비스 경쟁력을 갖춘 거대 IT기업의 거센 도전을 지속적으로 받게 될 것으로 전망된다.

02 개인의 디지털 자산관리에 대한 관심 확대 이유에 대하여 분석하라.

코로나 직후 개개인의 삶에서 느껴졌던 가장 큰 사고의 변화는 무엇일까?

안정적으로 지속될 것으로만 보였던 개인의 삶이 통제할 수 없는 상황에 빠져들고, 예상치 못한 위험에 장기간 노출되면서 앞으로도 이러한 위기가 재현될 수 있다는 불안감을 느끼게 된 점이 아닐까 싶다.

그렇다면 코로나 사태가 발발한지 거의 2년이 지난 지금 우리가 처음에 가졌던 불안감은 지속되고 있을까?

코로나는 위기였지만 안정적으로 관리할 수 있는 상황이 지속될 것이고, 치료제나 백신이 나오면 오히려 지금의 상황은 극복 가능하다는 희망이 확산되는 것으로 보인다. 이러한 희망은 장기화되고 있는 초저금리 상황에서 개인들의 실물자산에 대한 공격적인 투자로 이어지고 원유, 원자재 등 대체자산으로 투자가 쏠리는 모습도 나타났다.

이는 일견 합리적인 행동으로 보이며, 급감하는 은행 요구불 예금 잔액과 급증하는 신용거래융자 잔고, 공매도 금지 연장과 뉴딜펀드 도입 등에서 논란은 지속되고 있다.

이러한 공격적인 투자와 자산이동은 언택트 기술 확산과 더불어 급격하게 진행되고 있다. 모바일 간편결제 등 지급결제 분야에서 이미 디지털 전환을 학습한 개인은 자산관리 분야에서도 빠른 속도로 모바일 앱 등을 활용하는 모습이다. 이는 비대면 계좌 개설 허용 등 당국의 정책변화와 신생 투자자문 · 일임사, 자산운용사의 노력과도 연계되어 소비자에게 다양한 기회를 제공하고 있다.

특히 디지털 플랫폼 기반 신생 금융회사들은 다양한 모바일 앱을 출시하고 SNS 등을 통해 적극적으로 소통하고 있는데, 이러한 노력으로 더 많은 금융소비자가 자산관리에 관심을 가지게 되었다.

03 마이데이터 도입에 따른 디지털 자산관리 플랫폼의 확산에 대하여 분석하라.

마이데이터는 금융시장의 판도를 바꿀 전망이다. 마이데이터 사업자는 개인 신용정보를 수집 · 분석해 금융상품을 소비자에게 맞춤형 서비스를 제공할 수 있다. 사업 초기에는 일상적인 금융생활에서 빈번하게 사용되는 서비스를 기반으로 신규 고객 유치에 주력한 후, 충분한 고객 데이터가 확보되면 유의미한 고객 인사이트를 창출할 수 있다.

예를 들면 고객의 종합적인 금융데이터를 바탕으로 고객 연령, 성향 및 투자목적에 맞는 생애주기별 금융상품 추천 사업이 가능하다.

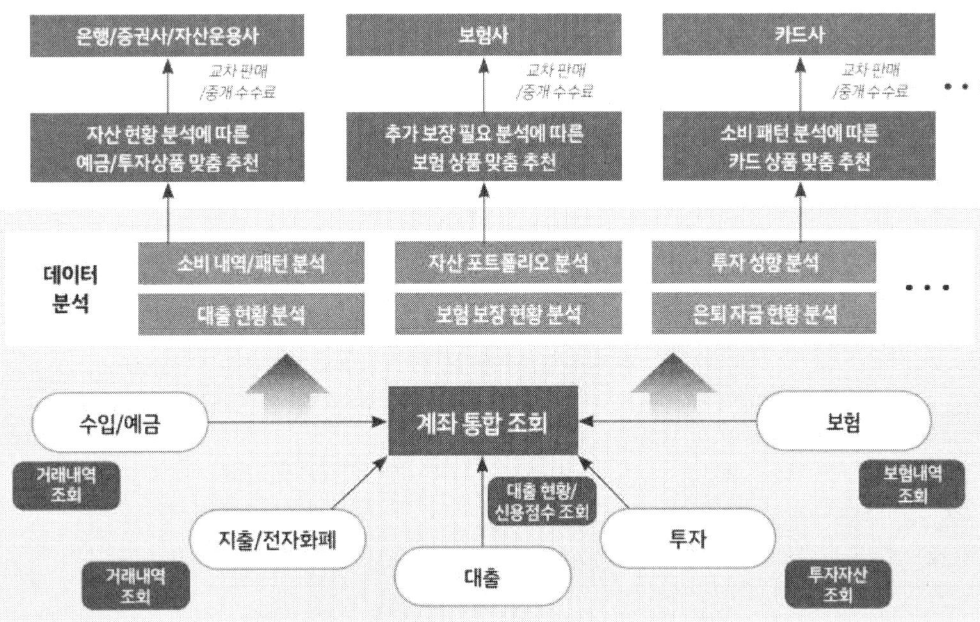

[그림 5-11] 금융거래 및 마이데이터 서비스 구조

더불어 금융상품 외에 소매, 서비스 등 다양한 사업자와 데이터를 연계해 새로운 서비스와 수익 모델을 만들 수 있다. 정보의 이동성을 늘려 금융과 비금융 산업에 모두 새로운 활력을 불어넣을 수 있다는 점이 이 사업의 잠재력이다. 그러다 보니 초기 시장 선점을 놓고 물밑 경쟁이 치열하다. 마이데이터 사업 참여를 고려하는 기업은 스크래핑 기반 기술을 API 연계 방식으로 전환해야 한다. 핀테크, 은행, 카드사, 보험사 등 사업 참여를 희망하는 금융기업들은 플랫폼 준비에 적극 나서고 있고, 이에 무한경쟁시대로 접어들 전망이다.

마이데이터의 시장에 대한 기대가 높지만 마이데이터 서비스만으로 차별화된 디지털 혁신하는 데는 한계가 있다. 모든 마이데이터 사업자에게 동등한 표준 API방식으로 제공되는 신용데이터는 종합자산관리, 상품추천 등과 같은 콘텐츠로는 어느 사업자든 서비스 내용이 대동소이 할 수밖에 없다.

따라서 고객이 느끼는 매력도 높은 차별화 콘텐츠가 없다면 금융플랫폼 시장에서 지속적인 경쟁력을 갖추기는 쉽지 않다.

고객특성에 맞는 차별화된 디지털혁신 서비스를 제공하기 위하여 마이데이터 플랫폼과 빅데이터 분석 플랫폼, 디지털 마케팅 플랫폼의 연계와 데이터 융합이 필요하다.

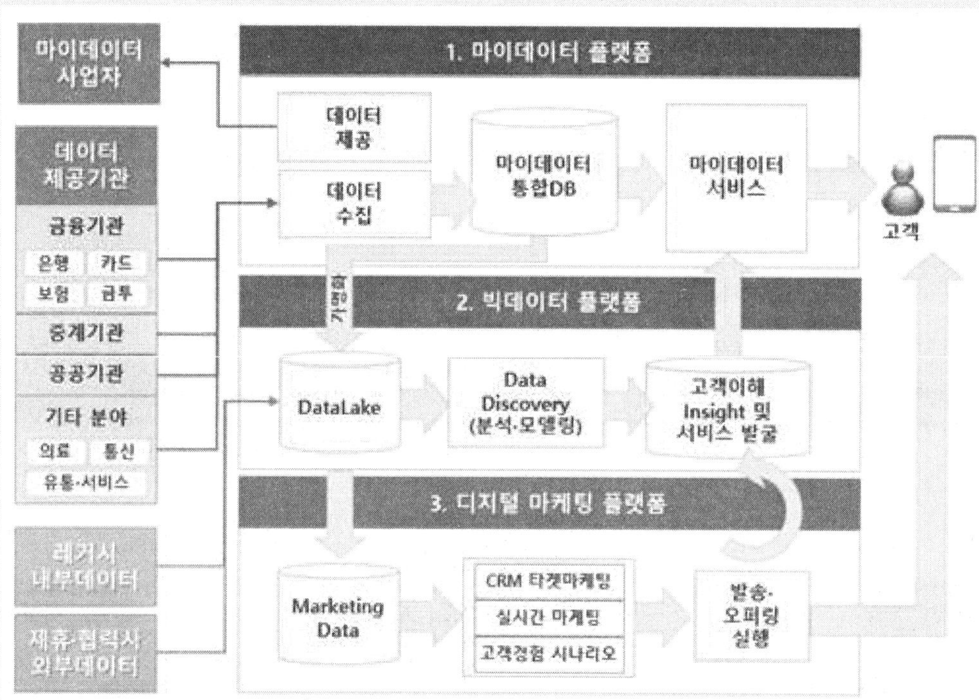

[그림 5-12] 디지털 금융 혁신 비즈니스 참조 모델

출처 : 에스코어 데이터 컨설팅팀

[그림 5-12]처럼 디지털 금융혁신 참조모델은 마이데이터를 포함한 기업 대내외 데이터를 모아 빅데이터 플랫폼을 구축하고, 이를 통해 고객 및 비즈니스 인사이트를 찾아내 개인화 서비스와 콘텐츠를 발굴하는 작업을 한 다음 디지털 마케팅 플랫폼과 마이데이터 서비스를 제공하는 디지털 자산 채널을 유기적으로 융합 연계하여 수행한다. 결국은 빅데이터와 디지털 마케팅 데이터를 융합하여 고객행동, 경험기반의 디지털 마케팅 프로세스가 적시에 실행되는 디지털 플랫폼 비즈니스 시너지 효과도 기대할 수 있다.

1. 로보어드바이저는 자산배분을 통해 다양한 시나리오에 대응할 것으로 기대

디지털 자산관리 플랫폼은 무엇이고 플랫폼은 어떻게 진화할까?

디지털 자산관리 플랫폼의 구성요소로는 패시브(인덱스) 펀드, ETF, 로보어드바이저, 자산운용 플랫폼 등을 들 수 있다.

패시브(인덱스) 펀드와 ETF가 액티브 펀드 대비 낮은 수수료로 고객의 자산을 확대시킬 수 있는 상품이라면 로보어드바이저는 자산배분을 통해 고객자산을 보다 안정적으로 관리할 것으로 기대를 받고 있다.

즉 저금리 시대 자산관리가 주식 · 채권 등 전통자산에 기반한 반면, 앞으로의 자산관리는 인플레이션 등 다양한 시나리오에 대응하기 위해 대체투자 · 지역배분 등으로 포트폴리오를 확대해야 하는데 이를 로보어드바이저가 담당하는 것이다. 자산운용 플랫폼의 경우에도 AI 기반 BlackRock Robo-Advisor 4.0에서 보듯 기존 인력의 역할을 복제하고, 이후 이들을 대신할 Robo-Boss가 조만간 등장하면서 디지털 전환속도가 더욱 빨라질 것으로 보인다.

학습 5

2. 마이데이터 도입으로 디지털 자산관리 플랫폼이 대중화될 것으로 예상

국내의 경우 다수의 신생 디지털 자산관리 플랫폼은 로보어드바이저를 통한 포트폴리오 구성과 이에 따르는 ETF 기반의 상품매매 등을 실행해 왔는데, 마이데이터 사업 허용은 이를 한 단계 더 높은 수준으로 진화시킬 것이다. 최근 마이데이터를 준비하는 다수의 기업들은 디지털 자산관리를 주요 서비스로 내세우고 있는데, 해당 서비스가 기존 고객 자산 통합 조회뿐만 아니라 고객 성향에 맞춰 자산을 재분배하고 이를 과거 수익률과 비교해 고객에 제시한다면 해당 서비스를 대중화시키리라 본다.

3. 빅테크 기반의 마이데이터 사업자 도입으로 수수료 추가 인하 등 서비스 경쟁은 불가피

특히 빅테크 등이 마이데이터 인허가 획득 이후 자산관리 서비스를 시행하게 된다면 고객 자산관리는 대중화와 함께 수수료 인하 등 경쟁이 심화될 가능성이 높다. 빅테크 기반의 마이데이터 사업자는 자산관리 플랫폼 도입 초기 이익 창출보다는 트래픽을 늘려 자사 서비스 이용을 확대하는데 초점을 맞출 것으로 보인다.

이를 위해 현재 신용카드 판매사례에서 확인할 수 있듯이 기존 사업자보다 고객에게 더 많은 혜택을 제공할 것을 금융회사에 요청할 것으로 보이는데 자산관리에 있어서는 펀드 판매, IRP 등의 수수료 추가 인하로 연결될 가능성이 높다.

학습활동.5 교수 · 학습 방법

교수 방법

- 디지털 자산과 디지털 금융 융합기술에 대한 관련 용어, 구성, 방식 이해 정도를 파악한 후 수업을 진행한다.
- 교수자의 주도로 디지털 자산과 디지털 금융 융합기술 등의 내용을 PPT 자료로 제시한 후 설명한다.
- 가능하면 사전에 개인별 학습 자료를 준비하여 모든 학생이 참여할 수 있는 문제 해결식 수업, 협력 수업이 가능하도록 한다.
- 디지털 자산과 디지털 금융 융합기술 전 과정을 작업의 순서에 따라 단계적으로 실습이 이루어질 수 있도록 지도한다.
- 교재를 통해 수업을 준비하는데 있어서 필요한 모든 정보나 팁, 힌트 등 도움이 될 만한 내용들을 확인할 수 있다.
- 학생들이 만들게 될 각 모델들은 수업시간에 중점적으로 다뤄질 부분과 어휘, 질문, 답을 포함하고 있으며 또한 탐구할만한 추가적인 아이디어들도 포함하고 있다.

학습 방법

- 디지털 자산과 디지털 금융 융합기술에 대한 관련 용어를 숙지하고, 디지털 자산과 디지털 금융 융합기술에 대해 이해한다.
- 디지털 자산과 디지털 금융 융합기술의 각 단계별 중점 사항을 체계적으로 학습한다.
- 디지털 자산과 디지털 금융 융합기술의 수행순서의 전 과정을 실습한다.
- 디지털 자산과 디지털 금융 융합기술의 내용을 이해한다.
- 디지털 자산과 디지털 금융 융합기술을 이해하고 숙달이 될 때까지 학습한다.

학습활동.5 평가 및 피드백

평가 준거

- 평가자는 피평가자가 수행 준거 및 평가 내용에 제시되어 있는 내용을 성공적으로 수행할 수 있는 지를 평가해야 한다.

학습내용	평가항목	성취수준		
		상	중	하
디지털 자산과 디지털 금융 융합기술	디지털 자산과 디지털 금융 융합기술을 이해할 수 있다.			

평가 방법

• 작업 포트폴리오

학습내용	평가항목	성취수준		
		상	중	하
디지털 자산과 디지털 금융 융합기술	디지털 자산과 디지털 금융 융합기술을 이해할 수 있다.			

• 필기시험

학습내용	평가항목	성취수준		
		상	중	하
디지털 자산과 디지털 금융 융합기술	디지털 자산과 디지털 금융 융합기술을 이해할 수 있다.			

• 체크리스트를 통한 관찰

학습내용	평가항목	성취수준		
		상	중	하
디지털 자산과 디지털 금융 융합기술	디지털 자산과 디지털 금융 융합기술을 이해할 수 있다.			

• 피드백

1. 작업 포트폴리오
   - 제출한 보고서를 평가한 후 주요 사항에 대하여 표시하여 돌려준다.
2. 필기시험
   - 평가 결과 성적이 저조한 학생은 보고서 제출 기회를 부여한다.
3. 체크리스트를 통한 관찰
   - 실습 과정에서 평가한 후 개선해야 할 사항 등을 정리하여 돌려둔다.

참 | 고 | 문 | 헌

- 강수영, 마이데이터와 디지털 금융혁신, 삼성SDS 인사이트 레포트, https://www.samsungsds.com/, 2021.5.18.
- 김성진, 디지털 자산관리 플랫폼 확산과 금융산업의 변화, 하나은행 하나금융경영연구소, 2020.8.14.
- 김이환, 금융회사는 디지털 협업 플랫폼이 필요하다, 투이컨설팅, 2019.12.11.
- 나재훈, 개방형 핀테크 플랫폼의 정보보호 지침, 정보보호학회지, 2020.08.
- 남궁현, 디지털 금융이란? 핀테크개념, https://m.blog.naver.com/, 2018.10.9.
- 라인 파이낸셜 블록체인 플랫폼 홈페이지, https://lineplus corp.com/pr/news/ko/2021/3821
- 류정원, 디지털 금융플랫폼이 열어가는 금융의 미래, 2021.4.28.
- 뱅킹, 변화를 위한 혼란의 시대, 삼정인사이트, Vol. 73, 2021.

학습 목표

1. 디지털 자산과 디파이 서비스 융합기술을 이해할 수 있다.

6-1 디파이 서비스의 개념

1. 디파이의 개요

디파이(DeFi)란 탈중앙화 금융(Decentralized Finance)서비스의 약자로서, 블록체인 네트워크상에서 스마트계약 기반으로 가상자산을 이용하여 동작하는 탈중앙화 금융서비스이다. 즉 은행과 같은 중앙금융기관의 중개를 거치지 않고 예금하거나, 이자 및 타인에게 코인을 대출해주고 이자를 받는 등 특정 기관의 중개가 없이 금융적 행위를 하는 것을 의미한다.

예를 들어 이용자가 은행에 예금을 하는 경우 우리는 은행에 그 돈이 있을 것으로 믿는다. 더 정확하게는 은행에서 운영하는 전산시스템에 이용자가 예금했다는 증표인 전자적 기록을 믿는 것이다. 우리는 이를 확인하기 위해 통장의 기록을 확인하거나 모바일 기기 등을 통해 은행 전산시스템의 기록 상태를 언제든 확인할 수 있다. 그런데 탈중앙화 금융에서는 이를 보증하는 중앙기관이 없다.

따라서 이용자들 서로가 신뢰할 수 있는 체계가 필요하다. 탈중앙화 금융이 블록체인 네트워크를 기반으로 하는 근본적인 이유가 여기에 있다.

가장 대표적인 금융서비스인 대출서비스는 중앙에 해당하는 금융기관은 이자 정책을 정하고 대출 이용자는 은행과 대출계약을 체결한다. 이 계약을 기반으로 고객은 대출금을 받아 사용한 뒤 정해진 일정에 따라 이자와 원금을 상환한다. 기존 금융서비스 중 이용자와 약관에 동의, 약정계약 등 사전에 약속을 정하지 않는 금융거래는 없다. 디파이 서비스 역시 그 본질은 금융 서비스이기 때문에 중앙기관 없이 신뢰를 보증할 수 있는 수단으로 블록체인 네트워크만 활용하는 것은 부족하며, 금융거래 약속을 정하고 이행을 강제할 수 있는 수단이 필요하다. 블록체인 네트워크상에서 이러한 금융거래 약속을 정하고 이행을 강제할 수 있는 수단이 바로 스마트계약(Smart Contract)이다.

스마트계약이란 계약 당사자간에 사전합의 된 내용을 프로그래밍을 통해 전자계약 형태로 체결하고, 계약 조건이 충족되면 자동으로 계약 내용을 실행하도록 구현한 시스템이다. 따라서 스마트계약은 제3의 보증기관 없이 개인 간의 계약체결이 가능하다.

디파이(DeFi) 정의는 [그림 6-1]처럼 블록체인 네트워크상에서 스마트계약을 기반으로 가상자산을 이용하여 동작하는 탈중앙화 금융서비스이다.

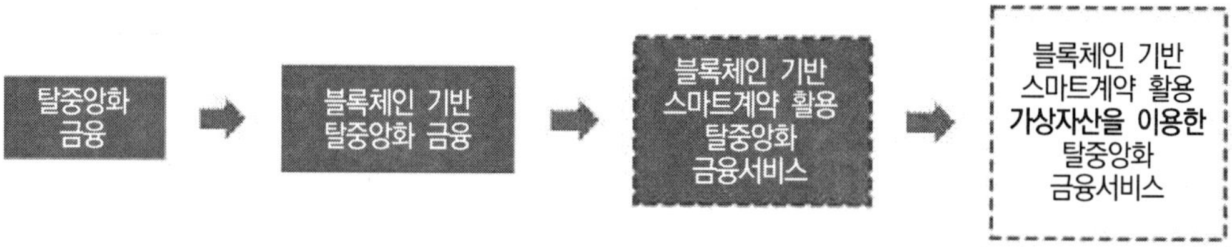

[그림 6-1] 디파이의 정의

디파이에서 주목해야 할 가장 중요한 것이 있다. 블록체인 기반 위에 동작하고 스마트계약을 활용하여 신뢰성 높은 탈중앙화를 이룬 것은 맞지만 중요한 것은 결국 금융서비스란 것이다.

일반적인 전통 금융서비스는 예 · 적금 서비스, 대출, 투자, 결제 등 모든 금융서비스의 중심에는 법정화폐(Fiat Money)가 있다. 은행에 법정화폐를 맡겨야 정해진 이자를 받는다. 투자를 위해 상장기업의 주식을 사기 위해서도 법정화폐를 지불해야 주식을 받을 수 있다. 대출을 받기 위해 부동산 담보나, 신용을 기반으로 법정화폐를 받을 수 있다. 다시 말해 법정화폐가 연계되어 있지 않은 금융서비스는 없다. 그렇다면 디파이 금융서비스에는 어떠한 것이 중심에 있을까?

지금으로서는 쉽지 않은 문제이다. 왜냐하면 기존 금융은 금융서비스에 대한 정의, 금융기관의 역할과 책임 등 모든 체계가 법령을 중심으로 하고 있기 때문이다. 하지만 디파이 금융서비스는 아직 그 경계가 모호하다. 그 이유는 현재 출시되어 있는 디파이 금융서비스 중에서 법정화폐를 기반으로 한 서비스는 없기 때문이다. 다시 말해, 디파이 금융서비스는 기본적으로 가상자산(Cryptocurrency)을 기반으로 하고 있다.

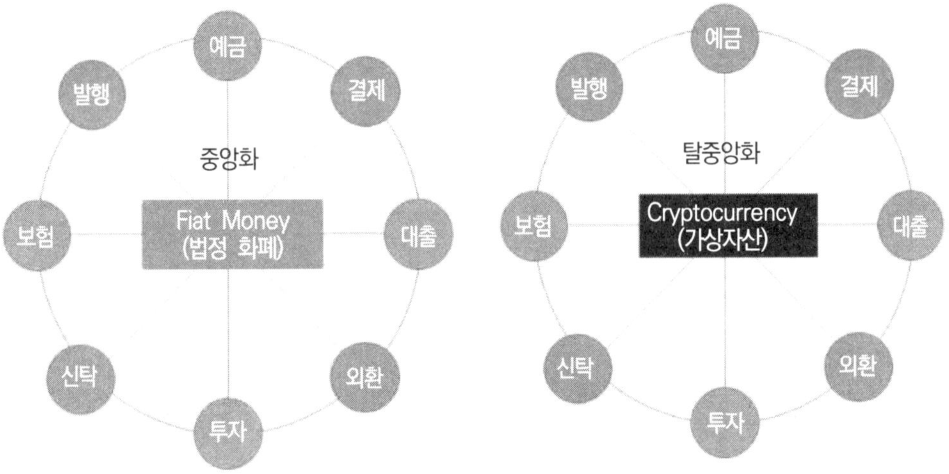

[그림 6-2] 전통 금융서비스와 디파이(DeFi) 금융서비스

주로 암호화폐를 담보로 걸고 일정 금액을 대출 받거나, 혹은 다른 담보를 제공하고 암호화폐를 대출 받는 방식으로 작동한다. 디파이 서비스 사례로는 체인링크, 에이브, 메이커다오, 신세틱스, 제로엑스, 컴파운드, 밴드프로토콜, 테라, 델리오, 블록파이, 제네시스캐피탈, 크레드, 트리니토, 디쿤, 세미토큰 등이 있다. 디파이의 반대말은 씨파이(C-Fi)이다.

디파이(DeFi)는 블록체인을 기반으로 하는 기존의 금융도구, 특히 이더리움(Ethereum)이다. 이들은 주로 디지털 자산을 만들고 발행하는 모듈화된 프레임워크 또는 오픈 소스 프로토콜을 전제로 하고 있으며, 검열에 대한 저항과 금융서비스 접근성 향상과 같은 공공 블록체인에서 작동한다는 두드러진 이점을 제공하도록 설계되었다.

모든 것을 분산시키는 것은 신중한 움직임이 아니며, 많은 디파이 서비스들은 블록파이(BlockFi)와 같은 하이브리드 디지털 자산/기존 금융서비스를 제공함으로써 이를 고려한다. 금융상품에 대한 지속적인 관심을 포괄하는 대안적인 용어는 개방형 금융으로 통합 디지털 자산, 블록체인 및 개방형 프로토콜의 생태계가 기존 재정적 구조로 고통 받고 있다.

이더리움(Ethereum)의 응용 서술에서 눈에 띄는 변화는 제품에 대한 공개 금융 도구의 인기와 일치했다.

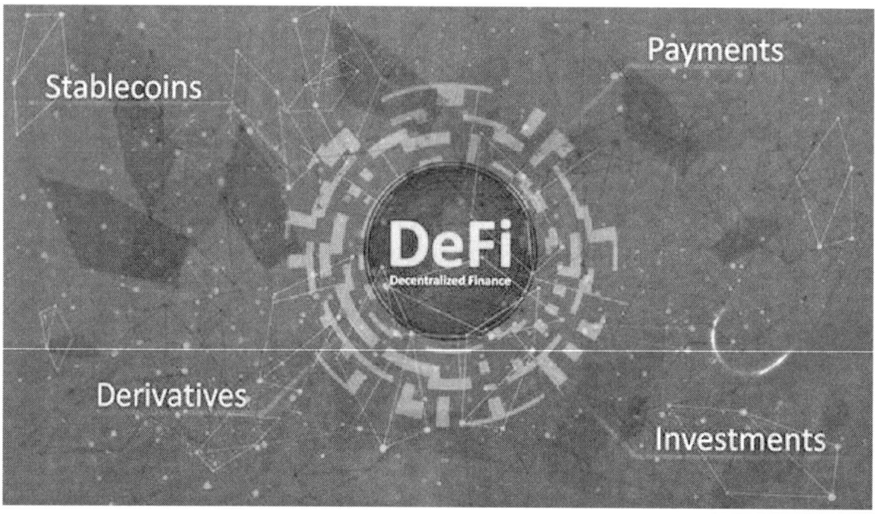

[그림 6-3] 디파이의 특징

예를 들어 블로크보드(Bloqboard)가 공개 대출 프로토콜에 대해 실시한 보고서에 따르면 메이커다오(MakerDAO), Dharma, dYdX 및 Compound Finance의 4개 공개 대출 프로토콜의 액티브 대출은 2018년 1,200만 달러 증가하여 7,200만 달러에 이른다.

디파이의 장점은 탈중앙성과 검열저항성, 투명성, 높은 접근성 및 결합성이다.

전통 금융서비스는 통화의 발행부터, 수신, 여신, 투자 등 아래 표와 같이 분류할 수 있으며 화폐의 발행, 송금, 증권거래, 결제 및 수탁 시장에서 블록체인 핀테크 산업이 형성되고 있다.

디파이(DeFi)에서 제공하는 금융서비스를 포함하면 가상자산을 활용한 금융서비스인 블록체인 핀테크와 디파이(DeFi)에서 기존의 모든 금융서비스를 이미 포괄하고 있다고 할 수 있다.

〈표 6-1〉 금융서비스 분류로 본 블록체인 핀테크와 디파이

금융서비스 기능	금융서비스 주체	블록체인 핀테크	디파이 (DeFi)
화폐의 발행	한국은행 등 중앙은행	O	O
예금, 적금	은행, 저축은행, 금고 등	X	O
외환, 송금	은행	O	O
대 출	은행	X	O
금융 투자	금융투자회사	X	O
증권 거래	한국거래소	O	O
결 제	은행, 카드사, PG사업자	O	O
보 험	보험회사	X	O
수탁, 신탁	은행, 신탁회사	O	O

학습 6

2. 디파이의 활용

1) 시간단축

기존 금융을 이용하기 위해서는 신원확인부터 은행방문까지 복잡한 과정을 거쳐야 하는 것과 달리 디파이 생태계에서는 인터넷만으로 모든 금융서비스를 이용할 수 있기 때문에 시간이 단축된다.

2) 금융기관 대체

디파이는 기존 금융기관이 했던 역할을 블록체인을 통해 암호화폐로 대체하려는 시도이다. 송금부터 결제, 금융상품 등 기존 금융산업의 전유물이었던 것들이 블록체인과 암호화폐로 이뤄지는 생태계가 디파이다.

따라서 디파이에는 암호화폐로 행하는 거의 모든 행위가 포함된다. ICO와 IEO, STO, 암호화폐 지갑, 자산의 토큰화 등도 디파이에 해당한다. 디파이는 모든 금융서비스가 스마트 콘트랙트를 통해 자동으로 이뤄지기 때문에 중개자가 필요 없는 것이 특징이다.

3) 자산 및 기금관리 프로토콜

분산 자산관리 프로토콜을 사용하면 누구나 투자기금을 설정, 관리 또는 투자할 수 있다. 기금을 설정하고 운영하는 것은 법률 및 규제 요구사항과 회계사, 감사인 및 관리인 같은 중개인의 개입으로 인해 종종 비용이 많이 들고 복잡하고 관료적인

절차이다. 자산 및 자금관리 프로토콜은 특정 전통적 프로세스를 자동화하고 최적화하며 중개자의 필요성을 줄이거나 없애는 것을 목표로 한다.

4) 교환 프로토콜

탈중앙화 분산형 암호화폐 거래소(DEX)를 사용하면 비트코인과 같은 디지털 자산을 피투피(Peer-to-Peer)로 거래하면서도 개인 키를 제어할 수 있다. 중앙집중식 거래소와 달리 DEX에서 실행되는 거래 프로세스의 중개자 역할을 하는 제3자 거래는 없다.

3. 디파이의 핵심 원칙

1) 상호운용성 및 오픈소스

디파이(DeFi) 회원은 프로젝트를 구축할 때 상호운용성을 고려한다. 이는 모든 프로젝트의 복합적인 효과를 강화시키는 데 도움이 된다.

오픈 소싱은 모든 제품을 기술 수준에서 함께 짜낼 수 있는 방법을 집합적으로 이해할 수 있게 함으로써, 이 목표를 달성하는 데 도움이 된다.

2) 접근성 및 재정적인 포용

인터넷에 연결된 모든 사람이 액세스할 수 있는 금융시스템을 만들기 위해 노력한다. 지리적 위치에 관계 없이 가치가 자유롭게 흐르는 세상을 믿는다.

3) 재정 투명성

금융서비스가 불투명한 사일로(Silo)로 구축되어서는 안 되며, 개별 프라이버시를 유지하면서 모든 참가자에게 시장 수준의 정보가 투명해야 한다고 생각한다.

4. 디파이의 종류

1) 지갑 – 자산보관 및 서비스 연결 게이트웨이 역할

디파이 생태계는 이더리움 베이스로 가상자산을 관리하는 브라우저 지원 지갑이 필요하다. 가상자산 지갑에는 여러 가지가 있는데, 다운로드를 통해 이용하는 클라이언트형 지갑, 웹확장기능을 사용하는 웹 지갑, 하드웨어에 관리하며 사용하는 하드웨어 지갑, 바코드를 종이에 넣어 사용하는 종이지갑 등이 있다.

2) 은행 – 담보 / 대출서비스

탈중앙 대출(Decentralized Lending)은 분산화된 대출 플랫폼이다. 유저는 중앙관리자가 없는 상태에서 대출을 실시, 그리고 차용 지불이자를 바탕으로 수익을 얻을 수 있다. 현재 DeFi(디파이) 생태계에서 가장 빠르게 성장하고 있는 분야이며 대출 총액은 이미 수십억 달러에 달하고 있다.

MakerDAO의 스테이블 코인 SAI는 다양한 Decentralized Lending 영역에서 빠르게 시장을 확대해 나가고 있다.

3) 결 제

페이먼트(Payment) 결제 디앱은 디파이 생태계에서 가장 중요한 금융의 핵심인 지불시스템이다. 사기를 방지하고, 아직 은행거래를 하지 않는 사람들에게 은행서비스를 제공하고, 다른 가상자산과 디지털 토큰으로 결제할 수 있도록 한다.

이 결제 디앱의 장점은 바로 결제처리를 할 수 있다는 것이다. OmiseGo, Request Network Flexa 등을 예로 들 수 있다.

흔히 '페이'라고 불리는 각종 간편결제 방식은 주로 신용카드나 은행계좌를 미리 등록해 둠으로써 한번 클릭으로 결제할 수 있어서 거의 모든 온라인 결제에서 활용된다. 이런 페이에 블록체인 기술을 탑재한 가상자산이 연결되면, 실생활에서도 모든 결제에 활용될 수 있게 된다.

학습 6

4) 스테이블 코인 – 법정화폐에 연계되어 페깅된 코인

특정지수에 연동하는 가상자산이다. USDT 같은 가상자산이 이에 해당한다. 달러환율과 같은 가격 추이를 적용시키고 있으며, 주로 거래소에서 가치교환의 기축통화 역할을 담당하고 있다.

스테이블 코인은 일반적으로 법정통화를 담보로 하는 피아트 담보형, 암호화폐자산을 담보로 하는 암호화폐자산 담보형, 아무것도 담보로 하지 않는 무담보형으로 총 3종류로 나눌 수 있다.

피아트 담보형과 무담보형은 중앙(은행, 거래소)에 의존도 및 보안위험이 높아 이상적인 형태라고는 말하기 어렵다. 가상자산 담보형이 오픈소스이며 담보상황 등을 모두 체인에서 확인할 수 있기 때문에 매우 투명하고 신뢰할 수 있는 DeFi(디파이)에 가장 적합한 스테이블 코인이라 할 수 있다.

5) DEX(탈중앙화거래소) - P2P형식의 토큰교환 및 거래

탈중앙 거래소(DEX, DEXes)는 Decentralized Exchange의 줄인말이다. 주된 기능은 토큰의 교환 및 암호화폐 거래소로서 사용하는 것이다. DEX의 최대 장점은 바로 자산을 개인이 직접 관리하는 것이 가능하며 보안에 있어서도 중앙화된 거래소보다 뛰어나다는 점이다.

일반적인 거래소는 유저의 개인키를 거래소가 관리(보안회사에 의뢰)하고 있는데 반해, 탈중앙 거래소의 경우 개인키를 본인이 직접 관리한다. 유저 자신이 개인키를 직접 관리하기 때문에 관리만 소홀하지 않는다면 만에 하나 해킹이 되더라도 자산을 매우 안전하게 지킬 수 있다.

덱스는 최소화된 유지보수로 거래 수수료도 최소화 되고, 스마트 계약이 견고한 한 매우 안전한 장점이 있다. 반면 확립된 중앙집중형 거래에 비해서 덱스는 다양한 거래를 제공하지 못한다는 단점이 있다.

6) NFT 마켓 플레이스

NFT 마켓 플레이스는 NFT(Non-Fungible Token) 자산을 매매 할 수있는 거래소 또는 장소이다. NFT 자산은 기본적으로 ERC 721의 규격에 준하는 토큰이다.

NFT는 이더리움 생태계에서 ERC721 규격에 의해 발행된 비대체성 토큰이다. ERC는 Ethereum Request for Comments의 줄인 말로 이더리움의 기술 제안을 뜻한다.

NFT를 수제 골동품과 예술작품과 같은 세상에 하나밖에 없는 자산 또는 게임에서 하나밖에 없는 아이템 등을 토큰화하여 소유권리의 소재를 명확하게 하는 것이 가능하다. NFT를 이용한 서비스는 MycryptoHeroes과 이더몬, CryptoKitties 등이 있다.

6-2 디파이 서비스 융합기술

1. 분권화된 금융의 잠재력

디파이(DeFi)가 상당히 빠르게 성장하고 있음에도 불구하고 전통적인 금융부문은 은행 및 기타 금융기관에 의해 매우 중앙집중적으로 관리된다. 우리는 이러한 중앙집중식 기관을 알고 신뢰하며 궁극적으로 돈을 가지고 결정을 내릴 때 신뢰할 수 있다. 우리는 선택의 여지가 많지 않기 때문이다.

그러나 디파이는 이러한 전통적인 금융시스템에 대한(잠재적으로) 실행 가능한 대안으로 떠올랐다. 포괄적인 대안은 사용자의 통제 하에 놓고 신뢰와(주로 오픈소스) 코드를 중심으로 한다.

〈표 6-2〉 기존 금융과 DeFi의 차이점

구 분	기존 금융	디파이
허 가	특정고객	네트워크상 존재하는 모든 고객
운영주체	중앙화	탈중앙화
중계인	신뢰 기관이 필요	네트워크 참여자가 대체
투명성	특정 사용자만 접급 가능	모든 사용자가 거래 기록을 공유
검열방지	검열기간에 의해 특정거래 삭제 가능	하나의 주체가 특정 거래 기록 무효화 불가능
프로그램 가능	독점 소프트웨어로 한정된 프로그래밍	오픈소스를 통한 자유로운 프로그래밍

2. 디파이의 영향

1) 금융서비스에 대한 포괄적 접근

금융서비스에 대한 포괄적 접근은 거대한 것이다. 선진국에 살고 있는 사람들은 일반적으로 이러한 것들을 당연하게 생각한다. 그러나 약 17억명의 성인이 금융기관이나 모바일 화폐 제공자를 통하지 않고 비은행계로 남아 있다. 이것은 개선되고 있지만 여전히 매우 큰 숫자이다(2014년에 이 숫자는 20억명).

디파이를 사용하면 인터넷에 접속할 수 있는 사람이라면 누구나 금융서비스를 이용할 수 있다. 어떤 개인도 그들이 누구인지, 그들이 태어난 곳, 또는 얼마나 많은 돈을 가지고 있는지에 따라 서비스를 거부 당하지 않는다.

2) 적당한 국경 간 지급

적당한 국경 간 지급은 전세계 많은 사람들에게 큰 영향을 준다. 분권화된 금융은 비용이 많이 드는 중개기관을 완전히 제거할 수 있는 잠재력이 있어 전세계인들에게 송금서비스를 훨씬 저렴하게 제공할 수 있다.

3) 개선된 개인정보보호 및 보안

디파이를 사용하면 사용자는 자신의 재산을 관리할 수 있으며, 중앙 파티의 검증

없이 안전하게 거래할 수 있다. 디파이에서 재무 데이터는 완전히 투명한(그리고 쉽게 감사할 수 있는) 공개 블록을 통해 접근할 수 있다.

4) 검열에 저항하는 거래

중앙정부(중앙정부, 중앙은행, 대기업 등)는 거래 순서를 뒤바꿀 수 없으며, 나중에 유효 시점에 유효한 거래가 무효라고 판단할 수 없다. 서비스를 끌 수 있는 중앙 파티가 없다. 거래는 불변이며 분산된 금융시스템에서는 블록체인을 차단할 수 없다. 접근권한이 있는 사용자는 분산 네트워크를 사용할 수 있다. 거버넌스가 취약하고 권위주의가 강한 곳에서 사용자는 자신의 재산을 보호하기 위해 분산된 금융시스템으로 이동할 수 있다. 예를 들어 수많은 베네수엘라 사람들은 정부 운영과 초인플레이션으로부터 자신의 재산을 보호하기 위해 비트코인을 사용하고 있다.

5) 간단한 사용

앱 플러그 앤 플레이를 사용하면 중앙집중식 시스템의 복잡성 없이도 직관적으로 분산된 금융서비스를 사용할 수 있다. 개발자는 매우 저렴한 비용으로 금융서비스를 만들고 조율할 수 있다. 이와 같은 분산화된 시스템으로 인도네시아의 누군가가 미국으로부터 대출을 받아 파나마의 한 회사에 쉽게 투자할 수 있다.

3. 디파이 디앱의 역할

디파이 생태계에서 디앱들을 역할 군으로 나누어 보면 [그림 6-4]와 같다.

[그림 6-4] 디파이의 생태계

1) 레이어 0(네트워크) : 네트워크 환경 제공, 스테이킹 보상수치 결정

[그림 6-4]처럼 디파이의 기초에 블록체인 네트워크(이더리움)다 있다. 그러므로 전체 디파이의 속도는 이더리움 네트워크의 속도 및 향후에 있을 이더리움 스테이킹 보상 등에 영향을 받는다.

2) 레이어 1(스테이블 코인 발행) : 안정화 수수료, 다이 예치 보상(DSR)수치 결정

레이어 1에 메이커 프로토콜이 개발되어 레이어 1이 구축되었다. 해당 시스템 내에서 다이를 생성하고 다이 생성에 대한 수수료인 안정화 수수료(Stability Fee)와 예치 시 받는 보상(DSR) 등의 비율을 결정한다. 이른 바 탈중앙화된 1차 대출, 예치 시장이 만들어 진 것이다.

3) 레이어 2(자본 가용성 확장) : 대출, 예지 관련 수치 결정

레이어 2에서 결정된 값들을 기반으로 Compound, Dhama, Aave 등이 2차 대출, 예치시장을 형성한다. 대출과 예치 프로세스를 스마트계약으로 관리하며, 레버리지 효과가 발생해 전체 디파이 시장에 유통되는 자본 규모가 확대된다.

4) 레이어 3(디앱) : 디파이에 예치된 이더리움을 기반으로 서비스 구축

레이어 3에는 파생상품(Synthetix, UMA), 탈중앙화된 거래(Uniswap, Baiancer) 등이 있다. 디파이 시장의 유동성을 바탕으로 더욱 복잡하고 다양한 금융상품들이 제공되기 시작한다.

5) 레이어 4(중계 서비스) : 유동성 기여

레이어 4는 커뮤니티(유저들)가 직접 상위 계층의 디파이 플렛폼을 토대로 원하는 서비스를 만들 수 있다. 지갑이나 디파이 보조 툴, 복권 서비스 등이 있으며 유저들을 모아 공동의 이익을 창출하는 것이 일반적이다.

이처럼 블록체인은 기반 프로토콜을 제공한다. P2P가 peer to peer 의미도 있지만 Plaform to Protocol로도 볼 수 있다.

복잡다단하고 신뢰성이 요구되는 금융산업도 플랫폼에서 프로토콜의 시대가 오고 있는 것이다.

4. 디파이 요소기술

디파이 기술을 구성하는 핵심 요소는 크게 다음과 같은 5가지 ① 탈중앙화 메인넷, ② 투명하게 공개된 스마트계약 코드, ③ 지갑, ④ 거버넌스 장치, ⑤ 탈중앙화 거래소로 구분해볼 수 있다. 이 다섯 가지 요소 중 탈중앙화 메인넷과 스마트계약 코드는 디파이 서비스를 가능하게 하는 가장 기본적이고 핵심적인 기술이다.

1) 탈중앙화 메인넷

디파이(DeFi)란 Decentralized Finance의 줄임말로 우리말로는 '탈중앙화 금융'이라 번역할 수 있다. 애초 디파이의 정의에 '탈중앙화'가 들어 있는 것에서 볼 수 있듯이 탈중앙화는 디파이를 가능케 하는 가장 중요한 첫번째 요소이다.

탈중앙화라는 기술적 요소가 없다면 디파이는 성립할 수 없다. 최근 탈중앙화되지 않은 블록체인 네트워크에서 디파이를 표방하는 금융서비스를 제공하려는 시도들을 하고 있지만, 엄밀한 의미에서 탈중앙화되지 않은 네트워크에서 시도되는 블록체인 금융은 '디파이'라고 부를 수 없다.

디파이에서 '탈중앙화'는 실질적으로 기존 금융과 차별점을 만들어내는 가장 중요한 요소다. 탈중앙화로 인해 금융에서 특권적 지위를 가진 관리 주체 및 보증 주체가 없어도 작동하는 금융, 즉 실질적으로 중개인 없는 혹은 중개인의 개입이 최소화되는 금융이 가능해지기 때문이다.

또한 디파이 서비스가 이더리움 위에서 가장 많이 시도되고 있는 이유 중 하나는 스마트계약을 지원하는 탈중앙화된 네트워크로 이더리움이 가장 좋은 입지를 차지하고 있기 때문이다.

덧붙이자면 비트코인은 아주 제한적인 스마트계약 만을 허용하기 때문에 디파이를 적용하기에 쉽지 않은 환경을 가지고 있다.

2) 투명하게 공개된 스마트계약 코드

통상 디파이 서비스는 탈중앙화된 메인넷 위에서 작동하는 스마트계약 코드가 투명하게 오픈되어 있다. 블록체인 산업에서는 프로젝트 주체가 깃허브(Github)에 소스코드를 오픈해 놓고 공개적으로 평가받거나 다른 개발자들의 자발적인 동참을 유도하는 문화가 지극히 당연한 것으로 자리 잡기도 했지만, 깃허브가 아니어도 누구나 작동하고 있는 라이브 블록체인 데이터에 접근해서 해당 코드를 들여다볼 수 있기 때문에 금융로직 자체가 투명하게 공개되어 있다.

통상 기존 금융에서 돈을 예치하는 사람은 예치에 따른 계약 조건과 이자 등만을 고지 받는다. 금융을 운영하는 주체들이 예치 받은 돈으로 어떻게 이자를 만드는지 등에 관한 정보는 돈을 예치한 사람들과는 전혀 무관한 일이다.

그러나 디파이에서는 금융작동로직이나 이자율, 배분 조건 등과 같은 '계약(Contracts)' 내용들이 투명하게 공개되어 있기 때문에 원한다면 누구나 이 계약 내용을 확인할 수 있다.

탈중앙화 메인넷과 투명하게 공개된 스마트계약 코드는 다음과 같은 효과를 만든다.

① 금융 중개인의 코드화(비인격화)
② '코드는 법이다'를 구현하여 변경할 수 없는 금융로직을 실현
③ 금융작동로직에 외부 개입이 불가능함
④ 임의의 작동 중단이 불가능함(검열저항성)
⑤ 국가 규제기관의 허락 없이 글로벌 금융서비스 제공이 가능함

3) 가상자산 지갑

가상자산 지갑은 디파이에 참여하는 개인들이 서비스를 접하고 사용하는 접촉면, 즉 사용자 인터페이스(User Interface) 측면이라는 굉장히 중요한 역할을 한다.

그런데 일반적으로 가상자산 지갑의 사용성은 어느 정도 익숙한 사람이 아니면 쉽게 접근하거나 익히기 어렵다는 측면에서 지갑은 디파이의 대중적 확산을 막는 큰 요인 중 하나로 작용한다. 사용자들의 접촉면인 지갑 UI/UX의 불편함과 한계가 서비스 확장에 큰 영향을 미칠 수밖에 없는 것이다.

4) 거버넌스 장치

거버넌스 장치 또한 디파이 서비스의 개선, 자기진화 및 장기지속을 위해 필수적인 장치이다. 거버넌스 장치란 추가 발행이나 소각과 같은 가상자산 관련 정책 변경, 블록체인 상의 정책이나 코드 수정, 오류 대응을 위한 코드 업데이트 등을 위한 의사결정을 하고, 이 의사결정을 집행하기 위해 특수한 권한을 작동시킬 수 있는 장치를 의미한다.

일반적으로 블록체인 상에 저장된 코드 그 자체는 변경이 불가능하다. 다만 기존 1.0 버전을 참조하던 것을 새로 업데이트된 1.1 버전을 참조하도록 하는 방식으로 프로그램 업데이트가 가능하다.

이때 코드 1.0을 참조하던 서비스가 코드 1.1을 참조하기 위해 프로그램을 변경

할 수 있는 특수한 권한이 필요하다. 그래서 많은 디파이 프로젝트들이 이 특수한 권한을 관리하기 위한 거버넌스 기구를 둔다. 물론 거버넌스 장치가 아예 존재하지 않는 프로젝트도 존재하는데, 이 경우 오류가 발생하거나 심각한 어떤 긴급상황이 발생했을 때 전혀 대처할 수 없다는 측면에서 서비스의 장기지속에 대단히 취약할 수밖에 없다. 따라서 거버넌스 장치란 블록체인 관련 프로젝트에서 어느 정도 필수적인 장치라고 보아야 한다. 거버넌스 장치의 구체적인 모습은 다양할 수 있다.

첫번째 코드 전체를 수정할 수 있는 독점적인 마스터 계정을 두고 이 마스터 계정에 대한 접근 권한을 개인 또는 특정 조직이 독점적으로 소유하는 경우가 있다. 그런데 이 권한이 특정 개인이나 소수에게 부여되어 있는 경우 이것은 사실상 중앙화된 금융과 다를 바가 없다.

특히 기술적으로 준비가 되지 않았다는 이유로 거버넌스 장치를 코드화하지 않고 특정인 또는 재단 등의 법적 기구에 사적 계약에 의한 권한을 부여하는 방식으로 거버넌스 장치를 작동시키는 경우도 있을 수 있다.

그러나 이 경우는 해당 권한을 부여받은 자가 언제든지 규약을 위반하거나 임의의 판단으로 자금을 집행하고 서비스를 중단시키거나 프로그램을 변경할 수 있기 때문에 블록체인이 지향하는 탈중앙화에 온전히 부합하는 거버넌스 장치라고 말할 수 없다.

두번째 마스터 권한을 누군가 독점으로 소유하는 것이 아니라 다수의 합의에 의해 작동시키는 방법이 있다. 사전에 합의된 어떤 룰에 의해 일정한 수 이상의 개인들이 마스터 권한을 분점하고, 제시된 안건에 대해 사전에 약속된 임계점 이상의 합의가 이루어졌을 때 제시된 안건이 합의된 그대로 자동 실행되도록 하는 것이다. 즉 거버넌스 권한이 코드에 기반을 두어 탈중앙화된 형태로 작동하는 형태가 디파이의 철학과 서비스 구조에 맞는 제대로 된 거버넌스 장치일 것이다. 그런데 이와 같은 거버넌스 장치를 구현하는 것은 기술적으로 대단히 어렵다.

그래서 많은 프로젝트들이 제한된 구조 내에서 여러 가지 방법들을 동원해 거버넌스 장치를 작동시키고 있다. 예컨대 현재 디파이 서비스들에서는 거버넌스 토큰을 발행하고 토큰 보유자들에게 의사결정권을 제공하는 방식이 많이 사용되고 있는데, 충분히 발전된 방법론은 아니지만 탈중앙화된 환경에서 다수의 이해관계자들에게 거버넌스 권한을 분산(탈중앙화)하기 위한 노력 중 하나로 평가할 수 있다.

5) 탈중앙화 거래소

탈중앙화 거래소 역시 디파이 서비스에서 대단히 중요한 역할을 한다. 탈중앙화 거래소란 거래 내역 전체를 관리하고 책임지는 인격이나 기관 없이 코드화된 룰, 예컨대 아토믹 스왑(Atomic Swap)과 같은 스마트계약에 기반을 두어 비인격적으로 작동하는 거래소를 의미한다.

아토믹 스왑이란 아토믹 크로스 체인 트레이딩(Atomic Cross Chain Trading)의 줄임말로 중앙화된 가상자산 거래소를 거치지 않고, 서로 다른 코인을 직접 교환하는 것을 말한다.

2012년 다니얼 라리머(Daniel Larimer)가 아토믹 스왑의 원형이라 불리는 신뢰가 필요 없는 교환 프로토콜 P2PTradeX 방법론을 제시하면서 탈중앙화 거래소를 구성하는 핵심적인 방법론인 아토믹 스왑 개념을 제시했다.

2013년에는 티어 놀란(Tier Nolan)이 비트코인 토크 포럼에서 비슷한 개념을 제안했고, 2014년 코모도(Komodo)의 주요 개발자 'JL777'이 처음으로 아토믹 스왑 개발에 성공하여 같은 해 다니엘 라리머가 아토믹 스왑을 이용한 첫번째 탈중앙화 거래소 비트셰어즈(BitShares)를 오픈했다.

이후 2016년 알렉 산더 사샤 이바노프가 탈중앙화 거래소 웨이브즈(Waves)를 만들었고 그 뒤를 이어 여러 탈중앙화 거래소(DEX) 서비스들이 등장했다. 그동안 탈중앙화 거래소는 시장규모가 작고 참여자가 적어 거래가 제대로 성립되지 않았고, 개인키를 잃어버릴 경우 모든 자산을 잃어버리는 등 여러 가지 문제들이 있어 중앙화된 가상자산 거래소에 비해 초라한 수준으로 머물러 있었다.

그런데 디파이 서비스의 등장 이후 유니스왑, 커브 파이낸스와 같은 탈중앙화 거래소가 다시 주목받기 시작한 것이다[2020년 7월 탈중앙화 거래소의 전체거래대금이 약 43억2000만 달러(한화 약 5조2000억 원)에 이른 적도 있다].

디파이 서비스는 탈중앙화 거래소가 없어도 작동할 수 있기 때문에, 기술적으로 보았을 때 탈중앙화 거래소가 디파이 서비스를 위한 필수적인 기술요소라고 할 수는 없다.

그러나 탈중앙화 거래소는 개별 디파이 서비스들이 다수의 사용자들을 쉽게 접할 수 있는 환경을 제공해주고, 또한 손쉽게 다른 디지털 자산으로 전환할 수 있는 환경을 제공함으로써 개별 디파이 서비스가 자신들만의 소규모 네트워크에 갇히지 않고 디파이 전체 생태계에 참여할 수 있는 기회를 제공한다. 더불어 탈중앙화 거래소를 주축으로 여러 디파이 서비스들을 결합하거나 융합해서 파생상품을 만들거나

학습 6

위험 분산(Risk Hedge)을 목적으로 하는 보험 등을 출시하는 시도들도 진행되고 있어, 탈중앙화 거래소가 디파이 생태계에서 차지하는 역할과 비중은 결코 작지 않다.

이와 다른 측면에서 혁신적인 기술을 고안하고 금융의 새로운 방법론을 도입했음에도 불구하고 그 동안 거의 주목받지 못하고 시장에서 사라질 것 같았던 탈중앙화 거래소의 가치와 역할이 디파이를 통해서 다시 한 번 부각되고 있다는 측면에서 탈중앙화 거래소의 현황, 장단점, 미래 모델 등도 충분히 주목할 필요가 있다.

수행 내용

재료 · 자료

- 디지털 자산 관련 자료

기기(장비 · 공구)

- 컴퓨터, 문서작성 프로그램, 프린터, 주변기기

안전 · 유의사항

- 디지털 자산 관련 장비의 안전 및 유의사항을 숙지한다.

수행 순서

학습 6

01 디파이의 장점과 단점에 대하여 분석하라.

1. 디파이의 장점

1) 시간단축

기존 금융을 이용하기 위해서는 신원확인부터 은행방문까지 복잡한 과정을 거쳐야 하는 것과 달리 디파이 생태계에서는 인터넷만으로 모든 금융서비스를 이용할 수 있기 때문에 시간이 단축된다.

2) 금융기관 대체

디파이는 기존 금융기관이 했던 역할을 블록체인을 통해 암호화폐로 대체하려는 시도이다. 송금부터 결제, 금융상품 등 기존 금융 산업의 전유물이었던 것들이 블록체인과 암호화폐로 이뤄지는 생태계가 디파이다. 따라서 디파이에는 암호화폐로 행하는 거의 모든 행위가 포함된다. ICO와 IEO, STO, 암호화폐 지갑, 자산의 토큰화 등도 디파이에 해당한다. 디파이는 모든 금융서비스가 스마트 컨트랙트를 통해 자동으로 이뤄지기 때문에 중개자가 필요 없는 것이 특징이다.

3) 자산 및 기금관리 프로토콜

분산 자산관리 프로토콜을 사용하면 누구나 투자 기금을 설정, 관리 또는 투자할 수 있다. 기금을 설정하고 운영하는 것은 법률 및 규제 요구 사항과 회계사, 감사인 및 관리인 같은 중개인의 개입으로 인해 종종 비용이 많이 들고 복잡하고 관료적 인 절차이다. 자산 및 자금 관리 프로토콜은 특정 전통적 프로세스를 자동화하고 최적화 하며 중개자의 필요성을 줄이거나 없애는 것을 목표로 한다.

4) 교환 프로토콜

탈중앙화 분산형 암호화폐 거래소(DEX)를 사용하면 비트코인과 같은 디지털 자산을 피투피(Peer-to-Peer)로 거래하면서도 개인 키를 제어할 수 있다. 중앙집중식 거래소와 달리 DEX에서 실행되는 거래 프로세스의 중개자 역할을 하는 제3자 거래는 없다.

2. 디파이의 단점

1) 저조한 성능

블록체인은 기본적으로 중앙화 모델보다 느리며, 블록체인 위에서 작동하는 애플리케이션도 마찬가지이다. DeFi 애플리케이션 개발자는 이러한 제한사항을 고려하여 자신들의 제품을 최적화해야 한다.

2) 사용자 오류 위험 높음

DeFi 애플리케이션은 중개자가 아닌 사용자에게 책임을 전가한다. 이는 많은 이들에게 부정적인 측면일 수 있다. 불변하는 블록체인 위에서 제품을 실행할 때, 사용자 오류 위험을 최소화하는 제품을 설계하는 것은 특히나 어려운 과제이다.

3) 부정적인 사용자 경험

현재 DeFi 애플리케이션을 사용하기 위해서는 사용자의 부가적인 노력이 필요하다. DeFi 애플리케이션이 글로벌 금융의 핵심 요소가 되기 위해서는 기존 시스템에서 사용자의 전환을 유도하는 실질적인 혜택을 제공해야 한다.

어수선한 생태계는 특정 활용사례에 가장 적합한 애플리케이션을 찾는 것은 벅찬 일일 수 있으며, 사용자는 반드시 최상의 선택지를 찾을 수 있는 능력을 갖추고 있어야 한다. 관건은 애플리케이션을 구축하는 것뿐만 아니라, 더 넓은 DeFi 생태계에서 어떻게 조화를 이루냐 하는 것이다.

하지만 디파이(DeFi)는 점점 시장이 확대되고 리스크가 감소한다면 좋은 생태계를 구축하여 우리가 쉽게 접할 수 있는 환경으로 거듭날 것이다.

02 디파이의 활용사례에 대하여 분석하라.

1. 대출 & 대여

개방형 대출 프로토콜은 DeFi 생태계 중에서 가장 인기 있는 유형의 애플리케이션이다. 개방적이고 탈중앙화된 대출 및 대여시스템은 전통적인 신용시스템에 비해 많은 이점을 갖고 있다. 이는 즉각적인 거래체결을 가능하게 하며, 디지털 자산을 담보물로 삼을 수 있고, 신용확인이 불필요하며, 미래의 잠재적 표준화가 포함된다.

이러한 대출서비스는 공용 블록체인 위에 구축되기 때문에, 최소한의 신뢰만 있어도 되며, 암호화된 검증방법으로 보장된다. 블록체인상의 대출시장은 거래 당사자의 위험을 줄여주고, 더 저렴하고, 빠르게, 많은 사람이 대출 및 대여서비스를 이용할 수 있게 한다.

2. 통화 은행 서비스

DeFi 애플리케이션은 정의상 금융 애플리케이션이며, 통화 은행 서비스는 분명한 활용 예시 중 하나이다. 여기에는 스테이블코인 발행, 담보 대출, 보험 등이 포함될 수 있다.

블록체인 산업이 성숙해짐에 따라, 스테이블 코인 생성에 이목이 집중되고 있다. 이는 보통 실물자산과 연동된 암호자산이지만, 상대적으로 쉽게 디지털로 전송될 수 있는 것이다. 암호화폐 가격이 때로 빠르게 변동하기 때문에, 탈중앙화된 스테이블 코인은 중앙당국이 발행하고 모니터링하지 않는 일상의 디지털 현금으로 채택될 수 있다.

담보 대출을 받는 과정은 대부분의 경우 참여해야 하는 중개인의 수 때문에 비싸며 시간도 많이 걸린다. 반면 스마트 콘트랙트를 사용하면, 담보 및 법률 수수료가 크게 감소할 수 있다.

블록체인상의 보험은 중개자를 없애고 많은 참여자에게 위험을 분산시킬 수 있다. 이는 동일한 서비스 품질을 유지하며, 보험료를 낮출 수 있다.

3. 탈중앙화 시장

해당 애플리케이션 범주는 금융혁신의 여지가 가장 큰 DeFi의 부분이기 때문에 평가가

학습 6

어려울 수 있다.

의심의 여지없이 가장 중요한 DeFi 애플리케이션 중 일부는 탈중앙화 거래소(DEXes)이다. 해당 플랫폼은 사용자가 자산을 보유하기 위해 신뢰할 수 있는 중개자(거래소) 없이도 디지털 자산을 거래할 수 있게 한다. 거래는 스마트 콘트랙트 덕분에 사용자 지갑 간에 직접 이루어진다.

여기에는 훨씬 적은 유지·보수작업이 필요하기 때문에 탈중앙화 거래소는 일반적으로 중앙화 거래소보다 수수료가 저렴하다.

블록체인 기술은 또한 다양한 분야의 전통적인 금융상품의 소유권을 발행하고 허용하는 데 사용될 수 있다. 이러한 애플리케이션은 관리인을 배제하고 단일 실패점을 제거하는 탈중앙화된 방식으로 진행될 것이다.

03 디파이에서 스마트 콘트렉트의 역할에 대하여 분석하라.

현존하거나 개발될 탈중앙화 금융 애플리케이션 대부분에는 스마트 콘트랙트의 작성과 실행이 포함된다. 일반적인 계약은 계약을 체결하는 주체들 간의 관계 조건을 구체화하기 위해 법률용어를 사용하지만, 스마트 콘트랙트는 컴퓨터 코드를 사용한다.

해당 용어는 컴퓨터 코드로 작성되기 때문에, 스마트 콘트랙트는 컴퓨터 코드를 통해 해당 계약을 강제할 수 있는 독특한 능력을 갖고 있다. 이를 통해 오늘날 수동적인 감독이 필요한 많은 비즈니스 과정을 안정적으로 진행시키고 자동화할 수 있다.

스마트 콘트랙트는 더 빠르고, 간단하며, 두 당사자의 위험을 감소시킨다. 반면 스마트 콘트랙트에서 새로운 종류의 위험이 발생할 수 있다. 컴퓨터 코드에는 버그나 취약성이 있기 마련이며, 스마트 콘트랙트에 담겨 있는 중요한 정보와 기밀이 위험해질 수 있다.

04 디파이이(DeFi)와 씨파이(CeFi)에 대하여 분석하라.

디파이를 정의함에 있어 중앙화 금융(Centralized Finance, 이하 CeFi)과 탈중앙화 금융(DeFi : Decentralized Finance)을 명확하게 구분할 필요가 있다. 얼핏 보기에 씨파이는 기존의 전통 금융서비스를 지칭하는 것으로 해석될 수 있다. 씨파이와 디파이를 비교 분석하기에 앞서 먼저 선행되어야 할 것은 전통금융(Traditional Finance)과 가상자산을 기반으로 한 금융을 먼저 구분해야 한다. 가상자산은 2020년 3월 24일 "특정 금융거래정보의 보고 및 이용 등에 관한 법률(약칭 특정금융정보법)"의 개정으로 법에선 다음과 같이 정의하고 있다.

3. '가상자산'이란 경제적 가치를 지닌 것으로서 전자적으로 거래 또는 이전될 수 있는 전자적 증표(그에 관한 일체의 권리를 포함한다)를 말한다. 다만, 다음 각 목의 어느 하나에 해당하는 것은 제외한다.
   가. 화폐 · 재화 · 용역 등으로 교환될 수 없는 전자적 증표 또는 그 증표에 관한 정보로서 발행인이 사용처와 그 용도를 제한한 것
   나. 「게임산업진흥에 관한 법률」 제32조제1항 제7호에 따른 게임물의 이용을 통하여 획득한 유 · 무형의 결과물
   다. 「전자금융거래법」 제2조제14호에 따른 선불전자지급수단 및 같은 조 제15호에 따른 전자화폐
   라. 「주식 · 사채 등의 전자등록에 관한 법률」 제2조제4호에 따른 전자등록주식 등
   마. 「전자어음의 발행 및 유통에 관한 법률」 제2조제2호에 따른 전자어음
   바. 「상법」 제862조에 따른 전자선하증권
   사. 거래의 형태와 특성을 고려하여 대통령령으로 정하는 것

위 정의에 따르면 가상자산은 화폐나 재화, 용역 등으로 교환될 수 있는 전자적 증표이지 그 자체가 화폐로 볼 수 없다. 그에 반면에 전통 금융서비스는 중앙화(Centralized)되어 있다는 것을 논하기 전에 그 중심에 법정화폐가 있다는 점이 전통 금융과 가상자산을 기반으로 한 금융서비스의 차이라고 볼 수 있다.

가상자산을 기반으로 탈중앙화된 금융서비스를 디파이, 중앙화된 금융서비스를 씨파이 서비스로 정의하기로 한다. 단, 법정화폐로 가상자산을 매수하거나 가상자산을 매도하여 법정화폐로 교환하는 거래는 전통 금융서비스가 아니라 씨파이 서비스 영역으로 간주한다.

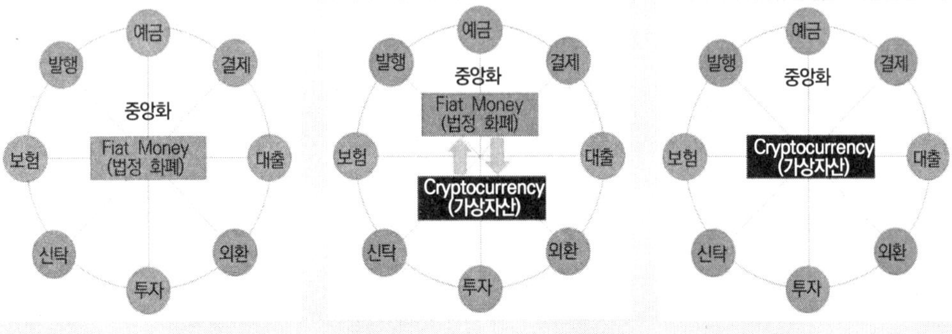

(a) 전통금융 서비스 (b) CeFi 서비스 (c) DeFi서비스

[그림 6-5] 전통금융, 씨파이, 디파이 서비스의 비교

학습 6

디파이와 씨파이는 가상자산을 활용한 금융서비스라는 측면에서 공통점이 있다. 그러면 이제부터 디파이와 씨파이의 차이점에 대해서 분석한다.

먼저 블록체인의 특성을 다시 한 번 짚어보면, 모든 이용자가 별도의 중앙기관 없이 서로 상호 간에 완벽히 P2P로 거래를 할 수 있고, 모든 거래는 블록 원장에 기록되어 체인으로 연결된다.

예를 들어 비트코인을 거래하기 위해선 먼저 이용자가 코인을 보관할 수 있는 지갑을 소유해야 하고, 다른 사람에게 전송할 때는 상대방 지갑주소를 입력하여 전송(Transfer)하기만 하면 된다. 그러면 전송과정이 비트코인 블록체인 네트워크를 통해 모든 경로가 기록되면서 정해진 지갑주소로 이동하게 된다. 여기서 한 가지 의문이 드는 것은 비트코인을 이더리움 네트워크를 통하여 이더리움 주소가 있는 지갑으로 보낼 수 있는가 하는 것이다.

원래는 불가능 했다. 왜냐하면 비트코인 네트워크와 이더리움 네트워크는 상호 분리되어 있기 때문이다. 디파이 금융서비스가 완벽한 탈중앙화를 실현하더라도, 별도의 중개자나 제3자의 개입 없이 비트코인 네트워크상에서 작동하는 가상자산을 이더리움 네트워크상의 주소로 전송하는 것은 불가능하다.

이러한 거래를 교차체인 거래(Cross-chain Exchange)라 하는데 교차체인 거래는 디파이 서비스에서는 제공할 수 없으며, 대표적인 씨파이 서비스의 한 종류이다. 하지만 최근에는 비트코인을 이더리움 기반으로 토큰화(Tokenized)하는 기술이 발전하여 가능해지고 있다.

비트코인 토큰화란 특정한 메커니즘에 따라 비트 코인을 동결하고, 별도의 블록체인 네트워크에서 비트코인과 동일한 가치의 토큰을 생성하는 것으로 WBTC, renBTC 등이 대표적이다.

또 한 가지 관점은 '비트코인을 채굴하거나 누군가로부터 전송받는 경우를 제외하고 최초로 비트코인을 얻기 위해서는 어떻게 해야 할까?'이다. 가장 대표적인 방법은 가상자산 거래소에 회원가입을 하고 신원확인이 완료된 은행계좌에서 법정화폐를 가상자산 거래소 계좌로 이체하여 법정화폐와 비트코인(가상자산)을 교환하는 것이다.

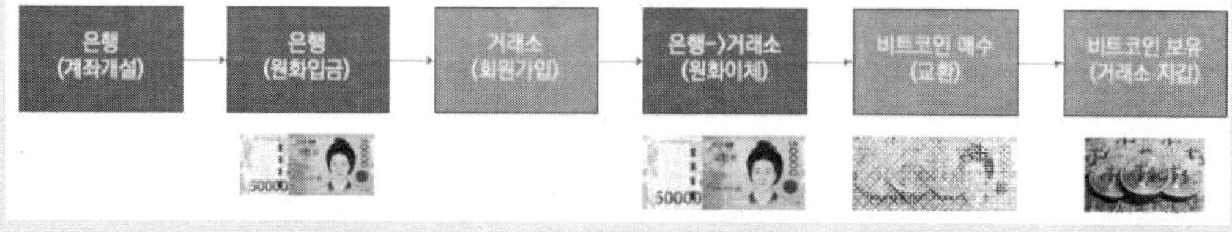

[그림 6-6] 가상자산 거래소를 통한 법정화폐와 가상자산간 교환

여기서 중요한 것은 가상자산 거래소에 법정화폐를 송금하였을 때 우리는 안전하게 가상자산 거래소에 나의 돈이 보관되어 있을 것이라 믿는다. 또한 나의 개인지갑은 아니지만 가상자산 거래소에서 제공한 비트코인 지갑(주소)에 나의 비트코인이 안전하게 보관되어 있을 것이라 또한 믿는다는 것이다.

우리는 가상자산 거래소가 거래 중개자 또는 일종의 중앙기관이라는 믿음을 가지고 법정화폐와 가상자산을 교환하고 가상자산을 보관하는 것이다. 하지만 완벽하게 탈중앙화된 디파이 거래에서는 이러한 믿음을 제공하는 제3자가 없다.

모든 거래를 완벽하게 일대일(P2P)로 해야 하므로 유일하게 믿는 것은 블록체인 기술이다. 가상자산을 보관하는 지갑은 나만이 가지고 있는 지갑이고, 나의 가상자산이 누군가에게 전송되면 블록체인 기술에 의해서 안전하게 전송되었을 것이라고 믿는 것이다. 또한 스마트계약 기술에 의해서 나와 상대방 간에 약속이 정해지고 변함없으며 안전하게 약속이 이행될 것이라고 믿는 것이다.

씨파이와 디파이를 구분 짓는 가장 큰 요인은 씨파이는 거래를 중개하거나 관리하는 주체(사람 또는 법인)를 믿는 것이고, 디파이는 서비스가 제공되는 기술을 신뢰한다는 것이다.

학습활동.6 교수 · 학습 방법

교수 방법

- 디지털 자산과 디파이 서비스 융합기술에 대한 관련 용어, 구성, 방식 이해 정도를 파악한 후 수업을 진행한다.
- 교수자의 주도로 디지털 자산과 디파이 서비스 융합기술 등의 내용을 PPT 자료로 제시한 후 설명한다.
- 가능하면 사전에 개인별 학습 자료를 준비하여 모든 학생이 참여할 수 있는 문제 해결식 수업, 협력 수업이 가능하도록 한다.
- 디지털 자산과 디파이 서비스 융합기술 전 과정을 작업의 순서에 따라 단계적으로 실습이 이루어질 수 있도록 지도한다.
- 교재를 통해 수업을 준비하는데 있어서 필요한 모든 정보나 팁, 힌트 등 도움이 될 만한 내용들을 확인할 수 있다.
- 학생들이 만들게 될 각 모델들은 수업시간에 중점적으로 다뤄질 부분과 어휘, 질문, 답을 포함하고 있으며 또한 탐구할만한 추가적인 아이디어들도 포함하고 있다.

학습 방법

- 디지털 자산과 디파이 서비스 융합기술에 대한 관련 용어를 숙지하고, 디지털 자산과 디파이 서비스 융합기술에 대해 이해한다.
- 디지털 자산과 디파이 서비스 융합기술의 각 단계별 중점 사항을 체계적으로 학습한다.
- 디지털 자산과 디파이 서비스 융합기술의 수행순서의 전 과정을 실습한다.
- 디지털 자산과 디파이 서비스 융합기술의 내용을 이해한다.
- 디지털 자산과 디파이 서비스 융합기술을 이해하고 숙달이 될 때까지 학습한다.

학습활동.6 평가 및 피드백

평가 준거

- 평가자는 피평가자가 수행 준거 및 평가 내용에 제시되어 있는 내용을 성공적으로 수행할 수 있는 지를 평가해야 한다.

학습내용	평가항목	성취수준		
		상	중	하
디지털 자산과 디파이 서비스 융합기술	디지털 자산과 디파이 서비스 융합기술을 이해할 수 있다.			

평가 방법

• 작업 포트폴리오

학습내용	평가항목	성취수준		
		상	중	하
디지털 자산과 디파이 서비스 융합기술	디지털 자산과 디파이 서비스 융합기술을 이해할 수 있다.			

• 필기시험

학습내용	평가항목	성취수준		
		상	중	하
디지털 자산과 디파이 서비스 융합기술	디지털 자산과 디파이 서비스 융합기술을 이해할 수 있다.			

• 체크리스트를 통한 관찰

학습내용	평가항목	성취수준		
		상	중	하
디지털 자산과 디파이 서비스 융합기술	디지털 자산과 디파이 서비스 융합기술을 이해할 수 있다.			

학습 6

• 피드백

1. 작업 포트폴리오
   - 제출한 보고서를 평가한 후 주요 사항에 대하여 표시하여 돌려준다.
2. 필기시험
   - 평가 결과 성적이 저조한 학생은 보고서 제출 기회를 부여한다.
3. 체크리스트를 통한 관찰
   - 실습 과정에서 평가한 후 개선해야 할 사항 등을 정리하여 돌려둔다.

참 | 고 | 문 | 헌

- 강주영, 탈중앙화 금융/디파이안 무엇인가?, https://pianistjy.tistory.com/, 2021.5.10.
- 윤석빈, 블록체인의 새로운 돌풍, 디파이란? https://blog.lgcns.com/, 2020.10.6.
- 이준호 외 6, 블록체인 기반 혁신금융 생태계 연구보고서, 한국인터넷진흥원, 2021.01.29.
- 디온타임즈, 디파이 개념정리, http://www.daontimes.com/, 2021.03.05.
- 해시넷, http://wiki.hash.kr/
- Binance Academy, 『아토믹스와프란 무엇인가요?』, https://academy.binance.com/

학습 1	디지털 자산의 개요
학습 2	디지털 자산관리의 기술
학습 3	디지털 자산관리의 플랫폼
학습 4	디지털 자산과 전통자산 융합기술
학습 5	디지털 자산과 디지털 금융 융합기술
학습 6	디지털 자산과 디파이 서비스 융합기술
학습 7	**디지털 자산과 메타버스 융합기술**
학습 8	디지털 자산과 보안의 개요
학습 9	디지털 자산과 디지털 지갑 보안 융합기술
학습 10	디지털 자산과 클라우드 보안 융합기술
학습 11	디지털 자산과 ISMS-P 융합기술
학습 12	디지털 자산의 활용
학습 13	디지털 자산의 미래

학습 목표	1. 디지털 자산과 메타버스 융합기술을 이해할 수 있다.

7-1 메타버스의 개념

1. 메타버스의 정의

메타버스(Metaverse)는 가상 · 추상을 의미하는 초월(Meta)과 현실세계를 의미하는 세계 · 우주(Universe)의 합성어로, 현실세계와 같은 사회적 경제적 활동이 통용되는 3차원 가상공간 세계가 실감기술을 통해 매개, 결합되어 만들어지는 융합세계로 정의한다. 실감기술은 헤드 마운티드 디스플레이, 3D매핑, 모델링, 시청각 사용자 인터페이스 등 실제와 유사한 경험을 가능케 하는 기술이다. 미래에는 메타버스가 인터넷의 뒤를 잇는 가상현실 공간의 주류가 되면서 인터넷과 SNS를 잇는 차세대 서비스로 자라 잡을 것이다.

코로나19 팬데믹으로 뮤지션들이 가상세계에서 공연을 진행하면서 최근 메타버스에 대한 논의가 더욱 활발해졌다.

보다 구체적으로는 정치 · 경제 · 사회 · 문화의 전반적 측면에서 현실과 비현실 모두 공존할 수 있는 생활형 가상세계, 실생활과 같이 사회 · 경제 · 문화적 활동을 하게 되는 가상현실공간 세계라는 의미로 폭넓게 사용되고 있다.

메타버스 돌풍의 원인은 MZ세대에 익숙한 게임플랫폼의 사용으로 소비가 늘고, 코로나로 인하여 비대면 언택트 시대로 인하여 집에서 머무는 동안 메타버스를 교류의 장으로 택하여 시간과 공간의 한계를 극복해 이용자에게 더 많은 경험을 제공할 수 있는 방안을 찾으면서 메타버스를 찾기 시작했다.

[그림 7-1] 메타버스의 개념

출처 : https://science3m.tistory.com/238

메타버스는 2000년 초반에 가상현실 서비스 세컨트라이프(Second Life)가 등장하면서 새롭게 주목받기 시작했다.

세컨드라이프는 가상세계에서 아바타를 통해 전세계 사람들과 교류하면서 경제적 활동까지 가능한 높은 자유도로 인기를 모았다.

10년이 지난 오늘날 메타버스가 주목 받는 이유는 일차적으로 메타버스 서비스가 현실과 유사하게 구현하는 3D 그래픽, 5G, 빅데이터, AI, 클라우드 플랫폼, XR, 블록체인, IoT 등 다양한 기술들의 수준이 급격하게 향상된 결과이다.

두번째는 5G를 비롯해 관련 기술들의 비용이 현실과 유사한 수준의 가상공간을 보다 낮은 가격을 제공할 수 있기 때문이다.

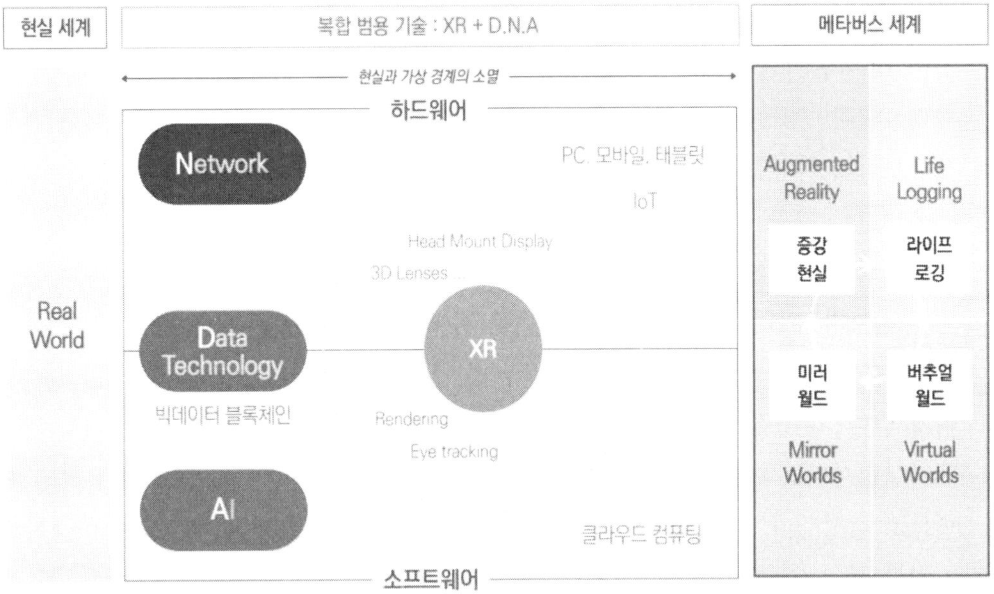

[그림 7-2] 복합 범용기술과 메타버스

출처 : 소프트웨어 정책연구소(2021)

기술이론 측면에서 메타버스가 혁명적 변화를 일으키는 이유는 메타버스가 범용기술 General Purpose Technology의 복합체로 구현되기 때문이다. 범용기술은 역사적으로 영향력이 큰 소수의 파괴적 기술을 의미하는 용어로 여러 산업에 공통으로 활용되어 혁신을 촉진하고 기술진화가 빠른 기술이다. 과거에도 범용기술은 혁명의 동력 역할을 해왔다. 바퀴, 증기기관, 전기를 비롯해 인터넷과 PC도 모두 범용기술이다. 이 기술들이 농업혁명, 산업혁명, 인터넷 혁명을 견인했다. 메타버스를 구현하는 핵심기술은 범용기술의 복합체, XR과 DNA로, 이를 통해 가상과 현실의 경계가 소멸되고 융합되어 새로운 가치가 창출된다.

전세계를 강타한 코로나19 역시 메타버스에 대한 수요를 키웠고, 코로나가 장기화되면서 사람들은 온라인 공간에서도 오프라인 공간과 유사한 경험을 하기를 원했고 메타버스는 이러한 욕구를 충족시켜줄 강력한 도구였다.

학습 7

2. 가상현실을 넘어 새로운 미래공간 메타버스로 진입

현실과 가상의 경계를 넘어 새로운 미래 공간이 된 메타버스(Metaverse) 콘텐츠가 급부상하고 있다.

메타버스는 가상공간에서 창작물 콘텐츠를 능동적으로 무한히 생산하고 상호 공유할 수 있으며, 생산된 창작물이 지적재산권 IP(Intellectual Property)와 블록체인의 대체 불가능한 토큰 NFT(Non-Fungible Token)과 결합하여 가치의 저장·증대·교환이 가능해 새로운 경제 활동영역이 창조되어 창의적인 아이디어를 현실세계보다는 다양한 방법으로 새로운 비즈니스를 만들어 낼 수 있어 기존의 단순 콘텐츠 생성·활용과 차별성이 있기 때문에 매력적이다.

컴퓨터를 기반으로 제공되는 네트워크 환경을 통해서 새로운 사회·문화적 공간이 등장했다. 이러한 인간 문명의 공간을 사이버스페이스(Cyber Space), 가상세계(Virtual World), 가상현실(Virtual Reality), 가상환경(Virtual Environment)이라고 한다. 사이버스페이스는 깁슨의 SF소설 '뉴로맨서 Neuromance'(1984)에서 후기산업사회의 데이터베이스를 공간각적으로 재현한 환상 내지 환각을 뜻하는 표현으로 등장했다. 이것이 계기가 되어 이후 디지털 커뮤니케이션의 물적 인프라를 지칭할 뿐만 아니라, 정보의 바다 그리고 그 공간에 자료를 공급하고 항해하는 사용자까지 포함하는 개념으로 활용되고 있다.

엄밀한 의미에서 사이버스페이스와 가상현실, 가상세계와 가상현실의 용어 사용은 구별되어야 만 한다.

메타버스는 물리적 공간의 한계를 넘을 수 있다는 장점을 앞세워 일부 콘텐츠에서 오프라인의 경험을 가상의 공간으로 확장해왔다. 즉 현실세계와 가상세계의 경계가 소멸된 것이다.

이제는 고도화된 관련 기술을 바탕으로 다양한 콘텐츠가 개발되어 플랫폼을 능숙하게 다루며 새로운 경험을 즐기는 MZ세대들에게 확산되는 추세이다.

가상현실의 본질은 ① 시뮬레이션, ② 상호작용, ③ 인공성, ④ 몰입, ⑤ 원격현전, ⑥ 온몸몰입, ⑦ 망으로 연결된 커뮤니케이션, ⑧ 능동성과 수동성, ⑨ 조작과 수용성, ⑩ 격리된 현전감, ⑪ 증가된 실재이다.

사이버스페이스는 고성능 컴퓨터와 광범위한 통신망에 의해 열려진 공간 혹은 장소이고, 가상현실이란 그 속에 존재하는 사물, 사건 혹은 경험이라고 두 용어를 구별한다. 가상공간의 기술을 다시 네트워크 공간과 가상현실로 구분하는데, 이때 가상현실 영역은 인터페이스의 확장을 통해 상호작용성을 통한 몰입을 발생시키는 기술적 수단으로 축소해 이해한다고 본다.

즉 가상현실은 협의의 기술적 공간이며, 가상세계란 기술이 아닌 기술을 매개로 탄생한 광의의 사회적 · 문화적 공간인 것이다. 이처럼 가상현실은 주로 인간의 신체가 가상현실 속에 일부로 흡수되는 시스템이나 물리적 장치를 지칭한다. 공간의 현실감, 즉 '거기에 있는 것 같은 느낌'을 전달하는 가상현실은 여러 가지 시각신호(Visual Cues)에 의해 이뤄지는데, 그 중 가장 강력한 것이 시각(Perspective)이다.

전형적인 예로 1968년 이반 서덜랜드(Ivan Edward Sutherland)가 고안한 HMD(Head Mounted Display), 촉감 인터페이스인 와이어드 글러브(Wired Glove), 몰입형 투명 디스플레이 CAVE(Cave Automatic Virtual Environment)를 들 수 있다. 이처럼 시각에 중점을 둔 가상현실의 작업을 '은유적 형상화'라고 칭하기도 한다.

그러나 기술이 발달함에 따라 인간 신체의 전부를 가상세계 안에 몰입시키는 신체형 가상현실보다, 오히려 스크린 기반의 인터넷 가상세계가 활성화되고 있다. 현실이나 실재를 인위적으로 재현하거나 체험한다는 의미에서의 가상현실은 늘 현실을 모방(Imitation)하는 보조 도구로서의 역할밖에 하지 못한다.

일부학자는 입체안경을 끼고 매끄럽지 못한 재현 그래픽을 보는 기계적 가상현실을 '목경련을 일으키는 현상(Neck Jerk Reaction)'이라 하고, "두 눈에 분리된 시각 영상을 전달하는 머리에 쓰는 디스플레이를 내던져야한다"고 말한다.

가상세계의 감각경험이 현실세계의 감각경험과 꼭 일치하거나 같은 속성을 갖는 것이 아니라는 것이 입증되면서, 협의의 가상현실에서 나아가 광의의 가상세계 개념이 구축되기에 이르렀다. 가상세계는 〈표 7-1〉처럼 6가지 특징을 제시한다.

〈표 7-1〉 가상세계의 6가지 특징

항 목	내 용
공용 공간(Shared Space)	다수의 사용자들이 동시에 참여할 수 있어야 한다.
GUI (Graphical User Interface)	공간을 시각적으로 표현해야 하며, 2D나 몰입형의 3D 환경에서 구현되어야 한다.
즉시성(Immediacy)	상호작용이 실시간(Real Time)으로 발생해야 한다.
상호작용성(Interactivity)	사용자들이 맞춤형 콘텐츠(Customized Content)를 변형, 개발, 제시할 수 있어야 한다.
지속성(Persistence)	개별 사용자의 접속 여부에 상관없이 세계 자체의 존재가 유지되어야 한다
사회화(Socialization)/ 커뮤니티(Community)	길드, 클럽, 당, 가족, 이웃 등 사회적 집단을 가상세계 내에서 형성할 수 있도록 허용하고 권장해야 한다.

컴퓨터 인터페이스의 기능과 역할이 확대 · 발전하고 가상에 대한 패러다임이 전환됨에 따라, 이제 가상은 현실을 복제하는 단계를 넘어서서 상상력을 통해 독자적인 '가상세계(Virtual World)'를 구현하기에 이른 것이다. 가상세계란 본질적으로는 가상현실 설계자에 의해서 설계된 것임에도 불구하고, '빈 공간'이 존재하기 때문에 그 공간의 사용자가 빈 공간을 활용해 자기를 표현하고 발견하는 대안적 장소가 될 수 있다. 메타버스, 말 그대로 현실세계(Universe)를 초월(Meta)하며 이제는 새로운 미래공간이 되었다.

3. 메타버스의 유형

비영리 기술 연구단체인 미국 기반의 가속연구재단ASF(Acceleration Studies Foundation)은 2007년에 발표한 메타버스 로드맵에서 메타버스는 현실세계의 대안 또는 반대로 보는 이분적 접근에서 벗어나 현실세계와 가상세계의 교차점(Junction), 결합(Nexus), 융합(Convergence)으로 이해할 것으로 제안했다. 또한 가상환경의 구현과 이용에 있어서 사물, 기기, 행위자, 인터페이스, 네트워크 등 현실세계의 요소들이 필수적으로 수반되고 '증강과 시뮬레이션', '사적인 것과 외적인 것'이라는 두 축을 가지고 [그림 7-3]과 같이 네 가지 범주로 분류했다.

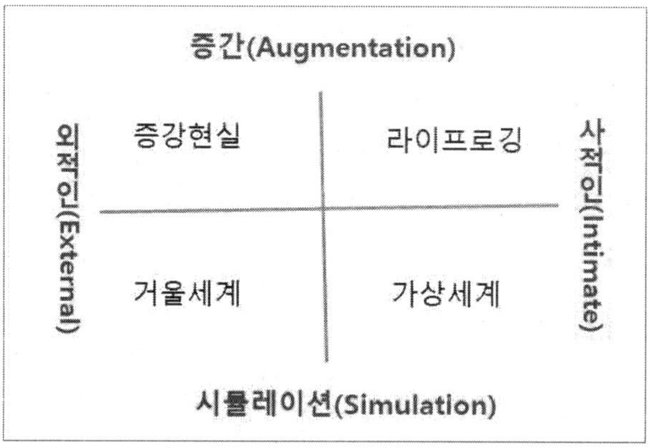

[그림 7-3] 메타버스의 유형

① 사적(Intimate) : 아바타, 온라인 프로필, 직접 등장 등의 방법으로 이용자의 정체성과 행위성의 발현에 초점을 둔 기술이다.
② 외적(External) : 이용자를 둘러싸고 있는 바깥 세계에 대한 정보와 통제력을 제공하는 기술이다.
③ 증강(Augmentation) : 이용자가 인식하는 물리적 환경 위로 새로운 제어 ·

정보시스템 레이어를 쌓아 올리는 기술이다.

④ 시뮬레이션(Simulation) : 이용자 및 객체 간 상호작용을 위한 장소로서 현실을 모방한 가상의 세계를 제공하는 기술이다.

메타버스는 크게 증강현실, 거울세계, 라이프로깅, 가상세계로 분류되며 각 유형은 명확하게 분리되기 보다는 점차 유형간 경계가 허물어지는 경향을 보이고 있다.

〈표 7-2〉 4가지 유형의 메타버스 세계의 특징 비교

	증강현실	라이프로깅	거울세계	가상세계
정 의	현실공간에 가상의 2D 또는 3D 물체가 겹쳐져 상호작용하는 환경	사물과 사람에 대한 일상적인 경험과 정보를 캡처, 저장, 전송하는 기술	실제 세계를 그대로 투영한 정보가 확장된 가상세계	디지털 데이터로 구축한 가상세계
구현가치	현실세계와 판타지, 편의성을 결합한 몰입 콘텐츠 제공	방대한 현실세계의 경험과 정보를 언제든지 확인 가능하며 타자와 공유가능	외부정보를 가상공간에 통합, 확장함으로써 활용성 극대화	다양한 개인들의 활동이 가능한 현실에 없는 새로운 가상공간을 제공
핵심기술	- 비정형 데이터 가공 - 3D 프린팅 - 5G 네트워크	- 온라인 플랫폼 - 유비쿼터스센서 - 5G 네트워크	- 블록체인기술 - GIS 시스템 - 데이터 저장, 3D 기술	- 그래픽기술, 5G 네트워크, 인공지능, 블록체인기술
서비스 사례	- 포켓몬Go - 운전석 앞의 HUD - SNOW앱 - 코카콜라 프로젝트 - 방탈출 게임 - 3D아바타를 통한 SNS 활동 - 에어버스, BMW의 증강현실 스마트 팩토리	- S-health, Apple - 나이키+러닝 - 차량 블랙박스 - SNS(인스타그램, 유튜브, 페북 등) 매체의 블로그, Vlog, 피드 등	- 구글 Earth, 네이버, 카카오 지도 - 에어비앤비 - 미네로바스쿨 - Zoom 회의실 - 폴드잇 디지털 실험실 - 배달의 민족 - 직방, 다방 등	- 포트나이트 - 마인크래프트 - 로블록스 - 동물의 숲 - 제페토 - 버버리 B서프 - 시뮬레이션 플랫폼
주요 대표기업	- 나이앤틱 - 잉그레스 - 마이크로소프트 - 아마존 - 페이스북	- 나이키 - 삼성, 애플 - 페이스북, 트위터 - 마이크로소프트 - 아마존	- 구글, 네이버, 카카오 - 에어비엔비 - 마이크로소프트 - 아마존 - 페이스북	- Epic games - X-box game studio - 네이버Z - 닌텐도 - 엔씨소프트 - 마이크로소프트 - 페이스북

	증강현실	라이프로깅	거울세계	가상세계
부작용 (도전요소)	- 현실이 중첩된 증강현실 공간 속의 혼란 - 증강현실 속 캐릭터 등에 대한 소유권	- 초상권 및 재산권 침해 - 내부기밀 유출 및 겸업금지 위반 등	- 정보조작의 문제 - 거대플랫폼 락인 효과로 불공정거래	- 현실세계의 회피 - 도덕적, 윤리적 문제를 일으킬 무질서 우려

1) 증강현실

증강현실(Augmented Reality)은 현실공간에 2D 또는 3D로 표현되는 가상의 물체를 겹쳐 보이게 하면서 상호작용하는 환경을 의미하며, 이용자가 일상에서 인식하는 물리적 환경에 가상의 사물 및 인터페이스 등을 겹쳐 놓음으로써 만들어지는 혼합현실이다.

[그림 7-4] 증강현실의 사례

출처 : https://science3m.tistory.com/238

〈표 7-3〉 증강현실의 대표 서비스와 주요내용

대표 서비스	주요내용
포켓몬고 (나이언틱)	- 2016년 나이언틱(Niantic)이 닌텐도와 합작으로 출시한 게임으로 개발된 지 5년이 지났으나 엔터테인먼트 분야에서는 현재도 증강현실 대표 서비스로 꼽힘 - 나이언틱은 구글어스의 전신인 어스뷰어(EarthViewer)를 기반으로 성장한 회사로 공간정보, 3D 모델링, 증강현실 기술에 대한 전문성에 기반하여 '12년 최초의 위치기반 증강현실 게임인 인그레스(Ingress)를 출시한 바 있으며, 포켓몬고는 전작에 스토리와 문화적 감수성이 더해져 다양한 이용자에 소구하는 대표 게임으로 발전
제페토 (네이버Z)	- 네이버가 증강현실 카메라 앱인 스노우(SNOW)를 별도 법인으로 분사시켜 제공 중인 증강현실 아바타 서비스로 2018년 출시 후 2021년 1월까지 전세계적으로 1억 9천명의 누적 가입자 확보 - AI 기반 안면인식 기술을 통해 3D 아바타를 생성하는 것에서 나아가 제페토 월드를 구축해 셀레브리티 아바타와의 소통 기능 및 소셜 미디어 기능 등을 추가하여 증강현실, 가상세계, 라이프로깅이 모두 결합된 서비스로 확장

사람들에게서 적은 거부감으로 보다 높은 몰입감을 유도할 수 있는 특징이 있다. 사용자가 단말기의 카메라를 통해 현재는 전소된 남대문을 촬영하면 디지털로 구축된 남대문이 사용자의 단말기에 중첩되어 보이는 것이 증강현실의 한 예라고 할 수 있다.

2) 라이프로깅

라이프로깅(Lifelogging)는 인간의 신체, 감정, 경험, 움직임과 같은 정보를 직접 또는 기기를 통해 기록하고 가상의 공간에 재현하는 활동정보를 캡처 · 저장 · 묘사하는 기술이다. 사용자는 일상생활에서 일어나는 모든 순간을 텍스트 · 영상 · 사운드 등으로 캡처하고 그 내용을 서버에 저장하여 이를 정리하고, 다른 사용자들과 공유할 수 있다. 센서가 부착된 스포츠 웨어를 네트워크 연결이 가능한 MP3 플레이어와 연동하여 사용함으로써 달린 거리, 소비 칼로리, 선곡 음악 등의 정보를 저장하고 공유하는 등의 행위가 라이프로깅의 예시가 될 수 있다.

출처 : https://science3m.tistory.com/238

[그림 7-5] 라이프로깅의 사례

〈표 7-4〉 라이프로깅의 대표 서비스와 주요내용

대표 서비스	주요내용
페이스북360 (페이스북)	- 페이스북은 2016년 360도 사진 및 영상을 게시할 수 있게 하는 페이스북360 서비스를 도입하였으며, 2017년 자회사인 오큘러스(Oculus) 기기를 통해 콘텐츠를 이용할 수 있도록 공식 앱 출시 - 페이스북은 2018년 디지털 비디오카메라 제조사인 RED와 합작으로 3D 비디오 카메라를 출시하는 등 플랫폼-3D기기-이용자 콘텐츠를 유기적으로 연동하는 서비스 추진
트레이닝 클럽 (나이키)	- 2000년대 말부터 부상한 자기 수치화(Quantified Self) 운동의 연장선상에 있는 서비스로, 나이키에서 2009년 출시한 앱 - 개인별 맞춤형의 피트니스 프로그램을 제공하며, 이용자는 개인이 달성한 기록을 소셜미디어를 통해 공유

3) 거울세계

거울세계(Mirror Worlds), 즉 미러월드는 실제 물리적 세계를 가능한 한 사실적으로 있는 그대로 반영하되 추가정보를 더한 '정보적으로 확장된(Informationally Enhanced)' 가상세계를 말한다.

대표적인 예로 구글 어스(Google Earth)를 들 수 있다. 구글 어스는 세계 전역의 위성사진을 모조리 수집하여 일정 주기로 사진을 업데이트하면서 시시각각 변화하는 현실세계의 모습을 그대로 반영하고 있다.

기술의 발전이 계속될수록 미러월드는 점점 현실세계에 근접해갈 것이며, 이는 향후 가상현실의 커다란 몰입적 요소가 된다. 이같은 미러월드의 사용자는 가상세계를 열람함으로써 현실세계에 대한 정보를 얻게 된다.

출처 : https://science3m.tistory.com/238

[그림 7-6] 거울세계의 사례

〈표 7-5〉 거울세계의 대표 서비스와 주요내용

대표 서비스	주요내용
구글어스 (구글)	• 구글이 2004년 인수한 키홀(KeyHole)의 어스뷰어 서비스를 전신으로 하며, 위성 이미지를 3D로 재현하여 실제 공간정보를 제공하는 대표적 거울세계 서비스 • 어스스튜디오, 어스엔진, 어스VR 등의 응용 서비스를 통해 영상 제작, 시간별 공간 변화 파악, 지형 · 기후 자료수집, VR체험 가능
업랜드 (업랜드미)	• 업랜드미(Uplandme)에서 2019년 출시한 가상의 부동산 게임으로 대체 불가 토큰(NFT)을 사용하여 부동산 투자 및 거래 가능 • 2020년 미국 대선일에 업랜드상에서 트럼프 타워를 경매에 붙이고, 같은 해 10월부터 실제 통화와 업랜드상의 부동산 간 거래를 가능케하는 등 현실세계와의 연동성을 높이며 사업 확장

4) 가상세계

가상세계(Virtual World)는 디지털 기술을 통해 현실의 경제, 사회, 정치적 세계를 확장시켜 유사하거나 혹은 완전히 다른 대안적 세계를 디지털 데이터로 구축한 것이다.

가상세계에서 사용자들은 아바타를 통해 현실세계의 경제적, 사회적인 활동과 유사한 활동을 한다는 특징이 있다. 가상세계는 우리에게 가장 친숙한 형태의 메타버스로서, 리니지와 같은 온라인 롤플레잉게임에서부터 린든 랩에서 개발된 세컨드 라이프와 같은 생활형 가상세계에 이르기까지 3차원 컴퓨터그래픽 환경에서 구현되는 커뮤니티를 총칭하는 개념이다.

사실 이미 메타버스는 우리 삶 속에 친근하게 다가와 있다. [그림 7-7]처럼 가상의 인물인 릴 미켈라(Lil Miquela)는 전세계에서 가장 유명한 인플루언서로 500만명

[그림 7-7] 가상 인플루언서 릴미켈라(Lil Miquela)과 이마(IMMA)의 일상

이상의 SNS 팔로워를 보유하고 있는데, 한 해 동안 벌어들인 수익은 무려 1,170만 달러(약 132억원)에 달한다. 이마(IMMA)는 33만명의 인스타그램 팔로워를 보유한 인플루언서로 한 해 동안 벌어들인 수익은 7억원에 달한다.

가상 인플루언서들이 이렇게 많은 돈을 벌 수 있는 이유는 팬들이 이들이 광고한 제품을 보고 따라 구매하기도 하고, 공개 연애를 응원하기도 하며 실제 사람과 동일하게 인식하기 때문이다. 더 나아가 이들은 앨범을 내거나 자체 브랜드를 런칭해 활발하게 본인의 커리어를 확장시키고 있다. 가상 인플루언서들은 실존하지만 않을 뿐 현실과 가상의 경계를 넘나들며 인간이 살아가는 모든 삶을 누리고 있는 것이다. Z세대들은 가상공간에서 또 다른 자아를 형성해 현실세계에서 이루지 못했던 꿈들을 펼쳐나간다. 메타버스 플랫폼이 Z세대 사이에서 급부상하게 된 이유다.

출처 : https://science3m.tistory.com/238

[그림 7-8] 가상세계의 사례

〈표 7-6〉 가상세계의 대표 서비스와 주요내용

대표 서비스	주요내용
세컨드라이프 (린든랩)	- 2003년 린든랩(Linden Lab)이 출시한 온라인 가상세계 서비스로 로블록스, 마인크래프트 등에 앞선 초창기 샌드박스형 서비스 - 정부기관, 민간기업, 교육기관 등의 디지털 트윈 구축, 공연 · 전시회 개최, 가상 일자리 제공, 현실세계 화폐와의 환전시스템 도입 등 메타버스 비즈니스 모델의 원형 제공
포트나이트 (에픽 게임즈)	- 에픽 게임즈(Epic Games)가 2017년 출시한 3인칭 슈팅 게임으로 최근 가장 주목할 만한 메타버스 서비스로 성장 - 실제 뮤지션과 협업한 콘서트 개최, 패션 브랜드(나이키, 루이비통 등)와 라이센스를 맺은 스킨 출시, 업무 회의 공간 제공 등 게임을 넘어 현실과 가상을 잇는 종합적 문화 · 생활 서비스로 성장 - 에픽 게임즈의 CEO인 팀 스위니(Tim Sweeney)는 오픈 메타버스의 옹호자로 포트나이트를 크로스 플랫폼 게임으로 성장시키는 한편, 이용자 관점에서 자유로운 이동이 가능한 메타버스 생태계 구축을 위한 논의 확산

대표 서비스	주요내용
STRIVR	- 2014년 스탠포드 대학교의 연구 프로젝트로 시작해 2015년 공식 설립된 기업으로 VR 기술을 실생활에 접목시킨 서비스 제공 - 월마트(Walmart) 직원을 대상으로 한 상황기반 교육 · 훈련이 대표적 이며, 운동선수 훈련, 고객응대 훈련, 기계작동 훈련, 안전교육 등의 분야에서 활용사례 증가

[그림 7-9] 포트나이트에서 열린 래퍼 트레비스 스캇의 콘서트

4. 메타버스의 킬러 콘텐츠

저렴해지는 HMD, 메타버스 플랫폼의 등장은 VR 디바이스를 살 수밖에 없는 환경을 만들 것으로 예상된다. 기기 성능 개선으로 디바이스의 장시간 착용이 가능해짐에 따라, 메타버스로 만들어지는 인간의 새로운 사회적 관계는 무시하기 어려워질 것이다.

어린 학생들이 많이 이용하는 로블록스의 사례를 보더라도, 가상현실 공간은 그들에게 이미 중요한 공간이며, 계속 머물러야만 하는 공간이 될 수도 있다. 이러한 세상의 변화에 따라 글로벌 기업들도 공개되지 않았던 개발현황을 공개하거나, 관련 업체와의 제휴, 인수 등 빠른 움직임을 보이고 있다.

콘텐츠(C)-플랫폼(P)-네트워크(N)-디바이스(D) 형태의 생태계를 형성중이다.

글로벌 IT업체들이 가상현실 기기 시장을 주목하고 있는 것은 VR 디바이스가 스마트폰에 버금가는 새로운 IT기기 혹은 큰 시장규모를 형성할 수 있는 판단일 것이다. 현재 앞서 나가고 있는 Facebook(Oculus), 마이크로소프트(Hololens), Google(Google

Glass)외에도 삼성전자와 애플도 스마트글래스에 대한 기술 개발을 진행하고 있다.

또한 수익창출에 있어서 핵심이 되는 콘텐츠, 플랫폼 분야에서도 네이버, 로블록스, 페이스북 등이 시장선점을 하기 위해 적극적인 행보를 보이고 있다. 암호화폐 업계도 메타버스 내 경제활동으로 암호화폐가 소비될 수 있다는 점에서 많은 프로젝트가 진행 중이기도 하다.

7-2 디지털 자산과 메타버스의 융합

1. 디지털 자산과 메타버스의 결합

기존의 디지털 자산은 가치를 지니기가 어렵다. 아무리 노력해서 디지털 작품 및 콘텐츠를 만들더라도, 복제되기가 매우 쉽기 때문이다. 실제로 우리는 지금도 Ctrl+C, Ctrl+V(복사 및 붙여넣기) 한 번으로 유명 작가의 그림이나 사진 파일을 여러 장 만들어낼 수 있다. 그런데 NFT의 등장으로 디지털 자산에도 '가치'가 만들어지기 시작했다. 다양한 디지털 자산에 대해 블록체인 기반의 대체 불가한 고윳값으로 유일성이나 희소성을 부여할 수 있게 된 것이다.

이러한 디지털 자산의 '가치화'는 진정한 의미의 메타버스를 만들기 위해서 필수적이다. 메타버스는 디지털에 존재하거나, 디지털을 활용하는 새로운 세계를 추구하고 있다. 그러기 위해서는 많은 사람들이 디지털 세상에서 활동하고 현실과 똑같이 삶을 영위할 수 있어야 한다. 다양한 사람들이 콘텐츠를 소비하고 오랫동안 활동하기 위해서는 화폐를 바탕으로 한 경제시스템이 필요하다. 그리고 NFT는 디지털 자산에 유일성을 부여하여, 거래가 가능한 새로운 경제시스템을 만들어내고 있다.

실제로 메타버스에서 NFT를 통한 디지털 자산의 유통은 빠르게 진행되고 있다. 고유한 가치를 지닌 게임 아이템, 아티스트의 디지털 예술 작품, 디지털 명품과 부동산 등이 지금 이 순간에도 활발히 거래되고 있다.

1) 나만의 집행검 : 게임 속의 메타버스와 NFT

집행검은 리니지 게임에 등장하는 아이템으로 한국 온라인 게임에서 고가 아이템을 대표하는 존재이다. 게임 아이템 하나가 현금으로 수천만 원에서 수억 원에 거래되는 것으로 유명해서 리니지를 잘 모르는 사람도 많이 알고 있는 편이다. 이러한 기존의 게임 아이템은 아무리 희소성을 갖고 있더라도, 게임이 더 이상 운영되지 않으면 소유권의 의미가 없다는 특징이 있다.

그리고 최근 들어 많은 게임사는 이러한 게임 아이템을 NFT로 만들겠다고 발표하고 있다. 하나의 아이템을 다른 게임에서도 사용하고, 필요하다면 자유롭게 거래하여 수익을 창출할 수 있게 만들겠다는 것이다. 현재 국내에서 가장 유명한 NFT 게임은 '위메이드'가 개발한 '미르4'이다. 참고로 '미르4'의 드레이코는 흑철을 환전할 수 있는 게임 내 코인으로서 아직 대체 가능한 토큰(Fungible Token)이지 NFT는 아니다.

위메이드를 비롯해서 컴투스, 게임빌, 펄어비스, 카카오 게임즈, 넷마블, 엔씨소프트, NHN 등이 앞다투어 메타버스와 NFT에 관한 사업계획을 발표했다. 이미 해외의 '엑시 인피니티'나 '크립토 키티' 게임은 NFT 게임의 대명사로서 높은 가치를 인정받고 있다. 그리고 앞으로 더욱 많은 기업이 NFT를 통해 아이템에 가치를 부여하고, 돈을 벌 수 있는 P2E(Play to Earn) 시스템 구축을 목표 삼을 것으로 전망된다.

2) 핸드폰 속의 모나리자 : 예술이자 취미가 된 메타버스와 NFT

학습 7

사람들은 모나리자를 보기 위해 지구 반대편에서 프랑스 루브르 박물관까지 찾아간다. 그리고 세상에 몇 개밖에 없다는 전설적인 스포츠 선수의 카드를 갖기 위해 기꺼이 수십, 수백억 원을 지불한다. 원작과 구분이 어려운 똑같은 예술품이나 카드를 쉽게 구할 수도 있지만, 그러한 것들은 가치를 인정받지 못한다.

그리고 이러한 예술과 취미의 영역이 이제는 메타버스와 NFT로 확장되고 있다. 디지털 아티스트 비플(Beeple)이 NFT로 제작한 '매일 : 첫 5000일'이라는 작품은 6930만 달러에 판매되었고, 디지털 아바타 수집품을 판매하는 크립토펑크의 NFT 이미지 하나는 1170만 달러에 거래되기도 했다. 현재 트위터 창업자 '잭 도시'의 NFT 트윗, 시계 NFT, 한국 프로야구 NFT 카드 등 수많은 NFT 작품과 수집품이 거래되었거나 준비 중에 있다.

3) 여기선 내가 건물주 : 새로운 자산이 된 메타버스와 NFT

메타버스와 NFT는 새로운 자산으로서의 가능성도 보여주고 있다. 이미 비트코인과 같은 암호화폐는 하나의 투자자산으로 인정받고 있고, 주식시장에는 비트코인 선물 ETF가 상장되기도 했다. 그리고 이제는 메타버스와 NFT 열풍을 타고 가상 부동산 투자가 활황을 보이고 있다.

대표적으로 '더 샌드박스'는 게임 속 아바타가 거래할 때 사용하는 샌드박스 코인을 이용해 가상 부동산이자 NFT인 '랜드'를 살 수 있는 구조를 갖고 있다. 현재 하나의 랜드는 약 550만 원으로, 서울 아파트 평당 가격과 비슷한 수준이다. 샌드박스에는 총 16만 개의 랜드가 있고, 땅 주인은 1만 6000여 명에 달한다고 한다. '어스 2'라는 기업은 구글어스 정보를 바탕으로 지구와 동일한 크기로 가상지구를 만들고 땅을 쪼개서 팔고 있다. 다른 플랫폼인 '업랜드'의 경우에는 건물과 교통시설 등을 옮겨와서 부동산을 활용해 임대료를 받고 재투자할 수도 있다. 부동산 경제시스템을 메타버스에 구현한 것이다.

2. 가상 디지털 자산과 메타버스 플랫폼 융합

메타버스 플랫폼으로는 가상현실 게임 중심의 로브록스(Roblox)와 가상공간에서 원격 현실 행사와 이벤트(Tele-presence Events)를 지원하는 제페토(Zepeto), 가상세계의 부동산과 자산거래 서비스 Decentraland 등이 대표적인데, 현재 급속도로 새로운 서비스들이 런칭되고 있다.

메타버스 환경에서 사용자들은 게임에 필요하거나, 가상현실 행사나 모임에 참여하기 위하여 다양한 아이템을 구입하게 되고 이러한 것을 지원하는 아이템샵, 아바타 패션샵이 메타버스에 입주하게 되었고, 메타버스 화폐가 통용되어 이러한 메타버스 가상 디지털 사물의 결제대금으로 지급하게 된다.

스마트 컨트랙트 기반의 디지털 자산거래를 위한 거래와 경매 플랫폼(Trading and Auction Platform) 시장을 만들었는데, 메타버스 플랫폼에서는 가상 디지털 자산거래와 가상환경의 비즈니스를 지원하는 가장 완벽한 환경을 제공하게 된다. 가상환경 디자이너들이 패션샵 또는 아이템샵을 개장하여 아바타에 필요한 옷 등을 판매하기 시작하였고, 구찌 등 명품 브랜드 들이 로브록스 또는 제페토 등의 메타버스 환경에 아바타샵을 입점하고 있다.

사용자들이 메타버스 환경에서 자신의 아바타를 원하는 패션으로 치장하여 가상공간 또는 자신의 SNS에서 활동할 수 있도록 지원하게 된다. 아바타는 가상공간에서 또 다른 나의 분신으로써 많은 사용자들이 각자의 개성과 멋을 표현하고 싶어하기 때문에 아바타 패션샵 서비스에 대한 수요는 매우 성장할 전망이다.

디지털 금융은 우리가 금융에 접근할 수 있게 하는 게이트이다. 디지털 자산은 디지털 화폐의 안착을 의미한다. 디지털 금융의 사용성이 커질수록 디지털 자산 시장의 수요는 증가할 수밖에 없다. 이에 따라 현재 우리가 부르고 있는 가상자산의 의미가 재해석 될 가능성이 크다.

디지털 화폐와 디지털 자산시장은 더욱 금융의 한계를 극복해서 산업을 이어주는 새로운 시대를 열어 줄 것이다. 그러나 한편으로는 디지털 자산시장은 부익부 빈익빈의 새로운 판을 만들 것이고 그 격차는 전통 자산시장과는 판이하게 다를 것이라고 예상된다. 타 산업군은 핀테크 리터러시, 블록체인 리터러시, 디지털 에셋 리터러시 등을 통해 미래를 준비해야 할 것이다.

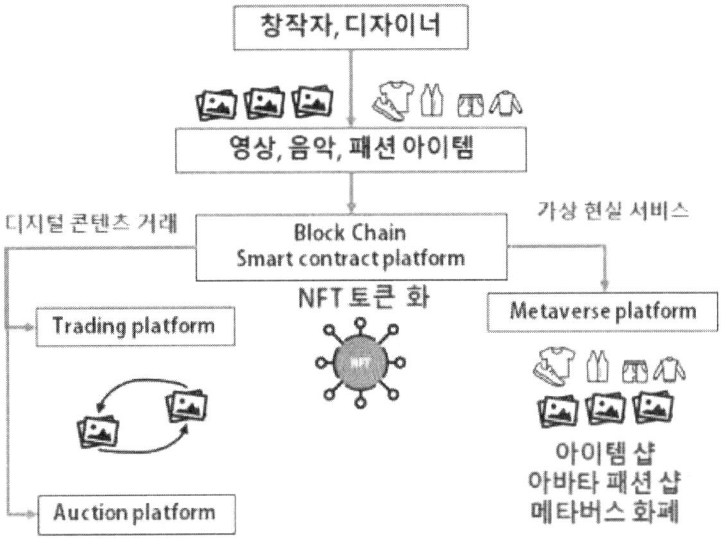

[그림 7-10] 메타버스 플랫폼에서 NFT이용 가상 디지털 자산거래

핀테크 중에서 디지털 화폐와 디지털 에셋에 있어 중요하게 봐야할 다른 산업은 게임업계이다. 금융과 게임은 거리가 먼 산업이라고 생각할 수 있지만 디지털에서 가장 쉽게 핀테크와 디지털 금융, 디지털 화폐를 가장 빨리 도입하고 활용할 수 있는 산업 중에 게임만 한 것이 없다.

게임은 메타버스와 긴밀하게 엮여 그 경계선이 모호해지는 부분도 있을 것이라 생각된다. 게임을 메타버스의 연장선상에서 바라보고 쓰는 글임을 미리 언급해 둔다.

가상의 공간에서 자산을 쌓고 불리고 관리하는 일이 증가하고 있다. 게임에서 가상화페로만 취급되던 것이 금융으로 발전해 나가는 것을 볼 수 있다.

예를 들면 부동산 자산 운용사들의 일들이 게임으로 만들어져서 개인이 직접 부동산 프로젝트를 만들 수 있다. 부동산 펀드 없이 개인들을 통해 '투자 - 개발 - 수익 창출' 모델을 만들 수 있다. 가상의 공간에서 쌓인 화폐는 디지털 자산으로 활용

학습 7

될 수 있다. 금융사업이 가상의 세계로 들어오고 있다.

가상의 공간은 게임뿐만 아니라 동영상 플랫폼과 소셜네트워크 플랫폼도 포함된다. 이 모든 사용자들에게 메타버스는 다음 세대의 플랫폼을 의미하는 것인지도 모른다.

가상공간에 머무는 사용자는 가상의 공간, 즉 메타버스에 머무는 시간은 늘어난다. 가상공간에서 콘텐츠 소비와 소셜활동이 늘어난다. 여기에 경제활동이 연결되면 메타버스는 플랫폼 이상의 가치를 가지게 될 것이다.

가상공간에서의 경제활동이 현실세계의 경제활동과 연동된다면 메타버스는 게임 산업만을 지칭하기는 어렵다.

가상공간에서의 놀이와 소비에 대한 보상이 디지털 자산과 연동되고 이것이 금융으로 설계되는 일이 현실로 나타나고 있다. 가상공간에서 누적된 보상은 디지털 자산이 되고 이것은 다시 금융자산으로 운용되거나 금융상품으로 발전시켜 나갈 수 있다.

3. 디지털 자산과 가상현실 기기의 융합

디지털 자산 관련 콘텐츠의 개발과 가상현실 기기의 발전과 더불어 이들이 융합하는 시기가 다가오고 있는 것이다. 디지털 자산 관련 모든 콘텐츠를 가상현실기기를 통하여 미래의 본인의 자산의 형태를 그려보고, 이 콘텐츠를 통해 메타버스 가상현실의 투자에 대해 이해할 것으로 본다.

이러한 가상현실 기기의 증강현실(VR) 및 가상현실(AR) 하드웨어 시장은 Oculus Quest 2를 시작으로 한 독립형 헤드셋의 보급 증가 등의 영향으로 성장할 것으로 전망된다. 2021년 하드웨어 출하량은 760만대로 COIVD-19로 둔화된 2020년 대비 73% 증가할 것으로 추정되며, 2025년까지 중장기적으로 62.3%의 연평균 성장세를 보일 것으로 예상된다.

지금까지 가상현실시장은 보편화되지 않은 초기시장에 불과했으나, 소비자들의 인식 변화 및 다양한 기업들의 참여, 새로운 디지털 자산 관련 콘텐츠의 등장으로 큰 규모의 디지털 자산에 융합하는 IT 디바이스 시장으로 자리잡을 수 있을 것으로 전망된다.

[그림 7-11]처럼 다양한 가상현실 기기의 등장과 더불어 여러분야로 사용되고 있는 현실이다. 현재 VR 디바이스 시장을 선도하고 있는 기업은 페이스북의 Oculus 이며 출하점유율은 59.5%, 금액점유율은 49.4%이다. 또한 콘솔과 연동한 소니의

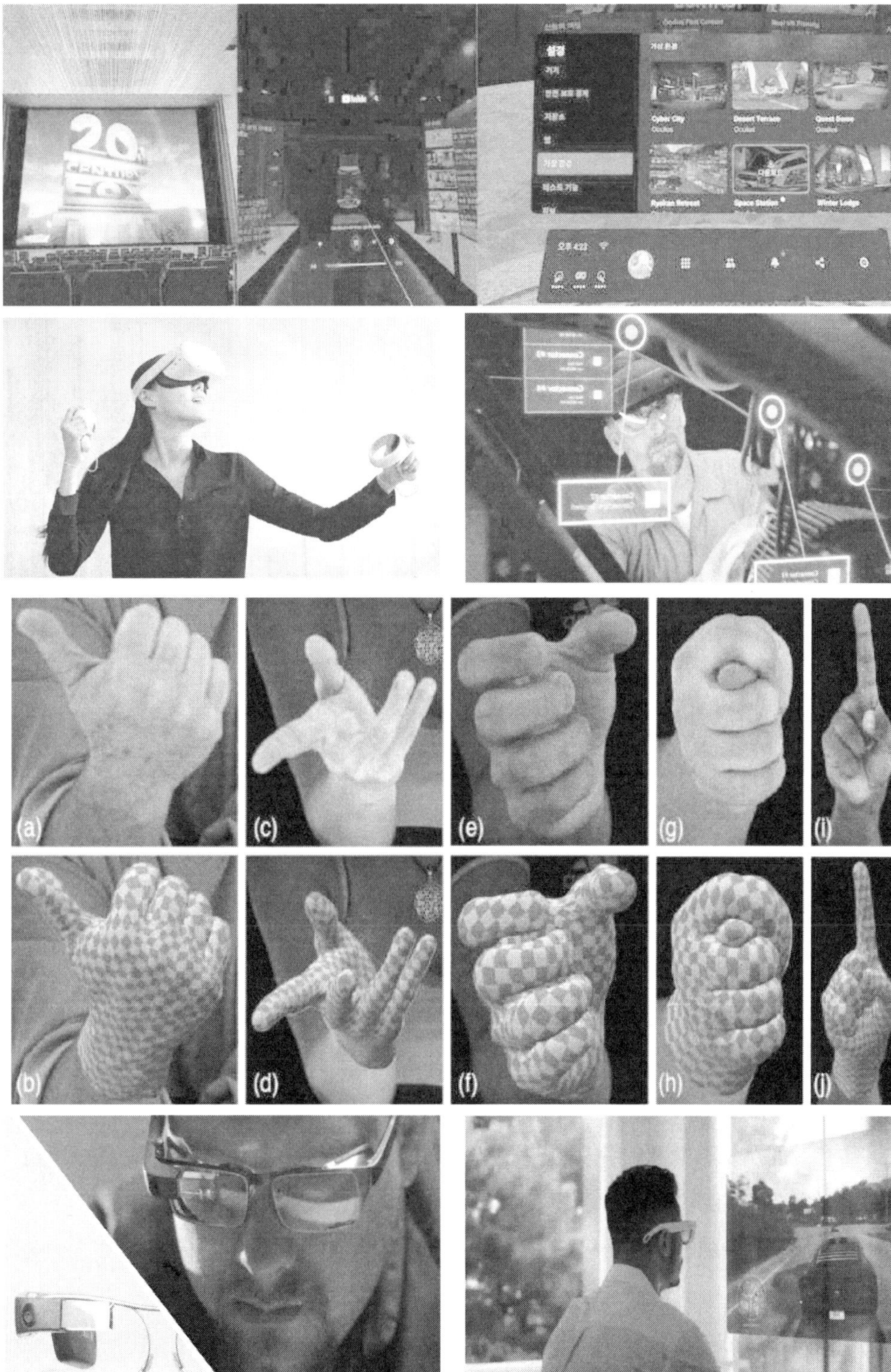

[그림 7-11] 가상현실기기의 현황

점유율은 각각 6.8%, 4.2%이며, 마이크로소프트는 상업용 초고가제품 판매로 인해 매출규모 2위를 기록하고 있다.

메타버스의 개념 자체는 분명 새로운 것이 아니다. 다만 사회적 인식 변화와 이를 뒷받침해줄 기술 발달로 인해 점차 우리의 생활과의 접점이 많아지고 있는 상황으로 판단된다.

물론 디지털 자산은 주식시장 관점에서는 단기 수혜주 찾기에 한계가 있을 수 있다. 당장 떠올려볼 수 있는 건 디지털 자산 관련 비즈니스를 시작한 일부 플랫폼 업체들이나 디바이스 제작 업체들이 되겠으나, 아직 태동기에 불과한 산업인만큼 많은 변화들이 수 년 내에 이루어질 것이기 때문이다.

물론 디지털 자산과 메타버스 세상 융합기술의 한계를 정해서는 안 된다. 아직까지는 가장 개념 적용이 쉬운 '게임'을 중심으로 발전하고 있지만 머지않은 미래 디지털 자산에 콘텐츠 산업 전반으로 확산될 가능성이 높으며, 조금 더 궁극적으로는 우리생활의 대부분을 대체할 것으로 보인다.

핵심은 변화의 물결이 기성세대가 아닌 Z세대를 중심으로 시작되고 있다는 점이다. '제페토'의 전세계 2억 명의 가입자 중 80%는 10대라는 사실을 간과해서는 안 된다. 당장의 나의 생활이 크게 달라지지 않는다고 해서 멈춰있다가는 새로운 시대의 디지털 자산환경에 적응을 하지 못할지 모른다.

7-3 다중 생체인식 기반 통합 거래인증 메타버스 플랫폼

Windows Hello 인증과 FIDO2 인증을 동시에 받은 1:1 개인 인증용 지문인식 하드웨어 시큐리티 Key이다. 1:1 인증과 1:N인증을 안전하고 편리하게 이용하는 통합 지문인식 솔루션이 필요하다.

그러므로 다중 생체인증으로 단말/사용자 인식 기반의 멀티도메인 메타버스 연동플랫폼이 필요하다.

이 메타버스 연동플랫폼은 [그림 7-12]처럼 일반적으로 현실세계의 생체인증 기반으로 메타버스 가상세계의 거래인증을 연동하여 작동하는 메타버스 플랫폼 시스템이다. 특히 다중 생체인증 기반으로 현실세계에서 이루어지는 단말인증과 사용자 인증에 연동하여 메타버스 가상세계에서 멀티도메인에 대한 다중 거래인증이 이루어지도록 구성한 다중 생체인증 기반의 통합 거래인증 연동 메타버스 플랫폼 시스템에 관한 것이다. 이 메타버스 연동플랫폼은 메타버스 가상세계를 이루는 멀티도메인에 대한 거래인증을 현실세계의 다중 생체인증에 의해 달성함에 따라 메타버스에서 이루어지는 각종 거래의 안정성을 강화하면서도 거래의 편리함을 개선할 수 있는 장점이 있다.

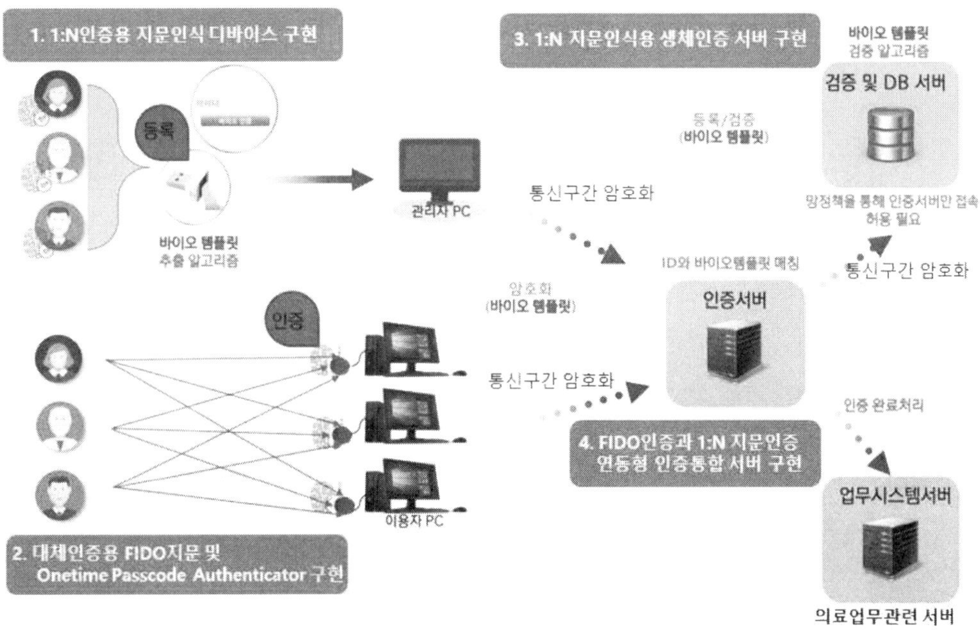

[그림 7-12] 멀티도메인 메타버스 연동플랫폼의 구성

사용자가 범용 운영체제 생체인증(예 윈도우 헬로인증)과 FIDO2 인증을 동시에 받은 1:1 개인 인증용 하드웨어를 사용하면서 1:1 인증과 1:N 인증이 모두 가능한 통합 생체인식 솔루션을 이용하는 기반 하에 다중 생체인증에 의해 단말 인증과 사용자 인증을 달성하여 멀티도메인 메타버스 연동하는 시스템을 구축한다.

1:1 인증은 한사람이 한 서비스 인증시에 사용자 인증을 수행하는 것을 의미하고(예 A가 본인 구글인증) 1:N 인증 다수의 사람이 한 서비스를 동시에 사용할 때 사용자 인증을 수행하는 것을 의미한다(예 A와 B가 같은 메타버스 회의 시스템에 같은 기기로 로그인).

메타버스 공간을 구현할 때에는 가상공간 내에 배경, 오브젝트, 캐릭터 등을 구축하고 사용자는 조작기구(키보드, 조이스틱, VR 머신 등)를 이용하여 메타버스에 접속하고 활동한다. 사용자는 메타버스 내에서 발생되는 이벤트를 자신의 디스플레이(예 HMD, 랩톱컴퓨터)를 통해 확인하고, 이들 이벤트에 대해 조작장치로 반응함으로써 메타버스 내에서 활동할 수 있다.

학습 7

응용분야에 따라서는 이벤트에 연결된 거래의 진실성을 확실하게 보장하는 기술, 즉 거래인증(Transactions Authentication)이 필요할 수 있다. 이러한 응용분야에 대해서도 메타버스 적용을 확장하고 사용자 신뢰를 확보하려면 편리하면서도 강력한 거래인증 기술이 요망된다.

일반적으로 현실세계의 생체인증 기반으로 메타버스 가상세계의 거래인증을 연동하여 작동하는 메타버스 플랫폼 시스템이다.

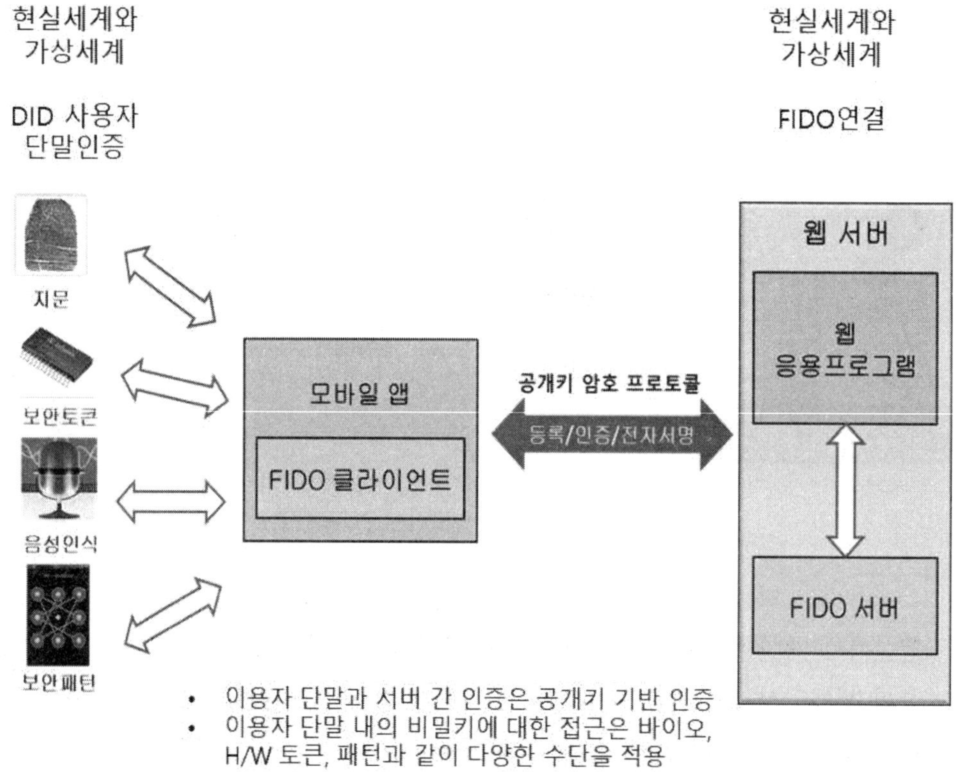

[그림 7-13] 메타버스 플랫폼 시스템의 동작 개요

다중 생체인증 기반의 통합 거래인증 연동 메타버스 플랫폼 시스템은, 현실세계에서 FIDO 인증 서버 및 사용자 단말과의 협조동작에 의해 사용자 ID와 바이오템플릿 매칭을 통한 생체인증을 수행한다. 그 생체인증 결과를 메타버스의 거래인증 서버로 제공하는 생체인증 서버 메타버스의 이벤트에 대응하여 생체인증 서버로 거래인증을 요청하고, 생체인증 서버로부터 생체인증 결과를 제공받아 메타버스 가상세계의 거래인증으로 연동시키는 거래인증 서버, 메타정보 가상세계의 거래인증을 위하여 현실세계에서 사용자로부터 생체정보를 획득하여 생체인증 서버로 전달하는 사용자 단말, 현실세계에서 사용자의 생체정보를 바이오템플릿의 형태로 사용자 ID에 매칭시켜 등록하는 관리자 단말을 포함하여 구성된다.

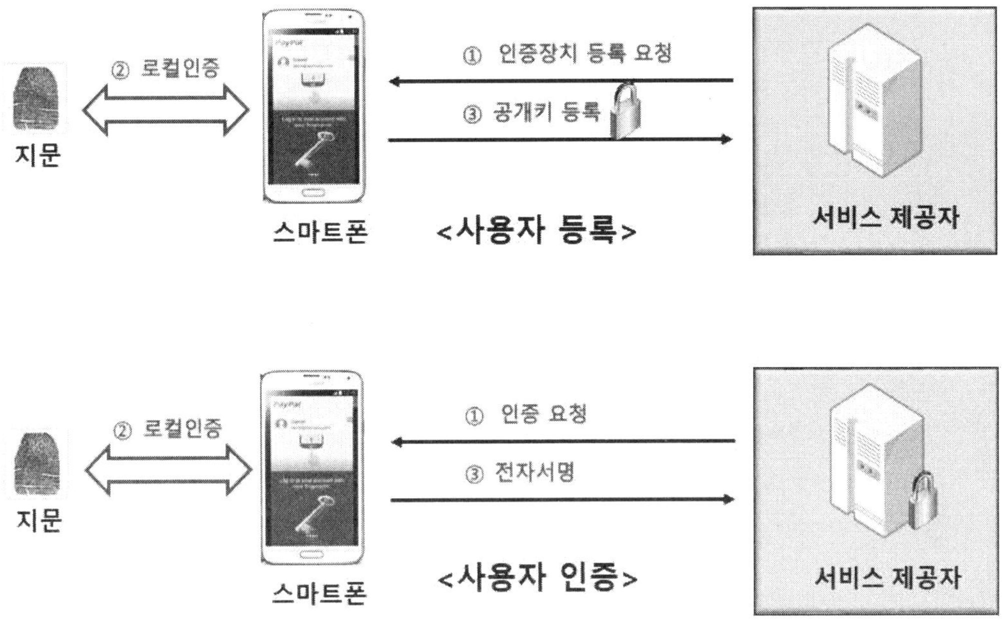

[그림 7-14] FIDO 거래인증

현실세계와 가상세계의 SSO(Single Sign On)와 FIDO의 거래인증은 [그림 7-15]와 같다.

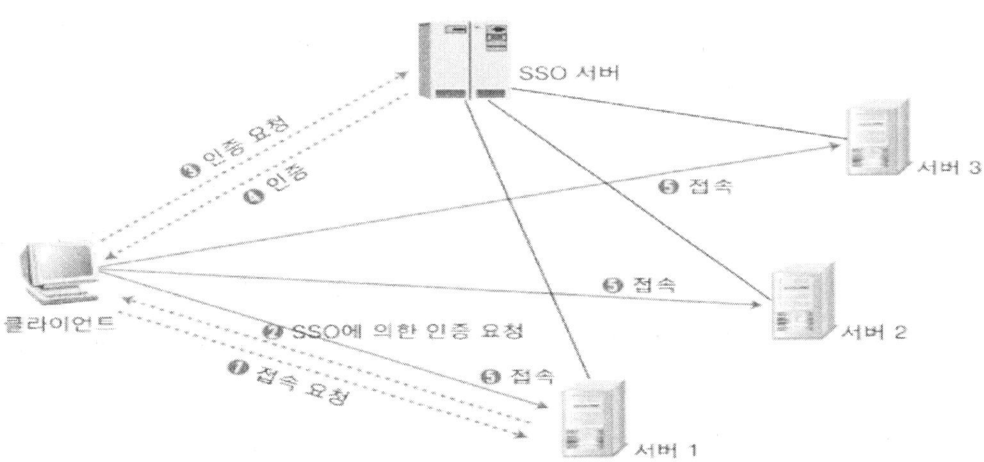

[그림 7-15] SSO와 FIDO의 거래인증

Single Sign On(SSO)는 모든 인증을 하나의 시스템에서 시스템이 몇 대가되어도 하나의 시스템에서 인증에 성공하면 다른 시스템에 대한 접근 권한도모두 얻는다. 이러한 접속 형태의 대표적인 인증 방법으로는 커버로스(Kerberos)를 이용한 윈도우의 액티브 디렉토리가 있다.

생체인식 솔루션은 [그림 7-16]처럼 지문인식 데이터 코드화, 암호화기술, 통신구간 보안, 중간자 공격방어 여부 등으로 구분한다. 보통 모바일 생체인식은 지문데이터 코드화만 안정적으로 구현되고 나머지는 업체별로 되는 경우보다 안되는 경우가 종종있다. 특히 오프라인 생체인식은 중간자 공격방어의 경우에는 대부분 구현되지 않고 나머지 기술은 안되는 경우가 종종 발생하기도 한다.

그런데 옥타코의 경우에는 이러한 생체인식 솔루션인 지문인식 데이터 코드화, 암호화 기술, 통신구간 보안, 중간자 공격방어 여부 등이 모두 구현되고 있다.

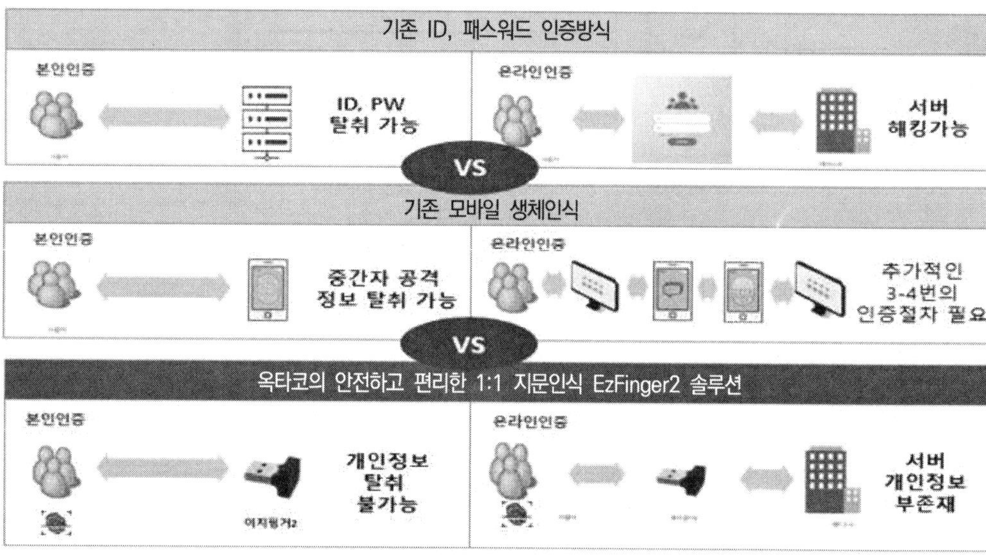

[그림 7-16] 생체인식 솔루션

다중 생체인증 기반으로 현실세계에서 이루어지는 단말인증과 사용자인증에 연동하여 메타버스 가상세계에서 멀티도메인에 대한 다중 거래인증이 이루어지도록 구성하여 다중 생체인증 기반의 통합 거래인증 연동 메타버스 플랫폼 시스템을 제공하는 것이다.

이러한 시스템을 구현하기 위해서는 생체인증 서버, 거래인증 서버, 사용자 단말, 관리자 단말의 협조동작에 의해 현실세계의 생체인증 기반으로 메타버스 가상세계의 거래인증을 연동하여 작동하는 다중 생체인증 기반의 통합 거래인증 연동 메타버스 플랫폼 시스템을 제공해야만 한다.

[그림 7-17]은 생체인증 서버가 FIDO 인증서버 및 사용자 단말과의 협조동작에 의해 수행하는 FIDO 거래인증 과정이다. 사용자 단말에서의 생체인증 성공 여부에 관한 제1생체인증을 수행하고, FIDO 인증서버와의 협조동작에 의한 FIDO 인증조회의 성공 여부에 관한 제2생체인증을 수행하며, 이들 2가지 생체인증이 모두 성공하는 경우에 생체인증 서버는 거래인증 서버로 생체인증 성공을 제공한다. 이 생체인증 성공결과는 거래인증 서버(300)에 의해 메타버스 가상현실에서 연계 활용된다.

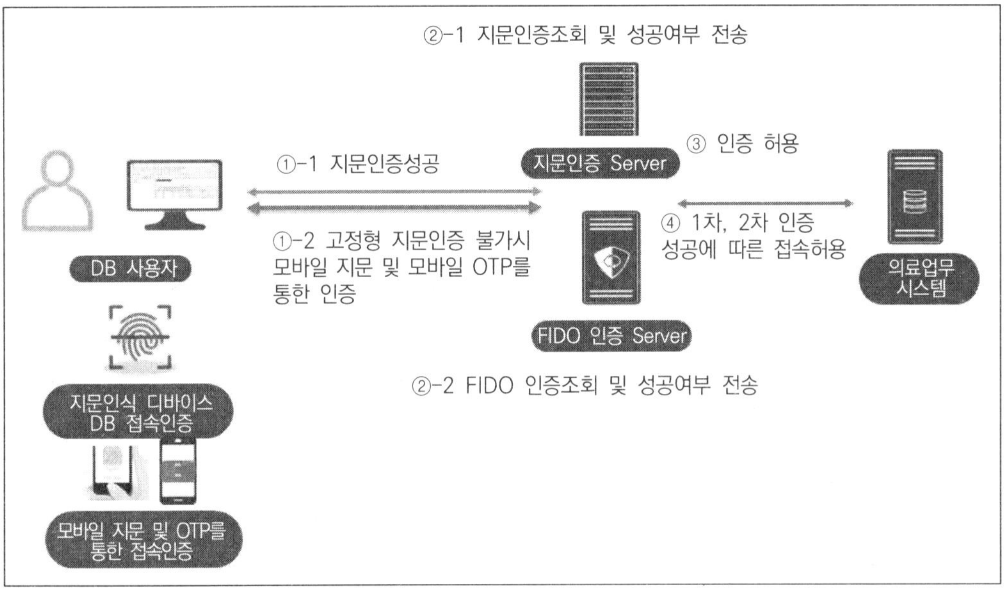

[그림 7-17] 메타버스 플랫폼 시스템의 FIDO 거래인증 과정

FIDO 인증서버는 FIDO 기반으로 생체인증을 수행하는 서버 구성요소이다. FIDO는 지문, 홍채, 얼굴윤곽 등을 활용한 생체인증의 국제표준으로 온라인 환경에서 ID, 비밀번호 없이 자신을 인증할 수 있는 기술로서 마이크로소프트(MS)가 Windows10에 생체인증을 지원하는 '윈도우 헬로' 기능을 탑재하는 등 다양한 결재 플랫폼을 구축할 수 있도록 해준다. 이를 통해 FIDO는 생체기반의 거래인증을 제공한다. FIDO 인증서버는 다중 생체인증 기반으로 FIDO 인증동작을 수행한다.

거래인증 서버는 메타버스의 이벤트에 대응하여 생체인증 서버로 거래인증을 요청하고 생체인증 서버로부터 생체인증 결과를 제공받아 메타버스 가상세계의 거래인증으로 연동시키는 구성요소이다. 거래인증 서버는 메타버스 환경에서 각종의 이벤트와 관련하여 거래인증을 처리해주는 구성요소이며, 현실세계의 생체인증 기반으로 메타버스 가상세계의 거래인증을 연동시키기 위해 생체인증과 협조하여 동작한다.

거래인증 서버는 생체인증 서버로부터 생체인증 결과를 제공받아 해당 사용자가 경험 중인 메타버스 가상세계를 구성하는 복수의 계층적 도메인의 거래인증에 통합 연동시키도록 구성되는 것이 바람직하다.

즉 메타버스 가상세계는 복수의 도메인이 계층적으로 이루어지는데, 각각의 도메인마다 생체인증을 별개로 수행하는 것이 아니라 하나의 생체인증 결과를 제공받아 멀티도메인의 거래인증에 통합 연동한다.

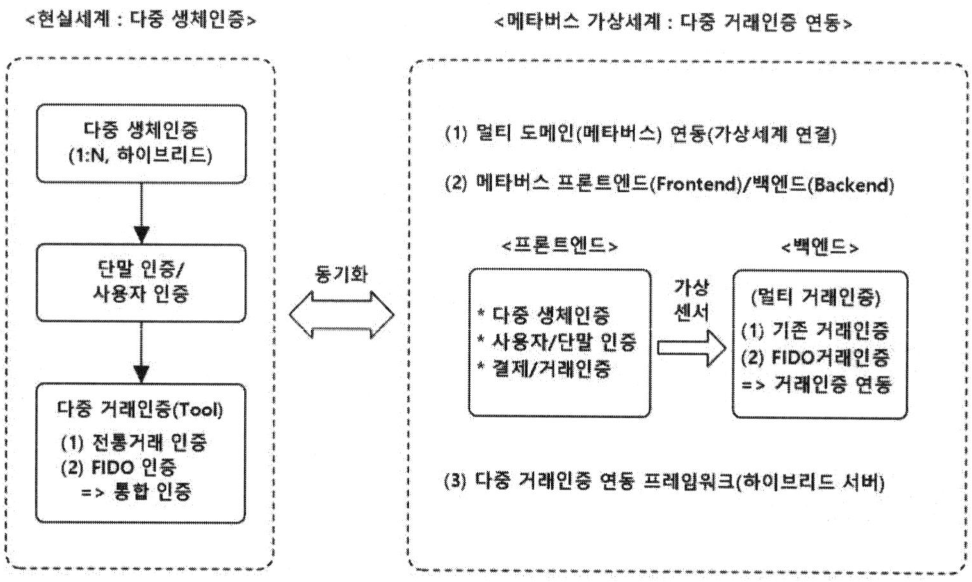

[그림 7-18] 메타버스 활용 다중 생체인식 연동플랫폼 개념도

[그림 7-18]은 메타버스 가상공간과 연동하는 현실세계의 다중 생체인식 연동플랫폼을 개념적으로 나타내는 그림이다. 현실세계(물리세계)에서 이루어지는 IP 기반의 다중 생채인식과 메타버스 시스템을 연동시킴으로써 메타버스 가상현실에서 이루어지는 각종 이벤트에 대해 생체인증 결과에 의해 거래인증이 이루어지도록 하며, 이를 통해 메타버스 이벤트에 대한 거래의 진실성을 보장할 수 있게 된다.

관리자 단말은 사용자로부터 복수의 생체정보를 제공받아 하나의 사용자 ID에 매칭시켜 등록하도록 구성되고, 생체인증 서버는 FIDO 인증 서버와의 협조동작에 의해 복수의 생체정보 중 어느 하나에 의한 다중 생체인증을 수행하여 복수의 사용자 각각에 대해 복수의 인증방식을 제공하는 하이브리드 서버를 구성할 수 있다.

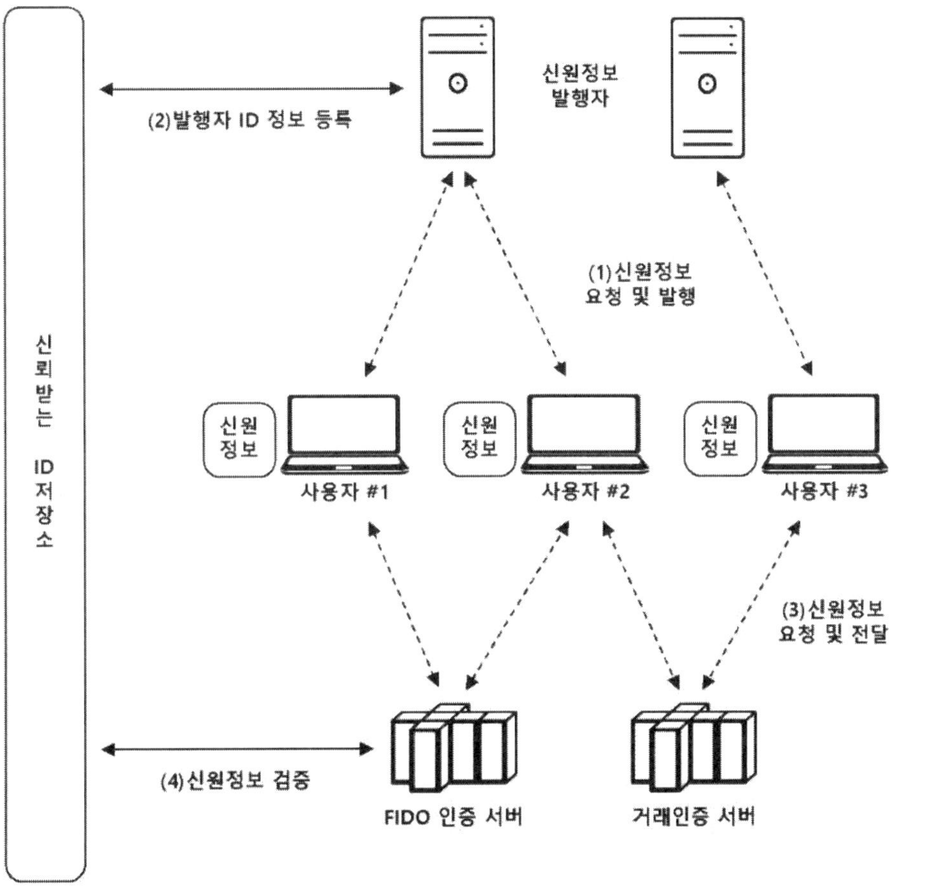

[그림 7-19] 분산 ID 기반의 개인별 신원정보 확인 과정

[그림 7-19]는 분산 ID 기반의 개인별 신원정보 확인 과정을 개념적으로 나타내는 그림이다. 사용자 단말은 DID 블록체인을 통해 자신에 대한 통일 사용자 계정으로 사용가능한 분산 ID를 각자 설정한다. 이들 분산 ID는 생체인증 및 거래인증을 연동시키는 과정에서 FIDO 인증서버, 거래인증서버, 사용자 단말에 의해 전자서명이나 생체정보 등과 같은 증명(Proofs)으로 인증된다. 이들 분산 ID는 생체정보 기반의 FIDO 인증과 연동된다.

[그림 7-20]은 FIDO 거래인증 과정을 개념적으로 나타내는 블록도이다,

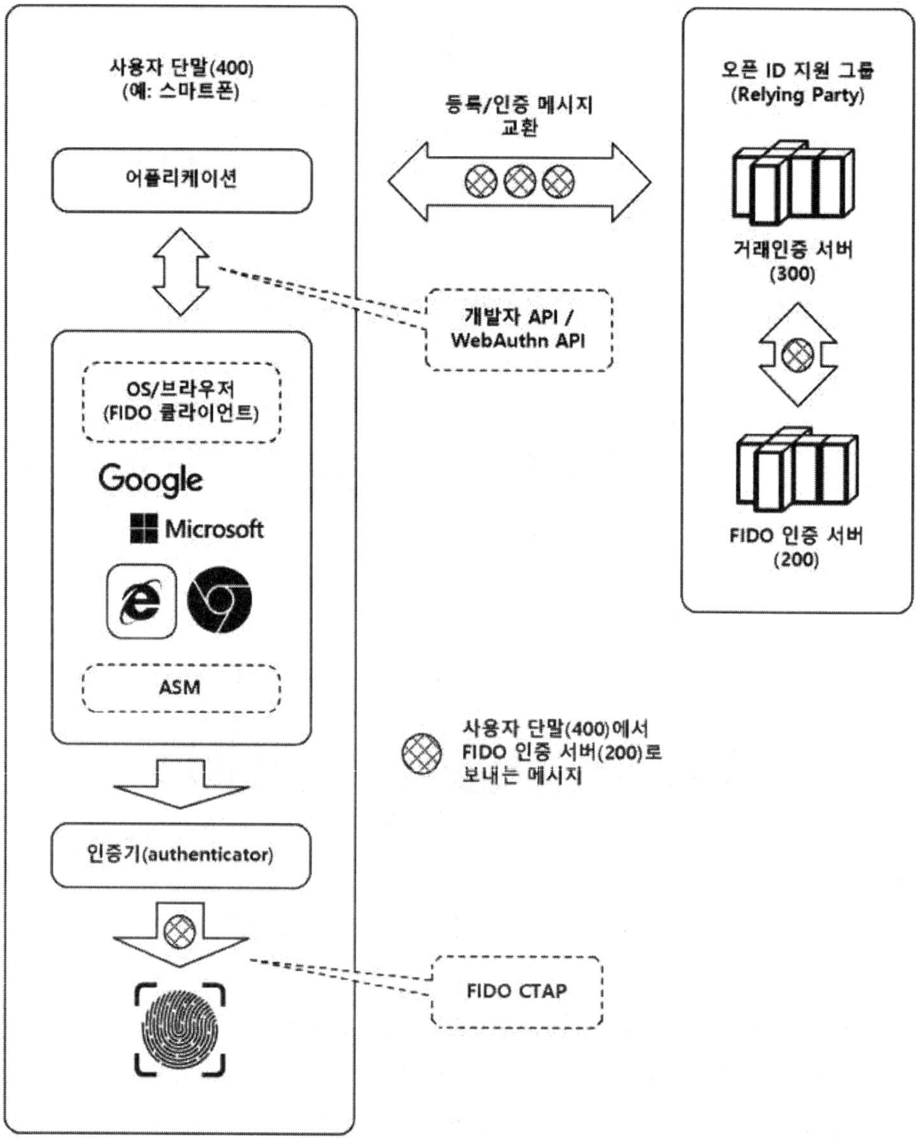

[그림 7-20] FIDO 거래인증 과정

[그림 7-21]은 FIDO 거래인증을 위한 인증모듈의 구성을 개념적으로 나타내는 블록도이다.

거래인증 서버와 사용자 단말간의 사용자 개인 인증 및 디지털 자산의 거래에 대해 FIDO 거래인증을 연계한다. FIDO의 구성 요소에는 FIDO 서버, FIDO 클라이언트, ASM(Authenticator Specific Module), 인증기(Authenticator)가 있다. FIDO 인증 서버가 FIDO 서버의 역할을 수행하고 사용자 단말이 FIDO 클라이언트의 역할을 수행한다. ASM은 FIDO 클라이언트의 요청을 인증기에 전달하고, 여기서 생성된 응답값을 FIDO 클라이언트로 전달한다.

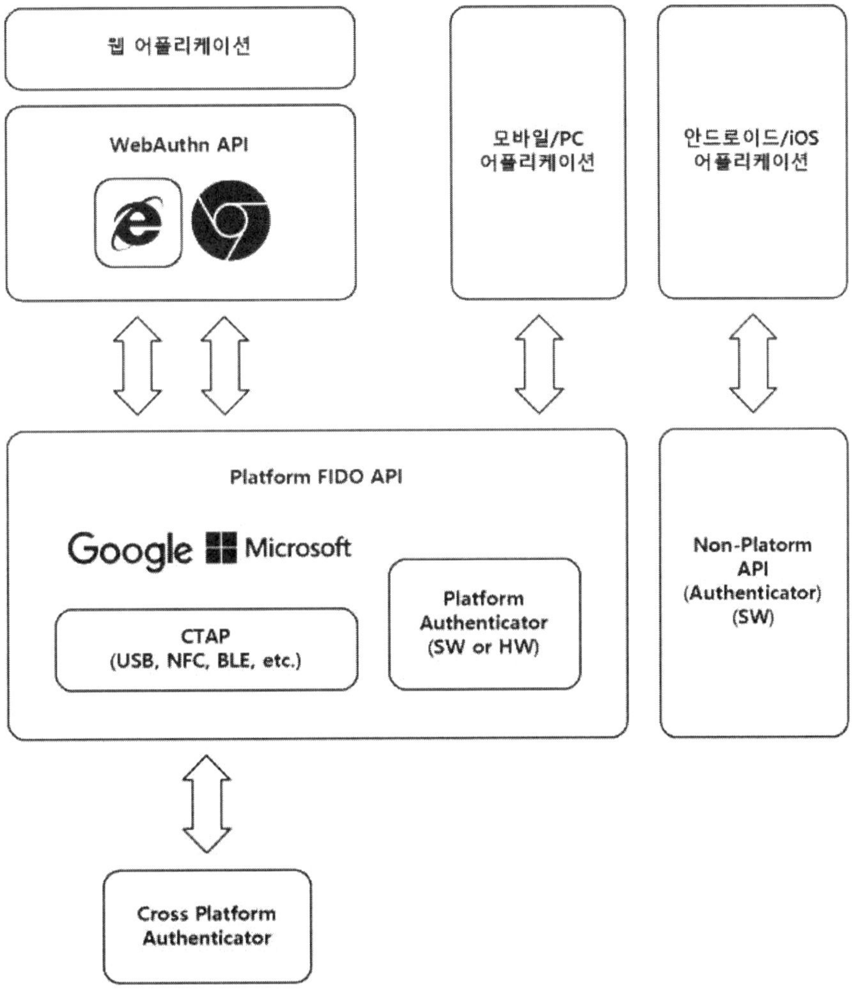

[그림 7-21] FIDO 거래인증을 위한 인증모듈의 구성

오픈 ID 지원 그룹(RP : Relying Party)이란 그룹 간의 신뢰를 뜻하는데 오픈 아이디를 지원하는 장치들의 그룹이라는 의미이다.

예를 들면 FIDO는 사용자가 이용하는 서버와 상호 RP 관계이기도 하다. 그리고 FIDO 클라이언트 응용서버는 RP 서버라고 부르고, 응용서비스 클라이언트는 RP 클라이언트라고 부른다.

FIDO 인증서버가 보내는 요청 메시지가 RP 서버에 전달되면, 네트워크를 통해 RP 클라이언트를 거쳐 FIDO 클라이언트에 도달한다.

한편 [그림 7-20]과 [그림 7-21]은 웹 인증방식으로 이루어져 있다. '웹 인증'은 인터넷 사용자들이 여러 웹 사이트 및 디바이스에서 안전하게 인증할 수 있는 방법으로서 웹 브라우저 및 그와 연계된 웹 플랫폼 인프라에 표준화된 API 정의를 다운로드받아 인증 기능을 제공한다.

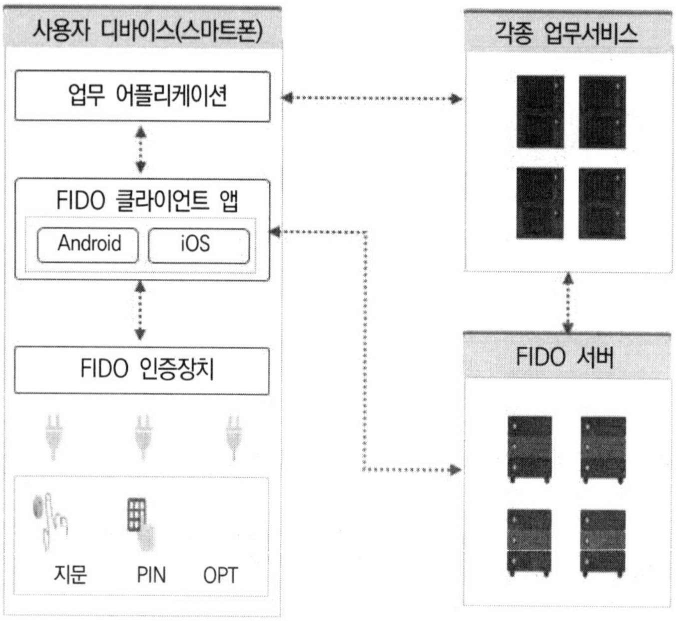

[그림 7-22] 대체인증용 스마트폰 기반 FIDO 지문 및 Onetime Passcode Authenticator 구성도

[그림 7-22]처럼 구현하기 위해서는 모바일 기반 개인인증 지원용 지문인식 Authenticator, 사용자 키 정보 및 키 생성 증명 Attestation 키 관리프로세스, 로컬 인증 및 사용자 정보출력 기능, 인증장치정보, 등록, 서명, 해지, 설정 기능, 토큰 유효성 검증 프로세스, 지문인식 FIDO2 표준을 적용한 모바일용 지문인식 API, 생체인식 기술을 이용한 인증이 불가할 경우 지원을 위한 모바일 기반 Onetime passcode 지원 Authenticator, 통신구간 보호를 위한 암호화 기술, 서버와 인증을 위한 API 및 CTAP기술 등의 세부기술이 필요하다.

이 시스템에서 컴퓨터 프로그램은 컴퓨터에 이상과 같은 다중 생체인증 기반의 통합 거래인증 연동 메타버스 플랫폼 시스템의 운영방법을 실행시키기 위하여 비휘발성 저장매체에 저장된 것이다. 이러한 비휘발성 기록 매체로는 다양한 형태의 스토리지 장치가 존재하는데 예컨대 하드디스크, SSD, CD-ROM, NAS, 자기테이프, 웹디스크, 클라우드 디스크 등이 있고 네트워크로 연결된 다수의 스토리지 장치에

코드가 분산 저장되고 실행되는 형태도 구현될 수 있다. 또한 하드웨어와 결합되어 특정의 절차를 실행시키기 위하여 매체에 저장된 컴퓨터프로그램의 형태로 구현될 수도 있다.

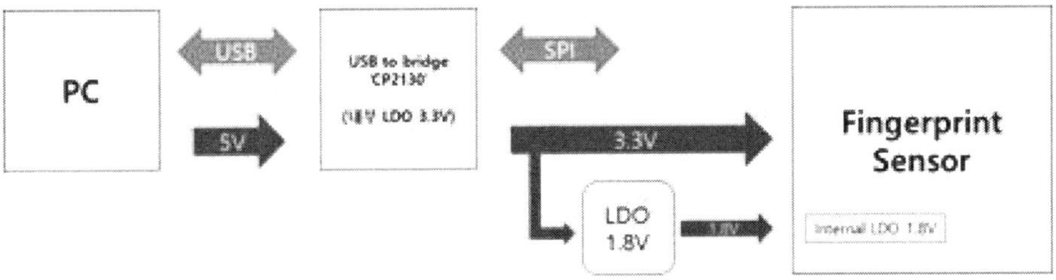

[그림 7-23] 지문인식 데스트 보드 구성도

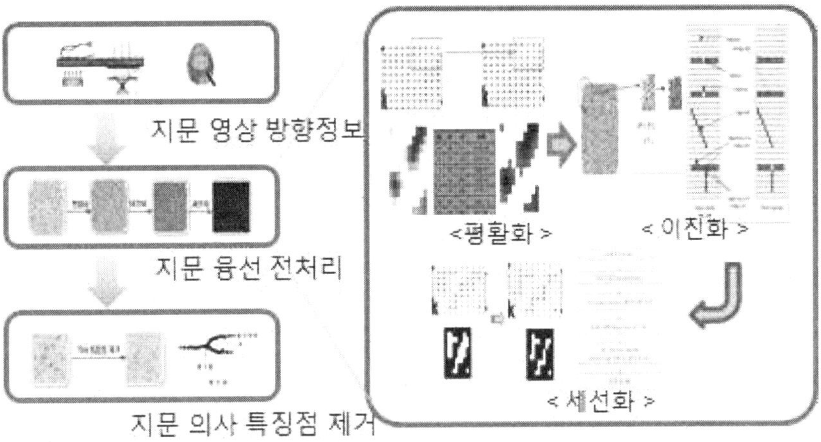

[그림 7-24] 지문인식 융선복원 전처리 단계 및 전처리 알고리즘 예시

[그림 7-25]처럼 공용 컴퓨팅 기반 1:N용 지문인식 디바이스 개발을 위해서 병원과 같은 개인과 공용인증이 혼용된 환경에서의 인증장치 제공을 위한 SRD 분석이 필요하고 지문인식 센서의 H/W인터페이스 개발, 지문인식 구동용 테스트보드 제작이 필요하다.

그리고 윈도우 환경 HW Device 연동 프로그램 개발하고, 지문인증을 위한 System 관리 API 개발과 원본 지문 이미지의 보안기능 구현이 필요하다. 생체인식 취약점을 분석하고 보안을 강화할 암호화 알고리즘 구현과 공용서버 등록을 위한 지문인식 SDK개발, 지문인식센서 동작확인을 위한 FPCB 모듈 설계 및 제작, Windows기반 지문인식 암호화 디바이스 시작품 설계 개발, 사용자 편의성을 적용한 지문인식 암호화 디바이스 시제품 개발 등이 필요하다.

학습 7

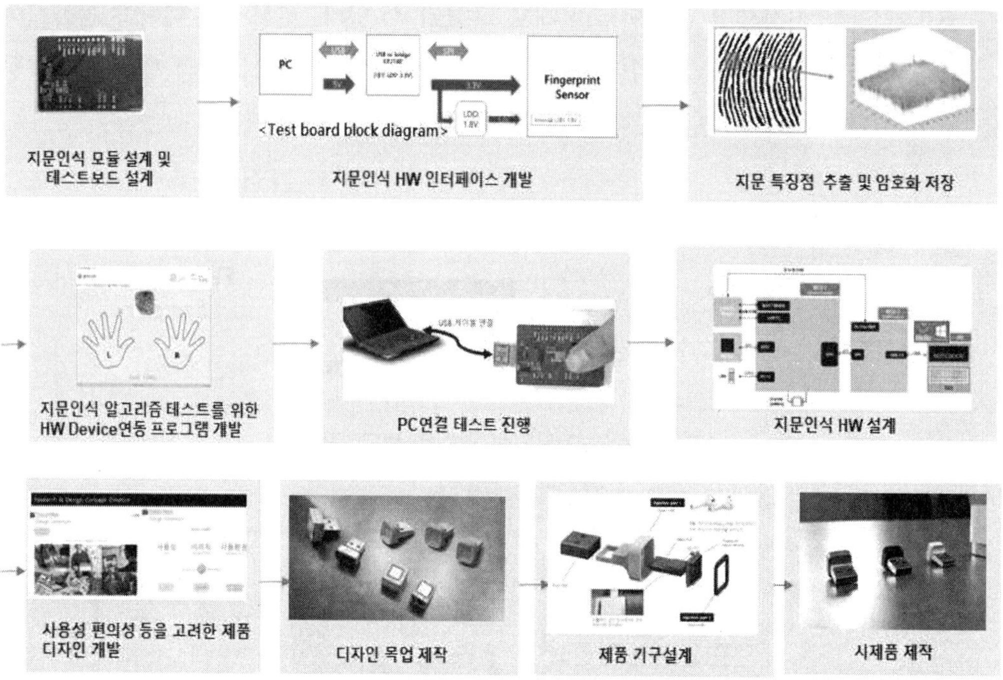

[그림 7-25] 공용 컴퓨팅 기반 1:N용 지문인식 디바이스 시제품 개발 예시

1:1 FIDO인증과 1:N 지문인증 연동형 인증통합서버 개발을 위하여 개인 및 공용 인증 통합 솔루션 구축을 위한 구조설계, 개인기반 및 공용 컴퓨팅 환경 인증 프로세스 개발, 네트워크 통신구간 암호화 기술개발, 사용자 정보 저장을 위한 데이터베이스 구조설계, 자바스크립트 구동 호스트 환경에 맞는 프로그래밍 서버 모듈 개발, 개체관계 모델 적용 데이터베이스 구축 및 정보확인을 위한 테이블 패널 설계, 의료정보시스템 및 업무시스템과 인증결과 연동을 위한 인증 RESTApi개발, 관리자 인증정책 설정 및 관리현황 통계분석용 관리자 포털 개발, 서비스 서버와 백엔드통신을 위한 프로토콜 정의, 서비스 서버 인증, 유저인증 등 연동을 위한 백엔드API개발, 개인 및 공용환경에서 안정적인 인증을 위한 Client API개발, EMR, OCS등 기존 DB연동을 위한 연동API개발, 정책관리 및 서버 모니터링을 위한 UI 적용 관리페이지 구축 등이 필요하다.

[그림 7-26]은 1:1 FIDO인증과 1:N 지문인증 연동형 인증통합서버 개발 예시이다.

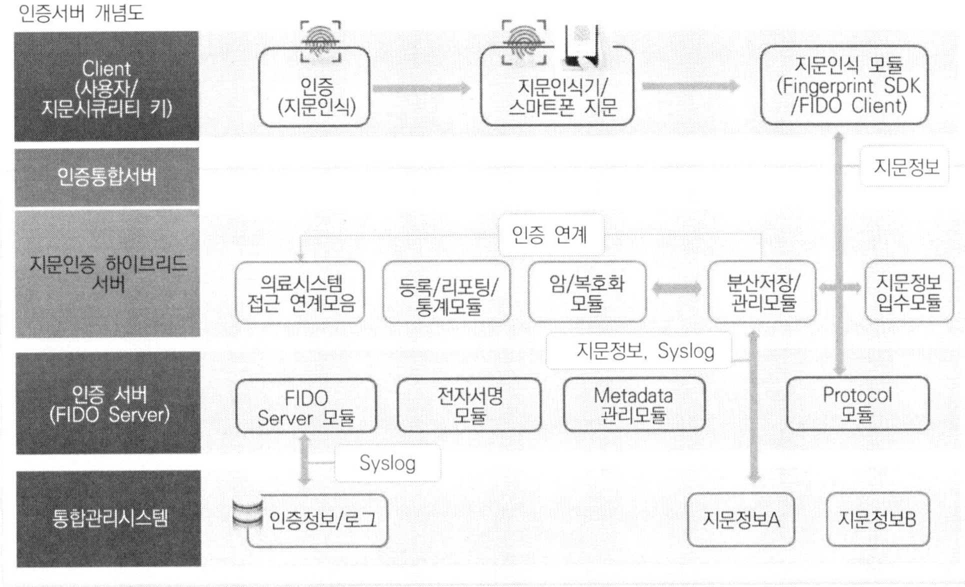

[그림 7-26] 1:1 FIDO인증과 1:N 지문인증 연동형 인증통합서버 개발 예시

보안을 위하여 SW개발 보안 가이드를 적용한 요구사항 및 고객이 제시하는 개발 기준을 협의하여 서버 프로그래밍 및 단말기 등을 위한 클라이언트 프로그래밍에 보안 가이드를 적용하여 개발하는 것이 필요하다.

〈표 7-7〉 시큐어 코딩이 적용되는 7대 취약점

취약점	내 용
입력데이터 검증 및 표현	프로그램 입력값에 대한 검증 누락 또는 부적절한 검증, 데이터의 잘못된 형식 지정으로 인해 발생할 수 있는 보안 약점
보안기능	보안기능(인증, 접근제어, 기밀성, 암호화, 권한관리 등)을 적절하지 않게 구현시 발생할 수 있는 보안 약점
시간 및 상태	동시 또는 거의 동시 수행을 지원하는 병렬 시스템, 하나 이상의 프로세스가 동작되는 환경에서 시간 및 상태를 부적절하게 관리하여 발생할 수 있는 보안 약점
에러처리	에러를 처리하지 않거나, 불충분하게 처리하여 에러정보에 중요정보(시스템 등)가 포함될 때 발생할 수 있는 보안 약점
코드 오류	타입 변환 오류, 자원(메모리 등)의 부적절한 반환 등과 같이 개발자가 범할 수 있는 코딩오류로 인해 유발되는 보안 약점
캡슐화	중요한 데이터 또는 기능성을 불충분하게 캡슐화 하였을 때 인가되지 않은 사용자에게 데이터 누출이 가능해지는 보안 약점
API 오용	의도된 사용에 반하는 방법으로 API를 사용하거나, 보안에 취약한 API를 사용하여 발생할 수 있는 보안 약점

특히 〈표 7-7〉처럼 시큐어 코딩이 적용되는 7대 취약점 점검이 필요하다.

차세대 다중 생체인식 통합인증 솔루션 제품의 사업화 모델로써 [그림 7-27]처럼 기업고객 대상 계정관리 및 로그 관리 서비스, B2G 폐쇄망 보안강화 서비스, 기존 보안기술 요소에 생체인증기술 도입, 공공서비스 폐쇄망 보안강화 서비스 등으로 사업화를 추진할 수 있다.

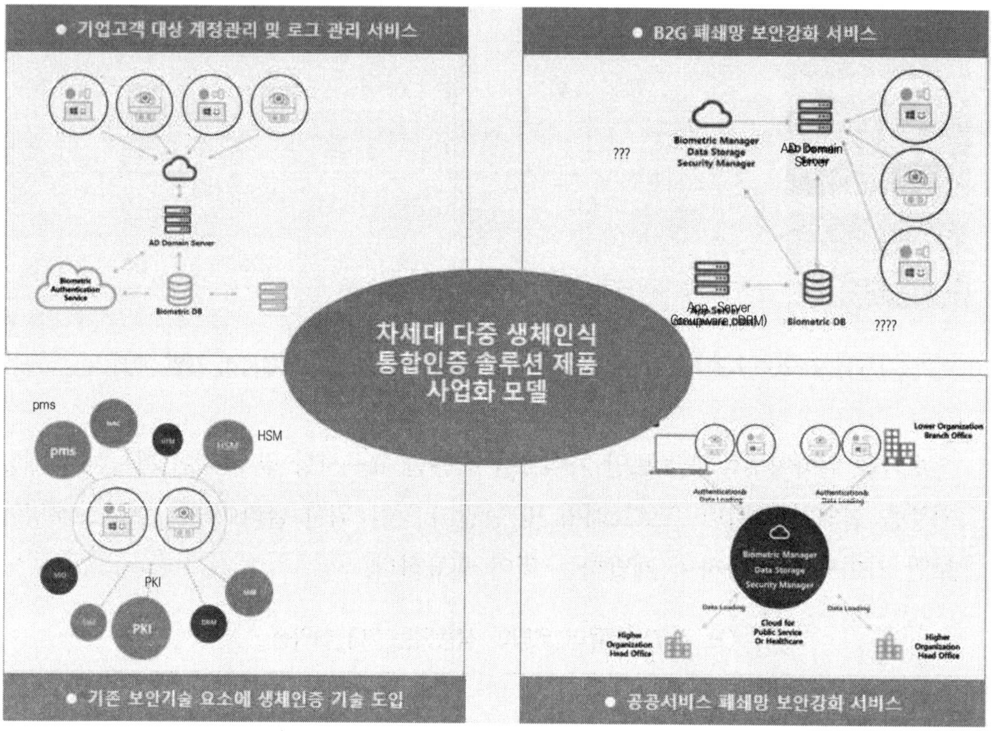

[그림 7-27] 차세대 다중 생체인식 통합인증 솔루션 제품의 사업화 모델

현재 솔루션으로 의료기관 적용시 문제점은 [그림 7-28]처럼 의사 및 간호사 등 의료기관 종사자의 병동 이동 및 잦은 업무 교대로 1:1인증과 1:N인증을 안전하고 편리하게 사용할 수 있는 통합 지문인식 솔루션 필요하다.

의료기관의 특성상 같은 PC에서 다수의 의사와 간호사가 인증 시 보안방법의 제공이 필요하므로 1:1 인증장치로 개인의 보안성과 편리성에 최적화하여 설계되어 있는 옥타코의 FIDO 솔루션을 사용하면 해결될 것이다.

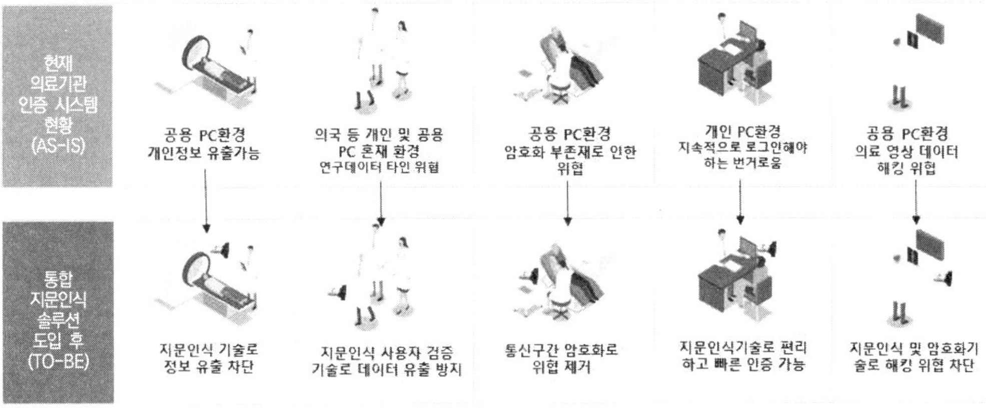

[그림 7-28] 의료기관 적용시 현재 솔루션의 문제점

차세대 다중 생체인식 통합인증 솔루션 사업화는 [그림 7-29]처럼 단독제품이나 솔루션 연동제품으로 구분하여 사업을 할 수 있다.

이 그림은 다중 생체인증 기반의 통합인증에 의한 메타버스 이용환경을 나타내고 있다.

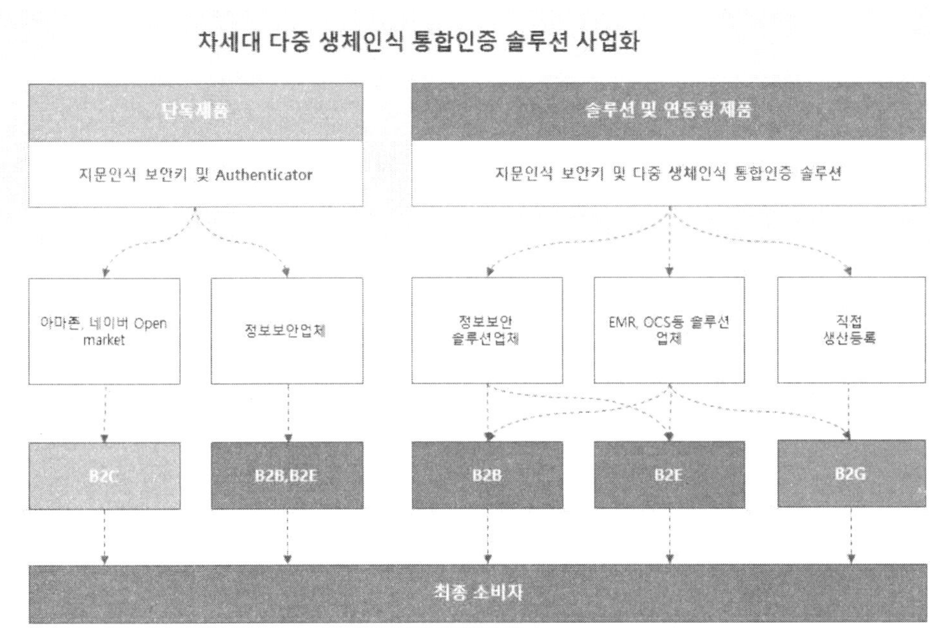

[그림 7-29] 차세대 다중 생체인식 통합인증 솔루션 사업화

사용자 단말은 메타정보 가상세계의 거래인증을 위하여 현실세계에서 사용자로부터 생체정보를 획득하여 생체인증 서버로 전달하는 구성요소이다.

학습 7

사용자 단말은 사용자의 스마트폰에 프로그램을 통해 구현되는 구성요소일 수도 있고, 전용의 단말장치로 구현될 수도 있다.

관리자 단말은 현실세계에서 사용자의 생체정보를 바이오템플릿의 형태로 사용자 ID에 매칭시켜 등록하는 구성요소이다.

다중 생체인증 기반의 하이브리드 FIDO 인증을 위해 관리자 단말은 사용자로부터 복수의 생체정보를 제공받아 하나의 사용자 ID에 매칭시켜 등록하도록 구성되는 것이 바람직하다.

차세대 다중 생체인식 통합인증 솔루션의 글로벌 진출 전략은 [그림 7-30]처럼 세일즈 파이프라인을 이용하는 방법 등이 있다. 즉 삼성 SDS의 Nexsign, 안랩 Thusguard, 더존 iCube솔루션과 연동하여 B2B고객 판매하거나 Microsoft, Cisco, SAP, Citrix 등의 상품과 연동 판매를 통해 100억 명 이상 잠재 고객 확보가 가능하다.

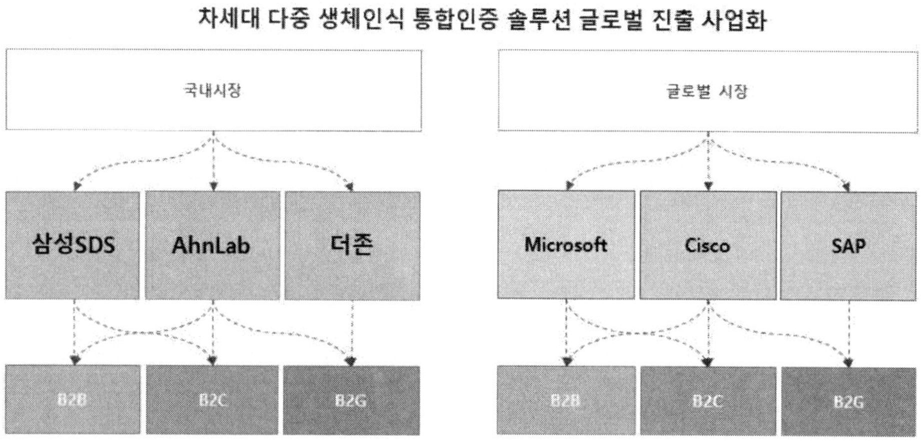

[그림 7-30] 차세대 다중 생체인식 통합인증 솔루션 글로벌 진출 사업화

수행 내용

재료 · 자료

- 디지털 자산 관련 자료

기기(장비 · 공구)

- 컴퓨터, 문서작성 프로그램, 프린터, 주변기기

안전 · 유의사항

- 디지털 자산 관련 장비의 안전 및 유의사항을 숙지한다.

수행 순서

01 NFT에 대하여 분석하라.

메타버스도 생소하고 이해하기 쉽지 않은데, 이제 더 낯설고 생소한 이야기를 해보려고 한다. 바로 대체 불가 토큰으로 불리는 NFT(Non-Fungible Token)다. 요즘 연일 매스컴에 소개될 정도로 굉장히 뜨거운 관심을 받고 있다. 뜬금없이 NFT 이야기를 하는 것은 메타버스가 성장할수록 가상세계에서 여러 아이템을 거래할 수 있어야 한다. 이때는 현실세계가 아닌 가상세계에서의 룰이 필요하기 때문이다. 그리고 그중 가능성이 높은 것이 바로 NFT이다. 테슬라의 일론 머스크가 자신의 트위터를 통해 2분 분량의 음성 게시물을 NFT로 팔겠다고 하면서 많은 사람들의 관심을 받았고, 세계적인 경매회사인 크리스티와 소더비(Sotherby's)가 NFT 시장에 진출하겠다고 선언하며 NFT에 대한 궁금증은 커지고 있다.

NFT란 대체 불가 토큰(Non-Fungible Token)의 약자로 하나의 토큰을 다른 토큰으로 대체 불가능한 토큰을 의미한다.

[그림 7-31]처럼 쉽게 예를 들어 내가 가지고 있는 만원짜리 지폐와 내 친구가 갖고 있는 만원짜리 지폐는 같은 가치를 지니기 때문에 언제든지 교환 가능하다. 비트코인이나 이더리움 역시 마찬가지다. 내가 갖고 있는 비트코인 1개와 친구가 갖고 있는 비트코인

학습 7

1개의 가격은 같다. 이들은 모두 대체 가능하다.

반면 NFT는 토큰 1개의 가치가 모두 다르다. 같은 고양이(크립토 키티)라도 그 가치가 모두 다르다. 앞에서 예를 들었던 게임 '리니지'의 집행검 가격도 모두 다르다. 토큰 1개당 가치와 가격이 모두 다르기 때문에 예술작품, 게임 아이템, 가상세계의 아바타 등에 활용될 수 있다.

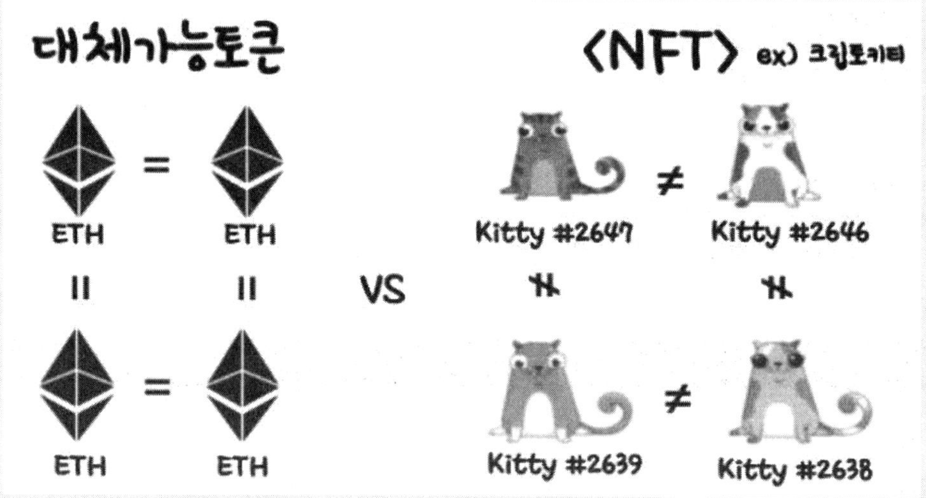

[그림 7-31] 대체 가능한 토큰과 대체 불가능한 토큰의 비교

NFT는 이더리움의 블록체인에서 ERC(Ethereum Request for Comment)-721 기반으로 발행 가능하다. 참고로 이더리움과 이더리움 기반의 암호화폐는 ERC-20 기반이다. 블록체인 기반으로 발행되다 보니, 위변조는 불가능하다. 따라서 예술품을 비롯한 사치품에도 널릴 사용될 수 있다.

부분 소유권이 인정되는 것도 특징이다. 쉽게 말해 NFT 란 토큰에 일종의 일련번호를 부여해 그림과 같은 작품의 무분별한 복제를 막을 수 있고, 블록체인 기술을 활용, 발행 내역을 장부에 기록해 소유권의 변동을 손쉽게 확인할 수 있다. 그리고 디지털 작품으로 탈바꿈해 미술관에서만 보던 작품을 온라인상에서도 쉽게 볼 수 있다. 예술품뿐 아니라 게임 아이템, 부동산, 스포츠까지 모든 자산을 블록체인에서 토큰화해 디지털 자산을 생성할 수 있다.

중개자 없이 발행자와 투자자를 연결할 수 있다는 점도 장점이다. 그리고 앞서 설명했던 메타버스의 게임에서도 적용이 가능하다. 메타버스 게임인 디센트럴랜드의 어느 유저는 자신의 게임 내 건물을 매각하기도 했다.

예술과 게임, 스포츠 분야를 중심으로 NFT 시장은 빠르게 성장하고 있다. 2018년 4천만 달러에 불과했던 시장은 지난해 3.4억달러의 시장으로 성장했고, 올해는 작년의 시장 규모를 가뿐히 넘어설 것으로 전망된다.

02 디지털 자산과 메타버스의 시너지 효과에 대하여 분석하라.

1. 플랫폼 내 불확실했던 아이템 소유권을 블록체인으로 증명

블록체인을 기반으로 하는 메타버스는 경제활동의 범위가 크게 넓어진 것이 특징이다. 블록체인 기술을 통해 아이템에 대한 소유권이 위변조가 불가능한 블록체인에 담기고, 이를 통해 가상세계 속 자산에 대한 소유권을 증명할 수 있다. 전세계 이용자들에게 해당 아이템이 내 것임을 알릴 수 있다.

또한 아이템의 판매 · 구매 기록 역시 블록체인에 남게 되어 투명한 거래가 가능해진다. 이미 현실세계의 중고거래에는 블록체인 기술이 활용되어 그간의 거래 이력을 모두 확인할 수 있다. 투명한 거래시스템은 공정한 마켓플레이스 형성에 기여한다. 블록체인을 통해 이루어지는 거래는 기본적으로 개인 간(P2P) 거래 형태를 띤다. 이렇게 신뢰를 바탕으로 하는 구조는 이용자들의 네트워크를 더욱 견고하게 만든다.

학습 7

2. 게임 속 돈을 바깥 세상으로 꺼내는 것이 가능(가상공간과 현실세계의 연결)

인터넷은 수많은 정보를 하나의 공간으로 가져왔고, 블록체인은 수많은 데이터베이스를 하나의 공간으로 가져오고 있다. 게임과 소셜미디어 산업에서는 독자적으로 저장되어 있는 데이터베이스를 한 곳으로 모았을 때 가장 큰 시너지를 낼 수 있는 분야이다. 이러한 산업에서 데이터베이스는 플랫폼 내 아이템, 콘텐츠 등의 디지털 자산들을 의미한다. 기존의 이들 자산은 분명한 한계를 가지고 있다. 이 자산은 게임 밖으로 나갈 수도 없고, 나간다 한들 게임 밖에선 아무런 의미가 없는 자산이기 때문이다.

하지만 블록체인의 NFT 기술을 활용한다면 이용자가 플랫폼 내 아이템이나 콘텐츠를 소유할 수 있고, 자유롭게 거래할 수도 있다. 암호화폐와 연동된다면 아이템과 콘텐츠의 가치를 매겨 시장경제를 따르는 거래 또한 가능해진다. 뿐만 아니라 이러한 모든 데이터는 블록체인에 기록, 영구 저장되기 때문에 게임이 사라져도 이용자의 재산을 지킬 수 있다.

[그림 7-32] 디지털 레고인 복셀(Voxel)을 이용해 콘텐츠를 제작

NFT란 토큰 1개 당 가격이 같은 일반적인 가상자산과 달리, 토큰 1개 당 가치가 모두 다른 것을 말한다. 주로 게임 아이템 같은 희소성 있는 상품을 블록체인 상에서 토큰화할 때 쓰인다.

희소성 있는 상품이 가장 빛을 발하는 곳이 메타버스다. 메타버스 내에서 경제활동이 이루어지려면 모든 재화가 희소성이 있어야 하고, 희소성에 따라 수요가 창출되어야 한다. 세상에 하나밖에 없는 'NFT'는 그 자체로 희소성을 가진다. 그리고 그 희소성은 블록체인 상에서 증명된다.

일례로 '디센트럴랜드'에선 토지(랜드)가 NFT다. 토지를 소유한 이용자는 건물도 지을 수 있다. 희소성이 있으므로 토지는 당연히 가치를 지니고, 게임 내 마켓플레이스에서 이 토지를 판매할 수 있다.

'더 샌드박스'에서도 마찬가지다. 게임 내 부동산 '랜드(LAND)'가 NFT이며, 현재 랜드는 판매 기간마다 완판 행진을 이어가고 있다. 또 이용자들은 [그림 7-32]처럼 디지털 레고인 복셀(Voxel)을 이용해 콘텐츠를 제작할 수 있고, 이 콘텐츠를 NFT로 변환해 소유권을 확립할 수 있다.

3. 희소성이 가치가 되어 네트워크를 강화

최근 게임 산업계에서는 '확률형 아이템'이 논란이 되고 있다. 특정 확률에 따라 아이템을 획득할 수 있는 확률형 아이템 시스템에서 이용자들이 수천만 원을 지불하고도 원하는 아이템을 획득하지 못 하는 일이 비일비재하게 발생했다. 게임사가 부정확한 확률정보, 허위정보로 소비자를 기만했음이 밝혀지며 과징금 수억 원이 부과되기도 했다.

블록체인의 스마트 컨트랙트는 특성상 한번 설정(배포)하면 임의로 조작할 수 없는 특징이 있기에, 확률형 아이템이 지니고 있는 문제를 해결하고 신뢰를 회복할 돌파구가 될 수 있다. 게임사들은 블록체인 시스템을 통해 유저들의 신뢰를 얻을 수 있으며, 유저들 또한 자신들이 보유한 아이템의 가치를 인정받을 수 있다.

이는 확률형 아이템에만 국한되는 이야기가 아니다. 메타버스 내 크리에이터들이 희소성에 대한 가치를 보장받을 수 있다면 그들은 더 양질의 창작물을 내놓기 위해 노력할 것이고, 생태계 퀄리티의 상승은 더 많은 유저를 불러오는 선순환 시스템이 만들어질 수 있다.

IT 기술의 발달 역사를 살펴보면 폭발적인 사용자 니즈를 불러일으켜 관련 하드웨어나 인프라까지 급속하게 발달한 현상이 매번 있었다. '비지칼크(VisiCalc)', '엑셀(Excel)' 등은 PC 사용을 대중화시켰고, 이후 구글 · 유튜브 · 페이스북 · 카카오 등의 킬러 앱은 거대 플랫폼 산업 구조를 만들어냈다. 아직은 본격적이라 할 수 없는 블록체인 산업이 궤도에 오르기 위해서는 킬러앱의 등장이 절실하다. 오늘날 몇몇 전문가들은 '메타버스'가 그 킬러앱이 될 수 있을 거라 전망한다. 메타버스가 블록체인 기술이 필요하듯, 블록체인도 메타버스와의 결합을 바라는 이유다.

03 NFT 한계점과 해결방안에 대하여 분석하라.

1. 변동성이 높은 가상자산 기반의 거래환경과 정보소통 부재

NFT가 거래되는 과정에서 주로 이더리움 등 가상자산이 이용되고 있으나, 변동성이 높아 안정적인 시장형성의 저해요인이다 주요 거래 수단인 비트코인, 이더리움 등 가상자산의 높은 가격 변동성, 자산간 호환과 환전의 불편함이 NFT 시장 불안정 요인이다.

비트코인의 경우, '21년 2월 중 하루 사이에 1천만 원 이상의 가격 급등과 급락을 반복하는 변동성으로 인해 가상자산 시장에 대해 불안감이 발생한다.

안정적인 실물자산의 가치 반영과 거래 활성화를 위해 스테이블 코인 및 법정화폐(현금)을 통한 거래방안 도입 등을 검토하고 있다.

스테이블 코인을 통해 안정적인 NFT 거래 환경을 조성하고 장기적인 관점에서 NFT가 현금으로 거래될 수 있도록 법·제도의 장치 마련 필요하다.

스테이블 코인은 실물화폐와 1:1 매칭을 통해 가상자산의 변동성으로 인한 불안감을 해소하는 대체 수단으로 이용되고 있으나, 스테이블 코인 역시 가상자산의 한 종류이며, 현금으로 환전하기 위해서는 해당 코인을 발행한 기업 또는 개인이 동일한 수준의 현금을 준비하고 있어야 하는 등이 한계점으로 지적한다.

현금거래 도입의 경우, 현행의 블록체인 네트워크 내에서 직접 처리할 수 없어, 별도의 정산방법을 병행 도입해야 하는 등 개선사항도 다수 존재하고 있어 방안 연구가 필요하다.

NFT의 다양한 활용 가능성과 확장성을 고려해 볼 때, 도입분야의 기존 시스템과 병행하여 사용하는 것이 관련 시장확대 및 거래시장의 성장이 가능할 것으로 전망한다.

실물 거래시장과 NFT 거래시장 사이의 정보소통 부재로 디지털 자산시장의 신뢰성 확보가 어려움이다.

실물 거래시장에서 일어나는 자산의 가치와 소유권 변경 등의 정보가 NFT에 실시간으로 반영되지 못한다.

실물 시장정보가 NFT 거래에 실시간으로 반영된다면 디지털 시장에 대한 신뢰가 확보될 것으로 보인다.

부동산의 경우, 국토부의 부동산 평가, 입지요건의 변화 등의 정보가 빠르게 반영되어 가격 책정이 이루어지고 있으며, 이러한 역할을 국토부에서 "부동산 공시가격 알리미"를 통해 관리한다.

따라서 디지털 자산시장도 실물경제 정보를 빠르게 반영하고 공지하여 NFT 가격 책정과 거래가 이루어질 수 있도록 제도권 시장과의 정보연계 방안 마련 필요하다. 다만 이러한 문제는 시장의 주도권을 누가 행사 하냐는 문제로도 볼 수 있어 이해관계 조정이 선행되어야만 가능할 것이기 때문에 관계자들의 논의·조정이 필요하다.

2. 실물경제에 도입을 저해하는 법 · 제도 장벽

NFT가 실물경제에 편입되기 위해서는 법제도 측면에서 의무와 권한이 행사될 수 있도록 제도개선이 수반되어야 한다.

현재 정부는 "특정금융거래정보의 보고 및 이용에 관한 법률(이하 특금법)"을 통해 가상자산에 대해 규제하고 있다.

특금법 제2조제3호에는 가상자산을 "경제적 가치를 지닌 것으로서 전자적으로 거래 또는 이전될 수 있는 전자적 증표(그에 관한 일체의 권리를 포함한다)를 말한다"라고 규정한다.

동법에 근거해 NFT도 가상자산으로 볼 수 있는지에 대한 유권해석은 필요하나 현재로 봐서는 가상자산으로 볼 수 있을 것으로 판단, 다만 현재의 특금법이 가상자산의 규제로서 역할을 수행할 뿐 재산권을 보장해주는 것은 아니다.

따라서 특금법에서 NFT를 포함한 가상자산의 재산권 보장이 필요할 것으로 보인다. 또한 NFT 시장 활성화를 위해 전자문서법, 저작권법 등 관련법 개정도 함께 검토가 필요하다.

실물과 디지털 자산의 NFT 발행 절차 및 진본 확인을 위한 제도적 수단이 필요하다. 현재의 NFT 발행 프로세스만으로는 실물자산을 디지털화하는 과정에서 위조, 변조 등이 발생하지 않았는지 보장할 수 없으며, 위변조 자산이 NFT로 발행되어도 소비자는 판별하기 어려움이 있다.

또한 디지털 자산의 원저작자 또는 소유권 정보를 조작하여 NFT를 발행하는 경우 원저작자의 저작권 보호가 어렵고, 소비자는 자산 정보에 대한 신뢰성 하락 문제가 발생한다. 다만 블록체인 네트워크상에서 유통되기 시작하면, 디지털 자산의 해시값 등을 통해 원본 여부 및 무결성을 확인할 수 있다.

실물과 디지털 자산에 대한 원본성을 보장하기 위하여 신뢰할 수 있는 제3자 기관의 검증이 필요하다.

검증기관이 블록체인 노드에 참여할 경우, 실물의 훼손 또는 위변조 없이 신뢰 가능한 방법을 통한 디지털화 여부, 디지털 자산이 복제본이 아닌 최초의 원본 여부 등을 검증하고, 검증결과를 공지하는 역할 담당하여 NFT 발행의 신뢰성 확보가 가능하다.

3. 실물경제와 NFT의 상생을 위한 노력 부족

NFT 및 가상자산이 실물경제에 주는 거부감은 기존 질서의 파괴 때문으로 상생을 위한 노력이 필요하다.

탈중앙화, 제3자 기관의 불필요 등 블록체인이 제안하는 파격적인 아이디어는 기존 기득권 경제가 받아들이기 쉽지 않은 제안이다.

수요와 공급이라는 시장경제의 원리 속에 ICT 기술은 수요측과 공급측에 다양한 편리함을 제공하고 비용절감과 효용제고에 앞장서 왔다.

ICT가 주도하는 디지털 경제의 확산은 새로운 비즈니스 기회의 창출과 전통적 산업의 변화를 촉발하였으나 근본적인 수요-공급의 관계를 바꿔놓지는 않았다.

블록체인 기술이 주도하는 디지털 경제의 변화는 수요-공급의 관계에서 제3자의 역할을 배제하는 혁신적인 제안으로 기존 시스템과 기득권의 거부감을 유발한다.

블록체인의 사회적 수용도 제고를 위해서는 기존 시스템과 제도가 수용할 수 있는 범위 내에서 변화를 제안하고 기술의 고도화를 추진해야 할 것으로 보인다.

학습활동.7 교수 · 학습 방법

교수 방법

- 디지털 자산과 메타버스 융합기술에 대한 관련 용어, 구성, 방식 이해 정도를 파악한 후 수업을 진행한다.
- 교수자의 주도로 디지털 자산과 메타버스 융합기술 등의 내용을 PPT 자료로 제시한 후 설명한다.
- 가능하면 사전에 개인별 학습 자료를 준비하여 모든 학생이 참여할 수 있는 문제 해결식 수업, 협력 수업이 가능하도록 한다.
- 디지털 자산과 메타버스 융합기술 전 과정을 작업의 순서에 따라 단계적으로 실습이 이루어질 수 있도록 지도한다.
- 교재를 통해 수업을 준비하는데 있어서 필요한 모든 정보나 팁, 힌트 등 도움이 될 만한 내용들을 확인할 수 있다.
- 학생들이 만들게 될 각 모델들은 수업시간에 중점적으로 다뤄질 부분과 어휘, 질문, 답을 포함하고 있으며 또한 탐구할만한 추가적인 아이디어들도 포함하고 있다.

학습 7

학습 방법

- 디지털 자산과 메타버스 융합기술에 대한 관련 용어를 숙지하고, 디지털 자산과 메타버스 융합기술에 대해 이해한다.
- 디지털 자산과 메타버스 융합기술의 각 단계별 중점 사항을 체계적으로 학습한다.
- 디지털 자산과 메타버스 융합기술의 수행순서의 전 과정을 실습한다.
- 디지털 자산과 메타버스 융합기술의 내용을 이해한다.
- 디지털 자산과 메타버스 융합기술을 이해하고 숙달이 될 때까지 학습한다.

학습활동.7 평가 및 피드백

평가 준거

- 평가자는 피평가자가 수행 준거 및 평가 내용에 제시되어 있는 내용을 성공적으로 수행할 수 있는 지를 평가해야 한다.

학습내용	평가항목	성취수준		
		상	중	하
디지털 자산과 메타버스 융합기술	디지털 자산과 메타버스 융합기술을 이해할 수 있다.			

평가 방법

- 작업 포트폴리오

학습내용	평가항목	성취수준		
		상	중	하
디지털 자산과 메타버스 융합기술	디지털 자산과 메타버스 융합기술을 이해할 수 있다.			

- 필기시험

학습내용	평가항목	성취수준		
		상	중	하
디지털 자산과 메타버스 융합기술	디지털 자산과 메타버스 융합기술을 이해할 수 있다.			

- 체크리스트를 통한 관찰

학습내용	평가항목	성취수준		
		상	중	하
디지털 자산과 메타버스 융합기술	디지털 자산과 메타버스 융합기술을 이해할 수 있다.			

- 피드백

1. 작업 포트폴리오
   - 제출한 보고서를 평가한 후 주요 사항에 대하여 표시하여 돌려준다.
2. 필기시험
   - 평가 결과 성적이 저조한 학생은 보고서 제출 기회를 부여한다.
3. 체크리스트를 통한 관찰
   - 실습 과정에서 평가한 후 개선해야 할 사항 등을 정리하여 돌려둔다.

참 | 고 | 문 | 헌

- 권영은, 디지털자산과 메타버스, https://www.techm.kr/, 2021.5.27.
- 남상엽 · 강민구 외, 메타버스기술, 상학당, 2021.09.30.
- 김시호, 디지털 자산 거래와 메타버스 생태계, KISA report, 2021.7.
- 이지현, 암호화폐 다음은 NFT, KOTRA, 2021.5.06.
- 노경탁 · 주영훈 · 이헌지, 메타버스 어디가지 해봤니?
- 윤정현, 메타버스 가상과 현실의 경제를 넘어, 과학기술정책연구원
- 이승환, 메타버스와 HR 채용에서 교육까지, 국가과학기술인력개발원, 2021. VOL4.
- 호박너구리, 메타버스와 NFT가 만들어 나갈 미래 엿보기, https://yozm.wishket.com/, 2021. 12.11.

학습 7

학습 1	디지털 자산의 개요
학습 2	디지털 자산관리의 기술
학습 3	디지털 자산관리의 플랫폼
학습 4	디지털 자산과 전통자산 융합기술
학습 5	디지털 자산과 디지털 금융 융합기술
학습 6	디지털 자산과 디파이 서비스 융합기술
학습 7	디지털 자산과 메타버스 융합기술
학습 8	**디지털 자산과 보안의 개요**
학습 9	디지털 자산과 디지털 지갑 보안 융합기술
학습 10	디지털 자산과 클라우드 보안 융합기술
학습 11	디지털 자산과 ISMS-P 융합기술
학습 12	디지털 자산의 활용
학습 13	디지털 자산의 미래

학습 목표

1. 디지털 자산과 보안의 개요를 이해할 수 있다.

8-1 디지털 자산 보안의 개념

1. 디지털 자산 보안의 탄생

최근에 디지털 자산이 크게 주목받고 있다. 이러한 증거로 비트코인 시세가 약 7천만원 이상까지 급등했다. 그러나 디지털 자산이 가상세계 머릿속에서만 존재하지 않고 현실세계 돈으로 인정받기 위해서는 가장 중요한 것은 보안이다.

여기서 보안은 단순히 온라인에서 해킹 위험요소를 제거하거나 악성 바이러스를 차단하는 백신 프로그램 개념이 아니다. 디지털 자산을 오프라인 어딘가에서 실물로 안전하게 보호·관리할 수 있어야 한다는 의미다.

기존 금융기관의 수탁기능을 생각해 보면 이해하기 쉽다. 사람들이 온라인 송금이나 결제를 아무 걱정 없이 사용할 수 있는 것은 금융기관의 수탁시스템이 안정화됐기 때문이다. 사실 핸드폰에 숫자로만 보이는 그 돈은 실제로는 어딘가에 안전하게 보관돼 있는 것이다.

즉 디지털 자산이 더욱 확실하게 제도권에 정착하기 위해서는 이처럼 안정적인 보안을 갖춘 수탁시스템이 필수다. 그렇게 되면 기관투자가의 진입이 용이해지고, 더 나아가 관련된 다양한 상품이 개발돼 영역이 확장될 수 있다.

디지털 자산시장의 적극적인 참여자로서 미국의 일부 디지털 자산 사업자가 디지털 자산 수탁사업에 주력하는 이유가 여기 있다. 미국의 일부 디지털 자산 사업자는 100% 오프라인 환경에서 디지털 자산 저장 및 키의 생성 · 저장 · 서명이 가능한 딥 콜드 스토리지 기술을 운영한다.

다른 나라들은 자국의 관할권 영역에 자산을 보관하고, 직접 관리형 커스터디(Self-Managed Custody) 서비스를 선보였다.

한국도 최근 가상자산 사업자에 감시체계와 준법 의무를 부여하도록 법을 개정하였다. 이런 과정에서 가장 중요한 것은 기업들의 단기적인 편리함이나 비용을 위해 보안시스템을 느슨하게 규정해서는 안 된다는 점이다.

디지털 자산을 사람들이 더 쉽게 이용할 수 있게 하려면 그만큼 산업에서 감당해야 하는 보안시스템의 완성도는 높아질 수밖에 없다. 책임 있는 기업이라면 이 비용을 아까워해서는 안되며, 장기적인 관점으로 접근해야 할 것이다.

디지털 자산의 규제 강화는 세계적인 추세다. 아시아에서도 일본과 홍콩은 이미 100% 오프라인 환경에서 디지털 자산을 보관하는 딥 콜드 스토리지 의무화를 도입했다.

한국은 세계 10대 디지털 자산시장 가운데 하나이며, 세계가 인정하는 기술역량을 갖춘 나라다. 디지털 자산산업의 건전한 발전을 위해 보안기준을 강화하는 것은 궁극적으로 한국을 디지털 자산 강국으로 만들 기회가 될 것이다.

투자분야에서 25년간 근무한 전문가는 비트코인 시세가 1억원 이상까지 상승 또는 여건에 따른 이슈에 따라 3000만원 이하로 급락을 반복할 것으로 전망하기도 했다.

2010년 8월 미국 플로리다주에서 1만 비트코인으로 피자 두 판을 구매했을 당시만 해도 비트코인 시세가 이렇게까지 상승할 줄은 누구도 상상 못했을 것이다.

피자 한 판 가격이 3만원임을 고려하면 2010년 3원짜리 비트코인이 2021년 4월경에는 7천만원까지 급등한 것이다.

이에 따라 디지털 자산을 노리는 사이버 범죄도 급증했다. 디지털 자산이 금융적 가치가 있기 때문이다. 따라서 디지털 금융자산에 관한 사이버 보안체계를 마련하

[그림 8-1] 가치가 급상승하는 디지털 자산

는 것이 중요하다.

현대사회에서 대부분의 업무나 비즈니스는 스마트폰, 컴퓨터, 서버, 네트워트 장비, 소프트웨어, 정보통신망 등의 IT 인프라를 통하여 진행되고 있다. 특히 정보통신 네트워크망을 통한 금융거래, 자료전송, 파일저장 등의 중요한 업무가 이루어지고 있다. 이러한 업무 중 민감하면서도 제일 중요한 사항 중의 하나가 인터넷을 통한 금융자산거래라고 할 수 있다.

금융거래 관련 현황은 개인이나 기업이 보유하고 있는 예금, 적금, 주식, 채권, 펀드 등의 금융자산이 인터넷을 통해 사이버세상에서 거래되고 있다.

일반인도 오프라인 시중 은행을 방문하는 경험은 아마도 1년에 1~2번 정도이며, 모든 거래의 대부분은 컴퓨터나 스마트폰을 이용하여 인터넷에서 거래를 편하고 신속하게 하고 있다.

요즈음은 인터넷을 통해 디지털 자산에 대한 관심과 열기가 뜨겁다고 할 수 있다. 특정금융정보법에 따르면, 디지털 자산은 경제적 가치를 지닌 것으로서 전자적으로 거래 또는 이전될 수 있는 전자적 증표이다.

전자적으로 거래 또는 이전될 수 있는 전자적 증표라는 말은 정보통신망, 즉 인터넷에서 거래가 되고 있다는 것으로 인터넷은 상대적으로 정보보안에 취약하다고 볼 수 있다.

2. 디지털 자산의 해킹

디지털 자산은 블록체인을 통한 근본적인 기술의 안정된 보안성을 가지고 있지만, 디지털 자산을 거래하는 거래서비스나 지급, 구현하는 전자지갑, 컴퓨터기기 등에서 보안 취약점이 존재할 수 있고 실제 사이버 해킹이 많이 일어나고 있는 것이 현실이다.

디지털 자산관리시스템에서 벗어난 디지털 자산의 표적은 사이버 공격이다.

이처럼 악화된 사이버 공격의 보안 취약점의 원인은 사이버 환경의 성숙도 변화, 코로나19 때문에 준비되지 않은 채 원격근무로 전환하게 된 상황 등의 요인들이 꼽혔다.

디지털 자산의 절반 이상이 클라우드에 있다. 그러므로 자금지원이 충분하고 조직화가 잘 돼 있는 공격집단과 빠르게 발전하는 기술환경의 특성을 고려할 때 디지털 자산 관련 기업들은 더욱 클라우드 환경을 보호하고 디지털 자산을 모니터링하는 다양한 방법을 마련해야 한다.

사이버 보안을 강화하기 위한 권고사항으로 ① 클라우드사업자(CSP)와의 잘못된 서비스 계약, ② IoT 기기 설치 등으로 발생하는 '섀도우 IT'에 대한 통제력 확보, ③ 자산 모니터링, ④ 사이버보안 인력 개발, ⑤ 전문 기업과의 협력 등이다.

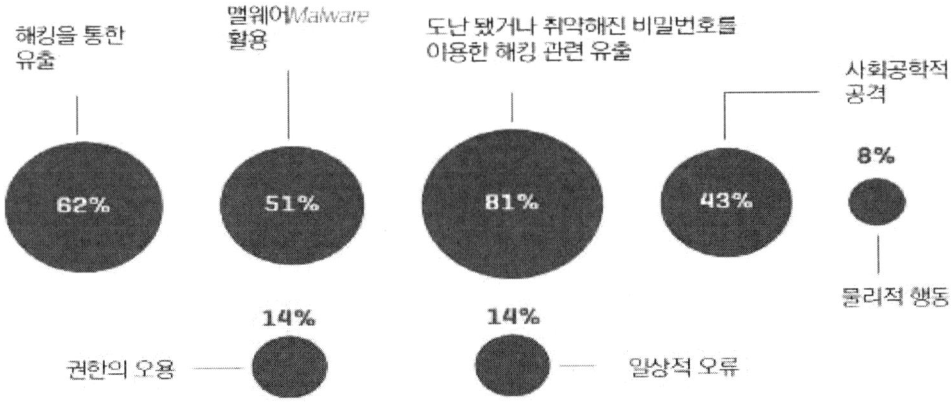

[그림 8-2] 데이터 유출에 사용되는 해킹 기법

노트북에서부터 클라우드 애플리케이션에 이르기까지 인터넷이 연결된 디지털 자산들의 전체 목록을 관리하고, 원격근무 환경의 리스크를 완화할 수 있는 적합한 사이버보안 정책을 재설정하는 것이 필요하다. 특히 디지털 자산시장의 주요 사이

학습 8

버 보안동향과 보안 기술적 대책 관련 권고사항 등을 이해하는 것도 중요하다.

사이버 범죄가 늘어나는 원인은 소비자와 기업 사이에서 인터넷 서비스의 인기가 높아지는 이유와 동일하다. 관련 기술을 접하는 것이 점점 쉬워지고 있기 때문이다. 공격대상이 늘고, 규격화된 공격 소프트웨어를 쉽게 구할 수 있게 되면서 해킹이 좀 더 용이해졌다. 편리성과 이익을 위해 탄생한 인터넷이 사용자에게 지속적인 신종 위협을 불러오고 있는 셈이다.

사이버 범죄자들은 나름의 사업전략을 만드는 능력도 특출하다. 반도체 제조사가 장비 제조사에게 기술 라이선스를 제공하듯, 사업 감각이 있는 해커들 사이에선 조무래기 범죄자에게 해킹툴을 파는 게 인기다.

요즘 랜섬웨어는 기업이 대가를 지불할 때까지 컴퓨터 파일을 잠금 상태로 만드는 해킹툴 서비스 형태로 판매되고 있다. 그리고 기업이 지불한 돈의 일정 비율을 해킹툴 사용료로 받고 있다. 엄연한 불법만 아니었다면 뛰어난 사업모델로 평가 받았을 법도 하다. 그러나 모든 해커가 프리랜서는 아니다. 요즘 가장 악명 높은 해커집단 중에는 국가의 느슨한 지시를 받거나 아예 후원 관계에 있는 이들도 적지 않다.

지난해 미국 민주당 전국위원회(Democratic National Committee) 해킹사건의 배후로 지목된 러시아 해커들, 외화벌이 수단으로 워너크라이 랜섬웨어를 배포한 혐의를 받고 있는 북한 해커들이 거기에 해당한다.

그러나 요즘은 상황이 달라졌다. 해킹도 외부 리스크(경기침체, 테러 공격, 자연재해 등)의 일종이라고 판단한 기업들이 그에 맞게 계획을 수립하고 있다.

전세계적으로 악성코드 감염, 이메일 공격, 웹사이트 복제 및 피싱 등을 통해 디지털 자산거래소, 개인, 기업을 대상으로 한 사이버 해킹공격으로 디지털 자산 도난, 탈취, 이중지불 피해 등 큰 피해 사례가 나타나고 있으며, 지금도 사이버 공격이 이루어지고 있는 것이 현실이다.

디지털 자산 관련 해킹사례는 일본 최대 디지털 자산거래소 'K사'가 해킹을 당해 580억엔, 약 5천680억원 규모의 디지털 자산 '넴(NEM)'을 도난당하는 사태가 발생했다. 전체 거래시스템을 24시간 인터넷에 연결해 놓고 보안을 위해 인터넷이 차단되는 거래시스템인 '콜드월렛'도 구축하지 않았다.

침해사고 대응을 위한 보안 관리체계와 시스템, 정보보안 전문인력도 갖추지 않는 등 총체적 부실로 사고를 당한 것이다.

최근 국내 디지털 자산거래소 관련 보안은 뉴스에 따르면 지난번 과학기술정보통신부가 한국인터넷진흥원(KISA)과 함께 국내 디지털 자산거래소 10곳을 점검한 결과 51개 보안 점검 기준을 통과한 업체가 단 한 곳도 없는 것으로 조사 되었으며, 이에 과학기술정통신부는 디지털 자산거래소들이 올해부터 정보보호관리체계(ISMS) 인증을 의무화한 상태다.

국내 해킹사례는 뉴스에 따르면 한국의 디지털 자산거래소에도 마찬가지로 침해사건이 있었다. 국내 디지털 자산거래소 'U사'가 두 차례 해킹을 당했다며 파산을 선언한 바 있으며, 'U사'는 파산을 철회하고 다시 거래를 재개하려는 움직임을 보인다.

그리고 국내 디지털 자산거래소인 'B사'는 사이버 해킹을 당해 3만 1천여명의 회원정보가 유출된 바 있으며, 이외에도 금융기관을 대상으로 하여 사이버 해킹사례가 다수 있다.

디지털 자산 보안을 위해서는 전 국민의 정보보호 수준 제고 및 자율적 정보보호 문화 확산을 위한 정보보호 인식 제고를 추진해야 한다. 또한 기업, 공공기관 및 금융기관은 ISMS-P인증 또는 ISO27001인증을 통하여 정보보호관리체계 수립, 정보보호 솔루션을 구축해 관리적 · 기술적 · 물리적으로 안전한 정보보호 체계 수립을 지속해서 추진하는 것이 필수요소이다.

사이버보안은 기업 소프트웨어 업계의 천덕꾸러기 신세에서 벗어나 벤처 투자자들의 총애를 받고 있다. 사이버보안 소프트웨어가 피해를 줄일 수는 있지만, 모든 공격을 막기엔 역부족이다. 호기심은 인간의 본능이기 때문이다.

3. 디지털 자산의 보안 고려사항

1) 스마트계약 취약점 최소화

스마트계약 코드의 취약점인 솔리디티(Solidity)의 낮은 보안성, 구현 오류 등을 악용하여 디지털 자산 탈취가 우려된다.

코드는 모두 공개되므로 공격자가 취약점 분석이 용이하다. 그러므로 코드 감사(Audit), 보험 가입 등을 통한 취약점 최소화 및 피해보상 체계의 마련이 필요하다.

2) 키 관리 주의

스마트계약 업그레이드, 서비스 비상중단 등에 사용되는 관리 키의 탈취가 우려된다. 관리 키의 존재는 탈중앙화 사상에 부합되지 않는다. 공격자가 키 탈취 후 악의적 스마트계약으로 대체가 가능하다.

전체 N개의 키 중 M개(과반수 이상)의 키 서명이 필요한 방식인 다자간 서명(Multisig), 거버넌스 등 특징 키 또는 사람에게 모든 권한이 부여되지 않도록 하는 방안을 고려할 필요가 있다.

3) 서비스 종속 최소화

디파이 서비스는 다양한 스마트계약 및 앱과 상호작용하여 복잡하다. 디지털 자산인 가상자산을 담보로 새로운 가상자산을 발급하는 프로토콜을 반복 적용하는 등 프로토콜 간 종속성이 심화된다. 이러한 종속관계에서 이더리움 시세 급락이 생태계 전반에 영향을 끼치는 예상치 못한 문제가 발생한다. 그러므로 디파이 서비스 설계시 종속성을 최소화할 필요가 있다.

4) 외부 데이터 연동주의

실물자산 등과 연동시 외부 데이터를 블록체인에 반영해야 한다. 블록체인에서는 이를 오라클(Oracle)이라고 한다.

신뢰된 외부 데이터의 출처 확인 및 반영이 이루어져야 하며, 이를 위한 제 3자의 중앙화된 스마트계약 실행은 차단한다. 그러므로 다양한 외부 데이터를 반영한 탈중앙화 오라클 네트워크 구축이 필요하다.

5) 전자지갑 관리 철저

전자지갑 개인 키의 탈취 및 분실시 중앙기관 부재로 복구가 불가하다. 개인 키 부재시 실제 전자지갑 소유자가 누구인지 구분이 불가능하다. 그러므로 관리주체인 사용자가 전자지갑 관리를 철저히 할 필요가 있다.

6) 불투명한 자금 근절

디파이는 자금 추적 회피를 원하는 개인에게 매력적이다. 가명성으로 인해 자금세탁 등 악의적 의도로 사용될 우려가 있다.

악의적으로 사용되지 않도록 실명확인이 가능한 입출금 계정을 통하여 현금 및 가상자산 간 거래하는 적절한 규제를 적용하면서 개인정보보호를 고려한 금융서비스를 발굴할 필요가 있다.

7) 확장성 강화 방안 검토

블록체인은 무결성 보장 측면에서는 보안성이 높으나 확장성이 낮다. 블록체인 노드 개수가 증가할수록 블록생성 합의를 위한 노드 수 또는 증가항 거래 완결 속도가 늦어진다. 확장성, 블록체인 확장성 향상을 위한 블록체인 외부에서 레이어를 추가하는 방식인 레이어2 솔루션 도입과 함께 보안 강화 방안(영지식 증명 등)을 고려할 필요가 있다.

8) 책임 소재 명확화

현재 디파이에서는 스마트계약 코드 개발자의 책임이 부재하다. 블록체인 참여자 모두에게 책임을 낳는 구조이다. 서비스 개발자, 제공자는 책임 소재를 명확히 하고 사용자는 디파이 서비스의 보안위협을 인지할 필요가 있다.

8-2 디지털 자산의 보안성 인증

1. 디지털 자산의 보안성 인증제도

디지털 자산의 보안성 인증이란 기업이 주요 정보자산을 보호하기 위해 수립 · 관리 · 운영하는 정보보호 관리체계가 인증기준에 적합한지 심사하여 인증을 부여하는 제도이다. 이러한 정보보호 관리체계 인증을 통해 기업들은 본인의 보안성을 증명하고 홍보할 수 있다.

디지털 자산의 보안성 인증은 국제인증과 국내인증으로 구분되는데, 대표적인 국제인증으로는 ISO27001, 국내인증으로는 ISMS-P가 있다.

〈표 8-1〉 국내/외의 디지털 자산 보안성 인증제도

	구 분	주 관	설 명
국제	ISO27001	국제표준화기구(ISO)	조직 전반의 관리시스템의 일부로 위험에 기반한 정보보안 운영을 위해 조직체계, 정책 등 총 114개로 통제항목으로 구성된 정보보호관리체계에 대한 국제 인증
	CSA STAR	영국표준협회(BSI) 클라우드보안협회(미국)	클라우드 보안과 관련된 것으로 ISO/IEC27001을 강화하여 만든 특별 프로그램
	BS10012	영국표준협회	개인정보의 효과적인 관리체계에 관한 표준으로 국제규격에 맞게 영국표준협회에서 설계한 프로그램

학습 8

	구 분	주 관	설 명
	PCI DSS	PCI 보안표준위원회	신용카드 취급 가맹점과 서비스 제공업체들이 준수해야 할 정보보호에 대한 표준
국내	ISMS	과기정통부	(정보통신망법에 근거) 2001년 7월 국내 정보보호에 대한 인증제도로 도입, 2002년 5월 관련 고시 발표로 제도화, 2013년 법적 의무대상 기관 지정, 2018년 11월 PIMS와 통합
	ISMS-P	과기정통부, 행정안전부, 방송통신위원회	(정보통신망법에 근거) 2018년 11월 기존 ISMS와 PIMS가 통합된 제도
	PIMS	방송통신위원회	(정보통신망법에 근거) 2011년 개인정보에 특화된 인증제도로, 2018년 ISMS와 통합
	PIPL	행정안전부	(개인정보보호법에 근거) 2013년 공공기관 개인정보보호 관련 인증을 위해 도입, 2016년 PIMS로 통합
	정보보호 준비도평가	과기정통부	(정보보호산업진흥법 근거) 민간자율형태의 인증제도로 소규모 기업 등을 위한 인증 제도, 평가 점수에 따라 5개 등급으로 구분
	PIA	행정안전부	(공공기관 대상의무) 개인정보를 취급하는 공공기관이 관련시스템을 신규 구축 또는 기존 시스템을 변경하는 경우 실시

2. 국내의 정보보호 관리체계(ISMS) 인증

ISMS-P란 기존의 ISMS와 PIMS가 통합된 인증제도이다. 인증서의 구성은 크게 ISMS와 ISMS-P로 구분되고, 기업이 선택할 수 있다.

ISMS의 경우 정보보호를 중심으로 인증하며, 기존의 ISMS의무 대상 기업 및 기관을 대상으로 한다. 즉 개인정보를 보유하지 않거나 개인정보 흐름의 보호가 불필요한 조직이 대상이 된다.

정보보호 관리체계(ISMS : Information Security Management System) 인증제도는 기업이 주요 정보자산을 보호하기 위해 수립 · 관리 · 운영하는 정보보호 관리체계가 인증기준에 적합한지를 심사하여 인증을 부여하는 제도이다.

ISMS 기대효과는 정보보호 위험관리를 통한 비즈니스 안정성 제고, 윤리 및 투명 경영을 위한 정보보호 법적 준거성 확보, 침해사고, 집단소송 등에 따른 사회 · 경제적 피해 최소화, 인증 취득시 정보보호 대외 이미지 및 신뢰도 향상, IT관련 정부과제 입찰시 인센티브 일부 부여 등이다.

[그림 8-3]처럼 정보보호 및 개인정보보호 관리체계(ISMS_P) 인증은 정보보호 영역과 개인정보의 흐름을 모두 인증하는 경우이다. 따라서 보호하고자 하는 정보 서비스가 개인정보의 흐름을 가지고 있어 개인정보 처리 단계별 보안 강화가 필요한 조직이 대상이 된다.

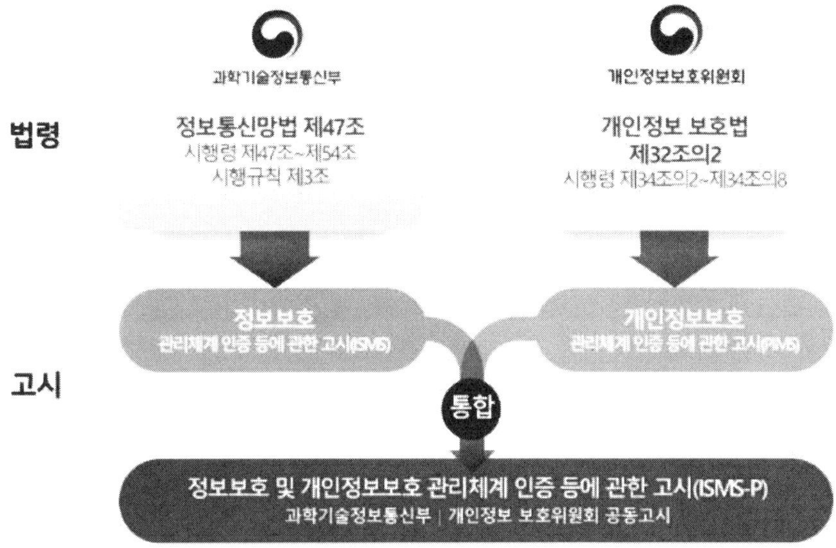

[그림 8-3] 정보보호 및 개인정보보호 관리체계 인증

심사항목으로는 ISMS는 80개, ISMS-P는 102개로 구성되어 있다.

즉 정보통신망 이용촉진 및 정보보호에 관한 법률법 제47조의 정보보호와 개인정보보호법 제32조의 2에 법령기준을 통합하여 정보보호 및 개인정보보호 관리체계 인증(ISMS-P)를 인증 고시하고 있다.

ISMS-P 인증은 ISMS와 PIMS가 합쳐지는 인증이다 보니, 개인정보 항목들과 정

〈표 8-2〉 ISMS-P 법적근거

ISMS-P 법적근거
• 정보통신망 이용촉진 및 정보보호에 관한 법률 제47조 • 정보통신망 이용촉진 및 정보보호에 관한 법률 시행령 제47조~제54조 • 정보통신망 이용촉진 및 정보보호에 관한 법률 시행규칙 제3조 • 개인정보보호법 제32조의2 • 개인정보보호법 시행령 제34조의2~제34조의8 • 정보보호 및 개인정보보호 관리체계 인증 등에 관한 고시

보보호 항목이 합쳐져 있다. 두 가지 항목을 만족시켜서 인증을 받기란 쉽지 않아 보인다. 인증기관은 기존과 동일하게 KISA에서 진행한다. 기존에 ISMS, PIMS에서 정책을 지휘하던 기관들이 전부 모여서 정책협의회라는 이름으로 있다.

또한 ISMS의 경우 ISO27001과 달리 의무 대상이 존재한다. 이는 정보통신망법 제47조2항을 기준으로 하고 있으며, 대표적인 의무 대상자로는 특금법에 따라 가상자산 사업자, 즉 가상화폐거래소 등이 있고 21년 3월까지 ISMS를 받아야 한다. 의무대상자는 ISMS, ISMS-P 인증 중 선택 가능하다.

동일하게 진행되는 인증 체계이다. 기존의 체계보다는 정책기관이 늘어남에 따라서, 시간이 지남에 따라 변경사항 및 추가사항이 많아 질듯 하다. 각 부처간에 필요로 하는 항목들은 늘어나고 수정되기 마련이기 때문이다.

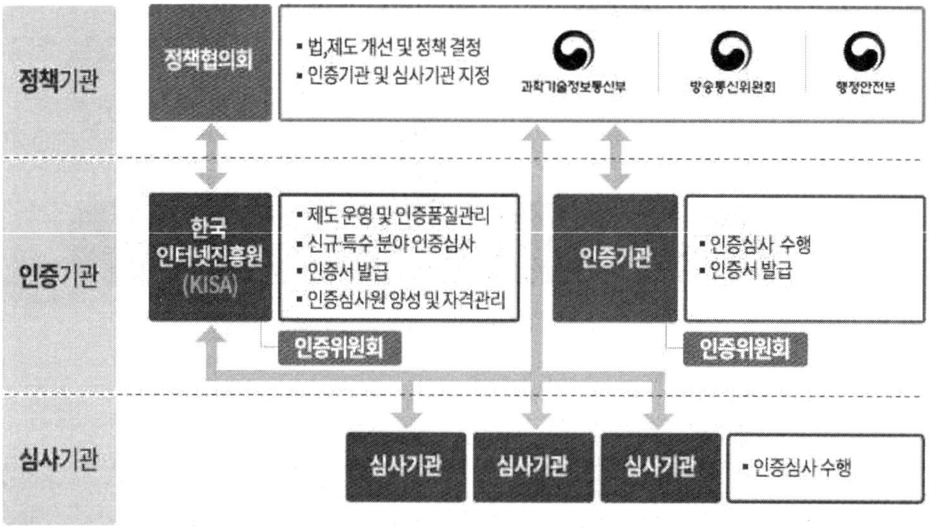

[그림 8-4] ISMS-P 인증체계

3. 국제인증 ISO27001인증

ISO27001은 국제표준화기구인 ISO와 국제전기기술위원회인 IEC에서 제정한 정보보호관리를 위한 국제 표준으로 정보보호 분야에서 권위있는 구제 인증제도이다. ISO/IEC27000 Family에는 용어 · 요구사항 · 지침 등을 규정하고 있고, 여기서 보통 ISO27001 취득을 목표로 하게 된다.

14개의 관리영역, 114개의 세부항목에 대한 엄격한 심사를 거쳐 인증서를 부여한다. 정보보호 경영시스템의 수립 · 구현 · 유지 · 지속적 개선에 필요한 요구사항을 제공하기 위해 개발되었다고 할 수 있고, 위험관리 프로세스 적용을 통해 정보

〈표 8-3〉 ISO27001은 인증시 Process

Process	내 용
PLAN	• ISMS 수립 : 위협관리 및 정보 보안 향상과 관련된 정책, 목표, 프로세스 및 절차를 수립하여 조직의 글로벌 정책과 목표에 부합하는 결과를 제공
DO	• ISMS의 구현 및 작동 : ISMS 정책, 통제, 프로세스를 구현
CHECK	• ISMS 모니터링 검토 : 적용 가능한 경우 정책을 평가하고, 목표 및 실제 경험에 대한 프로세스의 성과를 측정하고, 측정 결과는 경영진에게 보고
ACT	• SMS 갱신 및 개선 : ISMS 내부 감사 및 경영 검토결과를 토대로 구축한 정보보안 시스템을 지속적으로 개선하기 위한 시정 및 예방조치를 실행

의 기밀성, 무결성, 가용성을 보존하고 이해당사자에게 위험이 적절하게 관리된다는 믿음을 제공한다.

인증 프로세스는 〈표 8-3〉과 같다.

ISO27001은 인증시 Process를 중점적으로 본다. 이러한 Process는 PDCA로 나타난다.

ISMS-P 생략 기관은 ISO/IEC27001을 취득한 경우 일부 심사항목을 면제 받을 수 있다. 또한 전자금융거래법 제2조 제3호에 따른 금융회사는 제외한다고 명시되어 있어 금융회사는 의무 대상이 아니다.

〈표 8-4〉 ISO27001와 ISMS-P 비교

구분	ISO27001	ISMS-P
적 용	국제	국내
심사항목	4개의 관리영역, 114개의 세부항목으로 구성	ISMS는 80개, ISMS-P는 102개로 구성
인증의무 대상 비즈니스	존재하지 않음	기업이나 기관이 자체적으로 의무대상 여부를 판단하여야 하고, 인증의무대상 기업이나 기관은 ISMS를 의무로 받아야 함 (의무대상자 미 인증시 3천만원 이하의 과태로)
보완조치 기간	보완조치 기간은 없고, 보안계획을 제출	보완 조치 기간 40일 이내에 보안 조치 사항 미흡시 재조치 요구 기한은 60일 유지
사후관리	6개월 또는 1년	1년 주기
유효기간	3년	3년
갱신심사	3년 주기	유효기간 3개월 전에 신청
심사원	각 국가별 지정된 인증기관의 자체 연수 프로그램을 통해 교육 이수 후 심사원 자격 발급	KISA의 심사원 선발 시험 및 교육을 통해 심사원 자격 부여 (매년 1회 실시)

학습 8

수행 내용

재료 · 자료

- 디지털 자산 관련 자료

기기(장비 · 공구)

- 컴퓨터, 문서작성 프로그램, 프린터, 주변기기

안전 · 유의사항

- 디지털 자산 관련 장비의 안전 및 유의사항을 숙지한다.

수행 순서

01 특정금융정보법에 대하여 분석하라.

특정금융정보법은 금융거래를 이용한 자금세탁행위와 테러자금 조달행위를 규제하기 위해 금융회사 등에게 의심스러운 거래나 고액 현금거래 보고, 고객 확인, 자금세탁방지 관련 내부 업무절차 정비 등의 의무를 부과하고 있는 법률이다.

특정금융정보법은 가상자산 사업자를 "① 가상자산의 매도 · 매수, ② 가상자산의 다른 가상자산과의 교환, ③ 가상자산의 이전, ④ 가상자산의 보관 · 관리, ⑤ 가상자산의 매도, 매수 및 교환의 중개 · 알선 또는 대행, ⑥ 그 밖에 가상자산과 관련하여 자금세탁행위와 공중협박 자금조달행위에 이용될 가능성이 높은 것으로서 대통령령이 정하는 행위를 영업으로 하는 자"라고 규정하고 있다(특정금융정보법 제2조 제1호 하목).

시행령은 위 ⑥에 따라 가상자산 사업자의 별개의 행위 태양을 추가하는 대신, 가상자산 "이전"의 의미를 "고객의 요청에 따라 가상자산의 매매, 교환, 보관 또는 관리 등을 위해 가상자산을 이전하는 모든 행위"로 구체화하고 있다(시행령 제1조의2).

이처럼 특정금융정보법은 가상자산 사업자의 범위를 상당히 포괄적으로 규정하고 있는데, 금융위원회는 앞서 2020.11.2.자 보도자료를 통해 특정금융정보법 적용 범위를 "주요 가상자산사업자"로 제한하겠다는 입장을 밝혔다.

이에 따라 신고 매뉴얼은 주요 가상자산 사업자의 유형을 가상자산 거래업자, 가상자산 보관관리업자, 가상자산 지갑서비스업자로 분류하고, 가상자산 거래업자에서 제외될 수 있는 경우에 대해 설명하고 있다.

한편 특정금융정보법은 가상자산을 "경제적 가치를 지닌 것으로서 전자적으로 거래 또는 이전될 수 있는 전자적 증표(그에 관한 일체의 권리 포함)"라고 정의하면서, 게임을 통해 획득한 결과물, 선불전자지급수단, 전자화폐, 전자등록주식, 전자어음, 전자선하증권 등을 가상자산의 범위에서 제외하고 있다(특정금융정보법 제2조 제3호).

시행령은 이에 추가하여 전자채권, 모바일 상품권을 가상자산의 범위에서 제외하였습니다(시행령 제4조 각 호).

02 사이버 해킹공격에 대하여 분석하라.

1. 사이버 공격의 개념

사이버 공격은 특정 개인이나 조직이 타 개인이나 조직의 정보시스템 보안을 침해하려는 악의적이고 의도적인 시도이다. 공격자는 보통 피해자 네트워크를 중단시켜 일종의 이익을 취하고자 한다.

1) 사이버 공격의 발생 빈도

기업을 대상으로 하는 사이버 공격은 매일 발생하고 있다. 모든 회사는 해킹을 당한 적이 있거나, 해킹을 당한 적이 있지만 그 사실도 모르고 있다. Cisco Annual Cybersecurity Report에 따르면 최근에 사이버 공격 이벤트의 총 횟수는 거의 4배나 늘어났다고 한다.

2) 사이버 공격을 시도하는 이유

취약한 비즈니스 시스템을 공격하여 이익을 취하려는 사이버 범죄는 매년 늘어나고 있다. 공격자는 '몸값'을 요구하는 경우가 많은데, 실제로 전체 사이버 공격 중 53%에서는 미화 50만 달러 이상의 피해가 발생했다.

사이버 위협의 동기가 겉으로는 드러나지 않는 경우도 있다. 예를 들어 "핵티비즘(Hacktivism)"의 한 형태로 시스템과 데이터를 공격하는 경우도 있다.

학습 8

3) 봇넷의 정의

봇넷은 바이러스 등의 악성 소프트웨어에 감염된 디바이스 네트워크이다. 공격자는 공격 범위를 확대하기 위해 소유자가 모르는 상태로 봇넷을 그룹으로 제어할 수 있다. 봇넷은 DDoS(Distributed Denial of Service) 공격에서 시스템을 장악하는 데 사용되는 경우가 많다.

2. 사이버 공격의 유형

1) 악성코드

악성코드는 스파이웨어, 랜섬웨어, 바이러스, 웜 등의 악성 소프트웨어를 설명하는 데 사용되는 용어이다. 악성코드는 보통 사용자가 위험한 링크나 이메일 첨부파일을 클릭하면 PC의 취약성을 이용해 네트워크의 보안을 침해한 후 위험한 소프트웨어를 설치한다. 시스템에 설치된 악성코드는 다음과 같은 작업을 수행할 수 있다.

① 네트워크의 주요 구성요소 액세스 차단(랜섬웨어)
② 악성코드 또는 해로운 추가 소프트웨어 설치
③ 하드 드라이브에서 데이터를 전송하여 은밀하게 정보 입수(스파이웨어)
④ 특정 구성요소의 작동을 중단시켜 시스템을 작동불가 상태로 설정

2) 피 싱

피싱은 대개 이메일을 통해 적법한 출처에서 보낸 것처럼 보이는 사기성 정보를 전송하는 방식이다. 피싱의 목표는 신용카드 및 로그인 정보와 같은 민감한 데이터를 도용하거나 피해자의 컴퓨터에 악성코드를 설치하는 것이다. 피싱은 현재 갈수록 늘어나고 있는 일반적인 사이버 위협이다.

(1) 피싱의 원리

피싱은 피해자를 꾀어내기 위한 사기성 이메일 또는 다른 통신으로 시작한다. 메시지는 신뢰할 수 있는 발송자가 보낸 것처럼 꾸민다. 피해자를 속여서 주로 사기성 웹사이트로 기밀정보를 넘기도록 꾀어낸다. 때로는 멀웨어가 표적의 컴퓨터에 다운로드되기도 한다.

(2) 피싱공격의 위험

어떤 범죄자들은 금전적 이익을 위해 피해자의 신용카드 정보나 다른 개인정보를 얻는 데 만족하기도 한다. 어떤 경우에는 특정 회사에 대한 지능적 공격을 하기 위해 피싱 이메일을 보내서 직원의 로그인 정보나 다른 세부정보를 얻어내기도 한다. 지능적인 지속

적 위협(APT)과 랜섬웨어 등의 사이버 범죄는 주로 피싱에서 시작된다.

(3) 피싱공격의 해법

① 사용자 교육 : 조직에서 피싱공격을 막아내는 방법으로는 사용자 교육이 있다. 교육에는 모든 직원이 참여해야 하고, 고위직 임원도 종종 표적이 된다. 피싱 이메일을 알아채고 대처하는 방법에 대해 알려준다. 시뮬레이션 연습도 직원이 단계적 피싱 공격에 대응하는 방식을 평가하는 데 중요하다.

② 보안기술 : 하나의 사이버 보안기술만으로는 피싱공격을 예방할 수 없다. 대신 조직에서는 계층적 전략을 통해 공격 횟수를 줄이고 공격을 받았을 때의 영향력을 축소해야 한다. 구현해야 할 네트워크 보안기술에는 이메일과 웹 보안, 멀웨어 보호, 사용자 행동 모니터링, 액세스 제어 등이 있다.

3) 끼어들기 공격

도청 공격이라고도 하는 MitM(끼어들기) 공격은 공격자가 2자 간의 트랜잭션에 '끼어드는' 방식의 공격이다. 공격자는 트래픽을 중단시킨 후 데이터를 필터링하고 도용할 수 있다.

MitM 공격에서 흔히 사용되는 두 가지 엔트리 포인트는 다음과 같다.

① 공격자는 비보안 공용 Wi-Fi에서 방문자 디바이스의 네트워크 사이에 끼어들 수 있다. 그러면 방문자는 모르는 상태로 공격자에게 모든 정보를 전달하게 된다.

② 악성코드가 디바이스의 보안을 침해하면 공격자는 피해자의 모든 정보를 처리하는 소프트웨어를 설치할 수 있다.

4) DoS 공격

DoS(Denial of Service) 공격은 대량의 트래픽으로 시스템, 서버 또는 네트워크의 '플러드'를 유발하여 리소스와 대역폭을 소진시킨다. 그러면 시스템은 적법한 요청을 처리할 수 없게 된다. 공격자는 보안이 침해된 여러 디바이스를 사용해 이 공격을 실행할 수도 있다. 이러한 유형의 공격이 DDoS(Distributed Denial of Service) 공격이다.

5) SQL 삽입

SQL(Structured Query Language) 삽입은 공격자가 SQL을 사용하는 서버에 악성코드를 삽입하여 서버가 일반적으로는 표시하지 않는 정보를 강제로 표시하도록 하는 공격이다. 공격자는 취약한 웹사이트 검색 상자에 악성코드를 제출하는 것만으로도 SQL 삽입을 실행할 수 있다.

6) 제로 데이 익스플로잇

제로 데이 익스플로잇은 네트워크 취약성이 발표된 후 패치나 솔루션이 구현되기 전에 네트워크를 공격한다. 공격자는 이 기간 동안 공개된 취약성을 표적으로 공격을 실행한다. 제로 데이 취약성 위협을 탐지하려면 취약성과 관련 패치/솔루션을 지속적으로 확인해야 한다.

7) DNS 터널링

DNS 터널링은 DNS 프로토콜을 활용하여 포트 53을 통해 비 DNS 트래픽을 전달하는 것이다. 또한 DNS를 통해 HTTP 및 기타 프로토콜 트래픽을 보내기도 한다. DNS 터널링은 대부분 합법적인 방식으로 이용된다. 그러나 DNS 터널링 VPN 서비스가 악의적으로 이용되는 경우도 있다. 즉 이러한 서비스가 아웃바운드 트래픽을 DNS로 가장하여 대개 인터넷 연결을 통해 공유되는 데이터를 숨기는 데 사용될 수도 있다. 이 경우 악의적인 용도로 사용하기 위해 DNS 요청을 조작하여 보안이 침해된 시스템의 데이터를 공격자의 인프라로 추출한다. DNS 터널링은 공격자 인프라에서 보안이 침해된 시스템으로의 명령과 제어 콜백에도 사용될 수 있다.

03 인터넷 차단 시스템인 콜드월렛에 대하여 분석하라.

콜드월렛(Cold Wallet)은 암호화폐의 소유권 증명이 가능한 개인 키(프라이빗 키)를 보관할 수 있는 암호화폐 지갑의 한 종류이다. 콜드월렛은 보안성이 상대적으로 높다고 알려져 있으며 다양한 암호화폐를 한 군데 저장할 수 있어 편리하다.

콜드월렛은 인터넷과 연결되어 있지 않는 특성을 가지고 있으며 대개 USB, 카드 같은 하드웨어의 모습을 하고 있기 때문에 하드웨어 월렛(Hardware Wallet) 혹은 하드월렛(hard wallet)이라고도 부른다. 콜드월렛은 보안성이 상대적으로 높다고 알려져 있으며 다양한 암호화폐를 한 군데 저장할 수 있어 편리하다.

1. 개 요

2017년부터 글로벌 암호화폐 거래소들이 연이어 해킹 공격을 당하는 사건이 발생하면서 보안성 높은 하드월렛에 대한 수요가 급증했다. 2019년 3월 29일에 국내 최대 암호화폐 거래소 빗썸에서 암호화폐 탈취사건이 발생해 그 피해가 140억 가량에 달했다.

암호화폐 거래소들은 "고객님의 자산을 콜드월렛에서 보호하고 있다"는 문구를 많이 이용하는 등 '콜드월렛'이 등장한다.

암호화폐 지갑은 온라인 연결을 했는지, 하지 않았는지에 따라 핫월렛(Hot wallet)과 콜드월렛(Cold wallet)으로 나뉜다.

핫월렛이 온라인에 연결돼 있어 실시간으로 거래할 수 있는 지갑인 반면, 콜드월렛은 오프라인 상태에 있어 거래를 하려면 별도의 절차를 거쳐야 하는 지갑이다. 과학기술정보통신부는 보안을 위해 거래소 자산의 70% 이상은 콜드월렛에 보관하도록 권고하고 있다.

2. 특 징

콜드월렛의 거래절차는 대략 다음과 같다.

오프라인에서 거래내역을 생성하고 프라이빗 키 서명을 한 뒤 생성된 트랜잭션을 온라인에 입력하면 거래가 완료된다. 이처럼 콜드월렛은 거래하기 다소 불편하지만 온라인 기반인 핫월렛보다 안전하게 암호화폐를 보관할 수 있다는 장점이 있다.

한 마디로 해킹, 피싱 범죄에 노출될 위험이 적고, 바이러스나 멀웨어의 영향도 받지 않는다.

한편 하드월렛을 잃어버리거나 도난 당하더라도 걱정할 필요는 없다. 각각의 하드월렛마다 24개 단어로 구성된 복구 코드(Recovery Phrase)가 있기 때문이다.

하드월렛 없이 복구 코드만으로 암호화폐의 소유권을 증명할 수 있다. 대신 복구 코드는 반드시 안전하게 가지고 있어야 하며, 타인에게 노출되어서는 안된다.

따라서 중고 하드월렛은 절대로 구매하면 안된다(오픈마켓도 위험하다는 의견이 지배적이다). 판매자가 미리 복구 코드를 복제해 놓았을 가능성이 있기 때문이다.

암호화폐거래소의 해킹사고는 인터넷과 연결된 핫월렛에 보관된 코인의 개인 키가 해킹당하면서 발생한다. 반면 콜드월렛은 인터넷과 연결돼 있지 않아 해킹 가능성이 낮지만 거래속도가 느리다.

3. 핫웰렛과 콜드웰렛의 차이

① 핫월렛(hot wallet)은 온라인 상태에 있어 거래정보를 주고 받을 수 있는 지갑이다. 콜드월렛(cold wallet)은 반대로 온라인에 연결되어 있지 않고, 오프라인 상태에 있으며 거래를 하기 위해서는 별도의 처리 절차를 거쳐야 한다.

② 핫월렛은 해킹 등 보안 문제에 취약하다. 반면 콜드월렛은 USB와 같은 별도의 저장

장치에 암호화폐를 보관하기 때문에 보안 측면에서는 더 안전하다.

③ 핫월렛은 이용이 편이하다. 반면 콜드월렛은 번거롭고 장치를 잃어버리면 찾기가 어렵다.

④ 핫월렛은 비용이 저렴하다. 콜드월렛은 거래소에서 따로 구입해야 하고 관리비용, 인력, 시간 등의 문제가 존재한다.

4. 콜드웰렛 대표 사례

① 레저나노 X : 렛저의 플래그십 모델로, 가장 최신 버전의 하드웨어 월렛이다. 블루투스 기능이 탑재돼 있으며, 스마트폰 애플리케이션 렛저 라이브(Ledger Live)로 간편하게 100종의 암호화폐를 관리할 수 있다. 하지만 블루투스 연결 후 사용자 인터페이스(UI)가 다소 복잡한 점은 개선돼야 할 부분이라고 비트코인 관련 사이트 99비트코인즈가 지적했다.

② 레저나노S : 2016년 8월 출시된 제품이다. 세련된 디자인, 직관적인 조작법, 다양한 암호화폐 지원 등으로 꾸준한 인기를 끌고 있다. 한국에서 가장 널리 알려진 제품이다. 렛저 나노 S는 가성비가 뛰어나지만 구글 크롬 웹브라우저에 대한 의존도가 높은 게 단점이다.

③ 트레저 원 : 사토시랩이 출시한 하드월렛이다. 트레저 모델 중 가장 오래된 모델로서, 핫월렛과 연동될 수 있는 안전한 비트코인 스토리지 서비스를 제공한다. 엄지손가락 크기의 앙증맞은 사이즈와 심플한 디자인으로 실용성이 크며 비교적 저렴한 가격대가 강점이다. 다만 펌웨어 업그레이드 시 지갑이 자주 리셋된다는 단점이 있다.

④ 트레저 T : 2014년부터 출시된 트레저 시리즈 가운데 가장 대중적인 모델로 꼽힌다. 큰 터치스크린이 있는 트레저원 지갑이라고 생각하면 된다. 트레저원보다 가격이 2배 정도 비싼데, 기능이 그만큼 향상됐는지는 잘 모르겠다는게 99비트코인즈의 평가다.

⑤ 킵키 : 2015년 9월 출시된 모델로 렛저나노S, 트레저원보다 스크린이 커서 지갑 크기가 거의 2배에 육박한다. 한 마디로 휴대성이 떨어진다. 기능은 렛저나노S, 트레저원과 비슷한 수준이지만 아마존에서 제품 및 제조사 고객 서비스에 대한 좋지 않은 평가들이 있다. 가격대도 높다.

⑥ 콜드라(ColdLar) : 콜드라는 70만원대 제품이다. NFC 기반 하드월렛인 콜드라의 경우 가격대가 높음에도 불구하고 미국, 일본 시장에서 히트를 쳤다. 모든 종류의 ERC-20 토큰을 지원하는데, 현재까지 출시된 하드월렛 중 가장 많은 종류의 암호

화폐를 지원하는 것으로 알려졌다.

⑦ 루반소X1(Lubanso X1) : 휴대가 간편하고 가격도 합리적이지만 지원하는 암호화폐 종류가 상대적으로 적다.

⑧ 디지털 비트박스(Digital Bitbox) : 저렴한 가격, 트레저원은 브랜드 명성이 장점이다.

⑨ 블로키월렛(Blockey Wallet) : 블로키월렛은 한국 IT 보안업체 미디움(Medium)이 개발한 스마트폰에 내장하는 세계 최초의 마이크로 SD 카드 기반 콜드월렛이다. 스마트폰이 해킹 당해도 SD카드 내부 트러스트존(Trust Zone)에 프라이빗 키를 저장하기 때문에 외부에 프라이빗 키가 노출되지 않는다는 게 업체의 설명이다.

⑩ 디센트 : 디센트는 ㈜아이오트러스트가 출시한 3개 국어를 지원하는 콜드월렛이다. 지란지교시큐리티와 공동 개발한 디센트는 지문 등 생체인증(FIDO UAF) 방식을 이용해 비밀번호 없이 안전한 거래가 가능하도록 한 암호화폐 전자지갑이다. 블루투스를 통한 개인간(P2P) 거래나 P2P 가맹점에서 QR코드를 활용한 직접 결제도 가능하다. 동기화되는 모바일 월렛 앱을 활용해 암호화폐의 시세 정보 확인, 개인간 교환, 자산관리의 편리성도 갖추고 있다.

⑪ 키월렛(KeyWallet) : 한국의 키페어(Keypair) 회사가 만든 NFC 카드 형태의 '키월렛 터치'(KeyWallet Touch)는 스마트폰에서 키월렛 앱으로 편리하게 코인을 확인 및 관리할 수 있고, 보안칩을 사용하여 고객의 자산을 안전하게 보관할 수 있다. 그리고 일반 신용카드 크기이기 때문에 지갑에 넣고 다닐 수 있다. 또 카드를 잃어버리더라도 복구 시트를 통해 복구가 가능하다. 표준 스마트 카드로 내구성이 입증되었고, 배터리가 필요없으며 반영구적으로 사용이 가능하다.

2019년 초, 키월렛 터치 카드 리더가 출시되었다. 스마트폰에서 사용하던 키월렛 터치를 키월렛 리더를 통해 PC에서도 사용 가능하게 하여 PC와 모바일 둘 다 사용 가능하다. 이외에도 태블릿 POS 결제 단말기로 키월렛 리더를 이용하여 암호화폐 결제시스템을 구축할 수 있다.

5. 한계점

보안성이 뛰어난 하드월렛에도 한계점은 존재한다.

한계점을 드러내는 가장 대표적인 사건이 캐나다 암호화폐 거래소 쿼드리가 CX의 대표 사망 사건이다. 쿼드리가 CX도 다른 거래소처럼 대부분의 암호화폐를 콜드월렛에 보관하고 있었는데 이 콜드월렛의 암호를 거래소 대표인 제러드 코튼이 혼자 관리하고 있었다. 하지만 대표가 여행 중 급사하면서 콜드월렛의 암호를 아는 사람이 없어졌고, 고객

학습 8

들이 한화 1,000억 원이 넘는 암호화폐를 환불 받지 못할 위기에 처한 것이다. 현재 쿼드리가 CX는 파산 절차를 밟을 것으로 보인다.

핫월렛 보관 가상화폐는 해킹 표적이 되고, 콜드월렛에 보관해도 내부자 범죄엔 속수무책이다.

외부 해킹엔 안전하지만 내부자 범죄에는 취약하다는 평가가 나온다. 거래소들 내부 규정이 미비한 탓이다. 2018년 스위스 암호화폐 거래소 트레이드아이오는 콜드월렛에 보관하던 800만 달러(약 91억원) 이상의 암호화폐를 탈취당했다. 거래소 코인빈은 내부 직원이 암호화폐 프라이빗키를 지워 자산이 동결된 탓에 2019년 2월 파산을 선언했다. 빗썸 암호화폐 탈취 사건 역시 내부인의 소행으로 짐작된다. 체계적 직원 관리가 이뤄지지 않았다는 의미이다.

04 보안 점검기준에 대하여 분석하라.

정보보호 사전점검은 정보통신서비스 구축·개발 단계별 정보보호 조치를 수행하는 것으로 금융감독원의 보안성 심의, 국가정보원의 보안성 검토와 정보보호 관리체계(ISMS : Information Security Management Systems)와는 차이가 있다.

핀테크 기업(이용기관)이 오픈뱅킹을 이용하는 핀테크서비스 운영시 적절한 보안 관리체계를 마련하고, 이를 기반으로 시스템을 운영하는지 관리 물리 기술적 보안점검 항목을 바탕으로 점검한다.

〈표 8-5〉 핀테크 기업 보안 점검항목

보안영역	점검분야	보안 점검항목
관 리	1. 정보보호 정책·조직	1.1. 정보보호최고책임자 지정 및 실무조직 구성
		1.2. 정보보호정책 수립 및 공표
	2. 외부자 관리	2.1. 위탁업체 선정 및 관리
	3. 정보 자산관리	3.1. 정보자산 식별
	4. 정보보호 교육	4.1. 실무자 정보보호 교육 이수
	5. 인적 보안	5.1. 비밀유지서약서
		5.2. 퇴직 및 직무변경 관리
	6. 위험관리	6.1. 취약점 점검 정책 수립 및 점검 수행
	7. 침해사고 대응	7.1. 침해사고 대응절차 마련 및 임직원 대상 공표
		7.2. 침해사고 대응 관련 로그 보존 및 모니터링

보안영역	점검분야	보안 점검항목
	8. 이용자 보호	8.1. 개인정보 처리 관련 이용자 보호
		8.2. 개인 · 신용정보 접근 및 거래지시 권한 관련 안내
		8.3. 이용자 고충 처리방침 마련 및 공개
물 리	9. 물리적 보안	9.1. 보호구역 지정 및 출입 통제
		9.2. 보호구역 반출입 관리
기 술	10. 개발 보안	10.1. 설계 시 보안 요구사항 도출 및 반영
		10.2. 테스트 시 이용자 개인 · 신용정보 사용 제한
	11. 암호통제	11.1. 중요 정보 암호화 정책 수립 및 이행
	12. 접근통제	12.1. 중요 정보자산 계정 및 접근 권한 관리
		12.2. 중요 단말기 지정 및 접근 통제
	13. 시스템 보안	13.1. 주요 시스템 등의 악성코드 감염 및 정보유출 방지
		13.2. 인터넷망을 통한 원격관리 통제
		13.3. 주요 시스템 목적 외 기능 · 프로그램 · 포트 등 제거
		13.4. 중요서버 독립 운영 및 정보보호시스템 적용
		13.5. 공개용 웹서버 보호대책 마련
		13.6. 중요 보안패치 적용 지침 수립 및 이행
	14. 네트워크 보안	14.1. DMZ 구간 구성
		14.2. 내부망 사설IP 활용 및 주요 시스템 배치
		14.3. 무선 네트워크 이용 최소화 및 보안대책 수립 · 적용
		14.4. 대외기관과 통신 시 보안통신 적용

전자금융거래법, 전자금융감독규정 등 관련 법규에 서술된 내용이 본 점검항목과 상충될 경우 관련 법규의 내용이 우선 된다.

05 디지털 자산의 대표인 블록체인에 대하여 분석하라.

1. 블록체인의 개념

블록체인 기술을 사용하면 개인의 데이터를 안전하게 관리함과 동시에 데이터 제공에 대한 보상도 받을 수 있어서 결과적으로 산업이 양질의 데이터를 확보할 수 있다. 블록체인 기술은 인공지능과 빅데이터라는 산업에 좋은 양분을 제공해 신성장산업이란 열매를

학습 8

맺도록 하는 4차 산업혁명의 뿌리이다.

블록체인기술의 발달로 향후 금융기관의 이익이 40% 가량 줄어들고 핀테크와 플랫폼 기업이 유망할 것이다. 중앙정부가 암호화폐(CBDC)를 발행하더라도 기존 암호화폐의 자리는 공고할 것이다.

블록체인이란 '데이터 분산관리기술'이라고 정의할 수 있다. 위·변조가 불가능한 정보를 관리하는 신뢰시스템이다.

예를 들어 옆집 철수에게 5만원을 빌리면서 차용증을 써서 한 장씩 나눠가지면 둘 중 한명이 차용증을 위·변조할 수 있는 가능성이 높다. 그래서 생각한 방법이 믿을 만한 동네 이장한테 차용증을 맡기는 것이다. 이 경우가 '중앙집중형 데이터 관리'이다. 예컨대 예탁결제원이나 국가 금융시스템 등이 해당된다. 이장이니 신뢰는 어느 정도 할 수 있겠지만, 이장에게 로비를 해서 차용증을 위·변조할 수도 있다. 그래서 생각해 낸 또 다른 방법이 동네 사람 모두에게 차용증 사본을 나눠서 가질 수 있게끔 하는 것이다. 동네 모든 컴퓨터에 사본을 뿌려서 서로 검증하도록 하는 것이다. 과반을 넘는 컴퓨터를 해킹하지 않는 한 위·변조가 어렵게 되니 중앙관리에 대한 불안도 해소하고 기록의 진실성도 확보할 수 있다. 이것이 데이터를 분산·관리하는 '블록체인기술'이다.

2. 블록체인기술의 파급효과

블록체인기술은 '디지털 자산혁명'을 불러일으킬 것이다. 우선 현재까지 아날로그 자산을 기반으로 이뤄지던 은행과 보험, 증권, 파생상품 등이 디지털 자산 기반으로 다시 짜일 것이다.

은행을 통하지 않고 개인 간 'P2P(Peer to Peer)'로 바로 결제가 가능하다. 은행의 4대 기능인 송금·결제·대출·투자 등을 핀테크 회사가 대체하거나 플랫폼 기업이 대신할 수 있을 것이다.

증권거래소 없는 증권, 보험사 없는 보험서비스가 나올 것이다. 또 경제를 프로그래밍하는 것이 가능해질 것이다. 그 돈을 누가, 언제, 어떻게 사용하는지를 코드화해 투명하게 관리할 수 있게 된다. 기업에서 법인카드를 프로그래밍해서 주면 직원들의 지출을 편리하게 관리할 수 있을 뿐만 아니라 자동으로 세무처리까지 할 수 있을 것이다.

정부가 통화 공급이나 재정 지출을 통한 경제정책을 실행할 때도 이 기능을 이용함으로써 정책효과를 강화할 수 있는 장점이 있다.

기존 금융기관들의 역할이 약화될 것이다. 특히 아날로그 자산을 해외로 송금하는 경우엔 은행 등에 상당한 수수료 등을 떼이는데 디지털 자산을 이용하면 시·공간을 뛰어

넘게 되니 비용이 크게 절감된다. 그러니 앞으론 굳이 금융사를 통하지 않는 것이다. 보고서 등에 의하면 금융사들의 연간 이익이 평균 40% 가량 줄어들 것이다. 다만 그 시기는 여러 가지 법적 규제에 따라서 조정될 것이다.

블록체인 기술 발달에 따라 발생하는 비즈니스 기회는 디지털 자산에 대한 '평가' '발행' '거래' 등 크게 3가지의 핵심 비즈니스 기회가 생길 것이다. 앞으로 다양한 형태와 양상의 자산들이 디지털화 될 것이다.

예컨대 부동산이나 천연자원, 주식, 문화콘텐트, 데이터 등 가치 있는 자산들의 소유권이 블록체인을 통해 토큰 형태로 메타버스의 형태로 거래된다는 것이다. 이 중에서 특히 눈에 보이지 않는 데이터나 콘텐트, 지적재산권 등의 가치를 평가하거나 분석하는 것이 쉽지 않을 것이다.

그래서 이러한 디지털 자산을 평가하는 전문가나 기업에 대한 비즈니스 기회가 확대될 것이다. 또 블록체인에서의 거래는 탈중앙 방식으로 이뤄지지만 블록체인에 자산을 올리기 전까지의 과정에서 일정 부분은 국가나 제3자가 개입할 수밖에 없어서, 디지털 자산을 발행하는 것도 좋은 비즈니스 기회이다. 지금의 암호화폐 거래소와 비슷한 디지털 자산 거래 비즈니스도 활발히 이뤄질 것이다.

디지털 자산의 패권을 쥐는 것이 중요하다. 특히 디지털 자산 거래 비즈니스 경우에는 완전한 탈중앙 거래를 실현해낸다면 미래 부의 주인은 대한민국이 될 것이다.

지금의 거래소는 블록체인의 취지와 맞지 않게 철저한 중앙관리 방식이어서 고객의 암호토큰을 직접 보관하고 있는 바람에 종종 해킹으로 고객의 재산을 날리기도 한다.

아직은 블록체인에서 실현할 수 있는 거래속도가 느려서 중앙화된 거래소가 불가피한 현실이다. 이 부분을 보완하는 기술혁신을 이뤄 거래소가 토큰 보관기능을 떼어내고 거래 지원에 집중하는 플랫폼으로 성장한다면 신뢰가 제고되면서 세계의 자산거래가 그 플랫폼으로 몰릴 것이다.

그렇다면 그곳이 글로벌 자산시장으로 들어서는 입구가 될 것이며, 이것이 미래 금융시장을 선점해야 하는 중요한 이유이다.

우리나라가 미국의 부동산, 중동의 석유, 남미의 광물, 중국의 농산물, 유럽의 지적재산권이 드나드는 정거장이 된다면 그들에게 1%의 수수료만 받아도 미래 부의 주인공이 될 수 있을 것이다.

3. 블록체인 암호화폐의 가치

다양한 암호화폐가 있지만 그중 기축통화의 역할을 하는 '비트코인'을 기준으로 말하자면, 비트코인은 '2100만개'라는 공급 개수를 애초에 정해놓고 컴퓨터가 발행을 하고 있다. 시간이 지날수록 공급 개수가 절반씩 줄어들게 프로그래밍 해 놓았다. 그러다 보니 '비트코인의 값이 오를 것'이라는 기대와 신뢰가 있기 때문에 근본적인 가치가 생기게 된다.

이와 대조적으로 정부는 경제정책에 따라 화폐를 많이 풀었다가 적게 풀곤 하니 인플레이션과 디플레이션이 발생하게 되는 것이다.

결국 '프로그램으로 정해놓고 비트코인을 발행하는 컴퓨터에 대한 믿음'이 기본적으로 깔려있기 때문에 가치를 갖는 것이라고 보면 될 것이다. 다만 비트코인의 가격이 더 오를 것이라는 기대심리에 현재 거래되는 양이 상당히 적어서 화폐보다는 자산적인 요소가 강해지고 있다.

4. 중앙정부의 암호화폐(CBDC) 발행 전망

중앙정부의 암호화폐(CBDC) 발행 전망은 서로 경쟁하면서 보완이 될 것이다. 결제를 하는 부분에선 국가가 보증을 하는 CBDC가 활발하게 쓰일 것이다. 문제는 국가에서 CBDC를 계속 발행할 경우, 그 가치가 떨어지고 기존 암호화폐의 희소성이 높아지면서 가치가 오를 것이다. 그렇다면 사람들은 CBDC를 통해 결제를 하는 대신 기존 암호화폐를 사들이면서 자산의 가치로 생각할 가능성이 크다. 또 CBDC는 외국에서 결제하기엔 한계가 있어서 해외 결제시장에선 기존 암호화폐와 경쟁이 이어질 것이다.

5. 블록체인기술의 정책적인 보완

현재 정부는 블록체인기술 내 하나의 사례인 '암호화폐'의 역기능에 대해서만 깊게 들여다보고 있어서 블록체인기술이 전반적으로 묶인 모양새가 되었다.

블록체인기술은 때려잡거나 규제만 해야 하는 타깃이 아니다. 오히려 성장시켜서 새로운 디지털 산업화를 모색해야 할 때이다. 플랫폼 기술을 개발하고 인력도 양성해서 교육을 시켜야 하는데, 뒤쳐지기 시작하면 우리의 모든 데이터와 정보가 다른 나라에 종속될 수밖에 없다.

우리나라는 블록체인기술을 개발할 역량과 가능성이 분명 있다. 국가적으로 큰 그림을 그리는 컨트롤 타워가 필요하다.

06 디지털 자산의 모바일 금융환경의 주요 보안 위협 및 전망에 대하여 분석하라.

모바일 기기의 대표적인 전파수단인 문자메시지, 메신저 이메일 등이 없어지지 않는 한 모바일 금융환경의 주요 보안 위협인 보이스피싱, 스미싱, 램섬웨어 악성코드와 피싱에 대한 감영 및 공격은 현재, 그리고 앞으로도 꾸준히 발생할 수 있는 보편적인 위협이다.

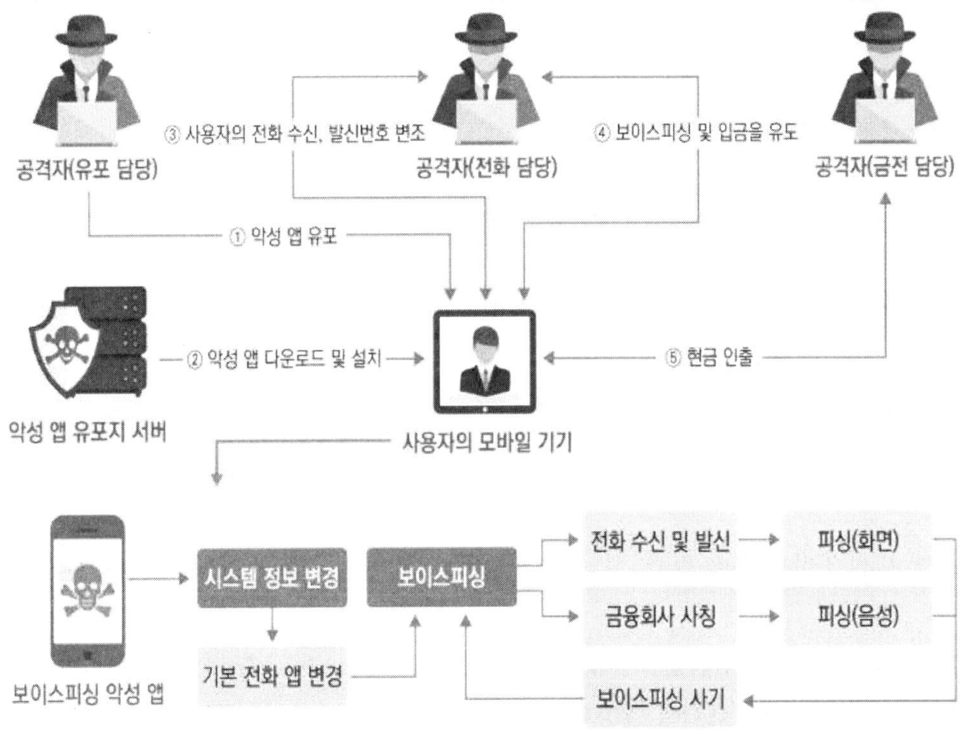

[그림 8-5] 보이스피싱 악성앱, 유포, 전화, 금전 탈취과정과 기능

디지털 자산의 모바일 금융환경에서의 [그림 8-5]처럼 보이스피싱 공격 기술도 발전하고 있으므로 이용자는 상대방을 무조건 신뢰해서는 안되며 의심스러운 상황에서는 다른 이용자의 모바일 기기를 통해 추가로 확인하거나 스팸차단앱을 설치하여 발신자의 전화번호가 스팸 또는 보이스 피싱으로 신고된 번호인지 확인하는 등 주의가 필요하고, 누구에게도 전화나 메신저로 개인정보 및 금융정보를 제공해서는 안 된다.

스미싱은 문자메시지를 통해 택배, 지인, 금융회사, 검찰, 공공기관 등을 사칭하여 악성앱 링크를 유포하고 설치를 유도하는 방식이며, 서버에 업로드된 악성앱의 경로를 숨

기기 위해 단축 URL을 사용하여 전파하고 있다.

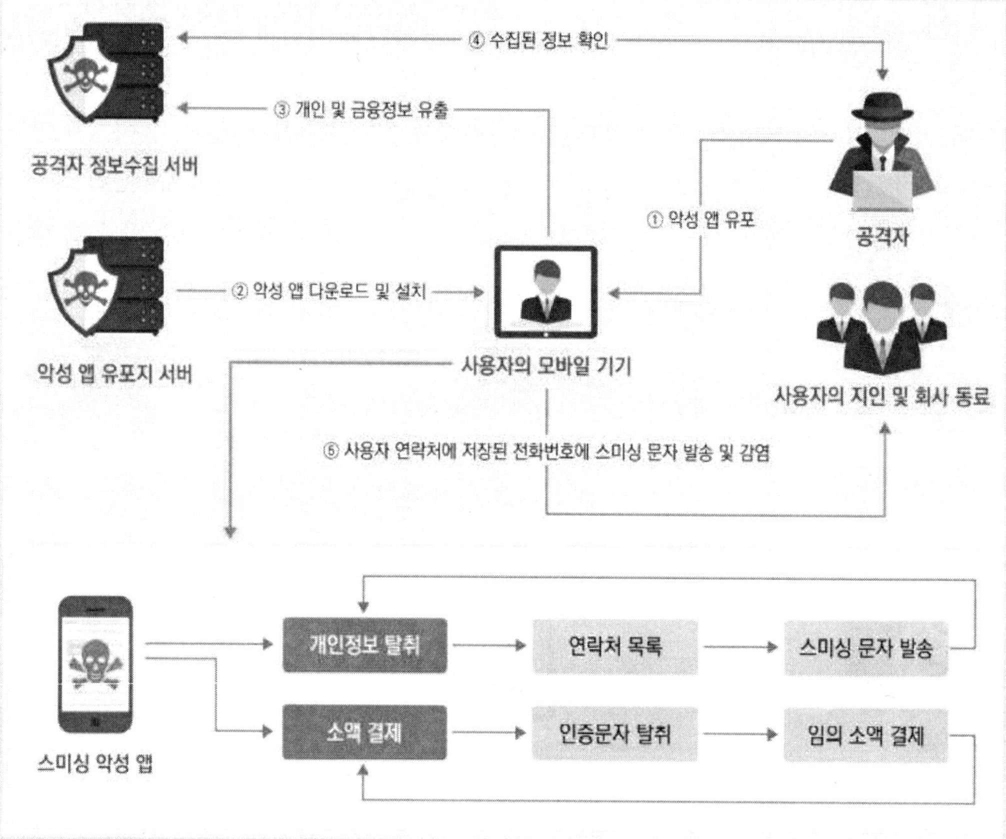

[그림 8-6] 스미싱의 악성앱 유포, 개인금융정보 탈취, 임의 소액결제 등의 과정과 기능

[그림 8-6]처럼 스미싱 문자메시지가 수신되면 개인정보가 유출되었을 수 있다는 의심을 해봐야 하고, 피해 확산을 예방하기 위해 회원으로 가입한 주요 웹사이트마다 비밀번호를 다르게 변경해야 한다. 가능하면 OTP 등 다중 인증기능을 적용하고 통신사에 연락하여 콘텐츠 이용료(인앱 결재) 및 소액 결재 한도는 최소한으로 낮추는 것을 권고한다.

랜섬웨어는 PC환경에서만 감염되는 것이 아니며 모바일 기기에서도 감염 사례가 꾸준히 확인되고 있다. 감염된 이용자 PC 및 모바일 기기에 저장된 사진, 영상, 문서 압축파일 등 선별하여 암호화하거나 운영체제 및 시스템 파일 외 모든 파일을 암호화한 후 협박을 통해 금전을 요구하는 방식이다. 감염된 랜섬웨어에 대한 암호화 해제 툴이 바이러스 기업 등이 참여한 노모어 랜섬 프로젝트(https:// www. nomoreransom.org/ko/decryption-tools.html) 등에서 개발되었으며, 사용 매뉴얼과 함께 프로그램을 다운로드 받아 해결할 수 있다.

메신저 피싱도 기본적으로 문자서비스 또는 메신저를 이용한다. 이용자에게 접근한 뒤 자녀나 지인을 사칭하여 현금화가 가능한 문화상품권, 기프트 카드 등의 구입을 요청하거나 신분증, 계좌번호, 비밀번호, 신용카드 정보들을 요구하여 획득한다.

문자메시지나 메신저로 개인정보, 금융정보 등을 요청한다면 메신저 피싱이거나 이용자의 스마트폰이 악성앱에 감염된 상태일 수 있으므로 사실 여부를 충분히 확인하는 과정이 필요하다. 특히 이용자가 검색엔진에서 검색한 결과를 바탕으로 정상적인 웹사이트로 가장하여 가짜 웹사이트 주소로 접속을 유도하여 이용자가 입력한 정보를 탈취하여 2차 피해를 발생시키는 공격이므로 간편결제 서비스 등으로 결재 비밀번호를 유추하여 금전 피해까지 발생할 수 있다.

디지털 자산의 모바일 환경에서 모바일 악성코드나 피싱에 대한 위협을 방어하기 위하여 앱설치는 반드시 공식앱 마켓(구글플레이, 애플 앱스토어)를 이용해야하고 설치는 반드시 웹사이트, 카페, 블로그, 문자메시지, 메신저 등을 통해 설치를 유도하는 URL은 접근하지 않아야 한다.

회원으로 가입한 다양한 웹사이트에 모두 동일한 아이디와 비밀번호를 사용한다면 크리덴셜 스터핑(Credential Stuffing)공격으로 해당 웹사이트 모두 피해가 발생할 수 있으모 이메일, 클라우드, 금융회사 및 핀테크 웹사이트의 비밀번호는 서로 다르게 설정해야 안전하다. 만약 OTP 등 2차 인증의 사용을 지원한다면 적용하는 것을 권고한다.

주기적인 데이터 백업, 계정관리, 정상적인 앱설치 관리 등을 물론 이용자들의 개인정보 및 금융정보를 관리하는 자세와 보안인식이 무엇보다 중요한 시점이다.

학습활동.8 교수 · 학습 방법

교수 방법

- 디지털 자산과 보안의 개요에 대한 관련 용어, 구성, 방식 이해 정도를 파악한 후 수업을 진행한다.
- 교수자의 주도로 디지털 자산과 보안의 개요 등의 내용을 PPT 자료로 제시한 후 설명한다.
- 가능하면 사전에 개인별 학습 자료를 준비하여 모든 학생이 참여할 수 있는 문제 해결식 수업, 협력 수업이 가능하도록 한다.
- 디지털 자산과 보안의 개요 전 과정을 작업의 순서에 따라 단계적으로 실습이 이루어질 수 있도록 지도한다.
- 교재를 통해 수업을 준비하는데 있어서 필요한 모든 정보나 팁, 힌트 등 도움이 될 만한 내용들을 확인할 수 있다.
- 학생들이 만들게 될 각 모델들은 수업시간에 중점적으로 다뤄질 부분과 어휘, 질문, 답을 포함하고 있으며 또한 탐구할만한 추가적인 아이디어들도 포함하고 있다.

학습 방법

- 디지털 자산과 보안의 개요에 대한 관련 용어를 숙지하고, 디지털 자산과 보안의 개요에 대해 이해한다.
- 디지털 자산과 보안의 개요의 각 단계별 중점 사항을 체계적으로 학습한다.
- 디지털 자산과 보안의 개요의 수행순서의 전 과정을 실습한다.
- 디지털 자산과 보안의 개요의 내용을 이해한다.
- 디지털 자산과 보안의 개요를 이해하고 숙달이 될 때까지 학습한다.

학습활동.8 평가 및 피드백

평가 준거

- 평가자는 피평가자가 수행 준거 및 평가 내용에 제시되어 있는 내용을 성공적으로 수행할 수 있는 지를 평가해야 한다.

학습내용	평가항목	성취수준		
		상	중	하
디지털 자산과 보안의 개요	디지털 자산과 보안의 개요를 이해할 수 있다.			

평가 방법

- 작업 포트폴리오

학습내용	평가항목	성취수준		
		상	중	하
디지털 자산과 보안의 개요	디지털 자산과 보안의 개요를 이해할 수 있다.			

- 필기시험

학습내용	평가항목	성취수준		
		상	중	하
디지털 자산과 보안의 개요	디지털 자산과 보안의 개요를 이해할 수 있다.			

- 체크리스트를 통한 관찰

학습내용	평가항목	성취수준		
		상	중	하
디지털 자산과 보안의 개요	디지털 자산과 보안의 개요를 이해할 수 있다.			

- 피드백

1. 작업 포트폴리오
   - 제출한 보고서를 평가한 후 주요 사항에 대하여 표시하여 돌려준다.
2. 필기시험
   - 평가 결과 성적이 저조한 학생은 보고서 제출 기회를 부여한다.
3. 체크리스트를 통한 관찰
   - 실습 과정에서 평가한 후 개선해야 할 사항 등을 정리하여 돌려둔다.

참 | 고 | 문 | 헌

- 김윤희, 기업절반 관리 사각지대 디지털 자산 해킹 경험, ZD Net Korea, 2021.11.17.
- 김지훈, 디파이 구성요소 및 보안 고려사항, 전자금융과 금융보안, 금융보안원, 2021 · 3Q
- 마이크 벨시, 디지털 자산을 리얼리티로 만드는 것은 보안이다, 전자신문, 2021.7.01.
- 유성민, 디지털자산 보안의 현황과 전망, https://www.sciencetimes.co.kr/news, 2021.4.02.
- 이강석, 모바일 금융환경의 주요 보안 위협 및 전망, 전자금융과 금융보안, 금융보안원, 2021 · 3Q
- 인호, 블록체인발 디지털 자산혁명, 이코노미스트 대담 내용 발췌, https://economist.co.kr/2021/05/29/stock/virtualCurrency/20210529130108043.html, 2021.5.29.
- 금융보안원, 핀테크 기업 보안 점검 안내
- 콜드월렛 - 해시넷 위키
- 해킹, 디지털 자산을 보호하라, 서울경제(https://www.sedaily.com), 2017.9.18.

학습 1	디지털 자산의 개요
학습 2	디지털 자산관리의 기술
학습 3	디지털 자산관리의 플랫폼
학습 4	디지털 자산과 전통자산 융합기술
학습 5	디지털 자산과 디지털 금융 융합기술
학습 6	디지털 자산과 디파이 서비스 융합기술
학습 7	디지털 자산과 메타버스 융합기술
학습 8	디지털 자산과 보안의 개요
학습 9	**디지털 자산과 디지털 지갑 보안 융합기술**
학습 10	디지털 자산과 클라우드 보안 융합기술
학습 11	디지털 자산과 ISMS-P 융합기술
학습 12	디지털 자산의 활용
학습 13	디지털 자산의 미래

학습 목표	1. 디지털 자산과 디지털 지갑 보안 융합기술의 개요를 이해할 수 있다.

9-1 디지털 지갑 보안의 개념

1. 디지털 지갑의 개요

디지털 자산의 디지털 지갑은 디지털 화폐를 저장, 관리, 사용하기 위한 도구이다. 디지털 자산분야에서 중추적인 위치에 있으며, 사용자가 디지털 자산에 접근할 수 있는 입구이다.

디지털 지갑은 형태에 따라 소프트웨어 지갑과 하드웨어 지갑으로 나눌 수 있다.

소프트웨어 지갑은 휴대폰에 설치된 APP이며, 하드웨어 지갑에는 개인 키를 저장하는 전용장치가 있다.

개인 키와 서명의 동작이 항상 오프라인인지 여부에 따라 핫지갑과 콜드지갑으로 나눌 수 있다.

개인 키를 저장하고 실행하여 구별하는 서명방식에 따라 암호화된 디지털 자산 블록체인의 사용을 기반으로 지갑의 중심과 지갑의 중심으로 나눌 수 있으며, 주로 중앙집중식 지갑을 사용한다.

2. 디지털 지갑의 보안위험

디지털 자산 디지털 지갑의 형태는 다양하며 이들이 직면하는 보안위험도 다양하다. 이들이 직면한 주요 보안위험에는 다음이 포함되지만 이에 국한되지는 않다.

대부분의 사용자에게 디지털 지갑의 보안은 부의 보안을 의미하므로 디지털 지갑을 선택할 때 신중하게 다루어야 한다.

1) 운영환경의 보안위험

암호화된 디지털 화폐지갑의 핵심 파일-개인키/니모닉 문구는 PC든 모바일 단말기든 단말장치에 저장되며, 단말장치가 안전하지 않은 경우 개인키/니모닉 문구는 매우 높은 보안 위험이다.

안전한 디지털 지갑은 운영환경으로 인한 개인 키/니모닉의 도난 가능성을 방지하도록 설계되어야 한다. 단말기 운영환경의 보안문제는 주로 바이러스 소프트웨어, 운영체제 취약성, 하드웨어 취약성을 포함한다.

2) 네트워크 전송의 보안위험

네트워크 전송의 보안은 메시지 가로채기(Man-in-Middle) 공격에 잘 저항할 수 있는지 여부에 더 많이 반영된다. Man-in-the-Middle 공격은 공격자가 통신의 양단과 독립적인 연결을 생성하고 수신한 데이터를 교환하여 통신의 양단이 사적인 연결을 통해 서로 직접 대화하는 것으로 생각하도록 하지만, 실제로 전체 대화는 공격자에 의해 완전히 제어된다.

안전한 디지털 지갑은 단말기에 있는 모든 전자인증서의 적법성을 스캔할 수 있어야 하며, 네트워크 전송시 프록시 설정을 확인하고, 기본 네트워크 통신환경의 보안을 보장해야 한다.

디지털 지갑 개발의 네트워크 전송 수준에서 통신검증을 위해 양방향 검증을 사용할지 여부도 디지털 지갑 애플리케이션의 보안을 측정하는 중요한 기준이다.

3) 파일저장방식의 보안위험

전자지갑의 개인키/니모닉 문구의 경우 보안설계시 단말장치의 저장방식에도 주의를 기울여야 한다. 개인 키/니모닉 문구 파일저장 디렉토리 접근 권한, 개인 키/니모닉 문구 저장형식 및 암호화 알고리즘 설계는 모두 신중하게 설계되어야 한다.

다수의 주류 디지털 지갑의 보안을 분석할 때 우리는 잘 알려진 디지털 지갑조차도 개인 키/니모닉을 저장하는 데 비교적 캐주얼하다는 것을 발견했다.

일반 텍스트 저장소와 암호화 저장소가 모두 있지만 암호해독 키가 코드에 고정적으로 기록되어 있어 보안방어에 아무런 역할도 하지 않는다.

4) 애플리케이션 자체의 보안위험

애플리케이션 자체의 보안위험은 주로 애플리케이션 설치 패키지 자체의 보안 방어에 집중되어 있다.

응용 프로그램 설치 패키지에 변조를 방지할 수 있는 기능이 있는지 여부 또한 메모리 보안, 안티 디버깅, 개인 키/니모닉 사용 수명주기관리, 디버깅 로그 보안, 애플리케이션 운영 중 개발 프로세스 보안 등도 설계 및 강화되어야 한다.

5) 데이터 백업의 보안위험

모바일 애플리케이션을 백업할 수 있다면 더 강력한 컴퓨팅 성능을 갖춘 머신을 사용하여 개인 키/니모닉 구문을 무차별 대입할 수 있다.

예를 들어 단말장치에서 데이터 백업이 허용된 경우 시스템의 백업 메커니즘을 사용하여 응용 프로그램 데이터 파일을 백업할 수 있으며, 암호화된 디지털 통화의 개인 키/니모닉 문구도 외부 매체에 백업된다. 다른 방향에서 운영체제의 보안경계 설계를 깨는 것이다.

학습 9

3. 디지털 지갑의 보안감사 수행방법

중앙집중식 지갑이든 분산형 지갑이든, 소프트웨어 지갑이든, 하드웨어 지갑이든 보안 측면에서 충분한 보안 테스트가 있어야 한다. 디지털 지갑의 보안감사를 위해 최소한 다음 테스트 항목이 포함되어야 한다.

1) 네트워크 및 통신보안 테스트

네트워크 노드는 적시에 네트워크 공격을 탐지하고 저항하는 기능을 달성해야 한다.

2) 지갑 운영환경

지갑은 운영체제, 가상머신 감지 및 무결성 감지에서 알려진 주요 취약점을 감지할 수 있다. 디지털 지갑에는 타사 프로그램이 지갑을 하이재킹하여 관련 사용자 정보를 훔치는 것을 방지하기 위해 타사 프로그램 하이재킹 감지 기능이 있어야 한다.

3) 지갑 인증 보안

지갑 인증 과정에서 지갑 잠금해제 비밀번호를 설정하여 장치를 분실한 후 지갑 정보가 도난되는 것을 방지해야 한다.

지갑을 사용하여 거래에 서명하려면 잠금해제 후 해독된 개인 키가 도난당하지 않도록 지불암호를 설정해야 한다.

지갑 로그기능을 사용하려면 지갑 비밀번호 분실 후 공격자가 직접 지갑 운영 로그를 지우지 못하도록 로그 비밀번호를 설정해야 한다.

거래 비밀번호는 비밀번호 유출 및 개인 키 분실을 방지하기 위해 지문, 얼굴 인식, OTP 토큰, SMS 인증코드 등과 같은 다단계 인증을 사용해야 한다.

4) 지갑 거래 보안

지갑에서 보내는 모든 거래는 서명이 되어 있어야 하며, 서명시 결제 비밀번호를 입력하여 프라이빗 키를 복호화해야 한다. 트랜잭션 서명이 생성된 후 메모리에 있는 암호가 해독된 개인 키를 지워야 메모리에 있는 개인 키가 도용 및 유출되는 것을 방지할 수 있다.

5) 지갑 로그 보안

사용자가 지갑의 작동을 쉽게 감사하고 비정상적 작동 및 무단 작동을 방지하기 위해 지갑의 작동 로그를 기록해야 한다. 동시에 지갑 로그는 민감하지 않아야 하며 기밀정보가 포함되어서는 안 된다.

6) 노드 보안 감사

지갑 노드는 사용자의 연결기록과 거래기록을 기록할 수 있어야 하고 감사 기록의 프로세스와 결과를 저장할 수 있어야 하며, 이는 관리자가 조회하기 편리한다. 노드 서버의 보안설계 및 보안강화를 수행해야 한다.

7) 노드 인터페이스 보안감사

인터페이스는 해커가 데이터를 변조하는 것을 방지하기 위해 데이터에 서명해야 한다. 인터페이스 액세스는 해커가 공격을 반복하는 것을 방지하기 위해 토큰 인증 메커니즘을 추가해야 한다.

노드 인터페이스는 해커가 CC 공격을 수행하기 위해 사용자 작업을 시뮬레이션 하는 것을 방지하기 위해 사용자 연결속도를 제한해야 한다.

8) 데이터 저장 보안

지갑에서 생성된 개인 키는 암호화 알고리즘으로 암호화되어 저장되어야 하며, 지갑의 로컬 정적 파일에는 일반 텍스트로 된 민감한 정보가 포함되어서는 안 된다.

9) 데이터 백업 및 복구

지갑에서 생성된 개인키나 니모닉 문구는 우발적인 개인키 분실 및 자금 회수가 불가능하도록 안전을 확보한 상태에서 백업해야 한다.

모바일 애플리케이션을 백업할 수 있다면 더 강력한 컴퓨팅 성능을 갖춘 머신을 사용하여 개인 키/니모닉 구문을 무차별 대입할 수 있다.

10) 정적 코드 보안감사

지갑앱은 지갑에 사용자 개인 키를 수집하고 앱 자체의 보안을 보장하기 위한 추가 기능 권한이 없는지 확인하기 위해 공식코드감사를 수행해야 한다.

학습 9

9-2 디지털 자산과 디지털 지갑 보안 융합

1. 디지털 지갑의 보안 융합기술

1) 악성코드 위협 대응

랜섬웨어를 원천차단하고 위장 악성파일의 실행기능을 무력화시키는 강력한 CDR기술(Content Disarm&Reconstruction, 콘텐츠 무해화 & 재조합) 기반의 첨부파일 형태의 악성코드 대응 솔루션 등이 준비되어야 한다.

최신의 보안 위협은 기존 보안환경을 무력화하고 악성코드를 실행하도록 유도하기 위해 사회공학(Social Engineering)과 보안 솔루션을 우회하는 기술을 결합한 문서기반의 공격을 지속적으로 시도하고 있다. 이와 같은 문서기반의 공격은 MS 오피스, 한글(HWP), PDF 등 응용 소프트웨어에서 제공하는 액티브 콘텐츠(Macro, JavaScript, OLE 객체 등)를 이용하여 교묘하게 악성코드를 배포하기 때문에 일반적인 보안 위협보다 대응하기 어렵다. 이에 기존 보안 솔루션을 보완할 수 있는 차세대 멀웨어(Malware) 대응기술로 콘텐츠 악성코드 무해화(Content Disarm & Reconstruction)기술이 주목받고 있다. CDR 기술은 IT 리서치 전문기관 가트너(Gartner)에서는 보안 메일 게이트웨이에서 지능화된 공격에 대한 대응방안으로 네트워크 샌드박스와 함께 CDR을 소개하고 있다.

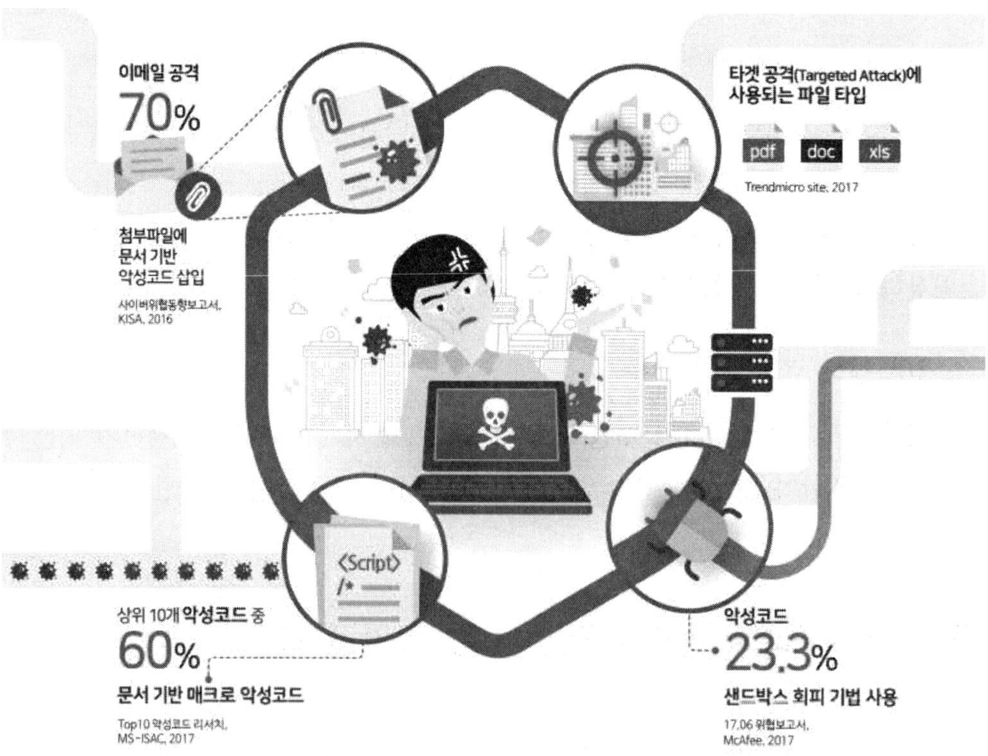

[그림 9-1] 진화/발전하는 멀웨어 공격

CDR은 파일 내 포함되어 있는 액티브 콘텐츠(Macro, JavaScript, OLE 객체 등)를 무해화하여 안전한 파일로 재조합하는 보안기술이다.

파일 내 액티브 콘텐츠를 원천 제거함으로써 보안 위협의 실행을 예방할 수 있어 랜섬웨어, APT 공격 등 문서기반의 악성코드 공격에 대한 대응 솔루션으로 활용이 증가하고 있다.

예를 들면 SaniTOX는 지란지교시큐리티의 콘텐츠 보안운영 노하우와 기술력을 바탕으로 자체 개발한 CDR 엔진을 적용한 콘텐츠 악성코드 무해화 솔루션이다. 이메일, 웹 · 파일서버 등 다양한 채널을 통해 유입되는 파일 내 포함되어 있는 액티브 콘텐츠를 원천 제거한 후 안전한 파일로 재조합하여 제공함으로써 잠재적인 보안 위협의 실행을 예방할 수 있는 보안환경을 구축한다.

SaniTOX에 탑재된 CDR 엔진은 지란지교시큐리티의 이메일 APT 대응 솔루션 '스팸스나이퍼 APT'와 이메일 무해화 솔루션 '스팸스나이퍼 AG(일본)'에 탑재되어 서비스되고 있는 검증받은 기술이다.

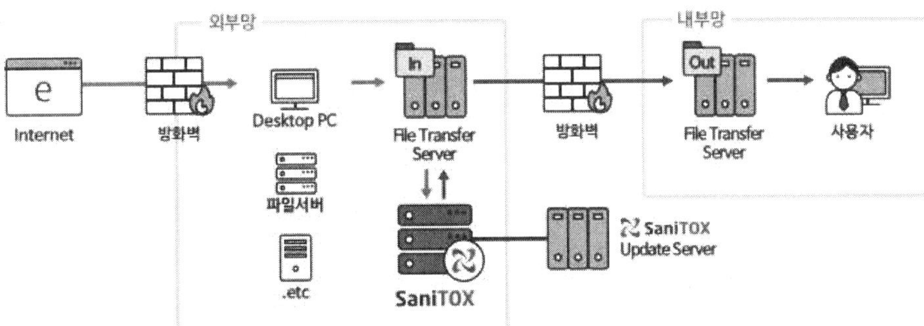

Case 1. 파일서버 연동 - 연계 서버와의 연동으로 유입 파일에 대한 무해화 제공.

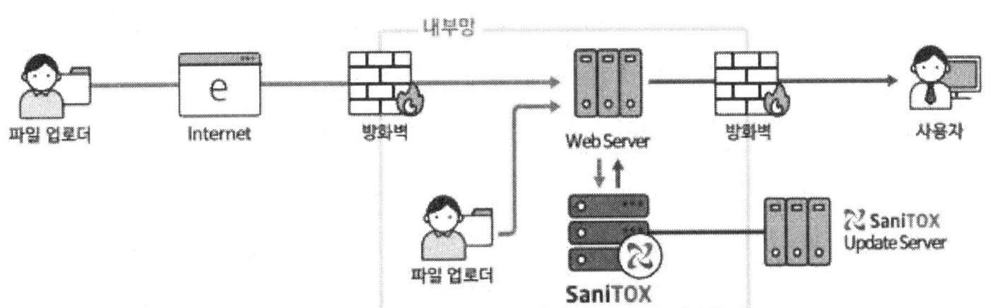

Case 2. 웹서버 연동-웹 다운로드 또는 공유 폴더 다운로드 형태로 웹 파일에 대한 무해화 제공.

[그림 9-2] CDR 사용사례

2) 네트워크 보안 위협 대응

비인가 트래픽 차단, 네트워크 통제, 해킹 등의 침입 탐지 네트워크를 노리는 포괄적인 보안 위협에 대응하기 위하여 통합 네트워크 보안이 필요하다. 특히 소호 및 중소기업이 가진 한정된 자원을 가진 곳에서는 매니지드 보안서비스(MSS : Managed Security Service)가 절대적으로 필요하다. MMS는 전문 보안인력 및 보안운영센터를 보유한 서비스 제공자에 의해 아웃소싱 되는 네트워크 위협관리, 침입탐지, 안티바이러스, 취약성 테스트 등을 포함하는 네트워크 보안서비스이다.

예를 들면 파일런이라는 올인원 통합 네트워크 보안서비스는 초소형 보안센서와 매니지드 보안운영센터를 통해 중앙에서 침해 위협을 파악하고 대응을 가능케해 외부 네트워크 공격으로부터의 내부 자산을 안전하게 보호한다.

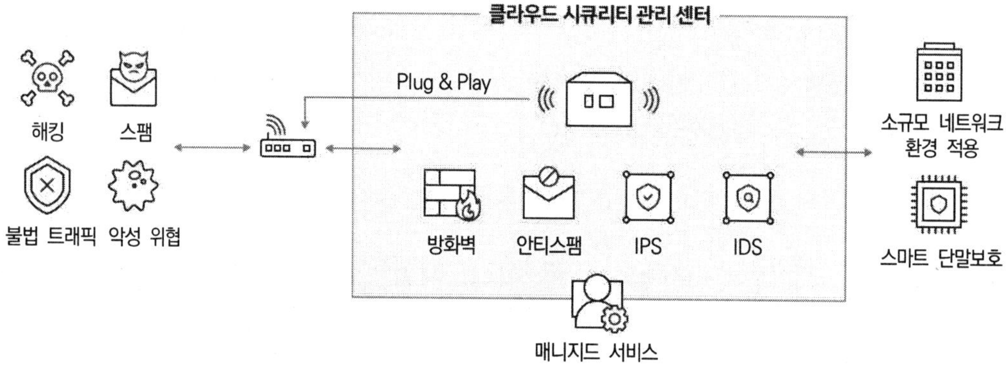

[그림 9-3] MMS 사례

3) 이메일 보안 대응

기업 커뮤니케이션의 핵심은 비즈니스 이메일로 이메일 보안 위협 대비가 가장 절실하다. 비즈니스에 영향을 미칠 수 있는 주된 사이버 위협중 이메일이 74%이고(Mimecast, 2019), 지능형 표적 공격이 2020년 대비 12%씩 이메일로 하여금 증가하고 있고(Symantec, 2020), 랜섬웨어의 약 90%가 이메일 첨부파일을 통해 유포(Phishme, 2020)되고 있다.

사례로써 L사 이메일 사기(스캠메일)로 240억원 피해(2016), 이메일 해킹을 통한 무역사기 피해건 수 급증하는 추세(한국무역협회,2016), 유명쇼핑몰 I사 이메일 해킹으로 1,000만명 고객정보 유출 피해(2016) 등이다.

이메일 보안 위협에 대한 용어는 다음과 같다.

① 스푸핑(스캠)은 MAC 주소, IP 주소 등의 정보를 위장하여 접근 제어를 우회하는 방식으로 공격대상을 속인 후 가짜 웹사이트에서 개인정보를 입력하도록 유도하는 방식의 보안 위협이다.

② 스피어피싱은 불특정 다수의 개인정보를 빼내는 일반적인 피싱에서 한 단계 진화해 특정인을 타겟으로 이메일 계정을 해킹, 개인정보 및 특정정보를 빼내는 공격이다.

③ 스니핑은 네트워크 상에서 다른 사람의 패킷을 엿보는 행위로 IT, 패스워드 등의 주요 정보를 탈취하는 등의 공격방식이다.

④ 파밍은 피싱의 진화한 형태로 악성코드 감염 PC를 조작해 사용자가 정상적인 홈페이지가 아닌 피싱 사이트로 접속하도록 유도하여 정보를 탈취하는 수법이다.

이메일 통합 보안 솔루션 사례로 스팸스나이퍼는 스팸/악성코드 메일 및 메일서버 공격을 차단할 뿐 아니라, 외부로 전송하는 메일에 대한 모니터링을 통해 기업의 중요정보 유출을 원천적으로 차단할 수 있는 이메일 통합 보안 솔루션이다.

기업이 보유하고 있는 기존 시스템의 변경 없이 메일 서버 앞에 스팸스나이퍼 서버를 설치하여 운영의 편의성을 극대화하였다.

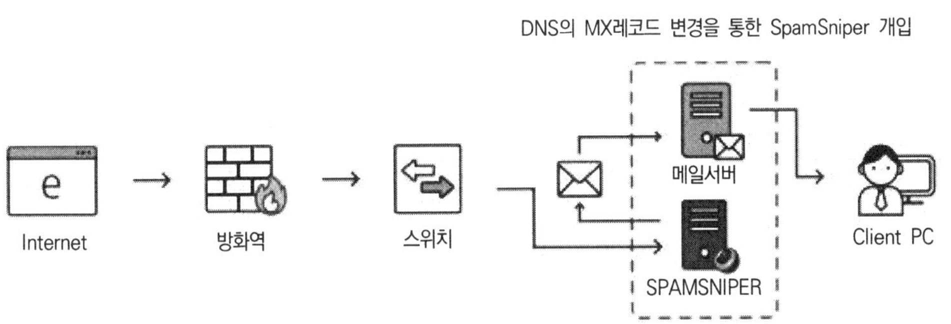

(a) Proxy 방식 : DNS 서버의 MX 레코드를 변경하여 기존 메일 서버로 유입되던 메일이 우선 SpamSniper로 유입되도록 설정한다

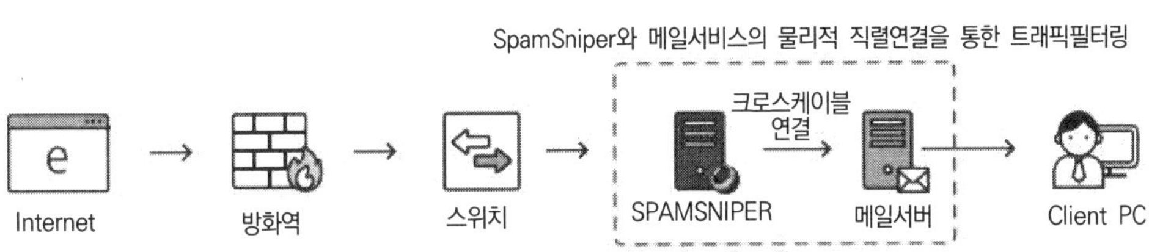

(b) Bridge 방식 : 메일서버와 Inline 상에 위치하여 메일서버로의 SMTP 트래픽이 SpamSniper로 유입되록 설정한다. 메일서버와 함께 작동하는 Enterprise Edition에 적용을 권장한다

[그림 9-4] 이메일 서버 구축사례

이메일을 통한 내부정보 유출 대응이 필요하다. 외부로 나가는 메일에 대해 내부 승인절차를 부여하고 중요메일을 암호화·차단하여 기업정보 및 개인정보 유출을 효과적으로 차단할 수 있는 이메일 차단 솔루션이 필요하다.

메일 차단 솔루션은 승인메일 시스템, 다양한 필터링 정책, 발신메일 모니터링, 24×365 고객지원서비스를 통해 발신 메일에 대한 보안을 강화할 수 있다.

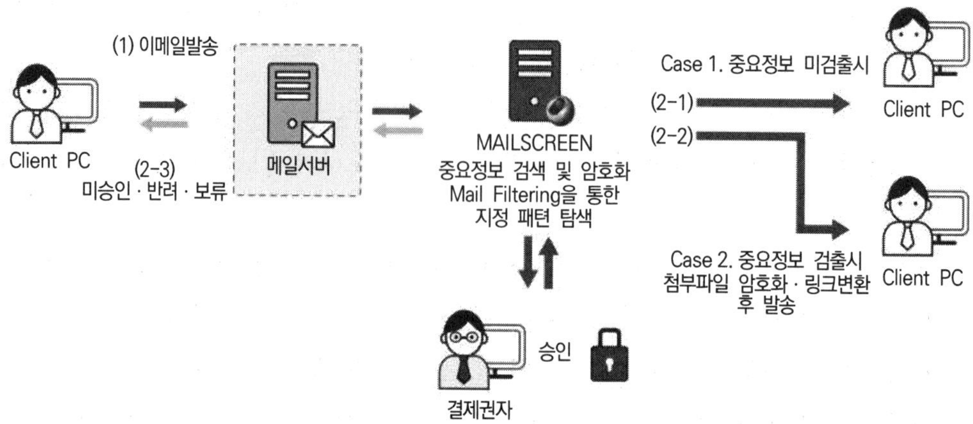

[그림 9-5] 이메일 유출 대응 솔루션 사례

4) 문서 보안 대응

안전하고 효율적인 협업환경은 기업 데이터의 체계적인 관리부터 시작된다. 랜섬웨어의 공격이 가파르게 증가하고 랜섬웨어로 인한 금전적, 시간적 피해 또한 심각하다. 사무직 및 IT의사 결정권자의 80%가 데이터를 무분별하게 저장(Veritas, 2016)하여 의도적/비의도적으로 내부자의 정보유출이 심각해지고 있다.

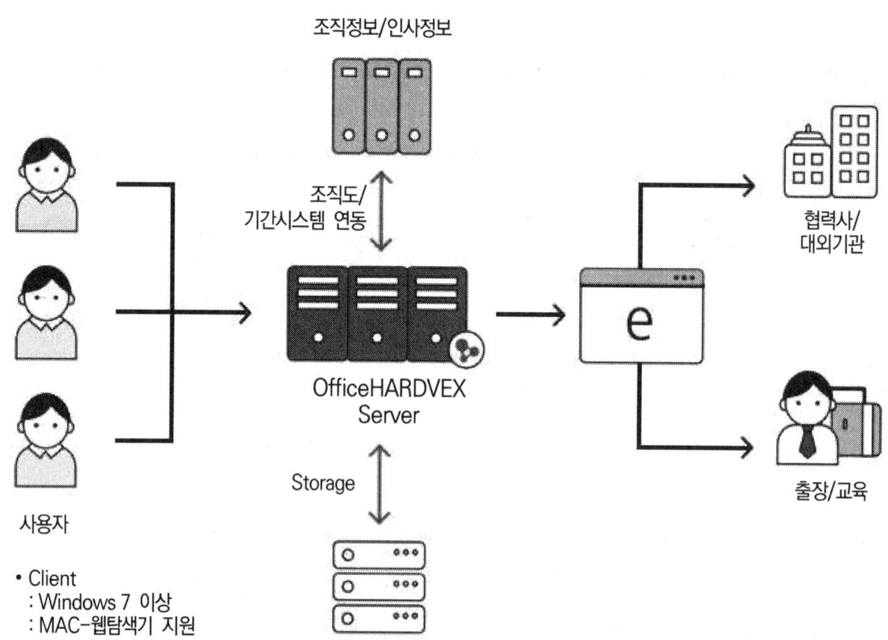

[그림 9-6] 문서 보안 대응사례

문서 보안 대응시스템은 기업이 요구하는 다양한 상황에서의 권한 및 보안설정을 완벽하게 지원하며 언제 어디서든 자료의 안전한 저장과 전송을 할 수 있는 보안파일서버이다.

전용 웹 탐색기 내 파일의 직접 편집 및 백업 기능을 통하여 랜섬웨어 · 악성코드 등의 위협으로부터 기업의 중요 디지털 자산을 보호하고, 기업 내 문서의 효율적인 저장과 공유, 협업(부서, 타사 간) 등의 기능을 제공하여 강력한 보안과 협업의 편의성을 동시에 만족한다.

개인정보와 관련한 컴플라이언스는 계속하여 강화되고 있으며, 이를 위반한 기업에는 형사처분 또는 과태료 부과 등의 처벌이 내려질 수 있다. 기업에서는 컴플라이언스를 숙지하고 반드시 준수토록 해야 한다.

5) 모바일 보안 대응

모바일 보안 대응은 개인 기기 및 법인 단말기를 통해 발생하는 기업의 다양한 모바일 보안 및 관리 요건을 충족하는 모바일 보안 대응 솔루션이 필요하다. 모바일 기기 및 콘텐츠를 보호/관리함으로써 모바일을 통한 정보유출 방지뿐만 아니라 기업에 최적화된 모빌리티 환경을 구현할 필요가 있다.

모바일 중심으로 IT 패러다임이 변화함에 따라 EMM(Enterprise Mobility Management : 엔터프라이즈 모빌리티 관리) 보안 필요성에 대한 정의와 범위가 점차 확대되고 있다. EMM은 법인 및 개인 단말관리, 앱 · 콘텐츠 보안, 출입통제를 포함한 기업의 모든 모빌리티의 통합 관리 및 업무생산성 향상을 위한 모바일 경험을 설계하는 모바일 보안 통합 플랫폼이다.

학습 9

(1) MDM Mobile Device Managemen

기업 소유의 모바일 법인 단말기의 현황관리 · 보안과 단말분실 및 도난시 대응 기능이 필요하다. 즉 모바일 단말관리는 법인단말관리, 단말기 정책수립 및 관리, 분실/도난 대응 및 원격제어, 회사소유 단말기 통제 등이다.

(2) MDAC Mobile Device Access Control

모바일 출입통제는 사내 보안구역 기기통제, 방문자용 출입통제(Guest), 물리보안, 무선 등 다양한 연계가 필요하다.

임직원용으로 사내 보안구역 출입시 모바일기기의 카메라, 녹음기, 블루투스 등의 기능을 차단하여 정보유출을 방지하고, 보안구역 외에서는 모든 기능을 정상 사용할 수 있도록 함으로써 사용자의 권익을 보호한다.

협력업체 또는 임시 방문자 전용 솔루션으로 별도의 시스템 구성 없이 어플(프로그램)설치만으로 모바일기기(카메라, 녹음기, USB 등)가 차단된다. 해제시에는 별도의 OTP 프로그램, QR 또는 NFC 태그 등의 다양한 방식을 통해 차단이 해제된다.

(3) MAM Mobile Application Management

App 보안 및 관리는 기업 전용 App 스토어 운영, App 보안 적용, App 배포 및 관리, App 라이프사이클 관리 등이 필요하다.

기업 전용 App 스토어를 통해 업무 App의 등록/배포/업데이트 등 관리 프로세스를 자동화한다. 모바일 보안 정책 기반의 인가/비인가 App 설정, 보안 권고조치 등을 통해 안전한 모바일 업무 App 환경 구축 및 모바일 컴플라이언스를 준수한다.

(4) MCM Mobile Contents Management

콘텐츠 보안 및 관리는 문서, 이미지 등 콘텐츠 배포, Mobile Container, Secure Browse 등이 필요하다.

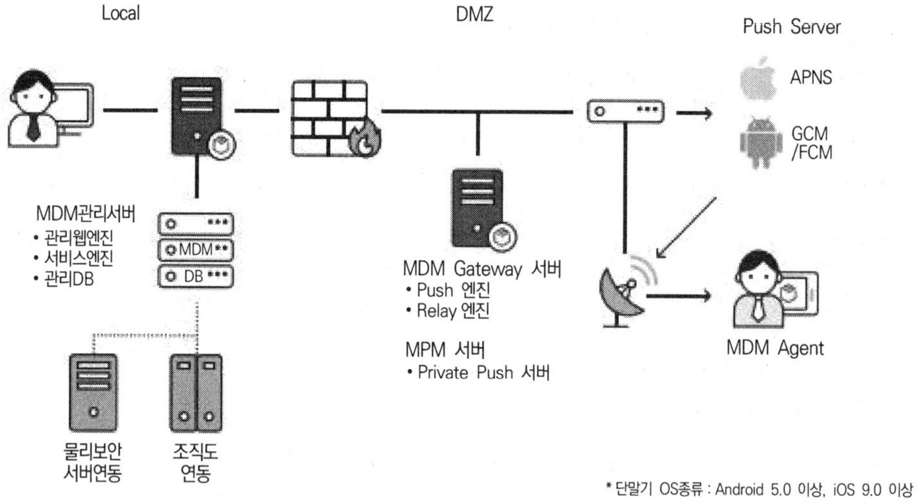

[그림 9-7] 모바일 보안 대응사례

(5) App 보안 솔루션

모바일 기기에서 이용되는 기업의 중요한 데이터, 문서, 파일 보호를 위한 관리 기능의 대응이 필요하다. 즉 모바일 백신, 모바일 키패드보안, 모바일 난독화, 모바일 위변조 방지 등이다.

(6) 모바일 관련 솔루션

MEAP, 모바일 원격제어, 모바일 VPN, FIDO/공인인증 등이 필요하다.

2. 디지털 자산과 디지털 지갑 보안 융합관계

디파이, DID, NFT 등 디지털 자산시장이 급격히 확대되면서 디지털 자산을 안전하게 보관하고 유통하는 서비스시장 또한 비례해서 커지고 있다. 특히 거래소를 중심으로 한 해킹 사고가 끊이지 않고 있어, 디지털 자산의 안전한 보관과 유통은 거래소를 선택하는 기준이 되기도 한다.

예를 들면 에이넥스코리아는 이미 올해 최고 수준의 보안기능을 갖춘 전자지갑 '도노'를 출시해 관심을 끌고 있다. PC나 스마트폰에 연결해 사용할 수 있는 '도노'는 USB에 연결하게 되면 CD롬으로 인식하면서 은행의 전용망과 유사한 보안 터널을 형성, 외부의 해킹을 차단한다. 금고 키나 자동차 키, 현관 키, 메타버스 인증키 등도 함께 보관할 수 있어 활용도 또한 높다.

새로 출시한 디지털 자산 개인금고 '돈통'과 '도노'를 연결한 패키지는 보안과 안정성, 편의성을 모두 갖춘 세이프 툴이다.

'돈통'은 C드라이브 형태로 기존의 저장장치 기능을 하지만, '도노'를 연결할 경우 D와 E드라이브가 생성되면서 해킹의 위협을 차단한 프라이빗 클라우드 역할을 한다. D드라이브에는 프라이빗한 자료를 안전하게 보관할 수 있으며, E드라이브는 노드역할을 하는 분산형 저장장치로서의 기능을 하게 된다. 데이터도 모두 조각 형태로 보관해 설령 해킹을 한다 해도 사용이 불가능하다. D와 E드라이브 각각 3테라의 용량을 갖고 있다.

도노와 돈통이 결합된 패키지는 단순한 스토리지 기능을 넘어 클라우드 솔루션으로의 확장성을 갖추고 있다. 저렴한 비용으로 고성능 대규모 볼륨이 필요한 업무 시스템에 적용할 수 있는 것이 장점이다.

기본적으로는 프라이빗 클라우드 개념이지만 토큰을 매개로 하는 다양한 비즈니스 모델에 활용할 수 있다. 암호화폐 거래소나 플랫폼/메인넷 운영사, 커스터디 서비스 등에 적용이 가능하다.

이번에 공개한 '도노+돈통' 패키지는 현존하는 가장 강력한 보안기능을 갖춘 디지털 자산 스토리지로, 프라이빗 자산 보관과 함께 B2B 비즈니스에 적합한 모델이다. 부산 블록체인 특구의 디지털 자산 보관서비스 기업으로 선정된 에이넥스코리아는 전자지갑 도노와 돈통을 활용한 디지털 자산 보관서비스 개시를 앞두고 있다.

학습 9

3. 디지털 자산과 인간중심의 보안 접근방법

디지털 자산의 보안에서 이용자 중심의 디지털 금융보안체계를 통해 사이버 보안을 넘어 인간 보안(Human Security)를 확립해야 한다.

전통적인 보안 접근방법은 보안정책과 보안기술대책을 기반을 두고 예방중심의 보안대책이다. 반면 새로운 보안관리 패러다임은 인간중심 보안(PCS : People-Centric-Security)이다.

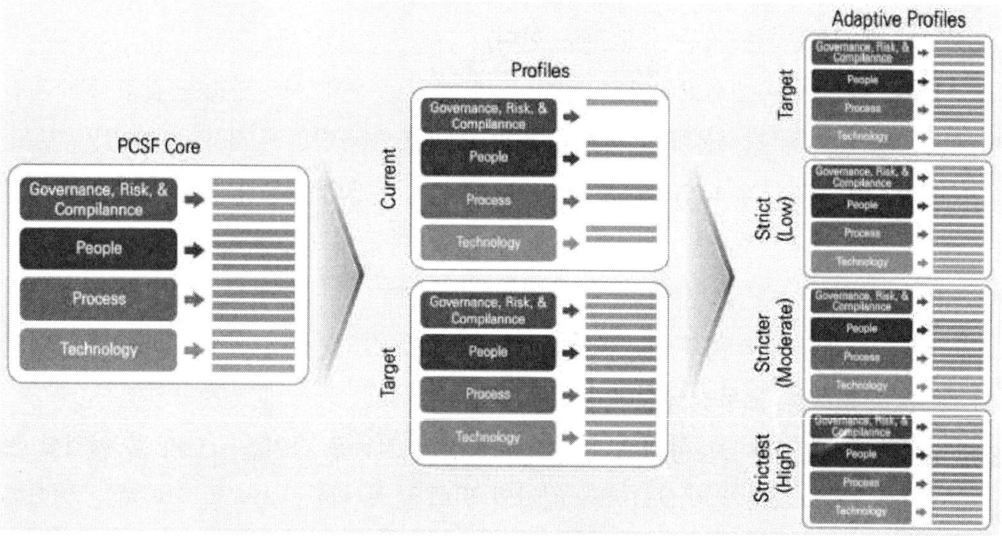

[그림 9-8] 안간중심의 보안 프레임워크

[그림 9-8]처럼 인간중심 보안 플임워크는 NIST에서 발간한 Privacy Framework 체계와 유사하게 핵심활동(Core), 프로파일(Profile), 구현계층(Implementation Tiers)으로 구분하여 제시하고 있다.

핵심활동은 인간관계 위험을 관리하기 위한 활동과 결과물을 나타내며, 이를 다시 거버너스(GRC), 인간(People), 프로세스(Process), 기술(Technology)이라는 기능(Function)으로 구분하여 각각을 카테고리와 서브 카테고리로 세분화하고 있다.

프로파일은 핵심활동에서 우선순위에 기반하여 조직의 미션이나 목표에 적절하게 선택된 활동의 집합체라고 할 수 있다. 프로파일 개발을 통해 인간중심 보안활동의 현재 수준을 파악할 수 있으며, 목표 프로파일(Target Profile)을 결정하여 개선 노력을 수행할 수 있다.

구현계층은 인간 관련 위험을 관리하고 목표 프로파일을 달성하기 위해 충분한 프로세스와 자원을 보유하고 있는가를 보여주는 것으로 일종의 성숙도 개념(5단계)

을 적용하였다.

특히 디지털 자산의 보안은 인간중심의 보안을 통하여 조직 내 지속 가능하며 긍정적인 보안문화를 형성하는 것으로 협업과 참여를 통한 창의적 노력이 요구되는 보안기술 대책과 보안 접근방법으로서 실효성이 큰 방법이다.

인간중심의 보안 원칙은 최종 책임성(Accountability), 수행 책임성(Responsibility), 자율성(Autonomy), 비례성(Proportionality), 투명성(Transparency), 즉시성(Immediacy) 원칙이다.

디지털 자산의 전체 조건 만족을 위한 구현은 정교한 인식 제고 및 교육을 포함하는 보안문화 변화관리 프로그램의 구현이 되어야 하고, 정교한 모니터링 프로그램이 구현되어야 한다.

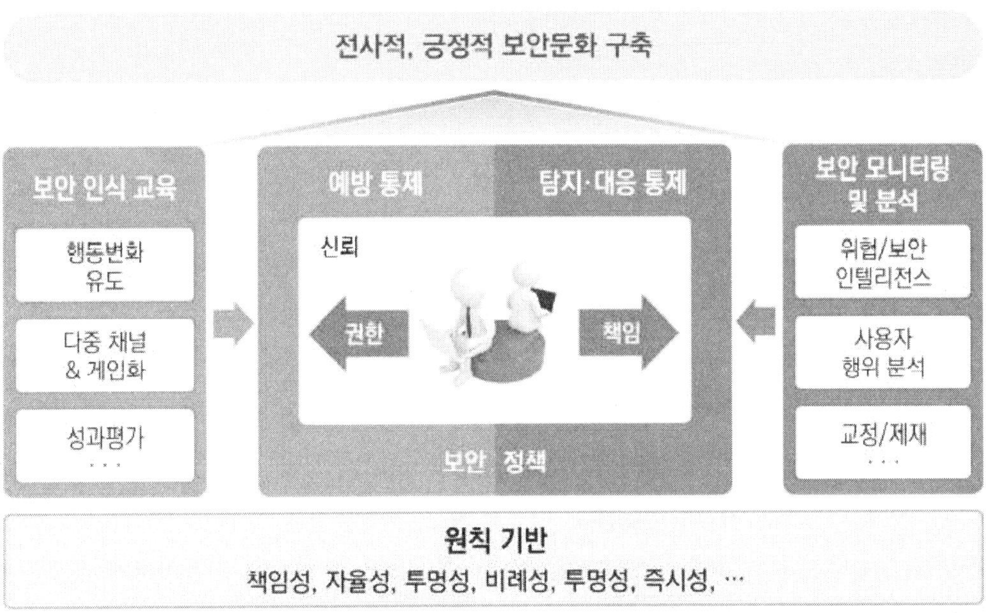

[그림 9-9] 인간중심 보안 프레임워크

디지털 자산에 필요한 보안을 위해서는 디지털 금융혁신에 보안이 방해요인이 되어서는 안되며, 오히려 안전한 디지털 자산의 금융서비스를 가능하게 하기 위해서는 임직원의 창의성과 자율성이 해치지 않으면서도 안정적 금융서비스를 운영할 수 있도록 인간중심의 보안활동이 꼭 필요한 시점이다.

수행 내용

재료 · 자료

- 디지털 자산과 보안 관련 자료

기기(장비 · 공구)

- 컴퓨터, 문서작성 프로그램, 프린터, 주변기기

안전 · 유의사항

- 디지털 자산과 보안 관련 장비의 안전 및 유의사항을 숙지한다.

수행 순서

01 디지털 화폐의 디지털 지갑에 대하여 분석하라.

1. 비트코인 지갑이 필요한 이유

비트코인(BTC)은 디지털 화폐이다. 비트코인은 어떠한 실제 형태를 취하지 않으므로 이론적으로 어디에든 저장할 수 있다. 따라서 중요한 것은 자신의 비트코인 주소와 거래 서명을 보관하는데 사용하는 개인 키(Private Key)로서, 이를 매우 안전하게 보관해야 한다. 자금을 받는 사람의 공공 키와 자신의 개인 키를 결합한 것이 비트코인 거래를 가능케 하는 중요한 요소가 되는 것이다.

각기 다른 필요를 충족시켜주며 보안성, 편리성, 액세스 범위 등에서 다양한 형태를 갖는 비트코인 지갑이 존재한다.

2. 지갑의 유형

1) 종이지갑

종이지갑(Paper Wallet)은 비트코인을 받는 데 필요한 공공주소와 개인 키 정보가 적혀 있는 종이쪽지를 말하며, 이는 그 주소에 저장되어 있는 비트코인을 지출하거나 송금하는 데 필요하다. 종이지갑은 때때로 QR코드 형태로 인쇄되어 있어서, 이를 스캔해서 소프트웨어 지갑에 추가해 거래할 수 있게 된다. 종이지갑은 자신의 개인 키를 통해 무작위 비트코인 주소를 만들어낼 수 있게 해주는 비트어드레스나 비트코인페이퍼월렛 같은 서비스를 통해 생성될 수 있다. 그렇게 생성된 키는 인쇄될 수 있으며, 일부 서비스에서는 이를 위조가 불가능한 디자인이나 홀로그램 라벨로 만들어서 주기도 한다.

종이지갑의 이점 중 한가지는 키가 오프라인에 저장되므로 사용자의 키 누르는 패턴을 훔쳐가는 멀웨어를 포함해 해킹공격의 우려가 일체 없다는 점이다. 그렇지만 지갑을 만들 때 주의해야 할 점은 여전히 남아 있다. 종이 지갑을 생성하기 전에 주변에 쳐다보는 사람이 있는 지 확인해봐야 한다. 더 나아가 스파이웨어가 자신의 활동을 감시하는 일이 없도록 방지하기 위해 USB 드라이브나 DVD 드라이브를 통해서 우분투(Ubuntu) 같은 프로그램을 가동시켜 운영체제를 확인해볼 필요가 있다. 또한 종이 지갑이 만들어진 다음에 웹사이트 코드는 오프라인에서도 작용이 되어야 하며, 이를 통해서 키를 생성하기 전에 인터넷 연결이 끊어져야 한다. 마지막으로 네트워크와 연결되지 않은 프린터로 이를 인쇄해야 한다.

한편으로는 아주 귀중한 개인정보를 종이에 인쇄하고 있다는 점을 명심해야 한다. 따라서 이 종이쪽지를 보호하는데 상당한 주의를 기울일 필요가 있다. 예를 들어 이를 집락(Ziplock) 백 같은데 보관해서 물에 젖어 훼손되거나 구겨지는 일이 없도록 해야 한다. 어떤 사람들은 이를 비닐코팅(Laminate)해서 금고에 보관하기도 한다.

2) 물리적인 비트코인

물리적(실물) 비트코인은 많은 경우 일정한 액수의 BTC가 사전에 저장되어 있으며, 이를 만드는 이유는 개인 키를 공개하지 않은 채 여기에 저장된 액수를 장기간 보관하기 위해서이다. 이는 뜯으면 쉽게 알아차릴 수 있는 밀납봉인방식으로 보관되는 경우가 많다.

맨 처음에 나온 물리적 비트코인은 비트빌(Bitbill)로서, 이는 마치 신용카드처럼 생겼지만 그 후에 나온 방식은 둥근 메달처럼 생겼다. '카사시우스(Casascius)'라는 별명으로 더 잘 알려져 있는 암호화폐 애호가 마이크 캐드웰(Mike Cadwell)이 최초의 카사시우스 비트코인을 2011년에 내놓았다. 이 코인의 개인 키는 뜯어낼 수 있는 홀로그램 속에 숨겨져 있으며, 이걸 뜯어낼 경우 쉽게 판별할 수 있게 해놓고 있다. 이 코인은 현금 상환을 할 경우 그 디지털 가치를 잃게 된다. 이 코인이 나온 이후로 몇 가지 새로운 코인 형태가 나온 바 있다.

물리적 비트코인은 자금을 보다 안전하게 저장하는 편리한 수단이 될 수 있으며, 오프라인 상에서 거래할 때 매우 유용할 수 있다. 이에 더해 물리적 비트코인은 수집 아이템으로도 인기가 높다. 하지만 치명적인 단점이 있다. 지난 2013년 11월, 마이크 캐드웰은 미국 금융범죄단속네트워크(FinCEN)로부터 무허가 송금 사업자로 분류되어 사업 중단 명령을 받았다. 이러한 유형의 활동에 대한 규제는 매우 엄격해서, 그는 결국 디지털 비트코인이 저장된 물리적 비트코인 판매를 중단할 수밖에 없었다. BTC는 아직까지도 많은 나라에서 법적으로 분명하게 정의되지 않은 부분이 많아서 그러한 아이템은 일부 국가에서는 위조화폐로 간주될 수도 있다.

3) 모바일 지갑

가게에서 물건을 살 때 지불 수단으로 활용하거나 비트코인 대면 거래를 하는 등, 비트코인을 매일 같이 사용하는 이들에게 있어서 모바일 BTC 지갑은 반드시 갖춰야 할 수단이다. 이는 스마트폰 앱으로 사용 가능하며, 개인 키를 저장해놓고 물품 대금을 전화를 통해 직접 지불할 수 있다. 이에 더해서, 어떤 앱은 스마트폰의 근거리 무선통신(NFC) 기능을 통해 지불할 수 있도록 해준다. 즉 일체의 개인정보를 드러내는 일 없이 폰을 카드 리더기 근처에 갖다 댐으로써 결제할 수 있는 방법이다.

어떠한 비트코인 고객이든 블록체인 원장 전체에 대한 액세스를 요구하며, 이 원장은 계속해서 커지고 있고 저장용량이 몇 기가바이트에 달하기도 한다. 이 때문에 모바일 지갑은 단순화된 결제확인기술을 사용하기도 한다. 이러한 기술은 블록체인의 일부 블록들하고만 작용하며, 비트코인 네트워크 상의 신뢰 가능한 노드에 의존해서 사용자가 정확한 정보를 갖고 있는 지 확인한다.

모바일 지갑은 비트코인 저장을 위한 편리한 휴대용 수단이긴 하지만 해킹공격에 취약하다는 약점을 갖고 있다. 게다가 누군가가 스마트폰을 훔쳐가면 지갑을 사용할 수 없게 된다. 안드로이드는 기기용으로 다양한 유형의 비트코인 지갑앱이 존재한다. 애플은 2014년 2월부터 앱스토어 상에서 비트코인 지갑을 금지했다가 그 후 몇 달 만에 이러한 결정을 철회하기도 했다.

〈표 9-1〉 모바일앱의 종류별 운영체계와 기능

앱 이름	운영체계	기 능
FreeWallet	iOS, Android	콜드 스토리지, 어떠한 암호화폐에 대한 인출과 입금도 가능
Edge	iOS, Android	무 지식, 싱글 사인온, 원터치 2단계 인증
Atomic Wallet	iOS, Android	사용자 친화적이며, 500 이상의 자산 거래를 제공, 즉시 암호화폐 옵션 거래, 무료 보호예수 앱
Blockchain Wallet	iOS, Android	계층형 · 결정형, 사용자가 현재 있는 지역의 비트코인 가맹점을 찾을 수 있는 기능 제공, 오픈소스 소프트웨어

앱 이름	운영체계	기 능
Copay	iOS, Android, Windows Mobile	복수 사용자 가능, 송금 위해 사용자 전원이 승인해야 하는 구조, 오픈소스 소프트웨어
Jaxx	iOS, Android	콜드 스토리지, 확인 과정 불필요
Mycelium	iOS, Android	콜드 스토리지, 계층형 및 결정형, 오픈소스 소프트웨어

4) 웹지갑

웹지갑은 개인 키를 항상 온라인 상태에 있는 제3자 관리서버에 저장할 수 있게 해준다. 다른 서비스는 각기 다른 기능을 제공하고, 그 중 일부는 모바일 및 데스크탑 지갑과 연계되며 모든 종류의 기기에 동일한 주소를 복제할 수 있도록 해준다.

이월렛(E-wallet)은 모바일 지갑과 별 다를 바 없이 인터넷과 연결된 기기를 통해서 언제 어디서든지 자금에 접속할 수 있게 해준다. 하지만 이월렛에 대해 충분한 보안조치를 취하지 않을 경우, 웹사이트 관리 사업자가 사용자의 자금을 훔쳐갈 가능성도 없지 않다. 일부 이월렛은 거래소를 통해 제공되며, 거래소가 갑자기 파산하여 폐쇄되거나 사용자 자금을 빼돌려서 도망치는 경우도 없지 않았다.

〈표 9-2〉 웹지갑 서비스별 기능

서비스	기 능
Coinbase	원스탑 솔루션, 지갑과 거래소 서비스를 동시에 제공
Circle	사용자는 비트코인 저장, 송금, 예금, 매입 등이 가능
Blockchain	웹 기반의 지갑 가운데 가장 인기 높은 서비스
Strongcoin	개인 주소 키를 서버에 전송하기 전에 암호화 할 수 있도록 해주는 하이브리드 지갑을 제공
Xapo	간단한 비트코인 지갑으로서, 콜드 스토리지를 통한 높은 보안성 제공

5) 데스크탑 지갑

데스크탑 지갑은 컴퓨터에 다운로드 해서 설치할 수 있다. 이 경우, 개인 키는 하드 드라이브에 저장된다. 데스크탑 지갑은 데이터를 써드파티 사업자에 맡기지 않으며 훔치기도 어렵기 때문에 온라인 지갑이나 모바일 지갑에 비해 안전한 것으로 여겨진다.

여전히 인터넷에 연결되어 있으므로 완벽하게 안전하다고 볼 수는 없지만, 소액의 비트코인을 컴퓨터를 통해 거래하는 이들에게 가장 적합한 솔루션이다.

다양한 필요에 부응하는 여러 가지 데스크탑 지갑 옵션이 있다. 이들 가운데 일부는 보안성에 초점을 맞추고 있으며, 다른 것들은 익명성에 보다 중점을 두고 있다.

〈표 9-3〉 데스크 지갑 서비스별 운영체제와 기능

서비스 명	운영체계	기 능
Electrum	맥 OS, 윈도우, 리눅스	가장 인기 높고 효과적이며 안전한 데스크탑 지갑 오픈소스, 이미 발표된 거래에 대해서는 거래 수수료를 대체할 수 있도록 허용, 확인 과정을 신속하게 해줌, 주소 태깅, 암호화
Atomic Wallet	맥 OS, 윈도우, 리눅스	가장 인기 높은 암호화폐 지갑으로 맥 OS, 윈도우, 리눅스에서 사용 가능, 500개가 넘는 자산에 대해 서비스 제공, 키는 사용자 기기에서 암호화되며 즉각적인 거래 및 암호화폐 매입 옵션, 무료 보호예수 앱, 하루 24시간 헬프센터 운영
Exodus	맥 OS, 윈도우, 리눅스	사용자 친화적이고 이해하기 쉬우며 신뢰성이 높다.
Bitcoin Core	맥 OS, 윈도우, 리눅스	풀 노드 지갑으로 이 서비스를 사용하기 위해서는 블록체인 전체를 다운로드, 이는 독립적으로 거래를 확인할 수 있게 해주며, 시스템 내 다른 사업자를 개입시키지 않음
Copay	맥 OS, 윈도우, 리눅스	다중서명(multi-signature) 지갑, 모바일 지갑 및 데스크탑 지갑, 오픈소스
Armory	맥 OS, 윈도우, 리눅스, 우분투, 라스베리Pi	안전과 보안성을 가장 중요하게 강조, 다양한 암호화 및 콜드 스토리지 옵션을 제공

6) 하드웨어 지갑

하드웨어 지갑은 사용자의 개인 키를 안전한 하드웨어 기기 안에 보관하는 독특한 방식의 비트코인 지갑이다. 이는 비트코인 보관을 위한 가장 안전한 방법으로 꼽힌다.

이제까지 하드웨어 지갑에 보관된 자금을 도난 맞은 사례가 한 건도 보고된 적이 없다. 어떤 시점에서는 반드시 소프트웨어 지갑으로 전환되어야 하는 종이 지갑과는 달리, 하드웨어 지갑은 언제나 높은 보안성을 유지할 수 있다.

이에 더해, 하드웨어 지갑은 컴퓨터 바이러스를 걱정할 필요가 없으며, 저장되어 있는 자금은 절대로 기기 밖으로 전송될 수 없도록 되어 있다.

어떤 하드웨어 지갑에는 스크린도 있으며, 이를 통해 추가적인 지갑 정보를 요구할 수 있으므로 보다 높은 수준의 보안성을 제공할 수 있다.

예를 들어 스크린은 개인 키 복구를 위한 정보를 묻는 데 사용될 수 있으며, 결제하고자 하는 주소를 확인하는 데도 사용될 수 있다.

따라서 신뢰할 수 있는 제조사가 만드는 기기를 구매하기만 한다면 자금의 안전성은 매우 높을 수 있다.

〈표 9-4〉 하드웨어 지갑 서비스별 가격과 기능

서비스 명	가 격	기 능
Ledger Nano S	58€	스크린, 거래 확인을 위해 동시에 눌러야 하는 두 개의 버튼이 존재, 이 기능은 해킹을 통해 버튼을 작동하지 못하도록 하기 위한 목적으로 만들어짐, PIN 코드, 하드웨어 박스는 밀납 봉인이 된 상태로 배달됨
TREZOR	$99	스크린, 2개 버튼, 지갑은 최대 24개의 단어와 암호문(Pass Phrase)을 눌러야 열림, PIN 코드
KeepKey	$99	스크린, 디지털 스크린 및 금속 본체, PIN 코드, 무작위 숫자 생성, 최대 24개의 단어를 눌러야 열림, 개인 키 복구는 크롬 확장 파일을 통해 가능

7) 은 행

토러스 웰스 어드바이저(Taurus Wealth Advisors)의 레이너 마이클 프라이스(Rainer Michael Preiss) 전무이사는 모든 미국 은행들이 블록체인이나 비트코인, 다른 모든 암호화폐에 대해 두려움을 갖고 있다고 말한다.

그는 또한 은행거래의 투명성 결여로 인해 암호화폐는 투자자들에게 상당히 커다란 기회를 제공할 수 있을 것이라고도 말한다(CNBC).

실제로 수많은 은행들은 비트코인을 화폐로 인정하지 않고 있으며, 일부 은행들은 암호화폐를 통해 벌어들인 자금을 투자자금으로 받아들여 관리하기를 거부하고 있다.

은행들이 비트코인을 합법적인 통화로 인정하길 꺼려하는데 대응하여 비트코인 암호화폐 은행(Bitcoin Crypto Bank)이 설립된 바 있다.

이는 이러한 종류의 은행으로서는 최초로서, 비트코인 거래시장에서 운영하는 개인기업이다. 이 은행은 비트코인 예금을 받아들이며, 암호화폐 시장에 대한 높은 수준의 경험을 갖고 있다고 주장하고 있다. 이 회사의 웹사이트에서는 투자자들에게 낮은 리스크의 플랫폼을 제공하고 높은 수익률을 올릴 수 있게 해준다고 주장하고 있다.

3. 비트코인 지갑과 보안성

1) 문제점

① 멀웨어에 걸릴 가능성, 멀웨어 또는 악성 소프트웨어는 하드 드라이브를 검색하여 개인키를 찾아낸다. 그리고는 몇 초만에 사용자가 갖고 있던 비트코인은 사라지고 만다.

② 트로이 소프트웨어는 하드 드라이브 상의 모든 파일에 암호를 걸 수 있다. 그런 다음 이 소프트웨어는 지갑과 연계된 모든 파일을 찾아내 얼마나 많은 자금을 갖고 있는지 파악한 뒤, 얼마를 지불하면 하드 드라이브 암호를 풀어줄 것이라고 몸값

요구를 한다.

③ 디지털 거래소도 사용자의 돈을 빼내 도망칠 수 있다.

④ 지갑이 설치된 노트북이나 스마트폰을 잃어버릴 수 있다.

2) 주의할 점

① 인터넷 연결이 필요한 지갑은 되도록 사용하지 않는 것이 좋다.

② 대신 콜드 스토리지 옵션을 사용하는 편이 낫다.

③ 항상 주의하고, 두 번 이상 확인하는 버릇을 들여야 한다.

예를 들어 블록월렛(BlockWallet)인 것처럼 보이는 곳으로부터 이메일을 받을 수 있지만, 나중에 자세히 보면 Blockwalet인 경우가 있다. 이를 제대로 확인하지 않고 승인할 경우, 본인이 갖고 있던 비트코인은 순식간에 사라져 버리고 만다.

02 개인정보 유출 및 타인에게 제공, 컴플라이언스 관련에 대하여 분석하라.

〈표 9-5〉 개인정보 유출 관련 법의 주요내용과 패널티

항 목	주요 내용	패널티
정보통신망법 (시행일 '17.03)	(제28조) 개인정보의 분실, 도난, 유출, 변조, 훼손을 방지하기 위한 기술적 · 관리적 조치 수행	(제64조의3) 개인정보 분실, 도난, 유출, 변조 시 매출액의 3% 이하 혹은 4억 원 이하의 과징금 부과
개인정보보호법 (시행일 '16.09)	(제24조) 민감정보, 고유식별정보의 분실 · 도난 · 유출 · 위/변조 또는 훼손 방지를 위한 암호화 등 안정성 확보 조치 수행	(제34조) 주민등록번호 분실, 도난, 유출, 위/변조, 훼손 시 5억 원 이하 과징금 부과 제39조 개인정보처리자의 과실로 개인정보가 분실 · 도난 · 유출 · 위/변조 또는 훼손되어 손해 발생 시 그 손해액의 3배를 넘지 않는 범위에서 손해 배상
전자금융거래법 (시행일 '17.07)	(제3장21조) 안전한 전자금융거래를 위한 정보기술 부분에 대한 계획 매년 금융위 제출	(제46조) 전자금융거래 정보를 타인에게 제공, 누설 또는 업무 상 목적 외에 사용한 경우 50억 이하의 과징금 부과
산업기술보호법 (시행일 '15.01)	제14조 산업기술의 부당 취득 및 공개 · 유출 · 해외유출 등의 행위 금지	제36조 최대 10년 이하의 징역 혹은 10억 원 이하의 벌금 부과

항 목	주요 내용	패널티
GDPR (유럽 일반 개인정보 보호법 시행일 '18.05)	(제5조, 개인정보 처리 관련 원칙) 권한 없는 처리, 불법적 처리 및 우발적 멸실, 파괴 또는 손상에 대비한 보호 등 적절한 보안을 보장하는 방식으로 처리 (제24조, 컨트롤러의 책임) 개인정보의 처리가 GDPR을 준수하여 수행되는 것을 보장하고, 이를 입증할 수 있는 적절한 기술적 · 조직적 조치 이행	(제83조) 심각한 GDPR 규정의 위반 경우 전 세계 연간 매출액의 4% 또는 2천만 유로 가운데 더 큰 금액의 과징금 부과

03 디지털 지갑 사용의 장 · 단점에 대하여 분석하라.

디지털 지갑의 장점은 다음과 같다.

1. 시간 절약

온라인 쇼핑 또는 모바일 충전할 경우에 신용카드의 세부정보를 입력하지 않아도 되므로 시간을 절약할 수 있을 것이다. 디지털 지갑에 일부 금액을 유지하는 경우, 카드정보를 입력하지 않고도 온라인으로 결제할 수 있다.

2. 보 안

디지털 지갑에서는 지갑을 무단 액세스로부터 모든 지갑의 잠금 암호 보안서비스를 제공하기 때문에, 안전하게 돈을 유지하기 위해 별도의 보안을 제공한다.

3. 지출을 추적

모든 금액은 모바일 지갑에 지출 또는 거래가 됨으로 쉽게 우리 거래의 계정을 통해 추적할 수 있다.

4. 매력적인 할인

온라인으로 제품을 구입하는 경우, 공급자의 디지털 지갑을 사용하는 경우 특별하게 할 일하는 경우가 많다.

디지털 지갑의 단점은 다음과 같다.

1. 국제적 사용제한

해외여행 중 다른 나라에서 디지털 지갑을 사용해야 하는데 해당국가에서는 디지털 지갑 사용서비스를 하지 않는 경우에 종종 서비스에 대한 제한이 큰 장애물인 경우가 있다.

2. 제한 업체

모바일 플랫폼 업체의 디지털 지갑의 수가 증가되고 있기는 하지만 제한되는 업체가 있을 경우에는 디지털 지갑을 사용하지 못하는 플랫폼이 있을 수 있다.

3. 장치(디바이스)에 의존됨

디지털 지갑은 노트북, 스마트폰, 테블릿 등과 같은 장치를 통해 배터리 문제를 해결하고 있기 때문에 배터리가 없는 경우에는 사용할 수 없다. 그러므로 디지털 지갑이 신용카드나 직불카드를 이길 수 없는 이유이다.

4. 돈의 분실 위험

디지털 지갑은 디지털 숫자로 이루어진 번호를 분실하는 경우에는 돈을 찾을 수 없으므로 본인의 돈을 분실해 버린다. 은행의 직불카드는 3D 보안 암호를 제공하기 때문에 분실해도 본인 확인하면 찾을 수 있다.

04 공인 가상화폐인 CBDC 디지털 지갑의 보안에 대하여 분석하라.

'공인 가상화폐'인 CBDC(Central Bank Digital Currency)는 정부(중앙은행)에서 발권 및 관리하는 디지털 통화로 지폐가 아닌, 디지털 형태의 명목화폐다. 하지만 엄밀히 말해 '암호화폐'는 아니다. CBDC와 암호화폐, 이 두 통화의 철학적 사상은 그 출발부터 다르다. 본원적 갈등 구조를 내포하고 있는 이유다.

1. 암호화폐를 바라보는 불안한 시선

비트코인과 같은 전형적인 암호화폐는 기본적으로 돈 거래에 대한 정부의 통제를 피하기 위해 태어났다. 따라서 그 거래내역은 블록체인 기술로 보호된 '분산원장'에 기록된다. 거래기록이 여러 곳에 나뉘어 안전하게 보관·관리되는 분산원장 구조에서는 중앙은행과 같은 정부기관 개입이 필요 없다. 송금에는 국가적 경계도 없다. 관세 역시 부과되지 않는다. 지난 2017년 거래가 급등으로 비트코인이 처음 대중의 주목을 받을 때, 대다수 국가는 우려를 표명하며 이에 대한 규정을 만들어내기 바빴다. 그 결과 암호화폐 거래수익에 세금이 부과됐다.

이는 각국 정부가 암호화폐를 제도권 내에 편입시키려는 노력중 하나다. 여기서 우리는 서로 반대 방향을 바라보며 달리고 있는 두 화폐의 철학적 갈등구조를 엿볼 수 있다.

하나는 정부의 통제에서 벗어나려고 하고, 또 다른 하나는 공권력 내에 가두고 싶어 한다.

국제결제은행(BIS)에 따르면, 지난해 전세계 중앙은행중 대다수(86%)가 CBDC 분석에 착수한 상태다. 그 가운데 중국을 비롯한 스웨덴, 바하마 등은 이미 '예비 CBDC'를 발행했다. 특히 바하마는 지난해 10월, 자국민을 상대로 실시간 범용 목적의 CBDC인 '샌드 달러'를 세계 최초로 내놨다.

2. CBDC 시스템의 구조적 고찰

바하마의 샌드 달러나 중국(DCEP), 스웨덴(E-크로나), 유럽(디지털 유로) 등 대다수 국가의 CBDC 프로젝트는 [그림 9-10]처럼 2계층 구조의 프로토 타입으로 운영된다. 중앙은행이 CBDC를 시중은행에 발행하면, 시중은행은 이를 받아 국민들에게 배포하는 방식이다.

이 과정에서 시중은행은 사용자와 기기에 대한 인증 및 설정 등을 관리한다. 정부의 요청 등 필요시, 거래취소를 포함한 사용자 계정 동결 또는 압류가 가능토록 하기 위한 조치다. 여기서 디지털 지갑은 사용자가 CBDC를 다른 사용자 또는 사업장에 지불하거나 받을 수 있는 인터페이스다.

사용자는 CBDC 시스템상에서 P2P(Peer-to-Peer)와 P2M(Peer- to-Multi peer) 모드를 지원하는 디지털 지갑을 모두 선택할 수 있다. 물론 P2P나 P2M 모드는 온·오프라인 거래에서 사용자의 개인정보와 전송보안을 보장해야 한다.

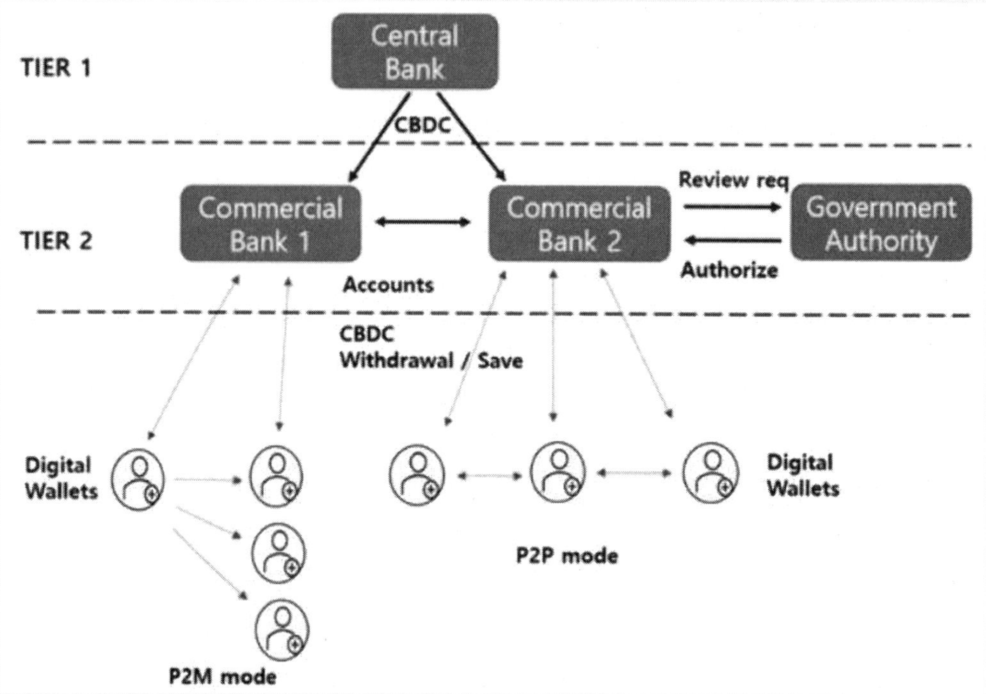

[그림 9-10] 2계층 구조의 CBDC 시스템

3. CBDC에서 'RoT'의 중요성

CBDC 시스템상에서 가장 중요한 것 중 하나는 바로 신뢰점(RoT : Root of Trust)이다. RoT는 절대 신뢰가 가능하고, 제품 수명 내내 변경 불가한 하드웨어(HW) 및 소프트웨어(SW) 모듈의 핵심 기능요소 집합체다. 각종 IoT 단말내 모든 컴퓨터 운영체계(OS)가 완벽하게 의존할 수 있고, 복사하거나 복제될 수 없는 비아퍼프(Via PUF) 기술이 장착된, 칩 고유의 ID(Inborn ID)가 바로 RoT다.

따라서 CBDC 지갑은 그 어떤 해킹 시도에도 개인키를 보호해야 하기 때문에, 반드시 RoT 기반으로 구축돼야 한다.

CBDC 지갑의 개인 키는 지갑 내에서 항상 비밀로 유지돼야 하며, 단말을 떠나지 말아야 한다. 하지만 비밀정보가 포함된 SW기반 지갑(핫 지갑)은 언제나 공격자의 쉬운 표적이 된다.

CBDC가 해킹돼 개인 키를 도난 당하면, 그 돈은 영원히 찾을 수 없다. 반면 HW지갑(콜드지갑)은 상대적으로 보안수준을 크게 높일 수 있으나, 이 역시 펌웨어 수정이나 위조공격에 자유로울 순 없다. HW장치에 악성 멀웨어를 삽입하면, 결국 개인키는 노출된다. 바로 이 점이 궁극의 시큐리티 솔루션으로 퍼프 기반 RoT가 도입돼야 하는 이유다.

4. CBDC상 '퍼프'의 장점

퍼프는 예측 불가능한 키값을 외부주입이 아닌 자체생성방식으로 부여받는다. 또 처음 칩 제조 때부터, 마지막 CBDC 사용자까지의 추적이 용이해, 지갑 내 개인 키값을 무단 도용한다는 게 이론상 불가능하다. 가능하다해도 거기에 소요되는 시간과 비용이 기존 보안기술 대비 천문학적으로 소요된다. 이에 따라 최근 퍼프의 보안 요구 사항 및 시험법에 대한 국제 표준화 움직임이 'ISO/IEC 20897-1' 등에 의해 활발히 진행되고 있다.

이 같은 국제표준화 프로세스가 마무리되면, 퍼프기술의 시장수요는 기하급수적으로 증가할 것이라는게 업계의 관측이다.

〈표 9-6〉 CBDC 구조상 비아퍼프의 기술적 이점

비아퍼프 주요특성	내 용
유일무이의 ID(Inborn ID)	자체 생성 ID사용으로 외부에서 ID값 입력 불필요
RoT기반 추적관리	퍼브칩 자체가 최초 제조라인부터 최종 지갑이용자까지 추적 가능한 단초 역할
RoT기반 키값관리	퍼브 특성상 킷값을 칩 내에 저장하지 않고 필요시마다 자체생성
보안저장소	CBDC지갑의 개인 킷값을 퍼프 내 자체 저장
펌웨어 보호	무선 펌웨어 업그레이드(FOTA)방식을 이용한 안전한 펌웨어 관리

CBDC 지갑내 디지털 자산을 보호하려면 USB 동글형이나 스마트카드형, 모바일 유심/e심형 등과 같은 비아퍼프 기반 HW 지갑의 활용은 필수다.

이 지갑은 사용자 인증을 위해 생체인식 시문감지 기술을 사용하는데, 지문 템플릿은 유심 또는 e심 퍼프 칩내 안전한 장소에 저장된다. 이때 FIDO(ID나 비밀번호 없이 생체인식 기술을 활용해 개인 인증을 수행하는 기술)가 대체 옵션이 될 수 있다.

지갑 공개키는 신뢰 당사자의 FIDO 서버에 사전 등록돼있어야 한다. 사용자 지문은 로컬로 등록 및 인증된다. 따라서 사용자는 ID와 패스워드를 입력하지 않고도 지갑에 접근할 수 있다.

또 이 지갑은 장치인증과 보안 부팅, 데이터 무결성 검사, 보안 펌웨어 업데이트 등과 같은 내장형 퍼프 기반 보안기능 등으로 블루투스와 NFC(근거리 무선 통신)을 지원한다. 이를 통해 P2P 모드 및 P2M 모드를 포함한 각종 돈 거래에서 다른 CBDC 지갑들과 안전한 통신을 담보한다.

5. PUF, CBCD 성공의 핵심

암호화폐 시스템의 전형인 분산형 원장 구조와 달리, 대다수 각국 CBDC는 중앙은행의 제어기능을 유지하면서도 이용자들에겐 부분적 또는 제어가능한 익명성을 허용하는 '절충형 원장시스템'을 채택하고 있다.

따라서 CBDC의 보안은 이용자는 물론, 시장의 신뢰에 매우 중요한 요소다. 칩 고유의 태생적 유일 ID로 구동되는 비아퍼프(Via PUF) 지갑이야말로, 각국 CBDC 프로젝트의 성공을 약속하는 최고의 보안 솔루션인 셈이다.

학습활동.9 교수 · 학습 방법

교수 방법

- 디지털 자산과 디지털 지갑 보안 융합기술에 대한 관련 용어, 구성, 방식 이해 정도를 파악한 후 수업을 진행한다.
- 교수자의 주도로 디지털 자산과 디지털 지갑 보안 융합기술 등의 내용을 PPT 자료로 제시한 후 설명한다.
- 가능하면 사전에 개인별 학습 자료를 준비하여 모든 학생이 참여할 수 있는 문제 해결식 수업, 협력 수업이 가능하도록 한다.
- 디지털 자산과 디지털 지갑 보안 융합기술 전 과정을 작업의 순서에 따라 단계적으로 실습이 이루어질 수 있도록 지도한다.
- 교재를 통해 수업을 준비하는데 있어서 필요한 모든 정보나 팁, 힌트 등 도움이 될 만한 내용들을 확인할 수 있다.
- 학생들이 만들게 될 각 모델들은 수업시간에 중점적으로 다뤄질 부분과 어휘, 질문, 답을 포함하고 있으며 또한 탐구할만한 추가적인 아이디어들도 포함하고 있다.

학습 방법

- 디지털 자산과 디지털 지갑 보안 융합기술에 대한 관련 용어를 숙지하고, 디지털 자산과 디지털 지갑 보안 융합기술에 대해 이해한다.
- 디지털 자산과 디지털 지갑 보안 융합기술의 각 단계별 중점 사항을 체계적으로 학습한다.
- 디지털 자산과 디지털 지갑 보안 융합기술의 수행순서의 전 과정을 실습한다.
- 디지털 자산과 디지털 지갑 보안 융합기술의 내용을 이해한다.
- 디지털 자산과 디지털 지갑 보안 융합기술을 이해하고 숙달이 될 때까지 학습한다.

학습 9

학습활동.9 평가 및 피드백

평가 준거

- 평가자는 피평가자가 수행 준거 및 평가 내용에 제시되어 있는 내용을 성공적으로 수행할 수 있는 지를 평가해야 한다.

학습내용	평가항목	성취수준		
		상	중	하
디지털 자산과 디지털 지갑 보안 융합기술	디지털 자산과 디지털 지갑 보안 융합기술을 이해할 수 있다.			

평가 방법

• 작업 포트폴리오

학습내용	평가항목	성취수준		
		상	중	하
디지털 자산과 디지털 지갑 보안 융합기술	디지털 자산과 디지털 지갑 보안 융합기술을 이해할 수 있다.			

• 필기시험

학습내용	평가항목	성취수준		
		상	중	하
디지털 자산과 디지털 지갑 보안 융합기술	디지털 자산과 디지털 지갑 보안 융합기술을 이해할 수 있다.			

• 체크리스트를 통한 관찰

학습내용	평가항목	성취수준		
		상	중	하
디지털 자산과 디지털 지갑 보안 융합기술	디지털 자산과 디지털 지갑 보안 융합기술을 이해할 수 있다.			

• 피드백

1. 작업 포트폴리오
   - 제출한 보고서를 평가한 후 주요 사항에 대하여 표시하여 돌려준다.
2. 필기시험
   - 평가 결과 성적이 저조한 학생은 보고서 제출 기회를 부여한다.
3. 체크리스트를 통한 관찰
   - 실습 과정에서 평가한 후 개선해야 할 사항 등을 정리하여 돌려준다.

참 | 고 | 문 | 헌

- 고상태, 디지털 자산 보관유통, 더게임스데일리(http://www.tgdaily.co.kr), 2021.10.10.
- 김정덕, 디지털 금융 혁신과 안정을 위한 인간중심 보안, 전자금융과 금융보안, 2021 · 3Q
- 유경동, CBDC보안 거들떠보기, 보안뉴스, https://www.boannews.com/ 2021.11.12.
- https://www.itworld.co.kr/news, 2019.4.19.
- https://ko.dtyu.cc/296
- https://kr.cointelegraph.com/
- https://www.jiransecurity.com/products/sanitox

학습 9

학습 1	디지털 자산의 개요
학습 2	디지털 자산관리의 기술
학습 3	디지털 자산관리의 플랫폼
학습 4	디지털 자산과 전통자산 융합기술
학습 5	디지털 자산과 디지털 금융 융합기술
학습 6	디지털 자산과 디파이 서비스 융합기술
학습 7	디지털 자산과 메타버스 융합기술
학습 8	디지털 자산과 보안의 개요
학습 9	디지털 자산과 디지털 지갑 보안 융합기술
학습 10	**디지털 자산과 클라우드 보안 융합기술**
학습 11	디지털 자산과 ISMS-P 융합기술
학습 12	디지털 자산의 활용
학습 13	디지털 자산의 미래

학습 목표	1. 디지털 자산과 클라우드 보안 융합기술을 이해할 수 있다.

10-1 클라우드의 개념 및 보안

1. 클라우드의 개념 및 종류

1) 클라우드의 개요

클라우드는 인터넷을 통해 액세스할 수 있는 서버와 이러한 서버에서 작동하는 소프트웨어와 데이터베이스를 의미한다. 클라우드 서버는 전세계 데이터 센터에 위치한다.

[그림 10-1]처럼 클라우드 컴퓨팅은 하드웨어, 소프트웨어, 데이터 등의 IT자원이 웹을 통해 표준화된 '서비스'의 형태로 제공되는 모델이다.

클라우드로 제공되는 서비스에 대해 사용자는 언제(IP지원이 되는), 어떤 장비를 통해서든, 원하는 만큼의 서비스를 골라서 사용할 수 있으며, 사용량에 기반하여 비용을 지불 하는 비즈니스 모델이다

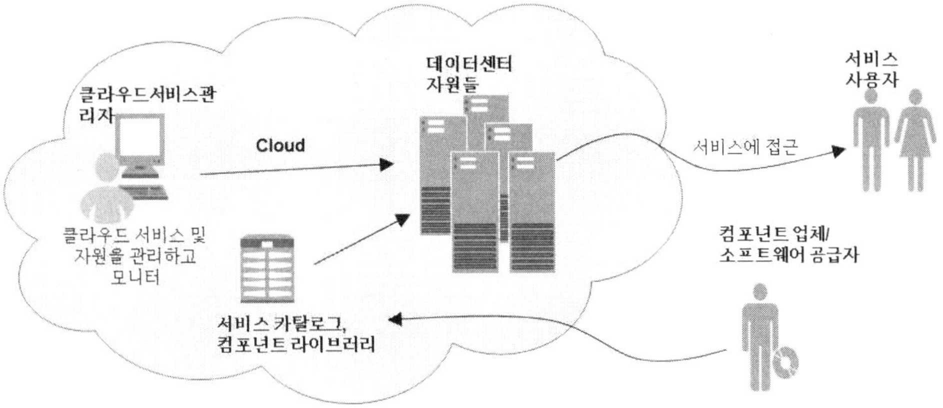

[그림 10-1] 클라우드 컴퓨팅의 개념

클라우드 인프라는 기존 인프라의 통합과 고도의 가상화를 통하여 사용률의 극대화를 지향한다. 따라서 인프라의 단순화(Simplification)를 실현하며, 궁극적으로 비용절감에 기여하게 된다.

사용자와 기업은 클라우드 컴퓨팅을 사용하면 직접 물리적 서버를 관리하거나 자체 서버에서 소프트웨어 응용프로그램을 실행하지 않아도 된다.

클라우드를 통해 사용자는 거의 모든 장치에서 동일한 파일과 애플리케이션을 액세스할 수 있다. 컴퓨팅과 저장이 사용자 장치에서 로컬로 실행되지 않고 데이터센터의 서버에서 이루어지기 때문이다. 따라서 사용자는 이전 휴대전화가 고장난 후 새로운 휴대전화에서 Instagram 계정에 로그인해도 모든 사진, 동영상, 대화 이력이 그대로 계정에 유지되어 있는 것을 보게 된다. Gmail이나 Microsoft Office 365 같은 클라우드 이메일 제공업체와 Dropbox나 Google Drive 같은 클라우드 저장소 제공업체와 동일한 방식으로 작동한다.

기업의 경우 클라우드 컴퓨팅으로 전환하면 IT 비용과 간접비가 절감된다. 예를 들어 자체 서버를 더이상 업데이트하고 유지하지 않아도 된다. 클라우드 업체가 대신 처리하기 때문이다. 자체 내부 인프라를 사용할 수 없지만 클라우드를 통해 저렴한 가격으로 인프라 필요를 아웃소싱할 수 있는 작은 기업에 특히 효과적이다. 기업은 또한 클라우드를 통해 더욱 간편하게 전세계에서 활동할 수 있다. 직원과 고객이 어디서나 동일한 파일과 애플리케이션을 액세스할 수 있기 때문이다.

2) 클라우드 컴퓨팅의 작동

가상화라는 기술 때문에 클라우드 컴퓨팅이 가능하다. [그림 10-2]처럼 가상화로 자체 하드웨어를 가진 실제 컴퓨터처럼 작동할 수 있는 시뮬레이션된 디지털 전용 '가상' 컴퓨터를 만들 수 있다. 이러한 컴퓨터를 전문용어로 가상머신이라 한다. 올바로 실행되면, 동일한 호스팅 머신상의 가상머신은 서로 샌드박스되어 전혀 상호 작용하지 않고, 한 가상머신의 파일과 응용프로그램은 동일한 물리적 머신에 있어도 다른 가상머신이 볼 수 없다.

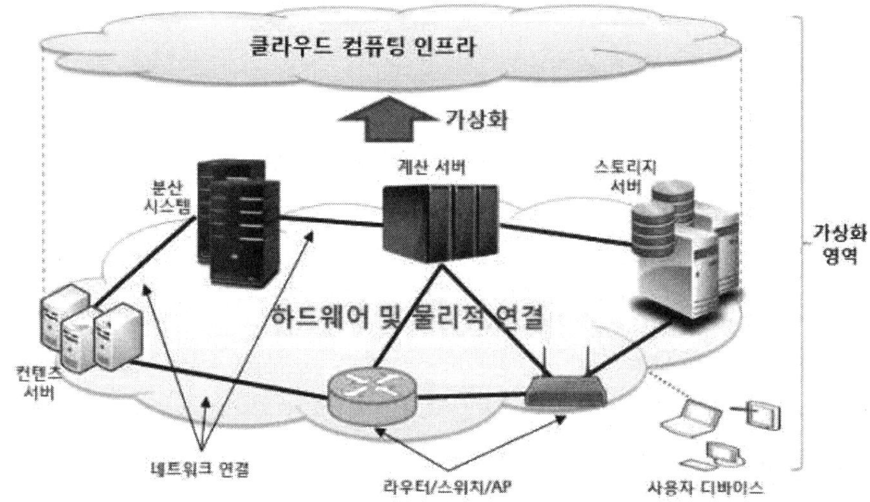

[그림 10-2] 클라우드 컴퓨팅을 위한 하드웨어 연결과 가상화 예

가상머신도 자신을 호스팅하는 하드웨어를 더욱 효율적으로 사용한다. 많은 가상머신을 동시에 실행하면 한 서버가 여러 서버가 되고, 데이터 센터가 모든 데이터 센터가 되어 여러 조직에 서비스를 제공할 수 있다. 따라서 클라우드 제공업체는 다른 방식을 사용하면 불가능하지만 서버사용을 동시에 훨씬 많은 고객에게 제공할 수 있고, 더불어 비용도 절감할 수 있다.

개별 서버가 멈추더라도 일반적으로 클라우드 서버는 언제나 온라인 상태와 가용성을 유지해야 한다. 일반적으로 클라우드 업체는 여러 머신과 여러 지역에 서비스를 백업한다.

사용자는 사용하는 장치에 관계없이 브라우저나 앱을 사용하여 수많은 상호 연결된 네트워크, 즉 인터넷을 통해 클라우드에 연결한다.

3) 클라우드 컴퓨팅의 서비스 모델

(1) SaaS(Software-as-a-Service)

사용자가 장치에 애플리케이션을 설치하는 대신 SaaS 애플리케이션이 클라우드 서버에 호스팅되고 사용자는 인터넷을 통해 애플리케이션에 액세스한다. SaaS는 집을 빌리는 것과 같다. 임대인이 집을 유지하지만 임차인이 집을 소유한 것처럼 집을 주로 사용한다. SaaS 애플리케이션의 예에는 Salesforce, MailChimp, Slack이 있다.

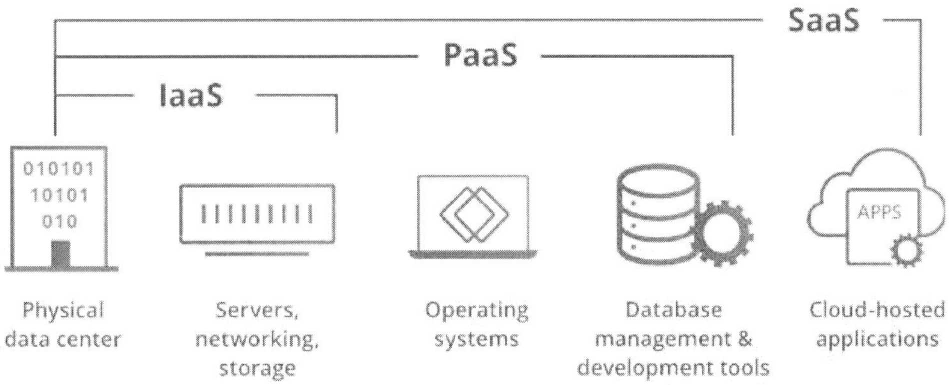

[그림 10-3] 클라우드 서비스 모델

마이크로소프트 워드, 엑셀, 파워포인트, 아래한글, 포토샵 등 각종 소프트웨어를 개인 PC에서 작동하지 않고, 클라우드에 있는 소프트웨어를 이용할 수 있도록 해 주는 서비스이다. 처음에는 구글의 드롭박스, 다음 클라우드 등 소프트웨어나 애플리케이션을 웹에서 사용할 수 있는 SaaS 형태의 클라우드 서비스가 대부분이었다.

(2) PaaS(Platform-as-a-Service)

이 모델에서 기업은 호스팅된 애플리케이션에 비용을 지불하는 대신 자체 애플리케이션을 구축하는 데 필요한 것에 비용을 지불한다. PaaS 업체는 개발 도구, 인프라, 운영체제를 포함한 애플리케이션 구축에 필요한 모든 것을 인터넷을 통해 제공한다. PaaS는 집을 임대하는 대신 집을 짓는 데 필요한 모든 도구와 장비를 빌리는 것과 비슷하다. PaaS의 예에는 Heroku와 Microsoft Azure가 있다.

리눅스, 윈도우 등의 운영체제와 각종 DBMS 등 플랫폼을 직접 구축하지 않고, 클라우드에 있는 플랫폼을 이용하도록 해 주는 서비스이다. PaaS는 프로그램 개발자들에게 개발 환경, 즉 플랫폼을 제공한다. 프로그램 개발자들은 클라우드 서비스 제공자에게 개발을 위한 툴킷, 운영체제, 프로그래밍 언어 실행환경 등을 포함한 컴퓨팅 플랫폼을 배급받아 기반 하드웨어 및 소프트웨어 계층을 구매·관리하는 비용 없이 프로그램을 개발할 수 있다.

학습 10

(3) IaaS(Infrastructure-as-a-Service)

이 모델에서 기업은 클라우드 공급자로부터 필요한 서버와 저장소를 임대한다. 그리고 클라우드 인프라로 자체 응용프로그램을 구축한다. IaaS는 기업이 원하는 건물을 지을 수 있는 토지를 임대하는 것과 같다. 하지만 기업은 직접 건설장비와 재료를 마련해야 한다. IaaS 공급자에는 DigitalOcean, Google Compute Engine, OpenStack이 있다.

서버, 네트워크, 스위치, UPS, 항온항습기 등의 하드웨어 인프라 자원을 직접 구축하지 않고, 클라우드에 있는 인프라 자원을 사용하도록 해주는 서비스이다. 사용자들은 더이상 인프라 구축에 힘을 들일 필요 없이 서비스나 소프트웨어 개발에 집중할 수 있게 되었다. 아마존 웹서비스(AWS)에서 제공하는 EC2가 대표적인 예이다. 단순히 서버 등의 자원을 제공해 주면서 사용자가 장치에 제약없이 데이터에 접근할 수 있도록 해준다.

과거에는 SaaS, PaaS, IaaS가 클라우드 컴퓨팅의 3대 모델이었으며 모든 클라우드 서비스는 이들 범주 중 하나에 속했다. 하지만 최근에 네 번째 모델이 나타났다.

(4) FaaS(Function-as-a-Service)

FaaS는 서버리스 컴퓨팅이라고도 하며, 클라우드 응용프로그램을 필요할 때만 실행되는 더 작은 구성요소로 나눈다. 한 번에 집을 조금씩만 임대할 수 있다고 생각해보자. 예를 들어 임차인은 식사할 때 식당에 대해, 잘 때 침실에 대해, TV를 볼 때 거실에 대해 비용을 지불하고 이러한 방을 사용할 때 임대료를 지불하지 않아도 된다.

FaaS, 즉 서버리스 응용프로그램은 다른 클라우드 컴퓨팅 모델과 마찬가지로 여전히 서버에서 실행된다. '서버리스'라 불리는 것은 전용머신에서 실행되지 않고 응용프로그램을 구축한 기업이 서버를 관리하지 않아도 되기 때문이다.

또한 서버리스 기능은 응용프로그램 사용자가 증가하면 확장되거나 복제된다. 저녁 시간에 손님이 많아지면 필요에 따라 식당을 늘릴 수 있는 임대인을 생각해 보면 된다.

4) 클라우드 배포의 유형

클라우드를 통해 서비스가 제공되는 방식을 정의한 위 모델과 달리, 클라우드 배포 유형은 클라우드 서버의 위치와 서버 관리자와 관계 있다. 가장 일반적인 클라우드 배포는 다음의 4가지이다.

(1) 프라이빗 클라우드

프라이빗 클라우드는 서버, 데이터 센터 또는 분산 네트워크를 모두 한 조직만이 사용할 수 있는 형태이다.

(2) 퍼블릭 클라우드

퍼블릭 클라우드는 외부 공급자가 운영하는 클라우드 서비스로서 서버는 하나 또는 다수의 데이터 센터에 있을 수 있다. 퍼블릭 클라우드는 프라이빗 클라우드와 달리 다수의 조직을 공유한다. 가상머신을 이용하면 여러 회사가 개별 서버도 공유할 수 있으며, 여러 회사가 동일한 물리적 서버 내의 서버공간을 임대하기 때문에 이를 '다중 테넌트(임대인)'라고 부른다.

(3) 하이브리드 클라우드

하이브리드 클라우드 배포는 퍼블릭 클라우드와 프라이빗 클라우드를 결합하며 온프레미스 레거시 서버도 포함할 수 있다. 조직은 서비스에 따라 프라이빗 클라우드와 퍼블릭 클라우드를 사용하거나 퍼블릭 클라우드를 프라이빗 클라우드의 백업으로 사용할 수 있다.

(4) 멀티 클라우드

멀티 클라우드는 다수의 퍼블릭 클라우드를 사용하는 클라우드 배포 유형이다. 다시 말해, 멀티클라우드 배포를 사용하는 조직은 여러 외부 업체로부터 가상서버와 서비스를 대여한다. 앞서 사용한 비유를 이용하면 다수의 토지 소유주로부터 인접한 대지 여러 개를 빌리는 것과 같다. 멀티 클라우드 배포도 하이브리드 클라우드가 될 수 있으며 그 반대도 가능하다.

5) 기업이 클라우드 이전

Cloudflare는 모든 유형의 클라우드 배포를 보호하고 관리하는 데 도움을 준다. Cloudflare의 네트워크는 최종 사용자와 고객 제품 또는 서비스의 클라우드 인프라 사이에 위치한다. 고객은 하나의 대시보드에서 모든 클라우드 배포에 대해 성능, 보안, DNS, 기타 Cloudflare 제품을 관리할 수 있다. Cloudflare는 WAF(Web Application Firewall)를 제공하여 취약점 악용으로부터 인터넷 자산을 보호한다. 기업은 또한 Cloudflare를 이용하여 FaaS(서버리스)를 간편하게 클라우드 배포로 통합할 수 있다.

6) 클라우드의 클라이언터 – 서버 인터넷 모델과 다른 점

인터넷은 서버, 클라이언트 그리고 이들을 연결하는 인프라로 이루어져 있다. 클라이언트가 서버에 요청하면 서버가 응답한다. 클라우드 컴퓨팅은 요청에 응답할 뿐만 아니라 클라이언트를 대신하여 프로그램을 실행하고 데이터를 저장한다는 점에서 이 모델과 다르다.

7) '클라우드'의 명칭

'클라우드'는 기술 업계의 속어로 시작됐다. 인터넷 초기에 기술 다이어그램은 인터넷을 구성하는 서버와 네트워킹 인프라를 클라우드로 종종 표시했다. 더 많은 컴퓨팅 프로세스가 인터넷의 이러한 서버 및 인프라로 옮겨가면서 사람들은 컴퓨팅 프로세스가 일어나는 곳을 짧게 '클라우드'라 표현하고 클라우드로 이전을 이야기하기 시작했다. 현재 '클라우드'는 이러한 유형의 컴퓨팅을 지칭하는 용어로 널리 사용되고 있다.

8) 컨테이너의 의미와 IaaS, PaaS, SaaS, FaaS가 컨테이너 인가?

가상 머신처럼 컨테이너는 클라우드 가상화 기술이다.

PaaS(Platform-as-a-Service) 클라우드 모델의 일부이다. 컨테이너의 가상화는 커널 레벨이 아닌 운영체제 레벨, 즉 가상머신의 가상화가 일어나는 곳에서 한 추상화 계층 높은 곳에서 일어난다(커널은 운영 체제의 기반이며 컴퓨터 하드웨어와 상호 작용한다). 각 가상머신은 자체 운영체제 커널이 있지만 동일한 머신 상의 컨테이너는 동일한 커널을 공유한다.

10-2 디지털 자산과 클라우드 보안 융합기술

1. 클라우드 보안의 개념

클라우드 보안은 클라우드 아키텍처 내에서 데이터와 정보를 보호하도록 설계된 기술 및 모범사례를 포함하는 포괄적인 용어이다. 클라우드 보안은 클라우드에 저장된 데이터에 대한 데이터 개인정보 보호와 보안 및 규정 준수를 보장한다. 클라우드 컴퓨팅은 특성상 분산되어 있고 동적이기 때문에 클라우드 내 데이터 보호에는 특별히 고려해야 할 사항들이 있다.

클라우드 보안에는 시스템을 강화하고 잠재적인 공격자에 대해 경고하며 발생하는 인시던트를 감지하는 보안제어 및 프로세스 개선이 포함된다. 클라우드 보안 고려사항에는 보안 침해 또는 기타 재해가 발생할 경우를 대비하여 비즈니스 연속성 계획 및 데이터 백업 계획이 포함되어야 한다. 광범위한 툴이 포함된 퍼블릭 클라우드, 프라이빗 클라우드, 하이브리드 클라우드를 위한 다양한 클라우드 보안 솔루션이 있다.

퍼블릭 클라우드 환경에서는 클라우드 보안에 공동 책임모델이 도입되어 클라우드 공급업체가 하드웨어와 소프트웨어의 보안을 담당하고 고객은 가상머신, 애플리케이션, 데이터 등의 자체 자산에 대한 보안을 담당한다.

2. 클라우드의 위험 분류

[그림 10-4]처럼 클라우드 컴퓨터의 위험 분류는 통제, 데이터, 의존성, 컴플라이언스, 보안관리 등으로 분류한다.

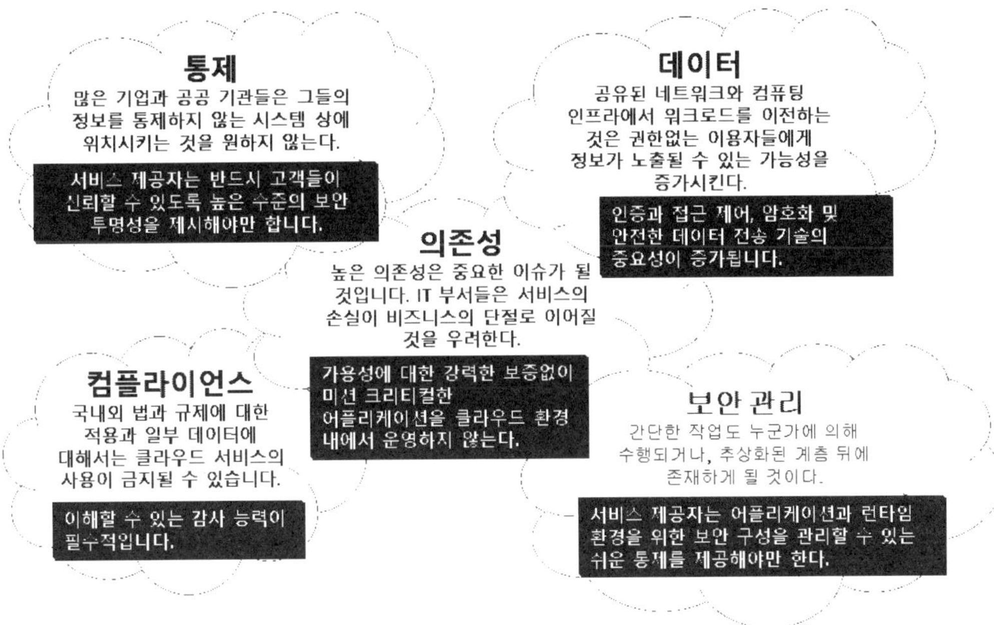

[그림 10-4] 클라우드 컴퓨팅 위험의 분류

〈표 10-1〉은 클라우드 컴퓨팅의 위험분류의 유형 및 사례로 구분하였다.

학습 10

〈표 10-1〉 클라우드 컴퓨팅의 위험분류

유 형	요 약	사 례
통 제	통제가 필요할 때, 통제할 수 없는 위험	- 악의적인 사용자의 이용 : 경쟁사, 해커, 악성코드 Hosting, 봇넷과 DDoS인프라 구축 등 - 서비스 품질과 SLA 계약과 보증, 계약의 수정이 용이하지 않음.
보안 관리	보안 관리활동이 필요할 때, 할 수 없는 위험	- 공유 인프라에 대한 취약점과 보안 - 가상머신과하 이퍼바이저의 패치 - 안전하지 못한 클라우드 인프라 및 서비스의 취약점 - 계정, 서비스 및 트래픽 하이재킹
데이터	데이터 및 정보의 손실과 유출 위험	- 가상머신의 동적 재배치로 데이터의 위치를 보증하지 않으며, 불안정한 미디어로 인한 데이터 손실 - 다중역할의 특성으로 인한 인프라/서비스 공유로 데이터 유출
의존성	서비스 가용성을 침해 받을 위험	- 공격 목표 선정되기 쉬우며, 동적 서비스 및 인프라 운영으로 서비스 가용성 침해 가능성 존재
컴플라이언스	법규 및 규제 적용의 어려움	- 위치에 따른 법규 및 규제 적용 논란의 여지 높음 - 수색 영장 등 해당 국가의 수사력에 따른 정보 유출 우려

〈표 10-2〉는 서비스 모델별 클라우드 컴퓨팅 위험분류이다.

〈표 10-2〉 서비스 모델별 클라우드 컴퓨팅 위험분류

서비스 모델	클라우드 서비스 공급자 측면	클라우드 서비스 이용자 측면
SaaS	- 서비스 모델 중 공급자의 보안 책임이 가장 큼 - SaaS 형태로 제공하는 소프트웨어의 안전하지 않은 개발로 인한 보안 결함 - (가상화된 혹은 공급 받은) 미들웨어, 네트워크, 운영체제 상의 보안 취약점과 패치 적용이 용이하지 않고, 접근 통제가 실패할 수 있음 - 네트워크 간 암호화되지 않은 중요 정보 전달 등	- 이용자가 필요한 보안 통제 및 관리 적용 어려움 - 내부 어플리케이션 연계를 위한 SaaS 상의 소프트웨어와의 인터페이스를 통한 악의적인 공격 - 중요 데이터와 개인정보에 대한 실제 암호화 및 접근 통제 여부에 대한 확인 어려우며, 기업 및 이용자 표준 암호화 알고리즘 적용 및 변경 어려움 - 감사 및 모니터링 등 보증 활동을 위한 데이터를 제공받기 어려움 - 가용성 확보가 용이하지 않은 높은 서비스 의존성
PaaS	- (가상화된 혹은 공급 받은) 미들웨어, 네트워크, 운영체제 상의 보안 취약점과 접근 통제가 실패할 수 있음	- PaaS 상에서 개발하는 소프트웨어와 인터페이스의 안전하지 않은 개발로 인한 보안 결함 - 개발 소스에 대한 보호가 용이하지 않거나,

서비스 모델	클라우드 서비스 공급자 측면	클라우드 서비스 이용자 측면
	- 네트워크 간 암호화되지 않은 중요 정보 전달 등	원하는 보안 기능 구현이 어려울 수 있음 - 개발 플랫폼과 서비스 플랫폼 사이의 차이로 인한 보안 결함
IaaS	- (가상화된) 네트워크 및 운영 체제 상의 보안 취약점 - (가상화된) 네트워크 간 암호화되지 않은 중요 정보 전달 등	- 서비스 모델 중 이용자의 보안 책임이 가장 큼 - 이용자의 활용 방식에 따라 다양한 보안 취약점 존재

3. 클라우드의 기술적 측면의 위험

1) 가상화로 인한 보안문제

가상화 환경으로 인해 발생할 수 있는 보안문제로 기존 보안문제가 가상화로 인해 방어가 어려워지거나 파급효과가 커지는 문제이다.

2) 하이퍼바이저 감염 위험

클라우드 서비스를 구동하기 위해 필수적인 가상화 시스템 내 하이퍼바이저가 취약할 경우 이를 활용하는 여러 개의 가상머신(VM)이 동시에 피해를 입을 가능성이다.

[그림 10-5]처럼 하이퍼바이저의 보안성이 낮다면 권한 탈취로 인해 해당 서버에서 구동되는 모든 VM 사용자들에게 피해를 줄 수 있다

호스트 OS의 감염을 통해 하이퍼바이저 및 타 VM내의 게스트OS로 감염확산이 가능하다.

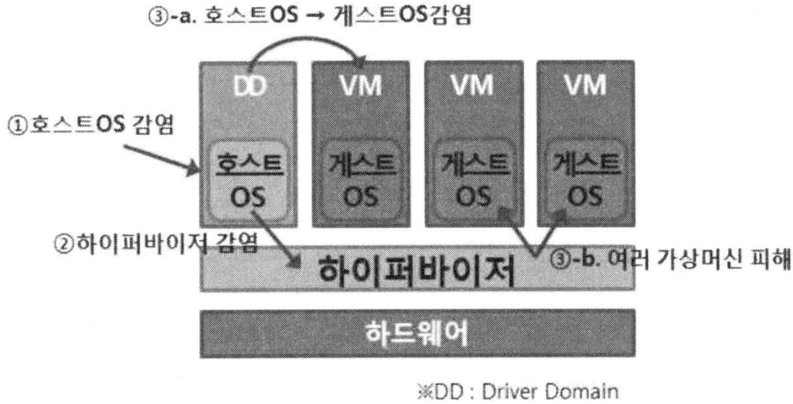

[그림 10-5] 가상머신 간 해킹

3) 가상머신 공격경로

[그림 10-6]처럼 사용자의 가상머신들이 상호 연결되어 내부의 가상머신에서 다른 가상머신으로의 패킷 스니핑, 해킹, DDoS 공격, 악성코드 전파 등의 공격경로가 존재한다.

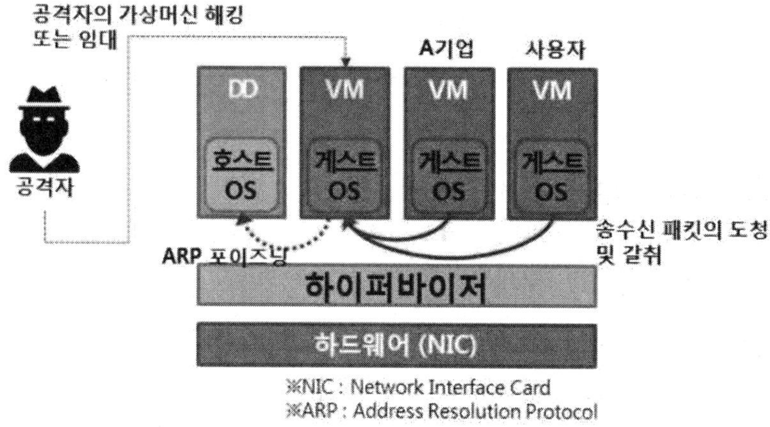

[그림 10-6] 가상 네트워크를 통한 패킷 스니핑

4) 공격자의 익명성

[그림 10-7]처럼 가상환경에서는 공격자가 누군지를 파악하기가 어려워 기존 네트워크 보안기술(방화벽, IPS2/IDS3)로는 가상화 내부영역에 대한 침입탐지가 어렵다.

예로서 아마존웹서비스(AWS)를 통한 웹호스팅시 보안문제가 발생했을 때, 여기에 접속한 이들이 어떤 서비스를 어떻게 구동하는지 알기 어렵기 때문에 누가 공격을 수행했는지 알기 어렵다.

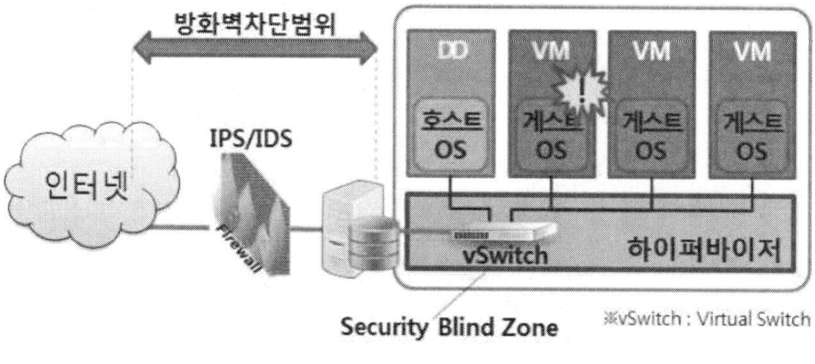

[그림 10-7] 공격자의 익명성에 따른 탐지 어려움

5) 가상머신의 이동성으로 인한 문제

[그림 10-8]처럼 가상화 환경에서는 물리적 플랫폼 간 가상머신의 이동 (vMotion)이 용이하고 이로 인한 감염의 확산 문제가 발생한다.

악성코드가 감염된 가상머신, 보안패치가 안된 가상머신이 다른 물리적 플랫폼으로 쉽게 전파가 가능하다.

다른 물리적 서버에 가상머신을 이동시켜주는 실시간 라이브 마이그레이션(Live Migration)을 통해 악성코드가 물리적으로 분리된 플랫폼 간에도 이동이 가능하다.

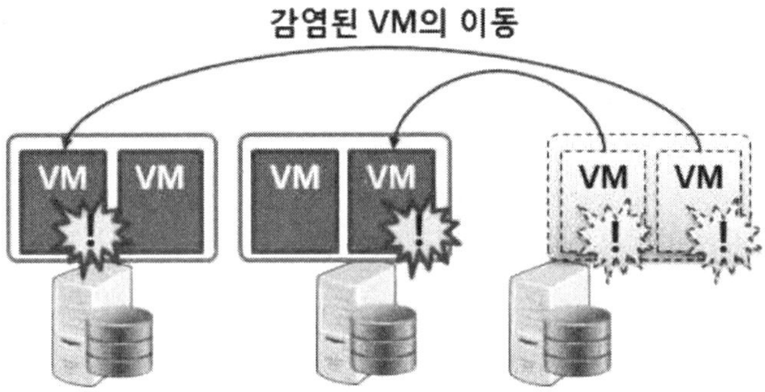

[그림 10-8] 가상머신 간 이동성으로 인한 보안 취약성

4. 클라우드의 기술외적 측면의 위협

1) 관리측면 문제

관리측면의 문제는 클라우드 컴퓨팅을 서비스 하거나 도입함에 따라 파생되는 대표적인 기술외적인 보안문제이다.

(1) 내부자 문제

내부자의 실수에 의한 데이터 손실유출이나 악의적인 의도를 가지고 데이터를 파괴 또는 탈취하는 보안 위협이다.

실제 클라우드 보안관련 사고 중 악의적인 내부자 문제가 다수 존재한다.

(2) 해커들의 타겟

클라우드에 중요 정보들이 담겨 있고, 공격 범위를 쉽게 확대가 가능하여 얻을 수 있는 이득이 많기 때문에 고도화된 수법을 이용해 클라우드 해킹을 시도할 가능성 상존한다.

클라우드가 확산하면서 기업과 개인은 중요 정보들을 클라우드에 보관하는 경향 증가하는데 이러한 경향은 사물인터넷과 빅데이터 확산으로 가중되고 있다.

클라우드 서버를 악성 공격에 감염시킨다면 클라우드에 접속하는 사용자들을 쉽게 감염시킬 수 있다.

(3) 피해규모의 확산

클라우드는 파일을 다른 사용자와 공유할 수 있기 때문에 사용자가 악성 감염파일을 클라우드 서버에 올린다면, 피해 발생시 규모가 커질 가능성 존재한다. 사용자 기기들은 상대적으로 악성코드에 취약, 서버와 달리 백신보안이 전부인 경우가 많다.

2) 법, 제도적 문제

클라우드가 구성된 요소의 법적, 정치적, 지리적 이유에 의해 달라지는 정책과 자원 통제력에 대한 문제이다.

클라우드는 사업자, 이용자, 제3자 등 다양한 주체들이 존재하여 서로 다양한 계약과 정책에 의해 운영된다.

클라우드는 여러 국가를 거쳐 서비스를 제공할 수 있는데, 국가별 법률과 준법감시의 기준이 상이하고 클라우드의 변화에 비해 법률의 적응속도가 상대적으로 느릴 수 있다.

보안문제가 발생하였을 때, 데이터가 흩어져 있는 클라우드 특성상 디지털 증거를 확보하기 위한 분석방법이 필요할 수 있고, 사건을 해결하기 위한 비용이 발생할 경우 비용책임의 문제가 있을 수 있다.

5. 클라우드 보안의 필요

클라우드 컴퓨팅 리소스는 분산되어 있으며 매우 상호의존적이기 때문에 방화벽 및 네트워크 경계 보호에 중점을 두는 전통적인 방식의 보안으로는 더 이상 충분하지 않다. 클라우드 컴퓨팅에서는 공유 리소스를 동적으로 활용하여 수요에 따라 스토리지, 네트워크 및 컴퓨팅 리소스를 자동으로 프로비저닝한다.

또한 클라우드 환경의 연결성이 높아지면서 보안경계를 유지하기가 어려워졌다. 이렇게 분리가 명확하지 않은 방식에는 많은 이점이 있지만 잠재적인 공격범위가 넓어져 보안리스크가 증가하기도 한다. 기업은 최적의 클라우드 보안계획을 통해 리스크를 최소화하면서 클라우드 컴퓨팅의 이점을 활용할 수 있다.

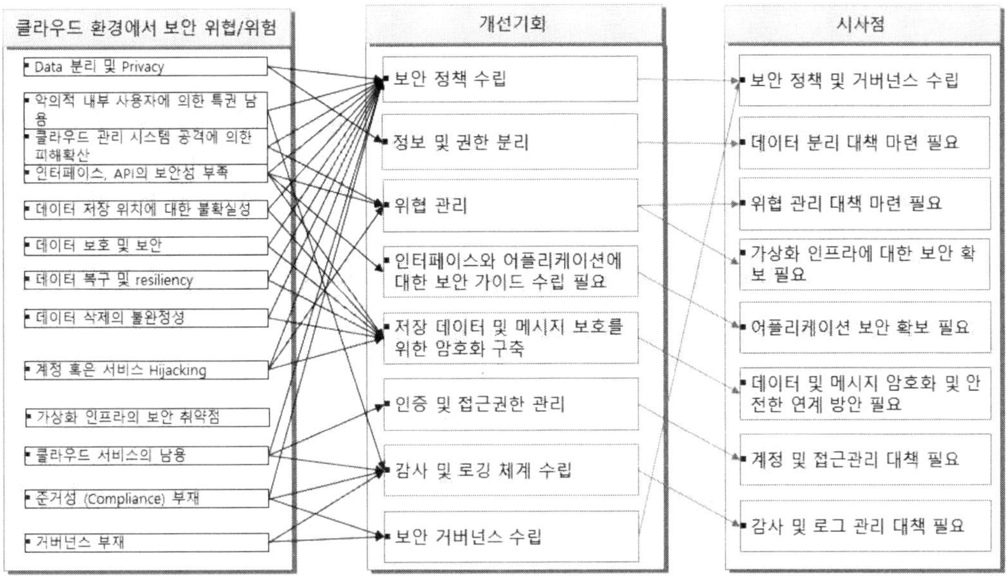

[그림 10-9] 13여개의 주요 보안 위협 및 위험

[그림 10-9]은 13여개의 주요 보안 위협 및 위험은 이를 해결하기 위해 8개의 개선 기회와 8개의 시사점으로 요약하였다.

6. 클라우드 보안의 고려사항

이러한 우려 외에도, 클라우드 컴퓨팅에는 다른 특수한 보안문제가 많다. 가상 머신이 지속적으로 실행되고 주소와 포트가 동적으로 할당되는 경우 사용자를 식별하기가 더 어렵다. 또한 퍼블릭 클라우드의 멀티테넌트 환경에서는 조직의 데이터가 다른 조직의 데이터와 같은 공간을 공유하게 된다. 따라서 퍼블릭 클라우드 공급업체가 테넌트의 분리상태를 유지하는 것이 중요하다.

7. 클라우드 보안의 이점

클라우드 보안은 다음과 같이 다양한 이점을 제공한다.

1) 공격으로부터 보호

클라우드 보안의 주요 목적은 해커와 DDoS(Distributed Denial of Service) 공격으로부터 기업을 보호하는 것이다.

2) 데이터 보안

강력한 클라우드 보안은 암호화와 같은 예방조치를 통해 중요 데이터를 보호하여 정보가 잘못된 사람의 손에 들어가지 않도록 방지한다.

3) 가용성 개선

많은 클라우드 보안서비스는 실시간 모니터링 및 지원을 제공하여 가용성을 개선하고 보안 우려를 해소한다.

4) 신뢰성 향상

신중한 클라우드 보안 접근방식에는 이중화가 기본으로 제공되어 신뢰도가 높은 환경을 제공한다.

5) 규정준수

복잡한 클라우드 아키텍처가 업계 규정요건을 충족하는 것은 어려울 수 있다. 클라우드 공급업체는 보안 및 지원을 제공하여 규정준수를 보장한다.

8. 클라우드 보안 작동방식

클라우드 보안은 다양한 툴과 관행을 포함하기 때문에 작동방식에 대해 한 마디로 설명할 수는 없다. 클라우드 보안의 가장 중요한 기능은 권한을 부여받은 사용자만 클라우드에 저장된 데이터에 액세스할 수 있도록 하는 것이다. 이를 위해 기업은 다음과 같이 다양한 툴과 전략을 사용한다.

1) 마이크로 세분화

이 보안기법은 데이터 센터를 개별 워크로드 수준까지 별개의 보안 세그먼트로 나눈다. 이를 통해 IT는 유연한 보안정책을 수립하고 공격으로 인해 발생할 수 있는 피해를 최소화할 수 있다.

2) 차세대 방화벽

기존 방화벽보다 스마트하고 효과적인 차세대 방화벽은 애플리케이션 인식 필터링을 통해 첨단 위협으로부터 보호한다.

3) 데이터 암호화

이 프로세스는 데이터를 암호화하고 해독하기 위해 키를 요구함으로써 데이터가 잘못된 사람의 손에 들어가는 일을 방지한다.

4) 위협 인텔리전스, 모니터링, 방지

이 기능은 모든 트래픽을 스캔하여 맬웨어와 기타 위협을 식별하고 차단한다.

9. 클라우드 보안 모범사례

이러한 기술 외에도 기업이 클라우드 보안을 위해 할 수 있는 일은 다양하다. 기업은 다음과 같은 조치를 취해야 한다.

① 클라우드 공급업체가 모든 것을 처리할 것이라고 생각하지 말고 기업이 클라우드 보안의 어떤 측면을 담당해야 하는지 파악한다.
② 조직 전체에 걸쳐 클라우드 아키텍처에 대한 가시성을 확보한다.
③ 클라우드 아키텍처에 대한 이해도를 높여 잘못된 구성으로 인해 보안 취약점이 발생하지 않도록 방지한다.
④ 취약점이 될 수 있는 미사용 포트를 사용중지하고, 불필요한 프로세스와 인스턴스를 제거한다.

클라우드 보안은 클라우드 공급업체(고객에게 다양한 보안 툴과 서비스를 제공)와 데이터를 보유한 기업의 공동 책임이다. 또한 추가적인 보안 및 모니터링을 제공하는 다양한 타사 솔루션이 있다.

학습 10

10. 클라우드가 레거시 시스템보다 더 안전한 이유

클라우드가 레거시 온프레미스 시스템만큼 안전하지 않다고 생각하는 경우가 많다. 결국 데이터를 온프레미스에 저장하는 기업이 보안에 대한 제어 권한을 갖는다고 생각하기 때문이다. 하지만 대부분의 비즈니스는 대규모 퍼블릭 클라우드 공급업체가 클라우드의 보안 향상을 위해 보유하고 있는 리소스와 전문성을 갖추고 있지 않다. 이러한 공급업체는 전문가들이 운영하고 있으며 다음과 같은 이점이 있다.

① 울타리, 경비원, 보안 카메라 등 데이터 센터에 대한 물리적 보호 장치 마련
② 마이크로 세분화, AI 기반 감지 및 대응과 같은 첨단 클라우드 보안기술
③ 데이터 보호 전담팀의 통합된 기술적 전문성

최근 수년간 클라우드 내 데이터 침해가 화제가 되었지만 대부분의 경우 이러한 침해는 인적 오류로 인해 발생했다. 따라서 기업은 클라우드 공급업체가 모든 것을 해결하리라고 생각하지 말고 데이터 보호를 위한 사전 조치를 취해야 한다. 클라우드 인프라는 복잡하고 동적이기 때문에 강력한 클라우드 보안 접근방식을 필요로 한다.

수행 내용

재료 · 자료

- 디지털 자산 관련 자료

기기(장비 · 공구)

- 컴퓨터, 문서작성 프로그램, 프린터, 주변기기

안전 · 유의사항

- 디지털 자산 관련 장비의 안전 및 유의사항을 숙지한다.

수행 순서

01 클라우드 보안 위협에 대하여 분석하라.

보안위협에 대한 분류는 전통적으로 기술적, 관리적, 물리적 측면의 위협으로 정의한다. 그러나 기존의 보안문제를 상속 받는 경우와 공유자원 환경을 통해 새롭게 야기되는 문제로 분류하고, 이를 기술적 · 기술외적인 측면으로 살펴보고자 한다.

다양한 클라우드 보안 위협에 대해 정리하면 다음과 같다.

〈표 10-3〉 클라우드 보안 위협

구분	위협요소	세부항목 및 내용	CSA 분류 매핑
기술적	기존 보안 위협	- 네트워크 트래픽의 도청 및 위변조 - 인증 및 접근권한 탈취에 따른 데이터 유출 손실 - 서비스 거부(DoS, DDoS) 공격 - 시스템 설계상의 오류	데이터유출, 불충분한 신분(접근)관리, 불안전한API, 시스템 취약점, 계정탈취, DDoS공격, APT공격
	가상화를 통한 위협	- 하이퍼바이저 감염 - VM내부공격 및 이로 인한 침입탐지 어려움 - 가상머신의 이동성에 따른 보안 문제	공유기술 취약점, 데이터유출, 시스템 취약점, APT공격

구분	위협요소	세부항목 및 내용	CSA 분류 매핑
기술외적	관리측면 문제	- 내부자의 설계/관리 실수 - 사용자의 계정정보 유출 - 다양한 해커들에게 해킹의 빌미를 제공 - 피해규모의 확산 - 데이터센터 건물 관리 - 화재, 지진 등의 재해로 인한 데이터 센터의 물리적인 피해와 이로 인한 데이터 유실	악의적 내부자, 데이터 유실, 불충분한 실사, 불손한 사용, 공유기술 취약점
	법제도 문제	- 지리적으로 분산된 인프라의 경우 국가별 상이한 법체계로 달라지는 정책과 자원 통제력 문제	불충분한 실사

02 클라우드 컴퓨팅 서비스의 특징과 이점 및 활용사례에 대하여 분석하라.

1. 서비스의 특징 및 이점

서비스 사용자 관점에서 본 클라우드 컴퓨팅 서비스의 주요 특징은 다음과 같다.

1) 호스팅 및 유지관리를 공급업체가 수행

클라우드 호스팅 공급업체가 필요한 하드웨어 및 소프트웨어를 구입하여 자체 시설에서 호스팅 및 유지관리한다. 서비스 사용자는 서비스를 온프레미스 방식으로 직접 개발할 경우에 발생하는 자본 지출 및 유지관리 문제에서 벗어난다.

2) 웹 인터페이스를 통한 셀프서비스

서비스 사용자는 웹 인터페이스를 통해 특정 서비스 기능을 개시하고 서비스 사용량 수준을 늘리거나 줄일 수 있으며, 이 과정에서 서비스 공급업체와의 상호작용이 거의 없거나 아예 없다.

3) 종량 요금제

서비스 사용자는 서비스 사용량에 따라 지불하면 된다. 따라서 최대 사용량 시나리오에 맞춰 온사이트 IT 용량을 개발하지만, 대부분의 사용기간 중 용량의 활용도가 낮은 기존 접근방식에 비해 상당히 비용이 절감될 수 있다.

4) 무한에 가까운 확장성

일반적으로 클라우드 컴퓨팅 서비스 공급업체는 대규모로 확장하여 서비스를 제공하기 위한 인프라를 보유하고 있다. 클라우드 서비스 사용자 관점에서 본다면 비즈니스 성장 또는 서비스 사용량의 주기적인 폭증을 클라우드로 손쉽게 대응할 수 있다는 의미이다.

2. 활용사례

1) 클라우드 서비스

IDC에 따른 2017년 기준 클라우드 서비스의 세계 시장 점유율 1위는 아마존 웹서비스(AWS)이고, 2위 마이크로소프트 애저(Azure), 3위 IBM 클라우드, 4위 구글 드라이브 서비스 등이 있다. 한국은 KT 클라우드, 네이버 클라우드, 다음 클라우드(서비스 종료), 가비아 클라우드, 스마일서브 클라우드 등이 있다. 클라우드 서비스의 반대말은 온프레미스(On Premise)이다. 오픈 소스 기반의 클라우드 서비스 제공 툴로는 오픈스택(OpenStack)이 있다.

업계 선두주자인 아마존 웹서비스(AWS)는 클라우드 컴퓨팅을 통해 서버, 스토리지, 데이터베이스, 네트워크 및 콘텐츠 같은 다양한 인프라를 제공한다. 데이터 웨어하우징에서 개발 도구, 디렉터리에서 콘텐츠 전송까지 다양한 서비스를 간단한 조작으로 사용할 수 있게 하였다. 아마존 웹서비스의 사용자는 아마존의 서버나 인프라를 제공받기 때문에 초기 자본 지출을 크게 줄일 수 있고, 자신의 서비스를 신속히 개발하여 고객의 요구사항에 대응할 수 있게 되었다. 비용은 메모리와 용량에 따라 시간당 과금하는 방식으로 시행하였다.

마이크로소프트의 애저(Azure) 또한 아마존 웹서비스와 마찬가지로 클라우드를 이용한 B2B 서비스이다. 2011년 PaaS, 2013 IaaS 서비스를 시작하며 빠르게 아마존 웹서비스와 양대 산맥을 이루게 되었다. 국내 기업 중 애저를 사업에 적용한 기업은 삼성전자㈜, 서울아산병원, LG 유플러스 등이 있다.

기업뿐 아니라 병원에서도 자료보관 및 관리에 있어 클라우드 서비스의 효과를 누리고 있다. 병원자료에는 용량이 작은 환자 차트부터 MRI나 각종 치료 데이터 등이 포함되는데, 운영해 감에 따라 자료가 증가되어 스토리지 증설과 운영비 부담이 든다. 이런 문제점을 클라우드 서비스를 통해 해결하여 업무생산성이 증대되고 신속성과 인력운용 효율성이 높아졌다.

2) 분산 클라우드 서비스

기존의 중앙집중형 클라우드 서비스와 달리, 인터넷에 연결된 개인, 가정, 회사 등에서 미사용 중인 컴퓨터 자원을 활용하여 클라우드 서비스를 제공하는 분산 클라우드 서비스(Distributed Cloud Service)가 제시되었다. 탈중앙화 분산형 클라우드 시스템을 추구하는 이 시도는 블록체인 기반으로 작동하며, 암호화폐를 발행한다. 대표적인 분산형 클라우드 서비스 제공 암호화폐로는 골렘, 디피니티, 메이드세이프코인, 비트토렌트토큰, 소늄, 스토리지코인, 시아코인, 유토큰, 파일코인, 홀로체인 등이 있다.

① 골렘(Golem) : 사용하지 않는 컴퓨터 자원을 다른 사람이 사용할 수 있도록 빌려줌으로써, 탈중앙화 분산형 클라우드 시스템을 구현하기 위한 암호화폐이다.

② 디피니티(Dfinity) : 전세계 여러 컴퓨터를 블록체인 기반의 네트워크로 연결하여 분산형 클라우드 시스템을 구현하기 위한 암호화폐이다.

③ 소늄(SONM) : 블록체인 기반으로 퍼블릭 클라우드 서비스를 제공하는 암호화폐이다.

④ 메이드세이프코인(MaidSafe Coin) : 개인이 가진 중요한 문서파일을 잘게 조각내어 인터넷에 연결된 여러 컴퓨터에 분산하여 저장하고 관리하는 시스템을 위한 암호화폐이다.

⑤ 비트토렌트토큰(BitTorrent Token) : 인터넷 파일 공유 서비스인 비트토렌트(BitTorrent)를 위한 암호화폐이다.

⑥ 스토리지코인(Storjcoin) : 다른 사용자의 컴퓨터에서 남는 하드디스크 공간을 활용해 파일을 저장하고 열람할 수 있는 분산형 클라우드 서비스를 위한 암호화폐이다.

⑦ 시아코인(Siacoin) : 분산형 클라우드 기반의 스토리지 서비스를 위한 암호화폐이다.

⑧ 에이콘(AICON) : 블록체인기술과 인공지능(AI)기술을 융합하여 빅데이터 인공지능 분석을 제공하는 암호화폐이다.

⑨ 유토큰(You Token) : 가정용 소형 데이터 저장장치인 유비박스(Ubbey Box)를 연결하여 만든 분산형 클라우드 시스템에서 사용하는 암호화폐이다.

⑩ 파일코인(Filecoin) : IPFS 기술을 사용하여 탈중앙화 분산형 클라우드 시스템을 구현하기 위한 암호화폐이다.

⑪ 홀로체인(Holochain) : 에이전트(agent)와 분산해시테이블(DHT)을 이용한 분산원장 기술이다. 홀로체인 기반의 암호화폐인 홀로코인(Holocoin)을 발행한다.

3) 클라우드 마이닝

클라우드 마이닝(Cloud Mining)이란 불특정 다수의 고객으로부터 암호화폐 채굴 대행 요청을 받아서 해시파워(Hash Power)를 판매한 뒤, 채굴로 발생한 전체 수익을 해시

파워에 비례하여 배분하는 채굴 방식을 말한다. 클라우드 채굴이라고도 한다.

클라우드 마이닝 서비스를 제공하는 주요 업체로는 아이슬란드에서 채굴장을 운영하는 제네시스 마이닝(Genesis Mining), 영국 스코틀랜드에 있는 해시플레어(HashFlare), 중국 비트메인의 투자를 받은 비아비티씨(ViaBTC), 한국의 희망해시(Hopehash) 등이 있다.

03 스마트 지갑 플랫폼 기술에 대하여 분석하라.

1. 정 의

모바일 ID(지불정보, 인증정보, 개인정보)의 안전하고 편리한 이용 및 고부가 ID 기반 서비스 창출을 위한 퍼스널 모바일 ID 플랫폼 S/W기술이다.

2. 개 념

스마트 지갑 플랫폼 기술의 필요성은 N-Screen 디바이스 별로 중복 저장된 인증 수단(공인인증서, ID/PW)의 사용과 관리의 어려움이 있고, 서버중심 개인화 기술의 개인정보 노출 및 프라이버시 침해 문제가 심각함으로 필요하다.

스마트 지갑 플랫폼의 핵심기술은 플라스틱 카드와 종이 영수증을 대체할 NFC기반 모바일 그린결제 기술, 플러그인 없이 인증/지불 기능을 제공하는 N-Screen 스마트인증 기술 및 프라이버시 침해 없는 개인화 프로세싱 엔진 및 사용자 프로파일 디스커버리 기술이다.

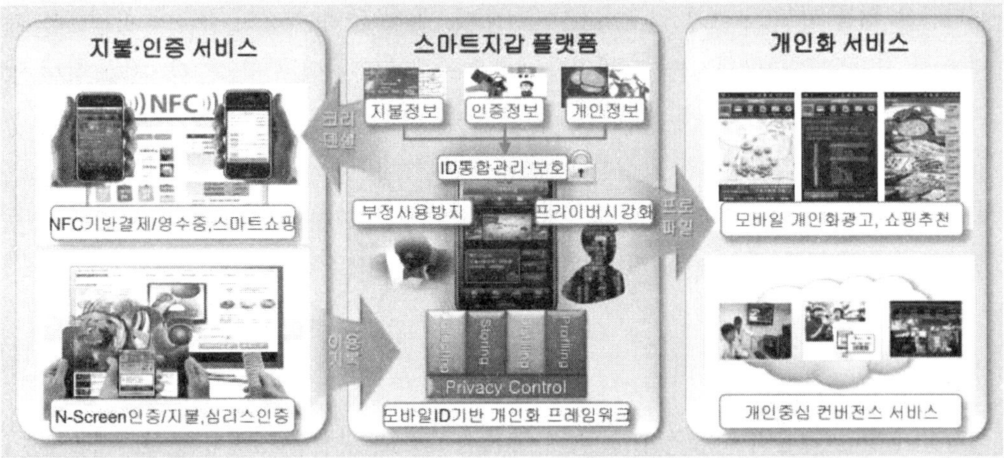

[그림 10-10] 스마트 지갑 플랫폼 구성

학습 10

경쟁기술은 VISA, Master, Google Wallet의 지불, 쿠폰 서비스에 국한되고 현재의 오픈뱅킹 솔루션은 스마트TV와 같은 새로운 플랫폼마다 전용 보안모듈 개발을 요구하고 있다. PHORM사의 서버중심 개인화 서비스는 프라이버시 문제가 있으며, 모바일 서비스 환경에 적합하지 않다.

① NFC기반 모바일 그린결제 시스템(차세대 지불/영수증, 스마트쇼핑)

② N-Screen을 위한 스마트인증 솔루션

③ 프라이버시 강화형 사용자중심의 개인화 플랫폼

04 디지털 지갑 플랫폼의 주요기능에 대하여 예를 들어 분석하라.

디지털 지갑 플랫폼의 4가지 주요 기능은 입출금과 계좌 생성, 정책, 보안, 네트워크 고립 기능이다.

1. 정 책

정책기능은 어뷰징을 막고 사용자의 실수를 방지하는 역할을 한다.

먼저 출금 계좌 화이트 리스트 기능이다. 만약 A라는 계좌에서 B라는 계좌로 출금하려고 했는데 잘못 입력해서 C라는 계좌로 보낸다면 사고로 이어질 수 있다. 이런 사고를 방지하기 위해 출금 계좌 화이트 리스트에 등록되지 않은 곳으로는 출금하지 않도록 막아주는 기능이다.

다음은 지출 한도(Spending Limit) 기능이다. 특정 금액 이상의 출금이 발생했을 때 더 이상 자동으로 출금되지 않고 관리자의 승인단계가 추가되는 기능이다. 예를 들어 일반적으로 거래소에서 하루에 100BTC 정도가 출금됐는데 어느 날 갑자기 1000BTC 출금 요청이 발생했다. 문제가 발생한 것일 수도 있고, 일반적인 사용 사례일 수도 있다. 이런 상황에서 자동으로 출금하기보다는 잠시 중지하고 관리자에게 확인 알림을 보냄으로써 이게 어뷰징인지 정상적인 사용인지 한 번 확인하는 역할을 하는 기능이다.

2. 보 안

가장 심혈을 기울인 보안이다. 고객의 자산과 회사의 자산을 안전하게 보관하는 것이 중요하다. 먼저 어떤 안전한 금고가 있고, 그 금고 안에 회사와 사용자의 자산이 보관돼 있으며, 해당 금고를 열 수 있는 유일한 방법은 딱 하나 있는 키라고 가정하겠다. 꽤 안전해 보이지만 여기서 문제는 키가 하나뿐이라는 것이다. 키를 가지고 있는 사람이 나쁜 마음을 먹고 금고를 열어 회사와 고객의 자산을 탈취할 수도 있고, 하나뿐인 키를 잃어버릴 수도 있으며, 잃어버린 키를 누군가가 습득해 금고를 열 수도 있다. 또한 누군가가 키를 복제할 수도 있고 여러 가지 보안 위협이 발생할 수 있다.

이와 같이 키가 하나뿐인 것을 가상자산에서는 싱글 시그(Single-sig)라고 부른다. 싱글 시그는 보안에 큰 위협이 될 수 있기 때문에 멀티 시그(Multi-sig) 기능을 제공해야 한다. 멀티 시그는 [그림 10-11]을 보면 쉽게 이해할 수 있다.

[그림 10-11] 보안을 위한 멀티 시그 기능

보는 바와 같이 키가 3개이고 금고를 열려면 3개의 키 중 2개가 있어야 한다. 키 하나를 분실했거나 혹은 키 한 개를 가지고 있는 누군가가 악의적인 마음을 품고 금고를 열려고 하더라도 나머지 하나의 키가 없기 때문에 금고를 열 수가 없다. 즉 멀티 시그는 싱글 시그보다 높은 수준의 보안을 제공한다고 말할 수 있다. 이와 같이 'm of n' 멀티 시그 기능을 제공해야 한다. 금고를 열기 위해 3개의 키 중에서 2개의 키가 필요할 때 '2 of 3' 멀티 시그라고 부른다.

멀티 시그를 제공하는 것으로 충분히 안정성을 높였지만 여기서 멈추지 않고 각 키를 좀 더 안전하게 보관할 수 없을지 고민했고, 현재 HSM이라는 특별한 하드웨어를 도입해서 키를 보관하고 관리하고 있다.

HSM은 키를 전문적으로 보관하는 장치로 이 안에 보관된 키는 내부인을 포함해 어떤 누구도 열람할 수 없는 강력한 보안 장치이다. 현재 사용하고 있는 HSM은 미국에서 'FIPS 140-2 Level 3'까지 받은 제품이다. 여기서 레벨 3이란 내부 혹은 외부의 누군가가 HSM을 억지로 열어서 안에 있는 키를 탈취하려고 할 때, 금고를 열려는 동작이 감지되면 자동으로 안에 있는 키를 삭제하는 기능이다. 이와 같이 외부의 위협뿐 아니라 내부 인원까지, HSM에 접근할 수 있는 그 누구라도 HSM 안에 있는 키를 직접 열람하거나

학습 10

탈취할 수 없는 보안을 제공하고 있다.

3. 네트워크 고립

디지털 지갑 플랫폼의 네트워크 고립을 구축해 놓아야 한다. 보통 일반 지갑플랫폼은 다른 서비스와 공유하지 않는 네트워크이기 때문에 디지털 지갑 플랫폼 내 다른 네트워크가 어떠한 공격이나 오류로 장애가 발생하거나 망가지더라도 디지털 지갑 플랫폼은 영향을 받지 않아야 한다.

4. 계좌 생성

먼저 사용자가 디지털 지갑(예 LINE BITMAX)을 통해서 비트코인 계좌를 생성하고자 한다.

사용자가 디지털 지갑에서 계좌 생성을 요청하면 디지털 지갑에 있는 보안 스태프가 오프라인 보안 룸에 들어가서 오프라인 컴퓨터로 오프라인 클라이언트로 2가지 암호화된 키를 만든다. 첫번째 키는 보안 오프라인 스토리지에 저장한다. 여기에는 물리적인 금고가 있으며 해당 금고에 키를 저장한다. 두번째 키는 디지털 지갑과 직접 연결되어 있는 디지털 지갑 플랫폼의 서버에 저장한다. 이렇게 3개 중에 2개의 키가 만들어졌다. 이후 디지털 지갑은 마지막 세번째 키를 디지털 지갑 플랫폼에 요청한다. 디지털 지갑 플랫폼은 HSM에 마지막 세번째 키 생성을 요청한다.

3개의 키가 완성됐으니 계좌를 생성할 수 있다. 디지털 지갑 플랫폼은 계좌를 생성해서 디지털 지갑에 보내고, 디지털 지갑은 최종적으로 사용자 화면에 비트코인 주소를 노출시킬 수 있다. 이와 같이 3개의 키가 만들어졌지만 3개 모두 물리적으로 다른 장소이고 네트워크도 다른 곳에 보관돼 있기 때문에 매우 안전한 상태이다.

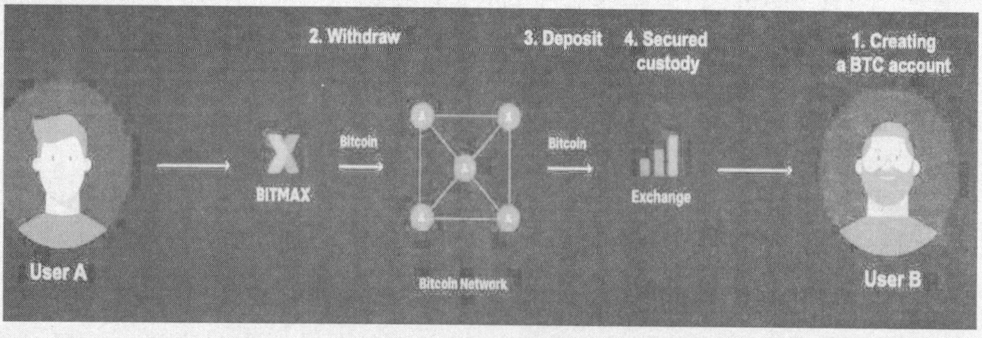

[그림 10-12] 디지털 지갑 플랫폼의 동작과정

5. 출 금

출금하는 상황은 사용자가 디지털 지갑을 통해서 출금 요청을 하면, 디지털 지갑은 디지털 지갑 플랫폼의 서버에 서명 생성을 요청한다. 키를 요청하는 게 아니라 서명을 요청한다. 서명은 키를 통해서 만들어 낼 수 있는 데이터이지만 서명을 보고 키를 역추적할 수는 없다. 따라서 L디지털 지갑은 출금 요청 1건과 생성했던 서명 1건을 디지털 지갑 플랫폼에 보내고, 디지털 지갑 플랫폼은 두번째 서명을 HSM에게 요청한다. 마찬가지로 키를 요청하는 것이 아니라 서명을 요청하기 때문에 키에 직접 접근하는 상황은 없다.

이제 디지털 지갑 플랫폼은 요청 한 건과 두 개의 서명을 갖고 있다. 이 데이터를 블록체인에 전파하면, 블록체인에서는 이 데이터로 서명이 정말 정확한지 확인한다. 확인이 끝나면 블록에 담아서 전세계에 퍼트리고, 해당 수신자의 거래소까지 이 블록이 도착하면 최종적으로 입금이 완료된다.

이 과정을 공격하는 관점에서 살펴보면 공격자가 만약 디지털 지갑 플랫폼에서 HSM으로 접근하면 HSM에 보관된 키는 누구도 열람할 수 없기 때문에 아무것도 얻을 수 없다.

다음으로 공격자가 디지털 지갑 플랫폼의 서버(KMS)에 접근한다고 가정해 보겠다. KMS에 접속된 키는 암호화되어 있기 때문에 탈취하기도 힘들지만, 만약 탈취하더라도 복구화해야 한다. 설사 복구화에 성공했다고 해도 세 개의 키 중에 하나만 탈취한 것이기 때문에 아무것도 할 수가 없다.

마지막으로 공격자가 보안 오프라인 스토리지에 접근했다고 가정해 보겠다. 공격자가 해당 장소에 물리적으로 접근해서 영화처럼 모든 보안 장치를 다 뚫어낼 수 있다고 할지라도, 키와 마찬가지로 암호화되어 있기 때문에 복구화해야 하며, 복구화까지 성공했다고 해도 역시 세 개의 키 중 하나이기 때문에 얻을 수 있는 게 없다.

학습 10

05 서버리스 컴퓨팅에 대하여 분석하라.

1. 서버리스 컴퓨팅이란

서버리스 컴퓨팅은 사용량에 따라 백엔드 서비스를 제공하는 방법이다. 서버리스 아키텍처로 사용자는 기본 인프라를 걱정하지 않고 코드를 작성하고 배포할 수 있다. 서버리스 업체로부터 백엔드 서비스를 받는 기업은 사용량에 따라 비용을 부과받으며 서비스 규모가 자동으로 결정되기 때문에 고정 대역폭이나 서버 개수를 유지하거나 그에 대한 비용을 지불하지 않아도 된다. 네임 서버리스에도 불구하고 물리적 서버는 여전히 사용되지만 개발자는 이를 인식할 필요가 없다.

웹 초기에는 웹 애플리케이션을 구축하려면 서버를 실행하기 위한 물리적 하드웨어를 보유해야 했고, 이것은 귀찮고 비용이 많이 필요한 작업이었다.

그런 다음 고정된 수의 서버 또는 일정량의 서버 공간을 원격으로 임대할 수 있는 클라우드 컴퓨팅이 등장했다. 이러한 고정 서버공간을 대여한 개발자와 기업은 일반적으로 초과 구매하여 트래픽이나 활동 급증이 월간 한계를 초과하고 응용 프로그램을 중단시키지 않게 한다. 이는 비용을 지불한 서버공간의 상당 부분이 낭비될 수 있음을 의미한다. 클라우드 업체는 자동 크기조정 모델을 도입하여 이 문제를 해결하려 했지만 DDoS 공격 같은 원치 않는 활동의 급증 때문에 많은 비용이 발생할 수 있다.

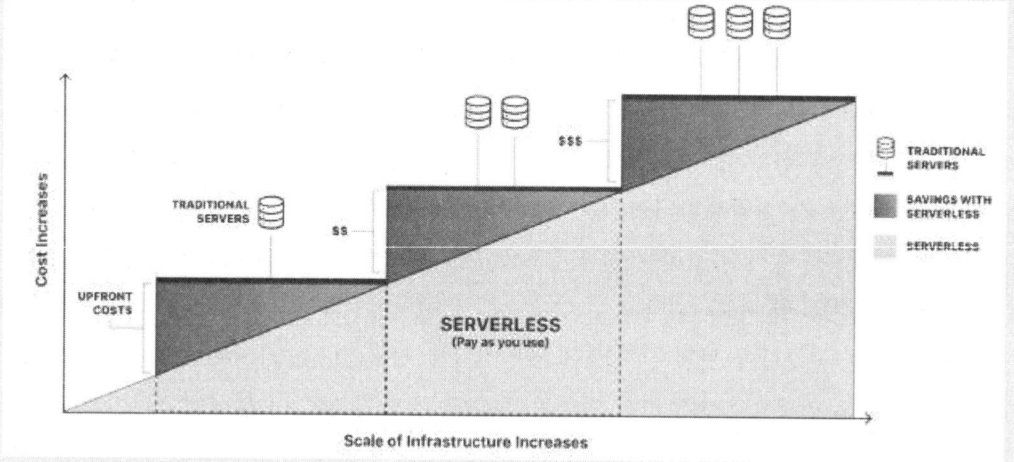

[그림 10-13] 서버리스의 장점

서버리스 컴퓨팅으로 개발자는 유연하게 실제 사용량에 따라 백엔드 서비스를 구매할 수 있다. 즉 개발자는 사용한 서비스에 대해서만 결제하면 된다. 휴대전화 요금제를 고정 요금제에서 실제 사용한 데이터 바이트에만 요금을 지불하는 요금제로 변경하는 것과 같다.

백엔드 서비스를 제공하는 서버가 여전히 있기 때문에 '서버리스'라는 용어는 약간 오해를 일으킬 수 있지만 서버공간과 인프라 문제는 모두 업체가 처리한다. 서버리스는 개발자가 서버를 전혀 걱정하지 않고 작업할 수 있다는 뜻이다.

2. 백엔드 서비스란, 프런트엔드와 백엔드의 차이점은 무엇인가

애플리케이션 개발은 일반적으로 프런트엔드와 백엔드의 두 가지 영역으로 나눈다. 프런트엔드는 시각적 레이아웃처럼 사용자가 보고 상호작용하는 애플리케이션의 부분이다.

백엔드는 사용자가 볼 수 없는 부분으로서 여기에는 애플리케이션 파일이 있는 서버와 사용자 데이터와 비즈니스 로직이 있는 데이터베이스가 포함된다.

예를 들어 콘서트 티켓을 판매하는 웹사이트가 있다고 가정하겠다. 사용자가 브라우저 창에 웹사이트 주소를 입력하면 브라우저는 웹사이트 데이터로 응답하는 백엔드 서버에 요청을 보낸다. 그러면 사용자는 텍스트, 이미지 및 사용자가 채울 양식 필드와 같은 콘텐츠를 포함할 수 있는 웹사이트의 프런트엔드를 보게 된다. 사용자는 프런트엔드의 양식 입력란 중 하나와 상호작용하여 좋아하는 음악공연을 검색할 수 있다.

사용자가 '제출'을 클릭하면 또 다른 요청이 백엔드로 전송된다. 백엔드 코드는 데이터베이스를 확인하여 해당 이름의 공연자가 있는지 확인하고, 공연자가 있다면 향후 공연 일자와 남은 티켓 수량을 확인한다. 이후 백엔드는 해당 데이터를 프런트엔드로 보내고 프런트엔드는 사용자가 이해할 수 있는 방식으로 결과를 표시한다. 마찬가지로 사용자가 계정을 만들고 티켓을 구매하기 위해 금융정보를 입력하면 프런트엔드와 백엔드 사이에 또 다시 통신이 일어난다.

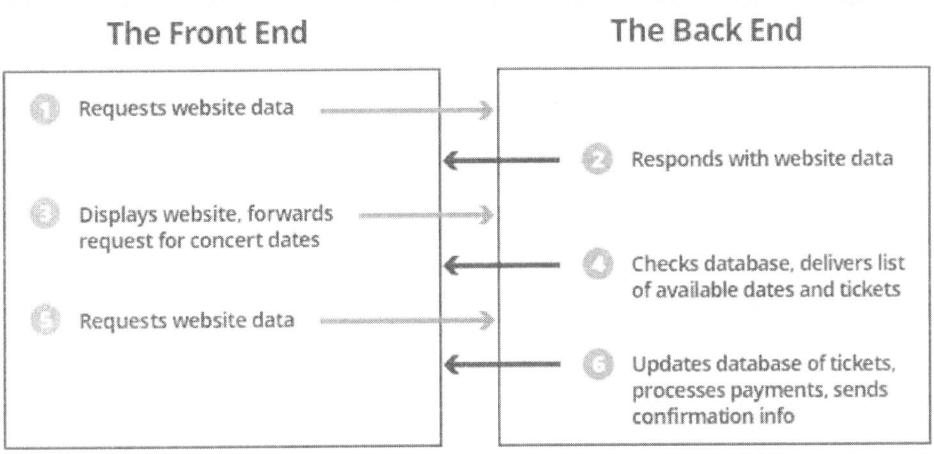

[그림 10-14] 애플리케이션의 프런트엔드와 백엔드 비교

3. 서버리스 컴퓨팅은 어떤 유형의 백엔드 서비스를 제공하는가

대부분의 서버리스 제공 업체는 데이터베이스와 저장소 서비스를 고객에게 제공하며, 많은 경우 Cloudflare Workers 같은 FaaS(Function-as-a-Service) 플랫폼도 보유하고 있다.

FaaS를 통해 개발자는 네트워크 에지에서 작은 코드 조각을 실행할 수 있다. FaaS를 사용하면 개발자는 모듈식 아키텍처를 구축하여 기본 백엔드를 유지·관리하는데 리소스를 소비하지 않고도 코드베이스를 확장할 수 있다.

학습 10

4. 서버리스 컴퓨팅의 장점

1) 낮은 비용

기존 클라우드 제공 업체의 백엔드 서비스(서버 할당)는 사용자에게 사용하지 않은 공간이나 CPU 대기시간에 대해 비용을 종종 청구하기 때문에 서버리스 컴퓨팅은 일반적으로 매우 비용이 효과적이다.

2) 간편한 확장성

서버리스 아키텍처를 사용하는 개발자는 코드확장을 위한 정책을 걱정하지 않아도 된다. 서버리스 업체가 요청에 따라 확장을 모두 처리한다.

3) 간단한 백엔드 코드

개발자는 FaaS를 사용하여 API 호출 같은 단일 목적을 독립적으로 실행하는 간단한 기능을 만들 수 있다.

4) 시간 단축

서버리스 아키텍처는 시장진출 시간을 크게 줄일 수 있다. 복잡한 배포 프로세스를 이용하여 버그 수정과 새로운 기능을 배포하는 대신 개발자는 필요에 따라 코드를 추가하고 수정할 수 있다.

5. 서버리스는 다른 클라우드 백엔드 모델과 어떻게 비교

서버리스 컴퓨팅과 종종 혼동되는 몇 가지 기술은 서비스로서의 백엔드와 서비스로서의 플랫폼이다. 유사점을 공유하지만 이러한 모델이 서버리스의 요구 사항을 반드시 충족하는 것은 아니다.

Backend-as-a-Service(BaaS)는 개발자가 프런트엔드 코드 작성에 집중할 수 있도록 클라우드 공급자가 데이터 스토리지와 같은 백엔드 서비스를 제공하는 서비스 모델이다. 그러나 서버리스 응용 프로그램은 이벤트 중심이고 에지에서 실행되지만 BaaS 응용 프로그램은 이러한 요구사항 중 하나를 충족하지 않을 수 있다.

Platform-as-a-Service(PaaS)는 기본적으로 개발자가 운영체제 및 미들웨어와 같은 것을 포함하여 클라우드 공급자로부터 응용 프로그램을 개발 및 배포하는 데 필요한 모든 도구를 임대하는 모델이다. 그러나 PaaS 응용 프로그램은 서버리스 애플리케이션만큼 쉽게 확장할 수 없다. PaaS는 반드시 에지에서 실행되는 것은 아니며 서버리스 응용 프로그램에는 없는 눈에 띄는 시작 지연이 있는 경우도 많다.

Infrastructure-as-a-Service(IaaS)는 고객을 대신하여 인프라를 호스팅하는 클라우드 공급업체를 통칭하는 용어이다. IaaS 공급자는 서버리스 기능을 제공할 수 있지만 용어는 동의어가 아니다.

6. 서버리스의 다음 단계

서버리스 공급자가 일부 단점을 극복하기 위한 솔루션을 제시함에 따라 서버리스 컴퓨팅은 계속해서 발전하고 있다. 이러한 단점 중 하나는 콜드 스타트이다.

일반적으로 특정 서버리스 기능이 한동안 호출되지 않으면 공급자는 에너지를 절약하고 과잉 프로비저닝을 피하기 위해 기능을 종료한다. 다음에 사용자가 해당 기능을 호출하는 응용 프로그램을 실행할 때 서버리스 공급자는 이를 새로 가동하고 해당 기능을 다시 호스팅하기 시작해야 한다. 이 시작시간은 '콜드 스타트'로 알려진 상당한 대기시간을 추가한다.

기능이 시작되어 실행되면 후속 요청(웜 스타트)에서 훨씬 더 빠르게 제공되지만, 잠시 동안 기능이 다시 요청되지 않으면 기능은 다시 한 번 휴면 상태가 된다. 이는 해당 기능을 요청하는 다음 사용자가 콜드 스타트를 경험하게 됨을 의미한다. 상당히 최근까지 콜드 스타트는 서버리스 기능을 사용하는 데 필요한 절충안으로 간주되었다.

Cloudflare Workers는 TLS 핸드셰이크 동안 서버리스 기능을 미리 가동하여 이 문제를 해결했다. Workers 기능은 핸드셰이크를 완료하는 데 필요한 시간보다 훨씬 짧은 시간에 에지에서 회전하므로 결과는 콜드 스타트가 없는 1FaaS 플랫폼이다.

서버리스 사용의 단점이 점점 더 많이 해결되고 에지 컴퓨팅의 인기가 높아짐에 따라 서버리스 아키텍처가 더 널리 보급될 것으로 예상할 수 있다.

학습 10

06 디지털 지갑 플랫폼의 보안기술에 대하여 분석하라.

1. 기밀성과 데이터 암호화

개인 및 기업 데이터에 대한 기밀성 보호를 위해서는 기본적으로 암호화 기술이 제공되어야 하며, 대용량 데이터 암호화시 전체 시스템의 가용성이 떨어질 수 있다는 점을 고려하여 적합한 암호화를 해야 한다.

2. 사용자 인증과 접근제어

공용 환경에서 다수의 사용자에게 서비스를 지원하는 것을 고려하여 사용자의 인증과 권한 관리가 필요하다.

3. 데이터 무결성

2008년 7월 AWS S3 서비스 다운 사례는 무결성 검사 루틴이 없었던 데서 기인하였으며, 이 사례로 확인할 수 있듯이 플랫폼에서 저장되는 데이터와 교환 메시지에 대한 오류 검사가 매우 중요하다.

4. 가용성 및 복구

서비스 중단 및 데이터 손실을 방지하기 위해서 고장 감내성 및 데이터 복구기법이 필요하다.

5. 네트워크 보안 및 웹 보안

네트워크 기반으로 서비스를 하고 있기 때문에 기존 네트워크 보안기술을 활용하여 효율적으로 적용해야 한다.

학습활동.10 교수 · 학습 방법

교수 방법

- 디지털 자산과 클라우드 보안 융합기술에 대한 관련 용어, 구성, 방식 이해 정도를 파악한 후 수업을 진행한다.
- 교수자의 주도로 디지털 자산과 클라우드 보안 융합기술 등의 내용을 PPT 자료로 제시한 후 설명한다.
- 가능하면 사전에 개인별 학습 자료를 준비하여 모든 학생이 참여할 수 있는 문제 해결식 수업, 협력 수업이 가능하도록 한다.
- 디지털 자산과 클라우드 보안 융합기술 전 과정을 작업의 순서에 따라 단계적으로 실습이 이루어질 수 있도록 지도한다.
- 교재를 통해 수업을 준비하는데 있어서 필요한 모든 정보나 팁, 힌트 등 도움이 될 만한 내용들을 확인할 수 있다.
- 학생들이 만들게 될 각 모델들은 수업시간에 중점적으로 다뤄질 부분과 어휘, 질문, 답을 포함하고 있으며 또한 탐구할만한 추가적인 아이디어들도 포함하고 있다.

학습 방법

- 디지털 자산과 클라우드 보안 융합기술에 대한 관련 용어를 숙지하고, 디지털 자산과 클라우드 보안 융합기술에 대해 이해한다.
- 디지털 자산과 클라우드 보안 융합기술의 각 단계별 중점 사항을 체계적으로 학습한다.
- 디지털 자산과 클라우드 보안 융합기술의 수행순서의 전 과정을 실습한다.
- 디지털 자산과 클라우드 보안 융합기술의 내용을 이해한다.
- 디지털 자산과 클라우드 보안 융합기술을 이해하고 숙달이 될 때까지 학습한다.

학습활동.10 평가 및 피드백

평가 준거

- 평가자는 피평가자가 수행 준거 및 평가 내용에 제시되어 있는 내용을 성공적으로 수행할 수 있는 지를 평가해야 한다.

학습내용	평가항목	성취수준		
		상	중	하
디지털 자산과 클라우드 보안 융합기술	디지털 자산과 클라우드 보안 융합기술을 이해할 수 있다.			

평가 방법

• 작업 포트폴리오

학습내용	평가항목	성취수준		
		상	중	하
디지털 자산과 클라우드 보안 융합기술	디지털 자산과 클라우드 보안 융합기술을 이해할 수 있다.			

• 필기시험

학습내용	평가항목	성취수준		
		상	중	하
디지털 자산과 클라우드 보안 융합기술	디지털 자산과 클라우드 보안 융합기술을 이해할 수 있다.			

• 체크리스트를 통한 관찰

학습내용	평가항목	성취수준		
		상	중	하
디지털 자산과 클라우드 보안 융합기술	디지털 자산과 클라우드 보안 융합기술을 이해할 수 있다.			

• 피드백

1. 작업 포트폴리오
   - 제출한 보고서를 평가한 후 주요 사항에 대하여 표시하여 돌려준다.
2. 필기시험
   - 평가 결과 성적이 저조한 학생은 보고서 제출 기회를 부여한다.
3. 체크리스트를 통한 관찰
   - 실습 과정에서 평가한 후 개선해야 할 사항 등을 정리하여 돌려둔다.

참 | 고 | 문 | 헌

- 박형근, 클라우드 환경에서의 보안 이슈와 대응,IBM 보안 솔루션, 2011.
- 안성원 · 유호석 · 김다혜, 클라우드 보안의 핵심 이슈와 대응책, 소프트웨어정책연구소, 2017.12.11.
- 인호, 플레타, 카카오 블록체인 클레이튼과 연동
- 금융 · 산업의 중심 뉴스브라이트(http://www.newsbrite.net)
- 더리포트(http://www.thereport.co.kr)
- 넥스트데일리(http://www.nextdaily.co.kr), 2021.10.08.
- 정보보호와 개인정보보호, 한국인터넷진흥원,(https://isms.kisa.or.kr/main/ispims)

학습 10

학습 1	디지털 자산의 개요
학습 2	디지털 자산관리의 기술
학습 3	디지털 자산관리의 플랫폼
학습 4	디지털 자산과 전통자산 융합기술
학습 5	디지털 자산과 디지털 금융 융합기술
학습 6	디지털 자산과 디파이 서비스 융합기술
학습 7	디지털 자산과 메타버스 융합기술
학습 8	디지털 자산과 보안의 개요
학습 9	디지털 자산과 디지털 지갑 보안 융합기술
학습 10	디지털 자산과 클라우드 보안 융합기술
학습 11	**디지털 자산과 ISMS-P 융합기술**
학습 12	디지털 자산의 활용
학습 13	디지털 자산의 미래

학습 목표

1. 디지털 자산과 ISMS-P 융합기술을 이해할 수 있다.

11-1 정보보호 및 개인정보보호 관리체계의 개념

1. 정보보호 및 개인정보보호 관리체계의 개요

정보통신분야는 다른 분야보다 빠르게 발전하고 있으며 모바일, 클라우드, IoT(Internet of Things) 등 새로운 기술의 발달은 기업·기관과 개인에 많은 편리함을 주고 있다. 그러나 정보통신기술의 발달로 인해 개인정보와 기업·기관 기밀의 탈취 또는 유출 위험도 커지고 있다. 기업·기관의 기밀이나 개인정보 등을 노린 사이버 공격범위가 넓어지고 있으며, 공격기법 또한 점점 지능화·고도화되고 있다.

정보보호관리체계(Information Security Management System)는 「정보통신망이용촉진 및 정보보호 등에 관한 법률」제47조(정보보호관리체계 인증)에서 ① 정보통신망의 안정성 및 신뢰성을 확보하기 위하여 기술적·물리적 보호조치를 포함한 종합적 관리체계(이하 '정보보호관리체계'라 한다)를 수립 · 운영하고(이하 생략) 법률로서 그 용어를 정의하고 있으며, ISMS라는 영어 원문의 정의는 영국표준협회(BS)의 BS7799로부터 시작하여 현재 ISO/IEC 27001을 통해 다음과 같이 그 용어가 정의되어 있다.

- An Information Security Management System (ISMS) is a systematic approach to managing sensitive company information so that it remains secure. It encompasses people, processes and IT systems. - BSI ISO/IEC27001

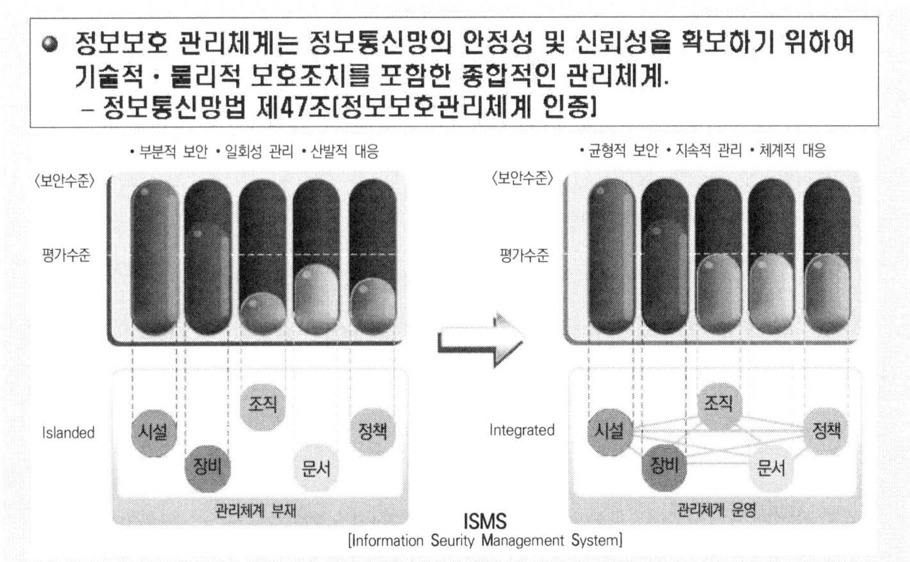

[그림 11-1] 정보보호관리체계의 정의

출처 : KISA

Tip 국내 정보보호관리체계의 역사

영국표준협회(BS)를 통해 ISMS라는 용어와 인증제도가 소개되고 국내 기업의 해외 인증사례가 발생하면서, 2002년에 정보통신부와 한국인터넷진흥원(KISA)은 정보보호관리체계 인증기준을 수립하였다. 또한 2013년 과거 안전진단 대상 기업에 대한 ISMS인증 의무화에 따라 정보보호관리체계의 많은 확산이 기대되며, 특히 디지털 자산을 취급하는 사업자 및 관련 서비스 분야로 점점 도입이 확산되고 있다.

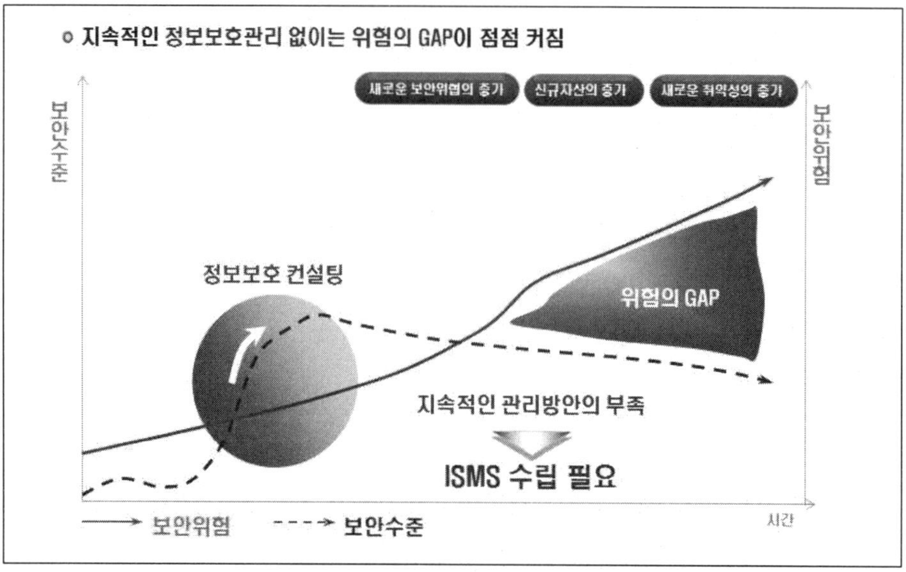

[그림 11-2] 정보보호관리체계의 필요성

출처 : KISA

정보보호관리체계가 없는 경우 정보보호 활동은 '단편적 대응', '일회성 관리', '부분적 보안'과 같은 대응 때문에 정보통신망의 안정성과 서비스 신뢰성 등에는 많은 위험이 존재할 수밖에 없으며, 이는 결국 법적 준거성의 미확보는 물론 비즈니스 연속성에 큰 위협요인으로 작용할 것이다.

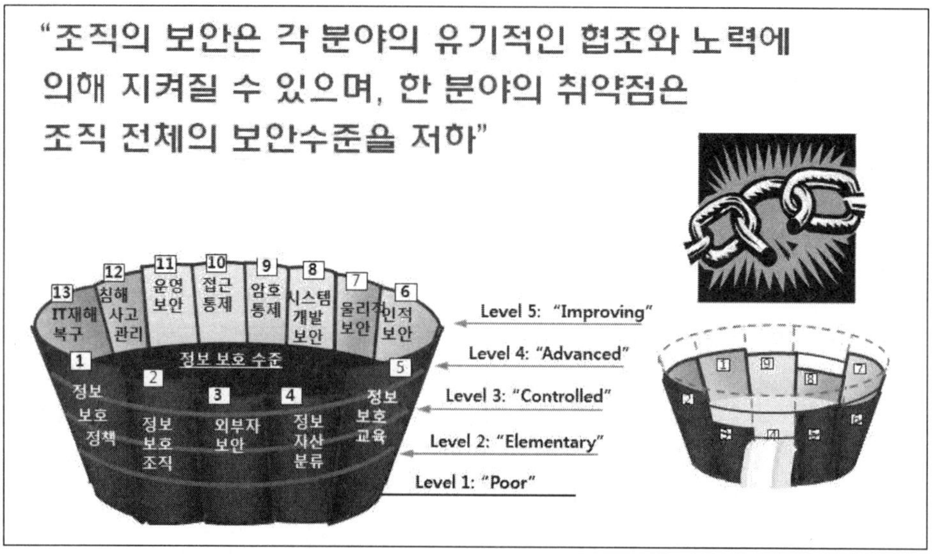

[그림 11-3] 종합적인 정보보호관리의 필요성

출처: KISA

이러한 이유로 정보보호관리체계를 수립하게 되면 '체계적 대응', '지속적 관리', '전사적 · 균형적 보안'이 유지되면서 상당부분 정보보호 수준이 향상되고, 인증제도와 연계하여 인증을 취득한 경우 대내외적인 신뢰도도 크게 향상된다.

이번 챕터에서는 포괄적인 정보보호관리체계 중에서 향후 디지털 자산의 고유 식별, 디지털 저작권 및 소유권 등으로 점점 중요시 되어 지고 있는 개인정보보호 관리체계(ISMS-P)에 대하여 자세히 알아보기로 하자.

실제로 2012년 통신사 개인정보 유출, 2013년 3 · 20 사이버공격, 6 · 25 사이버공격, 2014년 카드사 및 2016년 온라인쇼핑몰 개인정보 대규모 유출사고 등 사이버 공격은 기업 · 기관의 기밀이나 개인정보 등의 특정 정보를 목표로 계속 발생하고 있다. 이는 기업의 첨단기술 유출, 기업 신뢰도 하락과 고객 이탈, 주가 하락 외에도 집단소송과 대규모 피해보상 등 사회 · 경제적 측면에서 큰 문제를 발생시켰다.

이에 특정 제품이나 일부 조직에 의존하는 정보보호 활동만으로는 기업 · 기관의 정보보호 수준 향상에 한계를 가질 수밖에 없으며 '일회성 관리', '부분적 보안'이 아닌 '지속적 관리', '전사적 보안'을 위한 보다 높은 수준의 보안관리 활동이 가능한 정보보호 관리체계(ISMS : Information Security Management System) 구축이 요구되었다.

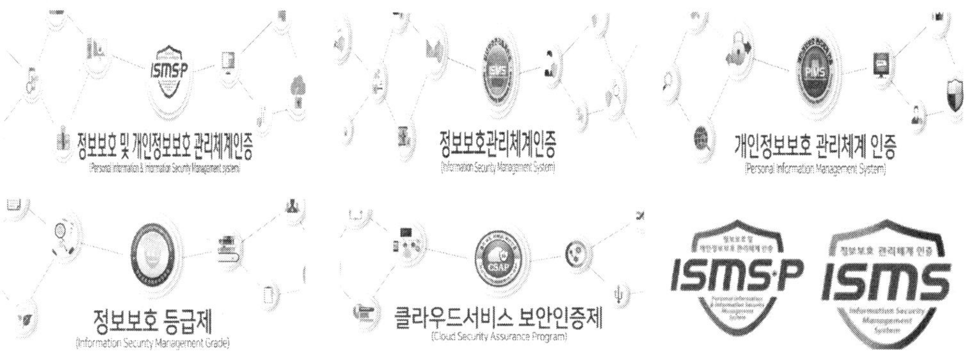

[그림 11-4] 정보보호와 개인정보보호 관리체계

- 정보보호 관리체계 : 기업 · 기관이 각종 위협으로부터 주요 정보자산을 정보보호에 대한 인식을 제고하여 보호되어야 할 정보통신망 및 정보자산의 안전으로, 신뢰성을 강화하고 국제적 신뢰도를 향상하기 위해 수립 · 관리 · 운영하는 종합적인 체계이다.

기업 · 기관의 정보보호는 비용이 아닌 서비스 기회 예측 및 위험에 적절히 대응하는 핵심경쟁력이다. 예상하지 못한 위기상황에서 서비스 안정성을 유지하고 정보자산을 적절하게 보호하기 위한 경영활동의 일부이다.

최근 주요 기업 · 기관에서 발생한 대부분의 해킹사고는 내부관리 소홀 및 정보보호에 대한 경영진의 관심부족 등이 원인이라 할 수 있다.

기업 · 기관이 구축한 정보보호관리체계의 적합성을 판단하여 인증을 부여하는 정보보호관리체계 인증제도는 기업 · 기관의 정보보호에 대한 인식 및 수준 제고에 기여하고 있다.

- 정보보호관리체계 인증제도 : 기업 · 기관이 수립 · 관리 · 운영하는 정보보호관리체계의 적합성에 대해 인증을 부여하는 제도이다. 어떤 조직이 정보자산의 기밀성(Confidentiality), 무결성(Integrity), 기용성(Availability)을 실현하기 위한 관리체계를 수립하여 운영하고 있을 때 그 관리체계가 방송통신위원회가 고시한 정보보호관리체계 인증심사 기준에 적합한지를 방송통신위원회가 지정한 기관, 한국인터넷진흥원에서 적합성 여부를 보증해 주는 것이다.

정보보호 및 개인정보보호관리체계(ISMS-P) 인증제도는 「정보통신망 이용촉진 및 정보보호 등에 관한 법률」(이하 '정보통신망법'이라 함) 제47조와 제47조의2, 같은 법 시행령 제47조부터 제54조까지의 규정 및 같은 법 시행규칙 제3조에 따른 정보보호 관리체계 인증과 「개인정보 보호법」 제32조의2, 같은 법 시행령 제34조의2부터 제34조의8까지의 규정에 따른 개인정보보호 관리체계 인증을 법적 근거로 하고 있다.

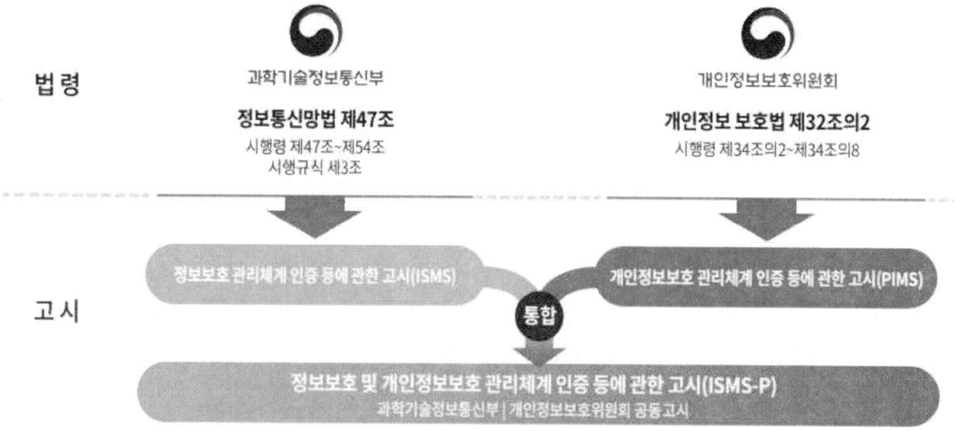

[그림 11-5] ISMS-P의 법령과 고시

법령에서 정한 인증의 통합을 위해 과학기술정보통신부와 개인정보보호위원회는 「정보보호 및 개인정보보호 관리체계 인증 등에 관한 고시」를 공동으로 개정하여 시행하고 있다.

ISMS-P 인증에는 정보보호 중심의 'ISMS 인증'과 개인정보의 흐름과 정보보호 영역을 모두 인증하는 'ISMS-P 인증' 두 가지 유형이 있다.

조직의 정보보호를 위해 인증을 취득하고자 하는 기관은 ISMS 인증을 받고, 정보서비스에 개인정보 흐름이 포함되어 개인정보 처리 단계별 보안을 강화하고자 한다면 ISMS 인증범위에 '개인정보 처리단계별 요구사항' 분야를 포함하여 ISMS-P 인증을 취득할 수 있다.

정보통신망법 제47조 제2항에 따른 ISMS 의무대상자는 ISMS 또는 ISMS-P 인증을 취득한 경우 인증의무를 이행한 것으로 본다.

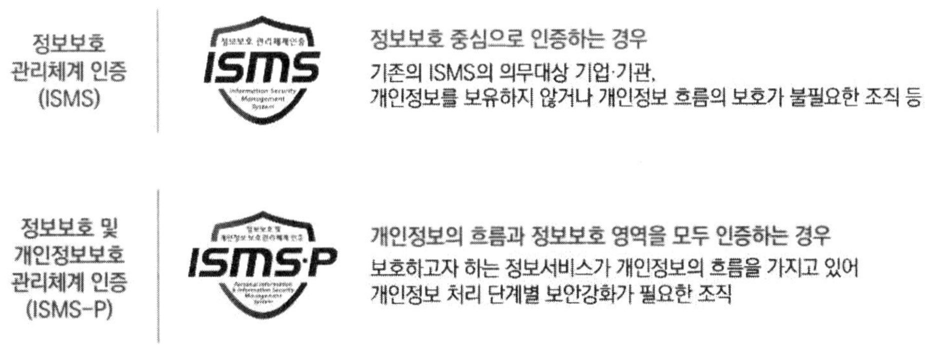

[그림 11-6] ISMS-P 인증의 유형

2. ISMS-P 추진체계

1) 정책기관(협의회)

과학기술정보통신부장관과 개인정보보호위원회는 ISMS-P 인증 운영에 관한 정책사항을 협의하기 위하여 ISMS-P 인증협의회(이하 '협의회'이라 한다)를 구성하여 운영한다. 협의회는 인증제도와 관련한 법제도 개선, 정책결정, 인증기관 및 심사기관 지정 등의 업무를 수행한다.

2) 인증기관

법정인증기관인 한국인터넷진흥원, 과학기술정보통신부장관과 개인정보보호위원회가 지정한 인증기관은 인증에 관한 업무를 수행한다.

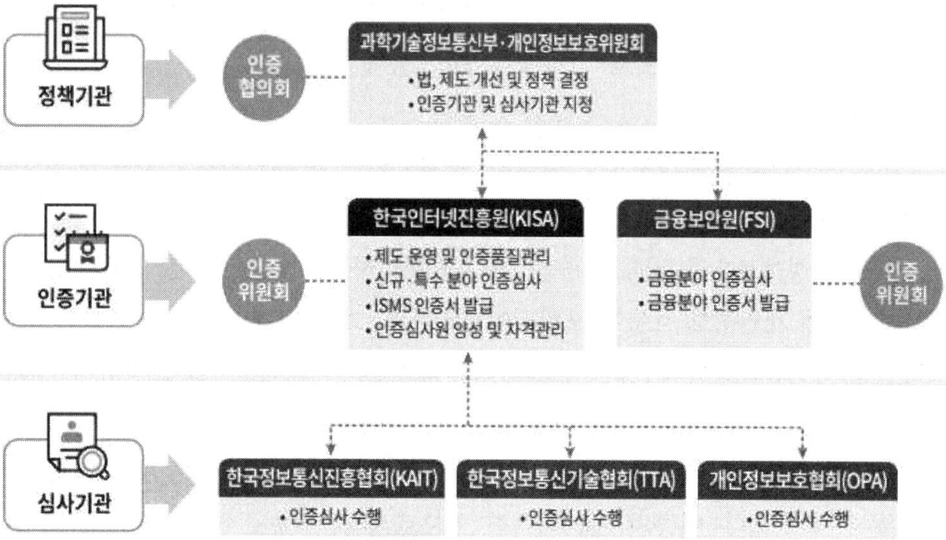

[그림 11-7] ISMS-P 담당기관 및 체계

한국인터넷진흥원은 인증위원회 운영, 인증심사원 양성 및 자격관리, 인증제도 및 기준 개선 등 ISMS-P 인증제도 전반에 걸친 업무를 수행한다.

인증기관은 신청기관이 수립·운영하는 관리체계를 인증기준에 따라 심사하고, 인증위원회를 운영하여 인증기준에 적합한 기관에게 인증서를 발급한다.

과학기술정보통신부장관, 개인정보보호위원회가 2019년 7월 지정한 인증기관인 금융보안원(FSI)은 금융분야 인증위원회를 구성·운영하고, 인증심사 및 인증서 발급 업무를 수행한다.

3) 인증위원회

인증위원회는 인증심사 결과가 인증기준에 적합한지 여부, 인증취소에 관한 사항, 이의신청에 관한 사항 등을 심의·의결한다.

인증위원회는 35명 이하의 위원으로 구성하며, 위원은 정보보호 또는 개인정보보호 분야에 학식과 경험이 있는 전문가 중에서 한국인터넷진흥원 또는 인증기관의 장이 위촉한다.

4) 심사기관

심사기관은 인증심사 일정이 확정될 시 한국인터넷진흥원에 심사원 모집을 요청하여 심사팀을 구성하고, 신청기관이 수립·운영하는 정보보호 및 개인정보보호 관리체계를 인증기준에 따라 심사하며, 심사기간에 발견된 결함사항의 보완조치 이행

여부 확인 등 인증심사 업무를 수행한다.

2019년 7월 한국정보통신진흥협회(KAIT)와 한국정보통신기술협회(TTA)가 ISMS-P 심사기관으로 지정되었고, 2020년 2월 개인정보보호협회(OPA)가 심사기관으로 추가 지정되었다.

2021년 3월 고시 개정으로 인증제도를 개선하였다. 심사기관 상시 지정, 현장실사 등 사후관리를 강화하였으며, 지정취소 및 업무정지 사실의 공고기준을 마련하여 전문성과 역량을 갖춘 심사기관을 확대할 수 있는 기반을 마련하였다.

5) 신청기관

신청기관은 정보보호 및 개인정보보호 활동이 체계적이고 지속적으로 관리되고 있는지를 객관적으로 검증 받기 위하여 ISMS-P 인증을 취득하고자 신청하는 자를 의미한다.

3. ISMS-P 인증기준

ISMS-P 인증기준은 [그림 11-8]처럼 '1. 관리체계 수립 및 운영(16개)', '2. 보호대책 요구사항(64개)', '3. 개인정보 처리 단계별 요구사항(22개)'으로 구성되어 있다.

'1. 관리체계 수립 및 운영'은 관리체계의 메인프레임으로서 전반적인 관리체계 운영 라이프 사이클을 구성하고 있다. '2. 보호대책 요구사항'은 총 12개 분야에

[그림 11-8] ISMS-P 인증기준

대한 인증기준으로서 정책, 조직, 자산, 교육 등 관리적 부문과 개발, 접근통제, 운영 · 보안관리 등 물리적 · 기술적 부문의 보호대책에 관한 사항으로 구성되어 있다. '3. 개인정보 처리 단계별 요구사항'은 개인정보 생명주기에 따른 보호조치 사항으로 구성되어 있다.

4. ISMS-P 인증대상 및 범위

1) ISMS-P 인증대상

(1) 임의 신청자

ISMS-P를 구축 · 운영하여 적합성 여부를 판단하고자 하는 모든 개인정보 처리자(공공기관, 민간기업, 법인, 단체 및 개인)와 정보통신서비스 제공자는 자율적으로 인증을 신청할 수 있다.

- 임의신청자의 경우 인증범위를 신청기관이 정하여 신청할 수 있으며, 심사기준 및 심사절차는 의무대상자와 동일하다.

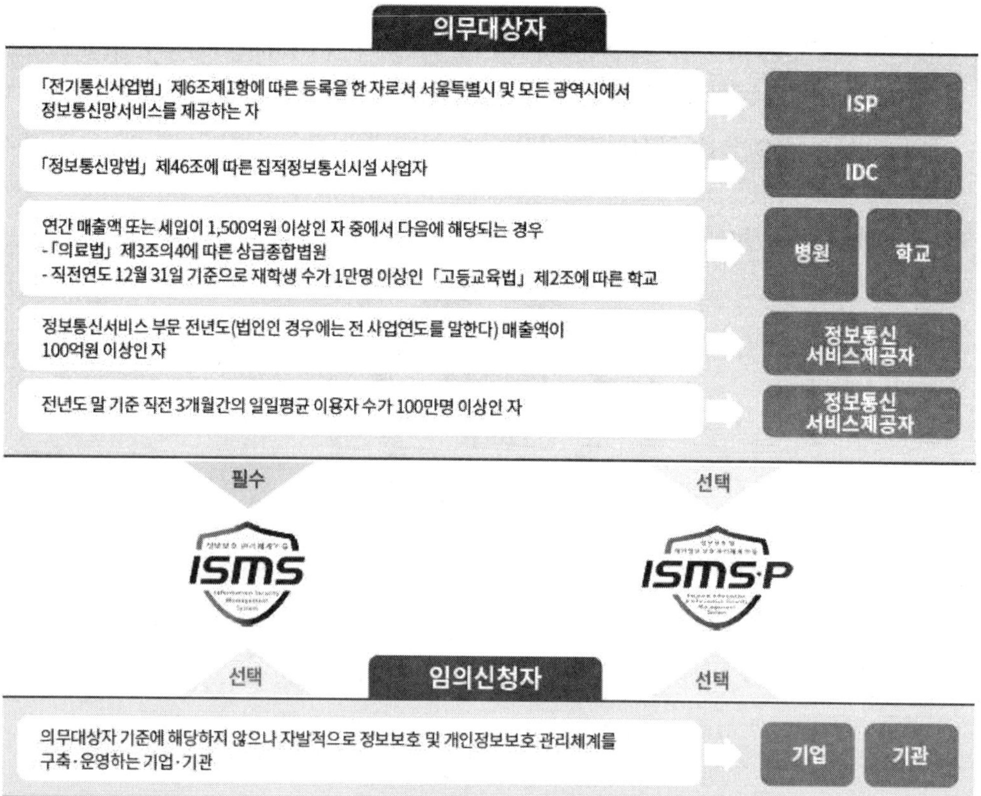

[그림 11-9] ISMS-P 인증대상

(2) 의무신청자

인증 의무대상자는 ① 정보통신망서비스를 제공하는 자(ISP), ② 집적정보통신시설사업자(IDC), ③ 연간 매출액 또는 세입 등이 1,500억원 이상이거나 정보통신서비스 부문의 전년도 매출액이 100억원 이상 또는 전년도 말 기준 직전 3개월간의 일일평균 이용자 수가 100만명 이상으로서, 대통령령으로 정하는 기준에 해당하는 자이다.

- 인증 의무대상자는 ISMS 인증을 받아야 하며, ISMS-P 인증을 받은 경우에도 인증의무를 이행한 것으로 본다.

2) 정보보호 관리체계 인증범위

일반적으로 ISMS 인증범위는 정보통신서비스를 기준으로 관련된 정보시스템, 장소, 조직 및 인력을 포함하게 된다. 반면에 ISMS-P 인증범위는 이에 더하여 해당 서비스에서 처리되는 개인정보의 흐름에 따라 해당 개인정보를 처리하는 정보시스템, 조직 및 인력, 물리적 장소 등을 모두 포함하여야 한다.

이에 따라 ISMS 인증 의무대상자가 ISMS 의무인증범위를 포함하여 [그림 11-10]처럼 ISMS-P 인증을 신청하는 경우 ISMS-P 단일심사로 진행 가능하며, 또한 ISMS 의무인증 범위에 대해서는 ISMS 인증을 신청하고 일부 서비스에 대해서는 개인정보 영역을 포함한 ISMS-P 인증을 신청하여 2개의 인증심사 동시에 진행하는 것도 가능하다

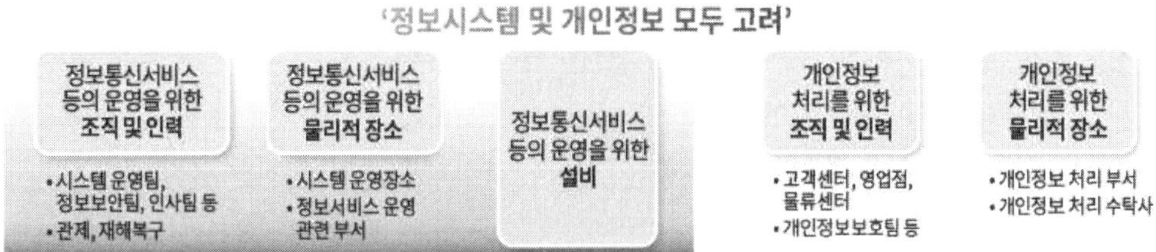

[그림 11-10] ISMS-P 인증범위

5. ISMS-P 인증심사 절차

인증심사 신청 전 취득하고자 하는 인증의 종류에 따라 ISMS 혹은 ISMS-P 관리체계를 구축하고, 최소 2개월 이상 운영한 증거자료를 준비하여야 한다.

ISMS-P 인증심사 절차는 [그림 11-11]처럼 준비 및 신청단계, 심사단계, 인증단계로 구분하여 진행한다.

[그림 11-11] ISMS-P 인증심사 절차

인증심사 신청시 취득하고자 하는 인증에 따라 ISMS 단일 인증, ISMS-P 단일 인증, 다수 인증(ISMS & ISMS-P) 중 하나를 정하여 신청할 수 있다.

심사 준비상태 점검이란 심사팀장이 신청기관을 방문하여 정보시스템의 규모, 위험 식별 및 평가수행 여부, 운영명세서 등 인증심사에 필요한 기초자료 구비 유무, 인증심사 준비상태 및 운영여부를 확인하는 것이다.

6. ISMS-P 사후관리단계

사후심사는 인증취득기관이 수립하여 운영중인 정보보호 및 개인정보보호 관리체계가 인증기준에 적합한 수준으로 유지되는지 확인하기 위해 인증 유효기간 중 매년 1회 이상 시행하는 인증심사를 말한다.

사후심사는 인증발급일 기준으로 매 1년 이전에 심사를 완료해야 하며, 인증유효기간 내 심사를 받지 않을 경우 인증이 취소된다.

ISMS-P 인증의 유효기간은 3년이며, 갱신심사는 인증 유효기간이 만료될 때 유효기간 연장을 목적으로 시행하는 인증심사이다.

갱신심사는 유효기간(인증발급일 기준) 만료 전에 심사를 받아야 하며, 인증유효기간 내 심사를 받지 않을 경우 인증은 효력을 상실한다.

갱신심사를 통해 연장되는 인증 유효기간은 3년이며, 최초심사와 마찬가지로 인증위원회에서 인증 유효기간 연장에 대한 심의 · 의결을 받아야 한다.

11-2 디지털 자산과 ISMS-P의 융합

1. 디지털 자산의 정보보호 및 개인정보보호 관리 과정

디지털 자산은 정보보호 및 개인정보보호 관리체계를 통하여 정보보호정책수립, 정보보호관리체계 범위설정, 위험관리, 구현, 사후관리의 5단계의 관리 과정을 거쳐야 한다.

1) 정보보호 정책수립

정보보호 정책수립단계에서는 조직 전반에 걸친 심의 수준의 정보보호 정책을 수립하고, 정보보호를 수행하기 위한 조직 내 각 부분의 책임을 설정한다.

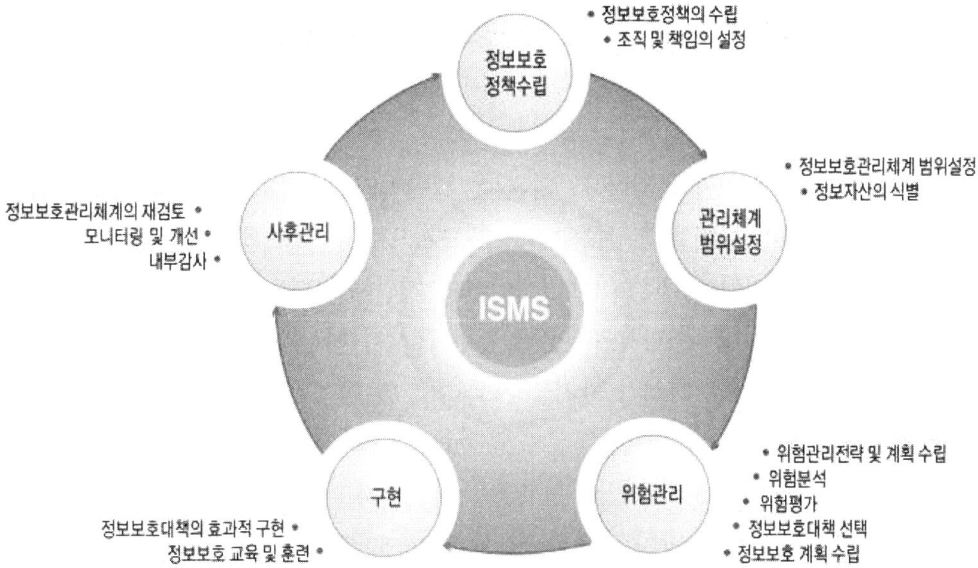

[그림 11-12] 디지털 자산의 정보보호관리 과정

2) 관리체계 범위 설정

정보보호 관리체계 범위를 설정하고, 범위 내의 정보자산을 식별하여 범위를 명확히 한다.

학습 11

3) 위험관리

조직문화와 정보자산에 적절한 위험관리 전략과 계획을 수립한다. 이에 따라 위험을 분석하고 평가하여 대응이 필요한 위험과 우선순위를 결정한다. 위험을 수용 가능한 수준으로 감소시키기 위해 필요한 정보보호 대책을 택하고, 이들을 구현할 계획을 수립한다.

4) 구 현

위험관리 단계에서 수립된 정보보호 계획에 따라 정보보호 대책을 효과적으로 구현하고 필요한 교육과 훈련을 진행한다.

5) 사후관리

정보보호관리체계를 운영하는 과정에서 상시적인 모니터링을 수행하고, 정기적인 내부감사를 통해 정책 준수 상황을 확인한다. 이러한 결과에 기초하여 정보보호 관리체계를 재검토하고 관리체계를 개선한다.

2. 디지털 자산과 정보보호 및 개인정보보호 관리체계 관계

1) 나의 디지털 자산

"당신의 자산은 얼마나 되나요?"와 같은 일반적인 질문을 받으면 먼저 지갑을 열어본다. 만원짜리 지폐를 몇장...그리고 핸드폰으로 카카오 뱅크를 열어본다...그리고 다른 은행의 인터넷 뱅킹 어플리케이션을 확인해 본다. 지금 살고 있는 집은 전세방이다. 주식은 사두었나? 관심은 있지만 혹시나 하는 무서운 마음에 선뜻 매수한 적도 없다. 자산은 경제적 가치를 재화라고 했나? 그렇다고 내 가방 안의 핸드폰, 노트북, 또는 옷장의 옷들 정도도 포함될 수 있지 않을 까 생각해본다. 신용카드를 쓰니까 채무나 부채도 있고 전세금을 올려달라고 하여 전세금 대출도 받은 상태이다. 자산은 무형의 가치도 포함한다고 한다. 과연 이것이 다일까? 아니다. 우리가 모르는 것이 생각보다 훨씬 많은 자산을 가지고 있다. 하지만 우리는 우리의 자산을 매일 같이 무료로 다른 이에게 넘기고 있고 혹은 있을지도 모른 채 살아가고 있다. 바로 당신의 '개인정보'이다.

매일 같이 쌓이고 있는 어플리케이션 사용 기록, 병원 통원 내역, 쇼핑 거래 내역 등의 당신의 '개인정보', 즉 '개인 데이터'가 당신의 새로운 '디지털 자산'이 될 수 있다.

2) 개인정보와 익명정보

개인정보는 개인을 특정할 수 있는 정보이고, 익명정보는 개인을 특정할 수 없는 정보이다. 예를 들면 가령 25세 남성의 쇼핑 거래 내역과 같은 정보는 개인을 특정할 수 없는 익명정보이다. 이 익명정보는 익명의 사람들로부터 수집한 것이기 때문에 어떤 기업이든 법적인 제약없이 자유롭게 활용할 수 있다. 하지만 기업의 입장에서는 서울시 종로구에 살고 있는 월소득 300만원인 남성의 쇼핑 거래 내역이 더욱 활용가치가 높은 정보이다. 기업은 동의받은 '개인정보' 데이터를 활용하여 이윤을 창출할 수 있지만 창착 데이터의 소유자에게 돌아가는 이익은 상대적으로 매우 적다. 바로 이러한 문제의식 속에서 데이터 주권의 중심을 기업에서 개인으로 돌리려는 사업인 '마이데이터'사업이 급부상하고 있다.

3) 디지털자산의 ISMS-P 인증

(1) 디지털 자산의 ISMS-P 인증대상 서비스

디지털 자산을 인증을 받고자 하는 서비스 내 개인정보 처리 관련 업무를 상세하게 분석하고 개인정보의 Life-Cycle(수집 · 보유 · 이용 · 제공 · 폐기)에 따른 개인정보 흐름을 고려하여 관련된 모든 업무와 정보시스템을 식별하여야 한다.

- 디지털 자산의 온라인 또는 오프라인 여부와 상관없이 인증을 받고자 하는 서비스에서 처리되는 개인정보를 중심으로 관련된 모든 업무 및 정보시스템을 식별하여야 한다.

〈표 11-1〉 ISMS-P 인증대상 서비스 예시

서비스 유형	서비스
대국민 또는 이용자 대상 서비스	• 인터넷 포털서비스 • 인터넷 쇼핑몰서비스 • 온라인 게임서비스 • 고객 멤버십서비스 • 대국민 온라인 민원서비스 등
임직원 또는 사내 서비스	• 출입통제서비스 • 인사 · 노무 관리서비스 • 재무회계서비스 • 임직원 복지몰서비스 등

학습 11

디지털 자산의 정보시스템 및 개인정보를 모두 고려하여 서비스를 운영하기 위한 조직 및 인력, 정보시스템, 물리적 장소, 수탁자 등을 파악하고 인증범위를 설정한다.

〈표 11-2〉 ISMS-P 인증범위 예시

인증 범위	설 명
서비스 및 개인정보처리를 위한 조직 및 인력	개인정보보호팀, 시스템운영팀, 정보보안팀, 인사팀, 관제팀, 재해복구 관련 조직 등
개인정보 처리를 위한 조직 및 인력	고객센터, 영업점, 물류센터 등
서비스 운영을 위한 장소	사내 전산실, IDC 등 시스템 운영 장소, 정보서비스 운영관련 부서 사무실 등
개인정보 처리를 위한 물리적 장소	개인정보 취급 부서, 개인정보 취급 수탁사 등
서비스 및 개인정보 처리를 위한 정보시스템	개인정보처리시스템, 네트워크, 서버, 보안시스템, 응용프로그램, DBMS 등

- 디지털 자산의 ISMS-P 인증을 취득하기 위해서는 ISMS 인증에 해당하는 인증기준을 기본적으로 만족해야 하므로 ISMS의 인증범위를 설정한 후 이에 더하여 개인정보 처리단계와 관련된 범위를 설정하여야 한다.

(2) 디지털 자산의 ISMS-P 인증범위 설정

디지털 자산의 ISMS-P는 인증대상이 되는 서비스를 중심으로 개인정보의 흐름에 따라 해당 개인정보 처리와 관련된 모든 정보시스템(개인정보처리시스템 등) 및 조직 · 인력을 인증범위에 포함하여야 한다.

- 단, 클라우드서비스를 이용하여 서비스를 제공하는 경우, 클라우드 서비스 유형(IaaS, PaaS, SaaS) 등에 따른 책임 범위에 따라 신청기관이 직접 관리가능한 영역에 대하여 인증범위에 포함한다.

〈표 11-3〉 클라우드서비스 형태에 따른 심사범위(예시)

구 분	대상 서비스 및 자산	심사범위
IaaS (Infrastructure as a Service)	신청기관이 직접 관리하는 서버OS(Guest OS), 미들웨어(WAS 등), 응용프로그램, DBMS	○
PaaS (Platform as a Service)	신청기관이 직접 관리하는 응용프로그램 단, 클라우드서비스 제공자로부터 계정 및 권한을 할당받아 사용하는 영역은 인증범위에 포함(미들웨어 계정 · 권한 및 비밀번호 등)	○
SaaS (Software as a Service)	응용프로그램 관련하여 신청기관이 관리 가능한 영역에 한해 심사 수행(응용프로그램 계정 · 권한 관리 및 비밀번호 등)	○

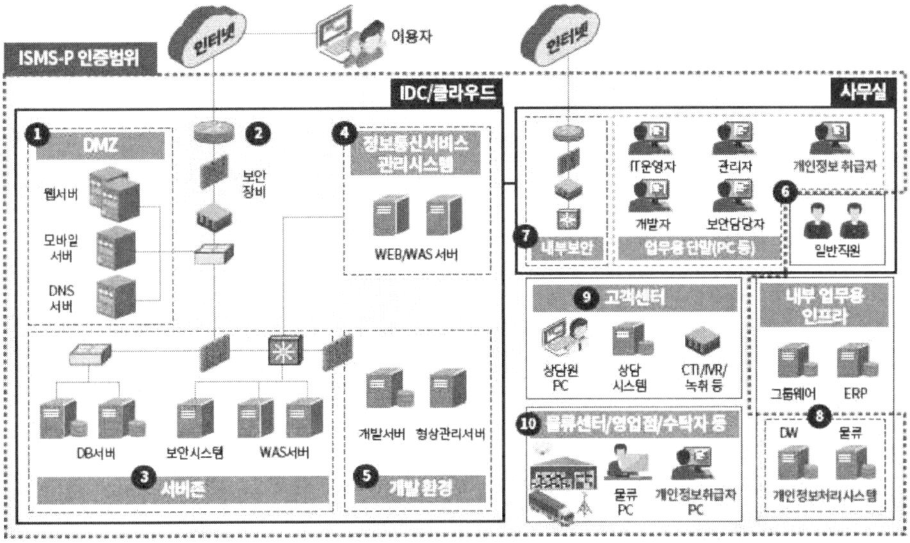

[그림 11-13] ISMS-P 인증범위 설정(예시)

❶ DMZ

- 인증을 받고자 하는 서비스와 관련된 웹 사이트 및 관련 서버는 모두 포함한다.
  - 웹사이트 예시 : 인터넷 포털사이트, 온라인 쇼핑몰사이트, 판매자사이트 등
  - 서버 예시 : 웹서버, 모바일서버, WAS서버, API서버, 연계서버, 스트리밍서버, DNS서버 등
- 모바일서비스가 존재하는 경우 해당 모바일서비스 및 관련 서버도 모두 포함한다.
- 대용량 메일발송서버, 모바일앱 푸시서버 등 개인정보가 처리되는 서버는 모두 포함한다.
- 정보통신망에 공개되어 있더라도 인증을 받고자 하는 서비스와 관련 없는 웹사이트 및 서버는 제외 가능(㉖ 온라인 쇼핑몰서비스에 대하여 ISMS-P 인증을 받고자 하는 경우 인터넷 채용사이트 등 쇼핑몰 이용자의 개인정보 처리와 무관한 사이트는 제외 가능)

❷ 네트워크 및 보안시스템

- 인증을 받고자 하는 서비스를 위한 인터넷 구간 및 서버 구간의 네트워크시스템과 보안시스템은 모두 포함한다.
  - 네트워크시스템 예시 : 라우터, 스위치(L2, L3, L4, L7 등), NMS 등
  - 보안시스템 예시 : 방화벽, IPS/IDS, VPN, WAF(웹방화벽), DDoS 대응장비, ESM 등

학습 11

❸ 서버존

- 인증범위에 포함된 서비스와 관련된 서버 및 데이터베이스는 모두 포함
  - 서버 예시 : WAS서버, API서버, 연계서버, 백업서버, 로그서버, LDAP서버 등
  - 데이터베이스 예시 : 인터넷 회원DB, 온라인 구매DB, 온라인 채용DB 등
- 인증범위 내 서버 및 데이터베이스를 보호하기 위한 보안시스템도 모두 포함
  - 보안시스템 예시 : DB접근제어, 서버접근제어, SIEM, 통합계정관리(IM) 등

❹ 정보통신서비스 관리시스템

- 인증범위에 포함된 서비스의 운영 · 관리를 위해 내부 사용자 등이 접속하여 사용하는 관리시스템, 백오피스시스템 등은 모두 포함한다.
  - 관리시스템 예시 : 인터넷 회원관리시스템, 온라인 쇼핑몰 백오피스 시스템, 모니터링 시스템(성능 · 용량 등) 등
- 해당 관리시스템과 관련된 웹서버, WAS서버, DB서버 등도 인증범위에 포함
- 인증범위에 포함된 서비스와 관련된 개인정보를 처리하는 정보시스템(개인정보처리 시스템)은 모두 포함

❺ 개발환경

- 인증범위에 포함된 서비스 및 어플리케이션 개발과 관련된 시스템 및 장비는 모두 포함한다.
  - 개발환경 예시 : 개발서버, 테스트서버, QA서버, 스테이징서버, 형상관리시스템, 개발DB, 테스트DB, 개발존 방화벽, 테스트데이터 변환시스템 등

❻ 업무환경(업무용 PC 등)

- 인증범위에 포함된 서비스를 운영, 관리, 개발하기 위한 조직 및 인력들이 사용하는 업무용 단말(PC, 스마트기기 등)은 인증범위에 포함한다.
- IT운영자, 정보통신서비스 관리시스템의 관리자 및 사용자, 정보통신서비스 관련 개발자, 보안시스템 관리자 및 운영자 등이 관련 조직 및 인력에 해당된다.
- 인증범위에 포함된 서비스와 관련된 개인정보를 조회, 입력, 변경, 삭제, 저장, 출력 등 업무상 취급하는 인력(개인정보취급자) 및 해당 인력이 사용하는 업무용 단말은 인증범위에 포함한다.
- 그 외 인력들이 사용하는 업무용 단말은 인증범위에서 제외된다.

❼ 내부용 네트워크 및 보안시스템

- 인증범위에 포함된 조직 및 인력이 인터넷 사용, 원격 접속, 유 · 무선 네트

워크 접속 등을 위해 필요한 네트워크 장비 및 보안시스템은 인증범위에 포함한다.

- 네트워크시스템 예시 : 인터넷 라우터, 백본 스위치, L2 스위치 등
- 보안시스템 예시 : 방화벽, 차세대방화벽, IDS/IPS, WIPS, APT 대응시스템, 스팸차단, 바이러스월, SSL VPN, IPSec VPN, NAC 등

  ※ 별다른 보안설정 없이 더미(Dummy) 역할을 하는 스위치는 인증범위에서 제외 가능

• 인증범위에 포함된 조직 및 인력에 대해 보안통제 등의 목적으로 적용된 정보보호 시스템은 인증범위에 포함한다.

- 보안시스템 예시 : DRM, DLP, 백신, PC보안, PMS(패치관리시스템), 보안USB 등

  ※ S/W형태의 보안솔루션인 경우, 관리용 서버를 포함한다.

• 인터넷 망분리가 적용된 경우, 물리적 또는 논리적 망분리와 관련된 시스템은 인증범위에 포함한다.

- 망분리 관련 시스템 예시 : 물리적 폐쇄망 구성장비, VDI 서버, 망연계 시스템 등

• 인증범위 내에 자체적으로 보유한 보호구역(전산실, 운영실 등)이 존재하는 경우 이에 대한 물리적·환경적 보호를 위한 보호설비는 인증범위에 포함한다.

- 보호설비 예시 : 출입통제시스템, DVR/NVR, 항온항습기, 소화설비 등

  ※ 단, 자체적으로 보유한 시설 및 설비가 없는 경우 제외될 수 있다.

❽ 내부업무용 인프라

• 인증범위에 포함된 서비스와 직접적인 관련이 없으면서 인증범위 내 개인정보의 처리 없이 내부업무 처리가 주목적인 정보시스템은 인증범위에서 제외 가능(그룹웨어, ERP 등)하다.

• 정보통신서비스의 데이터베이스를 직접 이용하지 않고 복제 등의 방법으로 데이터베이스를 구성한 후 이를 분석, 마케팅 등의 용도로 사용하는 정보시스템의 경우 인증범위 내 개인정보를 처리하므로 인증범위에 포함 : DW, CRM, 빅데이터 분석시스템 등

• 인터넷에 공개되어 있지 않으면서 오프라인 영역의 비즈니스 및 업무를 위한 정보시스템도 인증범위 내 개인정보를 처리하는 개인정보처리시스템에 해당될 경우 인증범위에 포함 : 매장관리시스템, 물류시스템 등

❾ 고객센터

- 인증 범위에 포함된 서비스와 관련된 이용자 상담, 문의 대응 등을 위해 고객센터를 운영하는 경우 고객센터 관련 자산 및 시스템은 인증범위에 포함 : 교환기, CTI, IVR, 녹취시스템, 상담시스템, 팩스시스템, 상담원 PC 등

❿ 물류 센터, 영업점, 개인정보 수탁사 등

- 오프라인 영역에서의 비즈니스 및 업무를 위한 물류센터, 영업점, 대리점, 매장 등이 인증범위 내 개인정보를 취급할 경우 인증범위에 포함 : 관련 유·무선 네트워크 장비, 물리적 보안장비(CCTV 등), POS 시스템 및 단말기, 업무용 PC 등
- 개인정보 처리업무를 위탁받은 수탁사의 경우 인증범위에 포함

수행 내용

재료 · 자료

- 디지털 자산 관련 자료

기기(장비 · 공구)

- 컴퓨터, 문서작성 프로그램, 프린터, 주변기기

안전 · 유의사항

- 디지털 자산 관련 장비의 안전 및 유의사항을 숙지한다.

수행 순서

01 정보보호의 3요소인 기밀성, 무결성, 가용성에 대하여 분석하라.

1. 기밀성(Confidentiality)

기밀성이란 통신하는 당사자만이 아는 비밀을 말하는데 정보보안에서는 이것을 기밀이라고 한다. 정보보안에서 가장 많이 요구하는 조건이 바로 기밀이 보장되는 기밀성이다. 군대나 은행, 산업체의 조직에서 기밀성이 필수적으로 요구되며 정보의 보관뿐만 아니라 정보의 전송에도 적용된다. 기밀성을 지키기 위해서는 데이터를 다른 사람들이 이해하지 못하도록 암호화하는 방법이 있다.

보안에서 기밀성을 위협하는 공격은 무엇이 있을까?

간단하게 생각하면 남의 말을 엿듣는거나 훔치는 것이라고 생각하면 이해하기 쉽다. 간단하게 몇 가지 알아보도록 하자.

1) 스누핑(Snoofing)

스누핑은 비인가된 사용자가 중요 데이터에 접근하는 것이나 탈취를 의미한다.

예를 들면 인터넷으로 전송되는 파일이 기밀정보를 담고 있는데, 비인가된 사용자가 그 정보를 가로채고 자신의 이익을 위해 사용할 수 있다.

2) 트래픽 분석(Traffic Analysis)

데이터를 이해할 수 없더라도 공격자가 온라인 상에 전송되는 트래픽을 분석함으로써 다른 정보를 얻을 수 있다.

예를 들면 공격자는 송수신자의 ip, 또는 이메일 주소, 또는 전송성향을 추측하는데 도움이 되는 질의, 응답을 수집할 수 있다.

2. 무결성(Integrity)

변경이 허락된 사람에게서 인가된 메카니즘을 통해서만 이뤄져야 하는 것을 의미한다. 정보는 시시각각 변화되는데 이것이 인정된, 인가된 사람만 변경하는 것을 보장해야한다. 허가되지 않은 사람이 변경했을 때 이를 즉각 알 수 있어야 한다. 무결성을 위협하는 공격은 변경(Modification), 가장(Masquerading), 재연(Replaying), 부인(Repudiation)이 있다.

1) 변경(Modification)

공격자는 정보를 가로채서 자신에게 이익이 될 수 있게 조작하는 것을 의미한다. 원래는 송신자에게 줘야 할 데이터를 중간에 공격자가 가로채서 자신의 주소로 바꾸거나 하는 것이 있다.

2) 가장(Masquerading)

공격자가 인가된 사용자인 척 하는 것을 의미한다. 정보보안에 스푸핑(Spoofing)이라는 공격기법이 있다. IP나 MAC을 인가된 시스템의 주소로 변경하여 인가된 자인 척 정보를 획득한다.

3) 재연(Replaying)

재연이라는 것은 우선 공격자가 정보를 가로채고 난 이후 나중에 그 정보를 다시 사용함을 의미한다. 즉 공격자가 우선 전송된 데이터를 가지고 있다가 자신이 필요할 타이밍에 그 정보를 다시 보내는 것이다. 예를 들어 어떤 사람이 공격자에게 송금하라고 하는 데이터를 공격자가 가지고 있는데, 이 정보를 계속 이용해서 그 사람의 계좌에서 계속 돈을 공격자에게 보내는 공격이 있다. 그래서 재연이라는 공격을 막기 위해 OTP(One-Time Password)를 사용한다.

4) 부인(Repudiation)

현실에서는 거짓이라고 한다. 정보보안에서 부인이라 함은 정보를 전송하거나 변경했을 때 그 사실을 인정하지 않는 것을 말한다. 현실에서 나중에 거짓말하지 못하도록 서명이나 도장을 찍듯, 정보보안에서도 디지털화된 서명(Digital Signature)이 적용된다.

3. 가용성(Availability)

가용성은 정보가 사용 가능해야 한다는 것이다. 중요한 정보를 사용하지 못할 경우 심각한 피해를 입을 수 있으므로 정보에 대한 접근이나 사용이 인가된 자에 의해서 사용이 가능해야 한다. 가용성을 위협하는 공격은 아예 그 시스템을 마비시키는 서비스 거부 공격(DoS)이 있다.

1) 서비스 거부(Denial of Service)

서비스 거부 공격은 가용성을 무너뜨리는 가장 일반적인 형태의 공격이다. 이 공격을 통해서 서비스를 느리게 만들거나 아예 시스템을 마비시키는 공격이다. 여러분은 이미 경험해본 적이 많을 경우이다. 예를 들어 수강신청 기간에 웹 페이지가 마비되는 현상을 경험해 본 적이 있을 것이다. 이런 현상은 공격이라고 보기는 어렵지만 시스템을 이렇게 만드는 것이 DoS 공격이다. 이는 여러분도 만들 수 있다. 무한 루프를 꾸준히 생성하는 프로세스를 만들 수도 있다.

위의 3가지를 달성하기 위하여 5가지 보안 서비스를 정의하게 된다.

(1) 데이터 기밀성(Data Confidentiality)

데이터 기밀성은 공격자가 데이터를 볼 수 없게 보호한다. 스누핑과 트래픽 분석 공격을 막기 위해서 고안되었다. 간단하게 남들이 보지 못하게 만드는 것으로 수많은 암호화 알고리즘을 사용하여 달성할 수 있다. 암호화에는 크게 대칭 암호, 비대칭 암호 알고리즘이 존재한다. 데이터 기밀성은 스누핑(Snoofing)과 트래픽 분석(Traffic Anaysis)을 막을 수 있다.

(2) 데이터 무결성(Data Integrity)

데이터의 무결성은 앞서 말한 변경, 삽입, 삭제, 재연 등으로부터 정보를 보호하는 것으로 메시지의 일부 또는 전체를 보호한다. 예를 들면 암호학적 해시함수를 통해서 데이터의 해시값을 만들어 전송하고, 수신받는 사람은 전송받은 데이터를 기반으로 해시값을 생성하여 비교해보는 방법이 있다. 간단하게 암호학적 해시라함은 데이터를 암호학적 해시함수를 통해서 1:1 대응되는 다른 데이터로 만드는 암호학적 기법이다. 이러한 암호학적 해시는 여러 해시 알고리즘이 존재한다.

(3) 인증(Authentication)

그 사람이 인가된, 허가된 사람이 맞는지 또는 데이터가 원하는 데이터가 맞는지 확인하는 메커니즘을 사용한다. 연결 지향(Connection-Oriented) 통신에서 연결이 되었을 때 송신자 또는 수신자에 인증이 필요할 수 있다. 또는 비연결 지향(Connectionless) 통신에서는 그 데이터의 출처를 인증이 필요할 수 있다.

(4) 부인봉쇄(Nonrepudiation)

데이터의 송신자가 전송한 데이터가 맞다는 사실, 또는 수신자가 데이터를 수신했다는 사실을 거부할 수 없게 만드는 정보보안서비스이다.

예를 들어 만약 서버에서 이상한 IP주소로 공격이 발생했을 때 시스템에 남아있는 로그를 통해서 그 IP에서 공격 사실을 부인봉쇄 할 수 있다. 그러나 서버에서는 공격 탐지와 사실을 확인하기 위해 다양한 로그를 남긴다.

(5) 접근제어(Access Control)

비인가된 접근을 제어하여 데이터를 보호하는 보안서비스를 말한다. 예를 들어 리눅스 시스템에서 파일의 주인은 데이터를 쓰고(Write) 읽고(Read) 실행(Execute)할 수 있고, 같은 그룹 사용자는 파일을 읽고 실행하는 권한만 있으며, 그 외의 사람은 읽기만 할 수 있다.

02 ISMS 및 ISMS-P 인증의 구분에 따른 인증심사 주안점에 대하여 분석하라.

ISMS, ISMS-P 인증의 구분에 따라 인증심사시 주안점에 차이가 있으므로, 아래의 예시를 참고하여 관리체계를 수립하여야 한다.

단, ISMS 인증을 취득하고자 하는 신청기관의 경우에도 개인정보보호와 관련한 법적 요구사항을 준수하여 개인정보를 안전하게 관리 · 운영하여야 한다.

〈표 11-4〉 인증의 구분에 따른 심사 주안점 차이(예시)

항 목	인증기준	ISMS 심사 주안점	ISMS-P 심사 주안점
1.1.2 최고 책임자 지정	최고경영자는 정보보호 업무를 총괄하는 정보보호 최고책임자와 개인정보보호 업무를 총괄하는 개인정보보호책임자를 예산 · 인력 등 자원을 할당할 수 있는 임원급으로 지정하여야 한다.	정보보호 최고 책임자 지정에 대해 확인	정보보호 최고책임자, 개인정보보호 책임자 지정에 대해 확인

항 목	인증기준	ISMS 심사 주안점	ISMS-P 심사 주안점
1.1.3 조직 구성	최고경영자는 정보보호와 개인정보보호의 효과적 구현을 위한 실무조직, 조직 전반의 정보보호와 개인정보보호 관련 주요 사항을 검토 및 의결할 수 있는 위원회, 전사적 보호활동을 위한 부서별 정보보호와 개인정보보호 담당자로 구성된 협의체를 구성하여 운영하여야 한다.	정보보호 관련 조직구성 및 운영현황에 대해 확인	정보보호와 개인정보보호 관련 조직구성 및 운영현황에 대해 확인
1.2.1 정보자산 식별	조직의 업무특성에 따라 정보자산 분류 기준을 수립하여 관리체계 범위 내 모든 정보자산을 식별·분류하고, 중요도를 산정한 후 그 목록을 최신으로 관리하여야 한다.	정보자산 식별·분류의 기준 및 현황에 대해 확인	정보자산 식별·분류의 기준 및 현황에 대해 확인하며, 정보자산 중 개인정보 현황 및 분류 기준을 필수로 확인
1.2.2 현황 및 흐름분석	관리체계 전 영역에 대한 정보서비스 및 개인정보 처리현황을 분석하고 업무 절차와 흐름을 파악하여 문서화하며, 이를 주기적으로 검토하여 최신성을 유지하여야 한다.	정보서비스의 처리에 관한 현황 및 흐름 분석	정보서비스 및 개인정보처리에 관한 현황 및 흐름분석

03 ISMS-P 인증의 기대효과에 대하여 분석하라.

일회성 정보보호 대책에서 벗어나 체계적, 종합적인 정보보호관리체계를 구현함으로써 기업의 정보보호 및 개인정보보호 관리수준을 향상시킬 수 있다.

기업은 지속적이고 체계적인 ISMS-P 구축을 통해 해킹, DDoS 등의 침해사고 및 개인정보 유출사고 발생시 신속하게 대응할 수 있으며, 피해 및 손실을 최소화할 수 있다.

기업 경영진이 직접 정보보호 의사결정에 참여함으로써 정보보호 및 개인정보보호 업무에 대한 책임성과 신뢰성을 향상시킬 수 있다.

ISMS-P 인증을 취득한 기관은 정보보호 및 개인정보보호에 대한 신뢰성을 높여 대외이미지를 제고할 수 있다.

ISMS-P 인증을 취득한 기관은 공공부문 사업 입찰시 가산점 부여 등의 인센티브를 얻을 수 있다.

ISMS-P 인증을 받은 기업(조직)이 정보보안 침해사고로부터 100% 안전하다는 것을 보장하지는 못한다. 다만 인증취득을 통해 정보보호 침해사고 발생 가능성을 현저하게 줄일 수 있으며, 침해사고가 발생하더라도 피해를 최소화할 수 있다.

이는 주기적인 운동, 식이요법, 예방접종 등으로 꾸준히 건강을 관리한 사람도 100%

학습 11

질병이 걸리지 않음을 보장할 수 없는 것과 유사한 이치다.

ISMS-P 인증을 취득한 자는 과학기술정보통신부 장관, 개인정보보호위원회가 정하여 고시하는 ISMS-P 인증표시를 인증의 홍보차원에서 사용할 수 있다. 이 경우 인증의 범위와 유효기간을 함께 표시하여야 한다.

인증표시를 사용하는 경우 인증의 범위와 유효기간을 함께 표시하여야 하며, 고시에 지정된 색상 등 사용방법을 준수해야 한다.

인증표시의 크기는 표시물 대상의 크기나 표시장소의 여건에 따라 조정할 수 있으며, 같은 비율로 축소 또는 확대하여 표시할 수 있다.

ISMS 및 ISMS-P 인증취득 사실의 홍보는 인증서 발급일로부터 인증의 효력이 유지되는 동안에만 사용 가능하며, 인증이 취소된 경우에는 인증에 대한 홍보, 인증서 사용을 중지해야 한다.

인증마크는 기관의 홈페이지 또는 인증을 취득한 서비스 제공 등에 필요한 경우와 일반문서, 봉투, 홍보 책자 등에 사용할 수 있다.

04 ISMS-P 인증 의무대상자 유의사항에 대하여 분석하라.

인증 의무대상자 중 정보통신망 서비스 제공자와 집적정보통신시설 사업자는 매출액 및 이용자 수와 관계없이 인증 의무대상자에 해당된다.

집적정보통신시설의 일부를 임대하여 서비스를 재판매하는 사업자(VIDC)는 매출액 및 이용자수 기준을 따르게 된다.

인증 의무대상자 기준 중에서 정보통신망법 제47조 제2항의 어느 한 가지 이상의 기준에 해당할 경우, 인증 의무대상자가 된다.

인증 의무대상자는 스스로 법에서 정한 인증 의무대상자 기준에 해당 하는지 여부를 확인하여 인증을 받아야 하며, 만약 의무대상자임에도 불구하고 인증을 취득하지 않은 사실이 확인되는 경우 과태료 부과 대상이 될 수 있다.

관리체계 구축 및 운영에 필요한 소요기간을 확인하여 인증심사에 차질이 없도록 준비해야 한다.

준비부터 인증취득까지는 약 6개월 이상이 소요되고, 인증신청을 위해서는 최소 2개월 이상의 운영기간이 필요하다.

학습활동.11 교수 · 학습 방법

교수 방법

- 디지털 자산과 ISMS-P 융합기술에 대한 관련 용어, 구성, 방식 이해 정도를 파악한 후 수업을 진행한다.
- 교수자의 주도로 디지털 자산과 ISMS-P 융합기술 등의 내용을 PPT 자료로 제시한 후 설명한다.
- 가능하면 사전에 개인별 학습 자료를 준비하여 모든 학생이 참여할 수 있는 문제 해결식 수업, 협력 수업이 가능하도록 한다.
- 디지털 자산과 ISMS-P 융합기술 전 과정을 작업의 순서에 따라 단계적으로 실습이 이루어질 수 있도록 지도한다.
- 교재를 통해 수업을 준비하는데 있어서 필요한 모든 정보나 팁, 힌트 등 도움이 될 만한 내용들을 확인할 수 있다.
- 학생들이 만들게 될 각 모델들은 수업시간에 중점적으로 다뤄질 부분과 어휘, 질문, 답을 포함하고 있으며 또한 탐구할만한 추가적인 아이디어들도 포함하고 있다.

학습 방법

- 디지털 자산과 ISMS-P 융합기술에 대한 관련 용어를 숙지하고, 디지털 자산과 ISMS-P 융합기술에 대해 이해한다.
- 디지털 자산과 ISMS-P 융합기술의 각 단계별 중점 사항을 체계적으로 학습한다.
- 디지털 자산과 ISMS-P 융합기술의 수행순서의 전 과정을 실습한다.
- 디지털 자산과 ISMS-P 융합기술의 내용을 이해한다.
- 디지털 자산과 ISMS-P 융합기술을 이해하고 숙달이 될 때까지 학습한다.

학습활동.11 평가 및 피드백

평가 준거

- 평가자는 피평가자가 수행 준거 및 평가 내용에 제시되어 있는 내용을 성공적으로 수행할 수 있는 지를 평가해야 한다.

학습내용	평가항목	성취수준		
		상	중	하
디지털 자산과 ISMS-P 융합기술	디지털 자산과 ISMS-P 융합기술을 이해할 수 있다.			

학습 11

평가 방법

- 작업 포트폴리오

학습내용	평가항목	성취수준		
		상	중	하
디지털 자산과 ISMS-P 융합기술	디지털 자산과 ISMS-P 융합기술을 이해할 수 있다.			

- 필기시험

학습내용	평가항목	성취수준		
		상	중	하
디지털 자산과 ISMS-P 융합기술	디지털 자산과 ISMS-P 융합기술을 이해할 수 있다.			

- 체크리스트를 통한 관찰

학습내용	평가항목	성취수준		
		상	중	하
디지털 자산과 ISMS-P 융합기술	디지털 자산과 ISMS-P 융합기술을 이해할 수 있다.			

- 피드백

1. 작업 포트폴리오
   - 제출한 보고서를 평가한 후 주요 사항에 대하여 표시하여 돌려준다.
2. 필기시험
   - 평가 결과 성적이 저조한 학생은 보고서 제출 기회를 부여한다.
3. 체크리스트를 통한 관찰
   - 실습 과정에서 평가한 후 개선해야 할 사항 등을 정리하여 돌려둔다.

참 | 고 | 문 | 헌

- 정보보호 관리체계 인증제도, 한국인터넷진흥원, 2017.04.
- 정보보호와 개인정보보호, 한국인터넷진흥원(https://isms.kisa.or.kr/main/ispims)
- https://reakwon.tistory.com/130

학습 11

학습 목표

1. 디지털 자산의 활용을 이해할 수 있다.

12-1 디지털 자산의 활용에 따른 경쟁력

1. 디지털 자산활용의 기업경쟁력

디지털 자산(Digital Asset) 활용이란 암호화폐 혹은 가상화폐라고 불리는 비트코인과 이더리움 등 블록체인 기반의 코인에 대한 활용이다.

딜로이트가 디지털 자산으로 표현한 것은 화폐보다는 자산의 관점에서 암호화폐에 접근하는 것이 글로벌 트렌드이기 때문으로 얼마나 잘 활용하는 것이 기업의 성패라고 풀이된다.

디지털 자산활용에 따라서 글로벌 기업의 동향을 예측할 수 있다.

첫째로 눈에 띄는 것은 이제는 기업들의 디지털 자산 수용이 점점 필수요소가 되고 있다는 점이다. 기업들은 디지털 자산을 수용하고 이를 기반으로 하는 금융 인프라를 최대한 활용하는 방법을 모색해야 한다고 강조하고 있다.

설문에 참여한 일반기업의 81%, 블록체인을 적용해본 금융분야 기업의 96%가 디지털 자산 수용에 동의했다.

심지어 80% 이상의 기업이 이 같은 시도를 하지 않으면 기업경쟁력 약화를 가져올 것이라고 응답했다. 금융뿐 아니라 거의 모든 산업에서 이미 디지털 자산으로 자금 흐름이 증가하고 있다고 평가했다. 기업들은 디지털 자산을 새로운 산업으로 받아들이고 있고, 관련 신규 비즈니스 모델이 빠르게 성장하고 있다고 진단했다. 그러므로 디지털 자산은 창의성을 증폭시키는 신규 비즈니스 모델로 기업의 미래 경쟁력으로 활용될 것이다

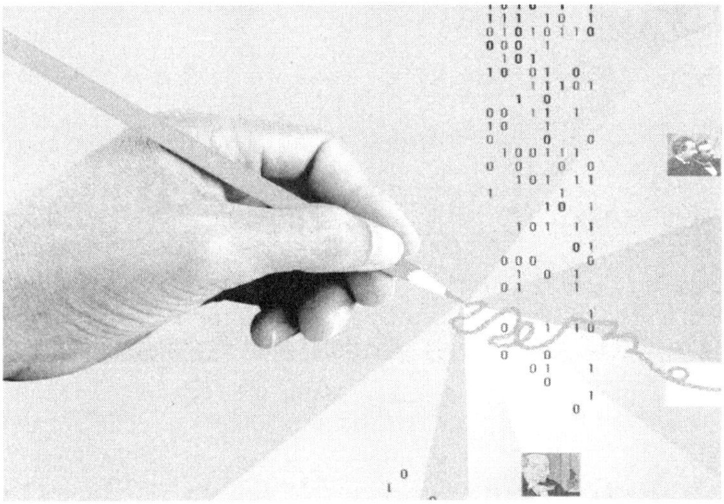

[그림 12-1] 창의성을 증폭시키는 디지털 자산의 신규산업

출처 : ANDREA DAQUINO

둘째는 코로나19가 블록체인, 디지털 자산, 금융서비스 분야를 더욱 확장하는 촉진제 역할을 했다는 점이다. 조만간 은행들은 암호화폐 거래소, 암호화폐 수탁서비스, 암호화폐 기반투자개발 등 다양한 디지털 자산 기반의 서비스를 개발 및 제공할 것이라고 예측했다.

이런 전망은 국내 은행의 암호화폐 거래소 계좌의 개설조차 규제하는 국내 상황과는 정반대 흐름이다. 세계적인 추세가 디지털 자산의 활성화 방향으로 진행된다면 우리도 이를 계속 거부하기는 어렵지 않을까 예측해 본다.

학습 12

2. 디지털 자산활용의 경쟁력

비트코인은 알아도 블록체인까지 아는 사람은 많지 않다. 비트코인에 가려 주목을 잘 못받고 있지만, 사실 가상자산에서 가장 중요한 건 그 기반이 되는 기술인 블록체인이다. 블록체인 기술이 우리의 일상과 투자환경을 어떻게 바꿀지 더 관심을 가져야 할 때다.

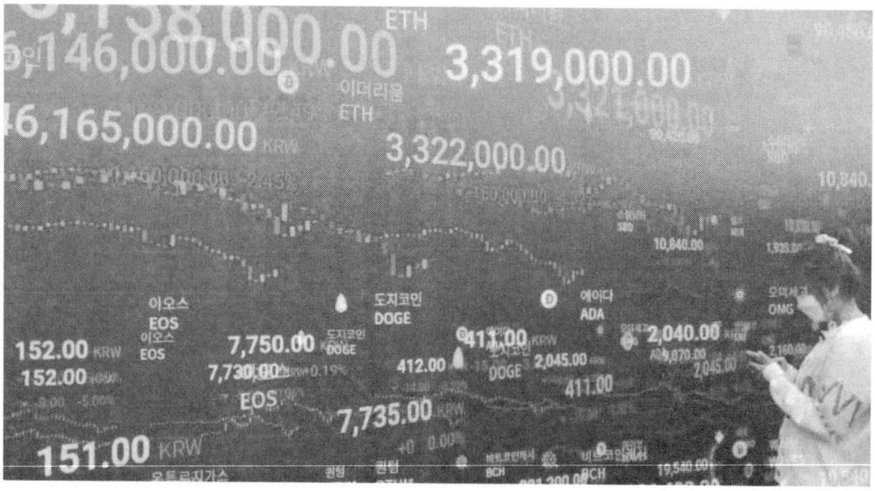

[그림 12-2] 디지털 자산의 필수 시대

출처 : 전자신문

디지털 시대에 디지털 자산은 필수이다. 현금뿐 아니라 부동산, 금, 미술품 등 다양한 자산들이 블록체인을 통해 디지털화하고 있고, 이 중에서 분명 성공한 사례도 나올 것이다. 계속 커나가는 이 시장에 우리가 관심을 가져야 하는 이유다.

디지털 자산의 활용의 경쟁력을 위하여 디지털 자산 관련법은 블록체인 산업을 진흥하기 위한 주무 부처를 금융위로 규정했다. 과기정통부와 중소벤처기업부가 마련해야 할 디지털 자산의 육성계획에는 육성정책 기본 방향, 디지털 자산 사업자 창업지원, 디지털 자산의 산업육성기반 조성, 디지털 자산 사업자 해외시장 진출지원, 블록체인 기술 등 디지털 자산의 육성과 활용에 근간이 되는 기술과 환경 등이 담겨야 한다.

1) 디지털 자산활용에 따른 다양한 정의

디지털 자산은 단순히 '코인'류에만 국한한 것이 아니라 굉장히 다양하고 넓은 분야에서 사용된다. 디파이(블록체인 기반의 금융시스템), STO(증권형 토큰),

NFT(대체 불가능 토큰) 등 분야가 다양하기 때문에 '화폐'만으로 정의해선 안되고, 형체가 있는 것은 아니지만 분명히 실물경제에서 거래가 이뤄지고 있다는 점에서 '가상'이라고 정의하기도 어렵다. 여러 다양한 개념들을 포괄하는 의미에서 '디지털 자산'이라고 표현하는 것이 더 적합하다.

2) 디지털 자산의 블록체인 활용

블록체인은 '블록'이라는 데이터 덩어리를 체인처럼 연결시켜 놓은 것이다. 그러다 보니 외부에서 해킹하거나 위·변조하기가 굉장히 어렵다는 특성이 있다. 지금 블록체인은 사람들이 단순히 '코인'이나 기술에만 관심을 갖는 경우가 많은데, 사실은 기술 그 자체보다 이 기술이 어떻게 현실에 적용되고 상용화할 수 있을까에 더 관심을 기울일 필요가 있다.

블록체인이라는 기술을 유명하게 만든 대표적인 자산인 비트코인과 이더리움의 예를 들면, 비트코인의 시작은 은행 같은 중앙기관을 배제한 사인 간 거래를 활성화하기 위한 목적이다. 개인과 개인이 거래할 수 있는 결제시스템을 만들기 위해 탄생한 것이 비트코인이다.

반면 이더리움은 블록체인 플랫폼의 성격이 강하다. 이더리움을 보상으로 제공하는 블록체인 플랫폼에서 디파이, STO, NFT 등 다양한 형태로 응용할 수 있다.

3) 디지털 자산의 실물자산 활용

실물자산을 디지털화 한 것이 자산유동화 STO이다. 수억, 수십억원을 호가하는 자산의 지분을 잘게 쪼개서 증권의 형태로 발행한 것이다. 이렇게 하면 고가의 빌딩이나 미술품도 5000원~1만원의 소액으로 투자가 가능하다. STO를 이용하면 모든 자산을 다 유동화 할 수 있다.

현재 해외에서는 블록체인을 활용한 부동산 매매를 지원하는 업체들이 있다. 우리나라에서도 핀테크 스타트업 등이 부동산 토큰을 거래하는 시도를 하고 있다.

4) 디지털 자산의 NFT 활용

NFT(Non-Fungible Token)는 말 그대로 '대체 불가능한 토큰'이다. 예를 들어 비트코인은 내가 가진 1비트코인과 다른 사람이 가진 1비트코인이 같은 가치를 갖고 있다. 하지만 NFT는 각각의 토큰이 모두 다르기 때문에 유일무이하다는 특성이 있다.

NFT는 여러 분야에서 활용될 수 있다. 최근엔 이세돌 9단과 알파고의 대국을

NFT로 만든 것이 2억 5,000만원에 낙찰된 사례가 있다.

훈민정음 해례본도 NFT로 만들어서 판매가 이뤄지고 있다. NFT는 아직 시작 단계인데, 앞으로는 게임 아이템이나 메타버스 등 다양한 분야에서 활용될 것으로 예상하고 있다.

5) 디지털 자산의 메타버스와 NFT의 결합을 통한 활용

비대면 입학식, 졸업식과 기업 MOU 협약식 등의 다양한 행사, 콘서트, 팬미팅 등을 메타버스 내에서 개최하였다. 코로나19 팬데믹으로 인해 모든 행사가 비대면으로 전환되면서, 기존 온라인 회의나 컨퍼런스(Zoom, Webex 등)에서 메타버스 플랫폼을 활용한 행사로 변화하였다.

대학교 캠퍼스, 기업의 컨퍼런스룸 등을 메타버스로 구현하여 마치 실제 현장에 있는 것과 같이 참여할 수 있도록 구현하고 있다.

메타버스(Metaverse)라는 가상의 공간에서 이용자는 자신만의 아바타를 생성하여 다른 이용자와 소통하거나 디지털 콘텐츠를 제작하여 거래한다.

메타버스를 활용하는 금융, 교육, 엔터테인먼트, ICT 분야가 증가하고 있으며 NFT를 활용하여 콘텐츠, 서비스의 이용과 구매(소비)가 가능하다.

또한 국내 엔터테인먼트 업체들은 소속 연예인의 메타버스 아바타, 굿즈, 음원 등을 NFT로 발행하여 판매한다.

메타버스(Metaverse)에서 NFT를 활용하는 사례로, '디센트럴랜드(Decentraland)', '더샌드박스(The Sandbox)', '업랜드(Upland)' 등이 있다

디센트럴랜드, 더샌드박스, 업랜드는 대표적인 블록체인 기반 메타버스 게임 플랫폼이다.

① 디센트럴랜드 : 게임 가상공간 내 토지의 소유권을 NFT로 기록하여 구매·판매 가능하며, 디센트럴랜드 암호화폐('MANA')를 사용한다.

② 더샌드박스 : 사용자들이 게임 내 가상공간과 아이템을 NFT로 제작하여 소유권을 확보하고, 더샌드박스 암호화폐('SAND')로 거래 가능하다.

③ 업랜드 : 가상의 부동산 시장게임 서비스로, 실제 현실주소를 바탕으로 가상의 부동산 증서를 NFT로 만들고 업랜드 암호화폐('UPX')로 거래 가능하다.

6) 디지털 자산의 커스터디 서비스 활용

디지털 자산 커스터디(Custody) 서비스는 디지털 자산산업의 발전에 대응하여

금융회사의 커스터디 서비스 영역을 확대한 것으로 주로 기관투자자를 대신해 디지털 자산을 구매해 주거나, 암호화 키 보관 등의 서비스를 제공한다.

최근 디지털 자산시장의 성장기조에 따라 은행권에서도 신규사업의 일환으로 디지털 자산 커스터디(Custody) 서비스에 대한 관심이 증가하고 있다.

디지털 자산시장의 성장에 따라 은행권에서도 고유업무인 커스터디 서비스를 적용하여 수수료 수익을 확대할 수 있는 디지털 자산 커스터디 사업에 대한 관심이 증가하고 있다.

금융회사들이 전통적으로 제공해 왔던 커스터디 서비스는 유가증권 등 금융자산을 보관 및 관리하여 주는 것으로 상임대리인 업무를 포괄하는 개념이다.

해외에서는 은행들이 선제적으로 디지털 자산 커스터디 사업에 진출중이며 국가별 규제 요건에 따라 직접 디지털 자산 커스터디 서비스를 제공하거나 블록체인 업체와 합작 법인을 설립하는 등 다양한 방식을 통해 참여하고 있다.

(1) 해외은행의 활용사례

스위스에서는 일찍이 은행의 디지털 자산 커스터디 사업을 허용하였으며, 본토벨뱅크(Vontobel bank)는 은행 최초로 은행 및 자산운용사를 대상으로 직접 디지털 자산 보관서비스를 제공하고 있다.

① 스위스 주 은행인 바슬러 칸토날방크(Basler Kantonalbank)도 스위스 정부 소유 은행 최초로 자회사인 뱅크클러(Bank Cler)를 통해 디지털 자산 거래 및 커스터디 서비스 제공 계획을 발표하였다.

- 제도적 환경에 따라 은행들은 다른 기업과의 전략적 제휴 및 해외 지사를 통해 디지털 자산 커스터디 시장에 진출하는 방법을 사용하였다.

② 스페인 은행인 BBVA는 은행의 디지털 자산사업이 허용된 스위스에서 지사를 이용해 디지털 자산 커스터디 서비스를 시작하였다.

③ 노무라 홀딩스는 암호화폐 협력 업체 레저(Ledger), 코인셰어스(CoinShares)와 함께 합작 법인 고마이누를 설립하여 금융기관을 대상으로 하는 디지털 자산 커스터디 서비스를 출시하였다.

④ ING 은행은 다른 글로벌 은행과 협업하는 방식으로 영국 FCA 규제 샌드박스를 이용하여 디지털 자산 커스터디 사업에 진출하였다.

(2) 미국과 독일의 활용사례

미국과 독일에서도 디지털 자산을 제도권으로 편입하려는 시도와 함께 디지털 자산 커스터디 서비스에 대한 규제 및 관련 정책을 발표하여 은행의 디지털 자산 커스터디 서비스 제공을 허용하였다.

① 2020년 7월 22일 미국 OCC(Office of the Comptroller of the Currency)는 암호화폐를 비롯한 디지털 자산에 대해 국법은행(National Saving Banks)과 연방저축조합(Federal Saving Associations)에서 커스터디 서비스를 제공할 수 있다고 발표하였다.

- 미국 신탁법은 수탁대상 재산에 대한 제한이 없으나 주법, FDIC(Federal Deposit Insurance Corporation), OCC의 규제에 따라 주 정부의 라이선스를 획득한 코인베이스, 비트고 등 전문업체가 신탁업자로서 가상자산 서비스를 운영한다.
- OCC 확인서(Interpretive Letter)가 암호화폐를 전자적 자산의 일종으로 인식, 전통적으로 은행이 제공해 왔던 커스터디 서비스의 대상이라는 것을 발표하면서 연방은행 및 연방저축조합이 커스터디 서비스를 제공하는 것을 인정하였다.
- OCC의 발표에 따라 블록체인 및 일부 전문업체 위주였던 디지털 자산 커스터디 시장에서 은행이 직접 커스터디 서비스를 제공하는 것이 허용하였다.

② 독일은 2020년 1월부터 신규자금세탁방지법이 적용되면서 전통적 투자상품과 함께 디지털 자산도 금융상품으로 제공할 수 있도록 허용하였다.

- 법안 개정으로 그동안 디지털 자산에 대한 직접 취급이 어려웠던 독일 은행들은 금융감독청(BaFin)으로부터 해당 라이선스를 취득하면 커스터디 서비스 제공이 가능하다.
- 2020년 2월 11일에는 40여개의 독일 은행들이 디지털 자산 커스터디 라이선스 취득 및 사업의향서를 독일 연방 금융감독청(BaFin)에 제출 하는 등 해당 서비스 개시 의사를 밝히고 준비하였다.

③ 글로벌 IB를 중심으로 미국과 독일에서는 씨티그룹, 골드만삭스, 모건스탠리, 도이치뱅크, 도너앤로이셸(Donner&Reuschel), 솔라리스뱅크(Solaris Bank) 등에서 디지털 자산 커스터디 서비스 제공 계획을 발표하였다.

(3) 국내 은행의 활용

국내 은행은 합작 법인에 대한 지분투자방식으로 디지털 자산 커스터디 사업에 참여 중이며, 현금성 자산을 디지털 자산에 투자하려는 기관을 대상으로 커스터디 서비스 출시를 진행중이다.

① 특금법 개정으로 국내에도 디지털 자산 커스터디 서비스를 제공할 수 있는 법적 기반은 마련되었으나 은행이 가상자산 사업자로 커스터디 업무를 겸영할 수는 없으므로 주로 합작 법인을 설립하고 라이선스를 취득하는 방식으로 참여한다.

② 디지털 자산을 보유하고자 하는 기업에게 커스터디 서비스를 제공함으로써 분실 · 도난 관련 리스크를 줄이고, 기업들이 디지털 자산에 투자할 수 있는 환경을 마련하였다.

- 최근 신사업 및 투자목적 등으로 디지털 자산을 보유하고자 하는 기업이 증가하는 반면 현재 국내에서 법인은 가상자산 거래소 서비스를 사용할 수 없다.
- 가상자산 사업자가 제공하는 커스터디 서비스를 시용함으로써 해당 기업은 분실 · 도난 문제를 해결하고 은행이 보유한 안정적인 시스템 운영방식을 제공받을 수 있다.

③ 2021년 7월 우리은행의 디지털 자산 커스터디 시장진출이 확정됨에 따라 현재 국내에서는 KB국민 · 신한 · 우리 · NH농협 4개의 시중은행이 디지털 자산 커스터디 사업에 참여 및 서비스를 준비하고 있다.

- KB국민은행은 블록체인 투자사 해시드, 블록체인 기술기업 해치랩스와 함께 KODA(한국디지털에셋)을 설립하여 국내 최초 법인대상 가상자산 수탁 서비스를 제공한다.
- 신한은행은 가상자산 거래소 코빗, 블록체인 리서치 기업 페어스퀘어랩과 KDAC(한국디지털자산수탁)에 전략적 지분투자 중이며, KDAC와 디지털 자산 커스터디 R&D 및 공동사업을 추진하고 있다.
- NH 농협은행은 갤럭시아머니트리, 한국정보통신, 헥슬란트와 업무협약을 체결하고 '옥텟'을 기반으로 커스터디 연구 · 개발을 통해 디지털 자산 커스터디 사업 진출을 준비하고 있다.
- 우리은행은 코인플러그와 디지털 자산 커스터디 전문회사 디커스터디의 합작 설립을 합의하고 2대 주주로 사업에 참여하여 서비스를 준비중이다.

향후 국내 디지털 자산 커스터디 서비스 출시가 본격화되면서 시장 확대 및 사업영역 다각화가 예상되고, 정부차원에서는 발생 가능한 문제의 선제적 예방을 위해 가상자산의 위험관리 모니터링과 운영 관련 세부 준칙 및 가이드라인 마련이 필요하다.

① 디지털 자산 커스터디 서비스 제공이 늘어나면 기관 등 대형 투자자들이 투자할 수 있는 환경이 조성되어 시장확대 및 관련 서비스 경쟁의 심화가 예상된다.

② 현재는 가상자산에 대한 보관 및 매매가 디지털 자산 커스터디 업체의 주요

제공 서비스이지만 디지털 자산 관련 결제 · 정산업무와 운용업무까지 사업영역을 확대할 것으로 전망이다.

- 수익 다각화와 함께 한국은행이 CBDC를 발행할 경우 사업활동을 위한 준비 단계의 기능도 수행한다.

③ 금융당국 차원에서는 특금법 개정이후 구체적 시행령 제정이 미비한 상황을 고려하여 커스터디 업무를 위한 준칙 및 가이드라인을 사업자에게 제공하고, 컴플라이언스 위반관리를 위해 노력할 필요가 있다.

- 아직 국내는 은행이 디지털 자산 커스터디 업무를 직접 할 수 있는 제도적 기반은 마련되지 않았으므로 향후 규제방향 결정을 위해 미국, 독일 등 은행에서 출시한 디지털 자산 커스터디 서비스 성과에 대한 모니터링도 필요하다.

3. 업무효율 극대화를 위한 디지털 자산관리 플랫폼 활용

디지털 자산에 있어 '다다익선'의 시대는 지났다. 보유자산의 규모 자체보다는 관리방식의 효율성이 성공적인 고객경험 관리와 더 직결되기 때문이다. 하지만 여전히 많은 기업이 분산된 공간에 저장된 파편화된 디지털 자산으로 인해 신속한 검색 및 관리운영의 어려움을 겪고 있다.

디지털 자산이 제대로 관리되지 못하면 데이터를 활용한 제작 및 협업에도 중대한 손실을 일으키고, 나날이 새롭고 개인화된 콘텐츠를 기대하고 있는 고객의 요구에도 부응할 수 없다.

[그림 12-3]처럼 SNS 프로필에 람보르기니 차키 사진을 올려 구매인증하는 것과 디지털 컬렉터블스 '크립토펑크(7523)'를 구매인증하는 것, 어떤 것이 더 큰 경제적 성공을 과시하며 '플렉스'(Flex)하는 것처럼 보일까?

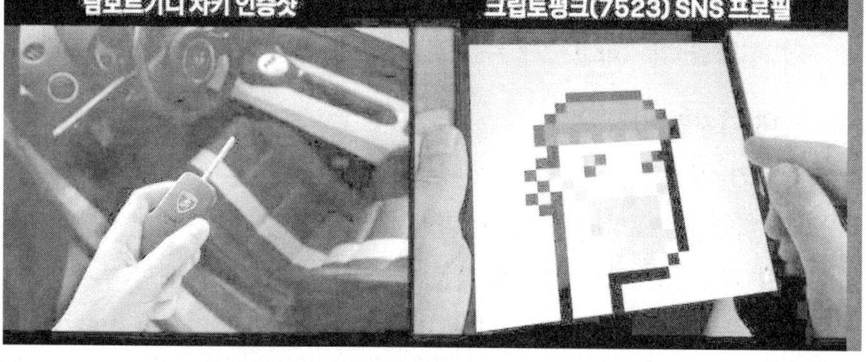

[그림 12-3] 디지털 자산의 자산가치 사례

이처럼 NFT 기반 디지털 자산이 새로운 투자가치로 주목받고 거래되고 있다. 물리적인 실체도 없고, 알고리즘에 의해 조합된 디지털 파일에 불과한 이 작품들이 비싼 가격에 거래되는 이유는 무엇일까?

기존에 쉽게 복제가 가능했던 디지털 파일이 위·변조가 불가능한 블록체인 기술과 NFT 증명서를 활용해 원본과 소유권을 증명할 수 있게 되면서 자산가치를 인정받게 됐기 때문이다.

이처럼 NFT로 소유권이 보장되고, 증명이 가능해졌기 때문에 수집대상으로 바뀌게 되면서 새로운 자산투자 목적으로 활용이 가능해졌다.

그래서 어쩌면 한 차원 높은 디지털 자산관리(DAM : Digital Asset Management) 솔루션이 필요한 이유는 바로 이 때문이다.

LG의 DAM 솔루션 적용사례를 보면 LG 하우스와 같은 건축업계의 경우 설계, 시공, CM 등의 영역이 분리되어 있고, 획일화된 제품을 대량 생산하지 않는 특성으로 인해 디지털 자산관련 콘텐츠 관리의 어려움이 배가 된다.

이는 그만큼 체계적인 디지털 자산 관련 콘텐츠 관리 솔루션을 위한 플랫폼시스템을 통해 협업체계가 구축되었을 때 더 높은 효과를 얻을 수 있다는 뜻이다.

LG가 선진적인 DAM 솔루션을 통해 디지털 자산을 효율적으로 관리하고, 콘텐츠 제작을 위한 협업과정에 활용하고 있다.

지금까지 스스로 디지털 자산의 다양한 콘텐츠를 창작하는 크리에이터라고 생각하지 않았던 비주류 작가도 세상에 나와 자신의 창작물을 NFT로 만들어 판매할 수 있는 '롱테일 크리에이터'가 탄생할 수 있다. 이들에게도 작품활동을 하면서 수익을 얻을 수 있는 길이 열리게 된 것이다.

12-2 디지털 자산의 편견과 미래

1. 디지털 자산의 편견

경제활동의 중심축이 디지털로 전환하고 있는 가운데, 블록체인과 디지털 자산이 디지털 경제의 핵심 인프라가 될 것이란 기대가 커지고 있다.

참여자간 신뢰 확보는 경제시스템이 작동하기 위한 필수 요건인 만큼, 디지털 경제에 신뢰를 부여하는 방법으로 블록체인·디지털 자산에 주목하고 있는 것이다.

동시에 개정 특정금융정보법(특금법)에 따라 가상자산 사업자 신고제가 본격 시행되면서 국내 블록체인 · 디지털 자산산업은 중요한 전환기를 맞았다.

특금법이 산업진입을 위해 통과해야 하는 관문이 되면 산업전반이 건전화될 것이란 기대와 아직 태동기에 있는 산업이 위축될 수 있다는 우려가 공존한다.

한 대체 불가 토큰(NFT) 스타트업은 최근 '신용카드로 결제하기' 기능을 중단할 수밖에 없었다. 결제대행사(PG사)가 일방적으로 계약해지를 통보했기 때문이다. 회사는 PG사로부터 금융당국의 경고를 받고 내린 결정이라는 이야기를 들었다. '블록체인 주의기업'이 금융활동을 하면 서비스를 허용해준 금융사가 감사를 받을 수 있다는 경고가 있었다는 것이다.

이 사례를 전해들은 NFT분야 창업기업들은 답답한 심경을 토로하고 있다. "NFT는 새로운 콘텐츠 시장을 여는 기술인데 블록체인 기업이라는 이유로 불합리한 처우를 감수해야 한다는게 어느 시대 발생인지 모르겠다"는 입장이다.

디지털 자산을 다루는 블록체인 기업에 대한 금융당국의 시선이 여전히 곱지 않다. 디지털 자산은 실체없는 투기라고 보고 관련 기업을 예의주시하는 중이다. 금융당국의 부정적인 시각은 금융사에 전이돼, 블록체인 기업에 실질적인 불이익으로 작용하고 있다.

블록체인 기업들이 부당한 처우로 사업에 어려움을 겪는 일은 최근 들어 생긴 문제가 아니다. 국내에 첫 코인 열풍이 분 2017년부터 블록체인 기업이라는 이유만으로 법인 은행계좌가 강제해지 되거나 개설 자체가 거부됐다는 사례는 너무도 많다.

2. 디지털 자산의 혁신적인 변화

세계 디지털 자산산업은 블록체인 탈중앙화 기술을 변주해가며 진화를 거듭해나가고 있다. '투기'라는 프레임만 가지고 산업을 들여다 봐선 보이지 않을 혁신적인 변화들이다.

그중 NFT와 디파이는 기존 산업에 상당한 파급을 미칠 만한 혁신성을 띠고 있으면서, 빠르게 대중화되고 있다는 점에서 특히 주목할 만하다.

NFT가 혁신적인 이유는 그동안 제대로 가치를 인정받기 어려웠던 다양한 디지털 콘텐츠를 시장에서 거래될 수 있는 상품으로 만들어준다는 데 있다.

NFT는 고유한 일련번호를 가지고 있는 블록체인 토큰의 한 종류로 사진 · 영상 · 쿠폰 · 마일리지 등 다양한 디지털 파일과 결합할 수 있다.

NFT와 결합된 디지털 파일은 일련번호가 존재해 원본임을 확인할 수 있고, 거래

내역이 투명하게 공개되는 블록체인을 통해 소유권을 입증할 수 있다. 그동안 디지털 파일은 쉽게 카피 가능하고 원본과 카피본을 구분할 수 없다는 맹점 때문에 가치를 인정받기 어려웠는데, NFT의 등장으로 이런 문제가 한번에 해결됐다.

미국프로농구(NBA) 하이라이트 경기를 NFT로 만들어 판매하는 NBA탑샷은 확실한 NFT 플랫폼 성공사례를 만들었다. NBA탑샷에 새 NFT 카드팩이 공개되면 수 분 안에 매진돼 대기자들도 구매에 실패하는 경우가 다반사다. NBA 간판스타 르브론 제임스의 NFT는 40만 달러(약 4억6천만원)에 판매돼 최고가 거래기록을 세우기도 했다.

글로벌 결제업체 비자의 크립토 총괄 카이 셰필드 부사장은 NFT의 등장을 놓고 "출처를 바로 확인할 수 있어 원본임을 검증할 수 있고, 소유권을 추적할 수 있으며 토큰을 전송하는 방식으로 서로 교환할 수 있는 새로운 파일형식이 생긴 것"이라며 그 혁신성을 강조했다.

그는 "NFT는 디지털 상품이기 때문에 상품을 만들 공장도 먼 거리를 배송할 필요 없이 단지 디지털 지갑 주소로 토큰을 전송하기만 하면 거래가 완료된다"며 "앞으로 온라인 거래를 하듯이 NFT를 굉장히 보편적으로 사용될 것이다"고 예상했다.

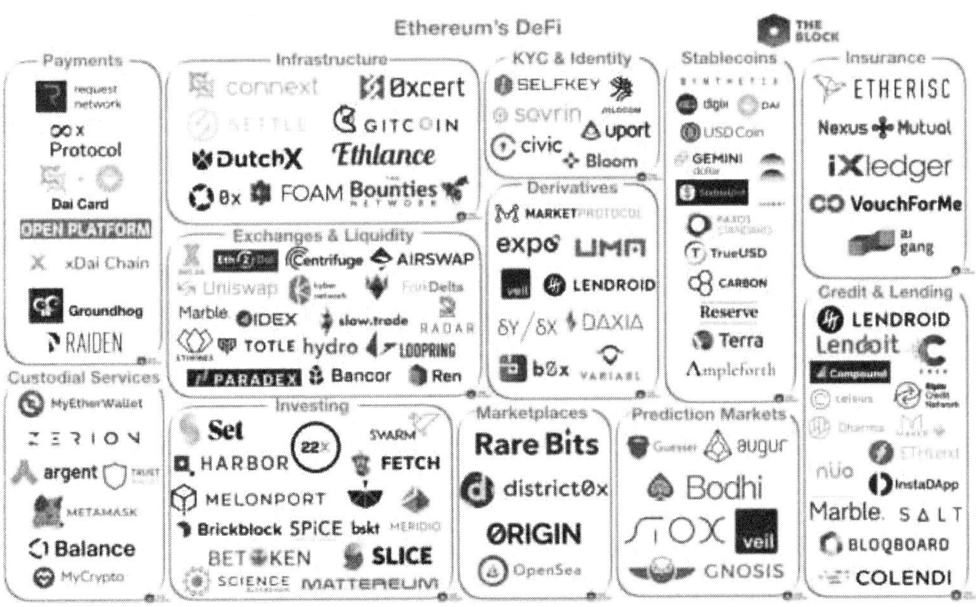

[그림 12-4] 이러디움 디파이 생태계를 구성하는 다양한 기업들

출처 이미지 : 더블록

실제 'NFT 콘텐츠 거래시장'은 올해 상반기에만 25억 달러(약 3조원) 규모에 이르렀다. 지난해 같은 기간 1천 370만 달러에 불과했던 것과 비교하면 폭발적으로 성장한 것이다.

디파이(DeFi)는 블록체인 기술을 활용해 구현한 탈중앙화된 금융서비스를 포괄하는 용어다. 암호화폐로 예금·대출 서비스를 제공하는 방식이 대표적이다. 은행과 비슷해 보이지만, 스마트컨트랙트라 불리는 컴퓨터 코드에 따라 예금·대출 모델이 자동으로 작동하기 때문에 중앙화된 금융기관이 필요 없다는 차이가 있다.

예치금에 대한 이자 수익이 은행 보다 훨씬 높다는 점도 중요한 차이점이다. 은행은 대출이 부실하더라도 고객 예치금을 돌려줄 수 있도록 준비금을 보유할 법적 의무가 있지만, 디파이는 준비금 보유를 요구받지 않기 때문에 보다 공격적으로 대출을 수행하고 그에 따른 이자 수익을 예금자에게 제공할 수 있다.

디파이는 높은 이자율을 내세워 예치금을 끌어모으고 있다. 디파이 통계 사이트 디파이펄스에 따르면 현재 디파이 서비스에 예치된 금액은 총 800억 달러(약 94조원)에 이른다. 전통금융을 위협하는 대안적 금융서비스로 부상하고 있는 것이다.

뉴욕타임즈는 이달 초 게재한 '크립토뱅크(암호화폐 기반 은행)와 탈중앙화된 금융에 대한 설명'이라는 제목의 기사에서 "암호화폐가 사람들이 빌리고 저축하는 방식을 바꾸기 시작했으며, 디지털화폐 혁명이 이제 은행으로 옮겨가고 있다"고 평가했다.

보도는 또 "미국 성인 10명 중 1명은 당좌계좌를 보유하지 못했고, 4명 중 1명은 제도권 은행에서 대출 등 금융서비스를 받을 수 없는 상태다"라는 점을 지적하며, "암호화폐 기반 금융이 기존 기관에서 오랫동안 배제된 사람들에게 신용평가 없이 빠르고 저렴하게 거래에 참여할 수 있는 기회를 제공한다"는 디지털 자산 업계의 목소리를 전했다.

3. 디지털 자산의 디지털 경제 인프라

디지털 자산이 블록체인 기술과 함께 디지털 경제의 핵심 인프라가 될 것이란 기대도 높다. 기존 인터넷 네트워크만으로는 디지털 경제를 구현하는 데 한계가 있는데, 디지털 자산과 블록체인이 잃어버린 퍼즐을 채워줄 기술이라는 평가다.

블록체인 위에서 작동하는 디지털 자산서비스는 스마트계약에 따라 미리 정해놓은 규칙대로 거래를 수행한다. 또 공개된 원장을 통해 거래에 오류가 없다는 사실을 쉽게 검증할 수 있다는 특징이 있다.

디지털 경제는 상호 신뢰관계가 없는 사람들이 인터넷 상에서 모든 종류의 거래를 처리할 수 있어야 완전히 작동할 수 있다. 사람에 대한 신뢰가 필요 없어지는 거래환경을 만들어주는 디지털 자산이 디지털 경제 인프라로 적격인 셈이다.

디지털 경제가 열리면 디지털 상품을 만드는 기본 포맷은 원본확인이 가능한 NFT가 될 것이며, 국경 · 국적에 구애받지 않는 지불결제 방식으로 암호화폐가 자연스럽게 받아들여질 수 있다.

암호화폐가 널리 쓰이게 되면 암호화폐 기반 금융도 고도화 될 것으로 예상해 볼 수 있다. 산업계는 이미 이런 미래가 가까워 오고 있다고 보고 준비 중이다. 비자, 마스터카드, 페이팔, 스퀘어, 페이스북까지 다양한 글로벌 기업들이 디지털 자산 분야에서 앞서나가고 있다.

우리 정부도 국가 디지털 대전환 프로젝트인 '한국판 디지털뉴딜'을 추진 중이다. 디지털 분야 신사업을 육성해 디지털 경제시대 강자로 거듭나는 것이 핵심목표 중 하나다.

하지만 디지털경제 시대에 핵심 인프라가 될 잠재력이 충분한 디지털 자산에 대해서는 육성의지를 찾아보기 어렵다. 디지털 자산의 일면인 투기적 요소로 인한 이용자 피해 가능성을 지나치게 의식한 탓이다.

이제라도 디지털 자산산업의 잠재력을 살펴보고, 리스크를 관리할 수 있는 역량을 키우는 방향으로 정부기조 전환이 필요하다.

인터넷도 초기단계에서는 우려되는 부분이 많았지만 결국 지금과 같이 발전한 것이다. 신기술과 산업은 모두 양면성이 있기 때문에 정부가 육성할 부분을 살리고, 관리가 필요한 부분에 대해서는 컨트롤 역량을 키워야 한다.

디지털 세계의 부(富)는 물리적 세계와 다른 차원으로 생성될 것이고 정부당국이 신산업에 대해 책임을 피하고만 하지 말고, 잘 모른다면 배우겠다는 의지를 가지고 나서길 바란다.

12-3 기득권적 사고에 발목 잡힌 디지털 자산산업

디지털 자산 혹은 암호화폐, 그도 아니면 가상자산이라 불리는 유령이 있다. 낡은 한국의 모든 세력이 이 유령을 몰아내기 위해 동맹을 맺은 듯하다.

디지털 자산산업은 분명히 존재하지만, 존재하면 안되는 것처럼 취급 받고 있다. 국민 660만명이 투자에 참여하고 있으며, 일일 거래량은 20조원 규모로 코스피를 뛰어넘었는데도 정부는 “시장에 잘못된 시그널을 줄 수 있기 때문”에 이것을 자산으로 인정하기 어렵다는 입장을 반복 중이다. 국무조정실, 금융위원회, 법무부까지 모든 관계 부처가 한 목소리다.

정부에게 디지털 자산은 국민 수백만이 참여하고 있으니 통제는 해야겠고, 그렇다고 인정하고 싶진 않은 유령 같은 것이다. 그렇게 디지털 자산산업은 명문화된 규제 공백 속에 당국의 엄포에 가까운 말과, 은행 등 전통금융사를 통한 간접적이고 기형적인 제약을 받아왔다.

이런 상황을 감안했을 때 디지털 자산산업에 대한 첫번째 법규제인 ‘개정 특금법’ 시행은 산업계 입장에서 큰 진전이다. 규제법이긴 하지만 사업의 불확실성이 줄었다는 점에서 긍정적으로 평가할 부분이 많다.

하지만 특금법 역시 은행을 통해 디지털 자산사업자를 관리하겠다는 시각에서 벗어나지 못했다는 한계가 있다. 은행에 힘이 쏠리다 보니 또 다시 ‘보이지 않는 압력’이 산업의 발목을 잡고 있다.

1. 디지털 자산산업이 은행에 종속되면 안되는 이유

특금법은 금융회사 등의 자금세탁방지 의무를 규정한 법이다. 법 개정을 통해 거래소, 지갑 및 보관관리(커스터디) 서비스 등 디지털 자산분야 일부 사업자들도 적용 대상에 포함하고, 이들 업체에 대한 관리감독을 위해 사업자 신고의무도 부과했다. 신고 마감일인 지난 25일까지 거래소 29곳, 지갑 및 보관관리 업체 13곳이 신고를 냈다.

개정 특금법은 디지털 자산산업이 제도화되는 첫 발이라는 점에서 의미가 있지만, 시행과정에서 잡음도 적지 않았다. 원화를 취급하는 사업자의 경우 반드시 은행 실명계좌를 보유하도록 한 것이 발단이 됐다.

대다수의 거래소가 실명계좌를 확보하지 못하면서 시장에서 도태될 위기에 놓였고, 원화로 디지털 자산을 구매할 수 있는 정상 운영업체가 단 4곳으로 줄어든 것은 표면적으로 드러난 문제일 뿐이다.

이보다 더 근본적인 문제는 디지털 자산산업이 은행업에 종속되는 구조가 만들어졌다는 데 있다. 실명계좌 발급 여부가 전적으로 은행 판단 · 결정에 달려 있기 때문이다.

디지털 자산기업의 존패가 은행과 사적계약에 달려 있게 됐다는 점에서 부당함을 지적하는 목소리가 높다.

은행 입장에서는 이 업체와 계약을 맺었을 때 수익이 나는지를 중요하게 평가할 것이다. 어떤 거래소가 자금세탁방지 준비가 잘 되어 있는데, 매출이 별로 없다면 은행은 별로 이득이 없는 이런 거래소와 계약을 맺을 이유가 없다. 은행이 자기 영업에 이득이 되지 않는 거래소는 안 받아주는 것이 불합리하고 자금세탁방지가 목적인 특금법 신고제 취지와도 맞지 않다.

또 금융당국은 사적계약이라고 실명계좌 발급과 유지에 관여를 하지 않고 있다. 실명계좌를 받은 업체라 해도 은행이 갑자기 계약연장을 해주지 않겠다고 하면 그 업체는 갑자기 사업을 접어야 한다. 대한민국에 이런 산업이 또 있는지 모르겠다.

디지털 자산은 대체 금융으로 성장하고 있는 신산업 분야인데, 향후 경쟁관계에 놓일 수 있는 전통산업이 신산업을 통제하는 상황도 신-구 플레이어 간 충돌의 요인이다. 갈등이 생겼을 때 전통 금융관료 집단인 금융위원회는 금융사의 편에 서기 쉽다는 문제도 있다.

은행과 디지털 자산 사업자가 협력하는 부분도 있지만 일부영역에서는 경쟁관계에 있다. 잠재적인 경쟁관계에 있는 산업에 다른 산업의 평가를 맡긴다는 것이 문제다. 은행이 경쟁업체가 될 수도 있는 디지털 자산업체가 성장하는 것을 좋아할까 의문이다.

나중에 두 산업 간 충돌이 생기면 금융당국은 어느 편을 들어줄까. 제2의 타다 사태가 일어날 것이다. 국토부가 운송업체 규제기관이니까 타다를 죽이지 않았나. 디지털 자산기업들은 이미 구조적으로도 은행에 종속적이기 때문에 더 대항력이 없을 것이다.

은행을 통한 간접적인 규제문제는 단지 디지털 자산 거래소에만 국한된 문제가 아니다. 지갑, 결제, 예치 · 대출 등 다양한 디지털 자산서비스가 영향을 받고있다.

예컨대 디지털 자산 결제서비스라면, 이용자가 코인을 충전해 결제에 쓸 수 있어야 하는데 지금으로써는 신용카드나 계좌이체로 코인을 구매할 수 없다. 원화로 코인 구매가 가능하려면 은행 실명계좌가 필요하기 때문이다.

이 같은 구조가 디지털 자산산업의 성장을 막고 있다는 지적이 나오는 이유다.

거래소가 4개 통과하느냐 10개 통과하느냐가 중요한 게 아니다. 지금 통과한 거래소도 장기적으로 성장하고 살아남으리라 장담하기 어렵다. 다양한 디지털 자산 신규 사업자는 더더욱 나오기 힘들다고 본다.

정부가 은행에 모든 책임과 권한을 전가하며 기형적인 규제가 반복되고 있다. 우리 산업계는 정부가 규제를 하더라도 정식으로 눈에 보이는 규제를 해주길 바란다.

은행을 통해 관리하고자 하면 이 산업에 있는 기업들은 은행의 갑질이 규제가 되어 버린다.

2. 업권법, 규제와 진흥 사이의 형을 맞춰야

그나마 다행인 점은 특금법 시행 이후 업권법 제정 논의가 이어져 규제를 정상화할 기회가 생겼다는 것이다.

업권법은 어떤 산업의 정의, 진입 요건, 이용자 보호조치 의무, 산업육성 등을 포함한다. 특금법이 사업자의 자금세탁방지 의무를 다룬다면, 업권법은 산업 전반의 규칙을 세우는 법이라 할 수 있다.

금융사의 경우 업권법에 따라 인허가를 받고 산업에 진입한 업체들을 대상으로 행위 규제가 부여된다. 규제 중 하나가 특금법상 자금세탁방지 의무다.

반면 디지털 자산산업은 업권법이 없기 때문에 특금법 안에 신고제를 넣어 산업 진입을 관리하고 있다. 따라서 디지털 자산산업 업권법이 만들어지면, 산업 진입 규제도 다시 논의될 가능성이 높다.

현재 김병욱 · 이용우 · 양경숙 더불어민주당 의원, 강민국 국민의힘 의원이 각각 업권법을 대표 발의해 놓은 상태다.

업권법에서 다시 인허가를 논의할 때는 실명계좌 확보 등 은행을 통한 간접적인 통제 방식이 포함되면 안된다는 게 디지털 자산업계의 목소리다.

국제자금세탁방지기구(FATF) 지침에는 디지털 자산 사업자의 자금세탁방지를 위해 실명계좌를 사용해야 한다는 내용이 없다. 우리나라를 제외한 전세계 어느 나라도 그런 것을 요구하지 않는다.

또 디지털 자산 사업자들이 특금법에 따라 금융기관 등으로 포함되면서, 이미 자금세탁방지 시스템을 구축하고 고객확인제도(KYC), 고객거래확인(KYT), 이상거래탐지(FDS) 등을 실행하고 있다. 2018년 금융위가 거래소에 실명계좌를 확보하라는 가이드라인을 처음 내놨을 당시에는 법적 의무가 없었기 때문에 은행을 통한 자금세탁방지가 필요했을 수도 있지만, 디지털 자산 사업자들도 자금세탁방지 의무가 생겼기 때문에 이제는 실명계좌를 써야 하는 이유가 없다.

실명계좌가 디지털 자산 사업자 진입규제에 꼭 필요한 것이라면 정부가 직접 발급여부를 결정해야 한다는 의견도 있다. 정말 중요한 것이라 의무조항으로 넣어야 한다면 정부가 직접 발급여부를 결정하거나 발급요건에 대한 명확한 지침을 줘야 한다.

업권법에는 산업을 위한 합리적인 규제뿐 아니라 미래산업 육성 관점에서 진흥 방안까지 포함되어야 한다.

디지털 자산은 새로운 금융 인프라이자, 디지털경제 전반의 핵심 인프라로 평가받고 있다. 기득권적 시작에서 '나쁜 것'으로 규정해 규제만 하려 할 것이 아니라, 미래산업 관점에서 규제와 진흥이 균형을 맞추며 건전한 성장을 이끌어야 한다.

특금법 이후 많은 업체들이 정부방침에 따라 질서있는 퇴장을 했다. 이제 정부도 디지털 자산산업계에 신뢰를 보여줘야 한다. 상호 신뢰를 바탕으로 국익에 도움이 되는 산업 발전방향에 대해 머리를 맞댈 시간이다.

12-4 디지털 자산의 국가대표산업으로 육성

미국 증권거래위원회(SEC)의 비트코인 상장지수펀드(ETF) 승인 가능성이 커졌다. 최근 게리 갠슬러 위원장이 한 언론사 컨퍼런스에서 비트코인 ETF에 우호적인 발언을 내 놓으면서다. 갠슬러 위원장은 "비트코인 ETF는 비트코인이 아닌 선물계약에 투자하는 것으로 투자자 보호가 충분히 이뤄질 수 있다"며 "담당 부서의 신청서류 검토를 기대하고 있다"고 했다.

SEC는 우리나라 금융위원회의 일부 기능을 담당하고 있는 기관이다. 투자자 보호가 기관의 주요 역할인 점을 감안하면, 갠슬러 위원장의 이번 발언은 꽤나 파격적이다.

전문가들은 미국의 디지털 자산규제가 무조건 못하게 '막는 규제'가 아니라 법만 따르면 할 수 있게 해주는 '여는 규제'이기 때문에 가능한 일이라고 평가한다.

SEC가 미등록 증권판매로 판단한 리플에 소송을 제기한 것이나, 필요한 라이선스를 취득한 페이팔이 비트코인 구매 및 결제서비스를 문제 없이 제공할 수 있는 것 모두 동일한 규제철학이 적용된 결과다.

미국뿐만 아니라 스위스, 싱가포르 등 금융산업이 강한 국가들은 디지털 자산에 대한 규제를 명확히 하고, 규제만 따르면 사업을 할 수 있게 '여는 규제 방식'을 택하고 있다는 공통점이 있다.

금융 패러다임이 아날로그에서 디지털로 바뀌는 전환기에 놓인 지금, 우리나라는 어떤 선택을 해야 할까.

1. 디지털 금융강국의 기회

우리나라는 금융 패러다임이 아날로그에서 디지털로 바뀌고 있는 시점을 활용해 새로운 경제성장의 발판을 마련해야 한다.

지금은 반도체, 자동차 등 제조업이 힘을 발휘하고 있지만 노동력을 이용해서 경제를 성장시키는 데 한계가 있을 수밖에 없다. 영국과 미국처럼 금융이 중심을 잡아야 경제가 힘을 받을 수 있다.

실제 우리나라 경제를 이끌어온 제조업 성장이 둔화되고 있다. 국회예산정책처가 지난해 발행한 '한국경제의 구조변화와 대응전략' 보고서에 따르면 제조업의 실질 부가가치 증가율은 1970년대 18%에서 최근 3.5% 수준 수준으로 하락했다. 제조업이 경제성장에 기여하는 정도도 3.5%p에서 1.1%p로 떨어졌다.

서비스업의 경우 1970년대 이후 부가가치 비중이 60% 내외에 머물러 정체 상태다. 선진국은 서비스업의 비중이 높아지는 경향이 있는데, 우리나라는 그렇지 못한 것이다. 서비스업의 경쟁력은 뒤처져 있는데, 제조업의 성장까지 둔화돼 돌파구 마련이 필요한 시점이다.

우리는 지금까지 금융이 약했기 때문에 금융강국이 될 수 있을 것이라 생각을 못하지만, 디지털 금융으로 패러다임이 바뀌고 있는 지금 새로운 기회가 왔다. 이 변화를 이용해서 선두를 달려야 한다.

2. 디지털 금융, 프로그래밍 가능한 화폐가 핵심

디지털 금융이 아날로그 금융과 구분되는 가장 큰 특성은 프로그래밍 할 수 있다는 디지털 화폐가 쓰인다는 점이다. 기존 아날로그 화폐는 덤머니(멍텅구리 돈)지만, 디지털 화폐는 스마트머니인 셈이다.

이미 탈중앙화 금융(디파이), 대체 불가 토큰(NFT) 등 디지털 화폐를 이용한 다양한 디지털 금융서비스가 등장해 인기를 끌고 있다. 법정화폐를 디지털화한 '중앙은행 디지털 화폐(CBDC)'도 준비되고 있다.

우리나라가 이 분야에서 경쟁력을 확보하려면 더 많은 기업들이 실제 서비스를 만들고, 그 과정에서 기술과 경험을 축적해야 한다.

한국형 디파이 서비스 돈키를 개발한 체인파트너스는 서비스 개발 초기에 신뢰할 수 있는 코인 가격정보를 가져오는 오라클 서비스가 없어 고생하기도 했다. 우리 기업들이 서비스를 만들어 봐야 무엇이 필요한지 보이고 우리의 경험이 쌓이는 것이다.

디지털 자산 거래소도 디지털 금융산업의 중요한 부분이 될 전망이다. 국내 대표 디지털 자산 거래소 업비트, 빗썸은 글로벌 시장에서도 상위 업체로 경쟁력을 갖췄다는 평가를 받는다. 이외에도 30여개 가까운 디지털 자산 거래소가 지난 3~4년간 운영 경험을 쌓았다.

많은 사람들이 간과하고 있는 부분이 우리나라 디지털 자산 거래소의 경쟁력이다. 증권사 주식거래앱과 비교할 수 없는 수준의 거래량이 발생하는데, 이 거래소들이 지난 몇 년간 서비스를 해오면서 트래픽 조정기술과 운영 노하우가 엄청나게 쌓여 있다.

3. 디지털 자산의 규제방식을 바꾸면 시장안정화

디지털 자산은 디지털 금융으로 전환에 있어 중요한 축을 담당할 것으로 보인다. 이제는 명확한 규제로 시장 건전화를 이루고 산업을 양성화할 필요가 있다.

디지털 자산의 종류를 특성별로 나눠 각 관리하고, 더 많은 정보가 공개되는 시스템을 만들면 가격 산업육성과 시장안정화 두 마리 토끼를 잡을 수 있다.

이미 이미 스위스, 싱가포르는 금융당국이 나서 디지털 자산을 증권형, 유틸리티형, 지불형으로 이 같이 분류하고 있다. 미국도 SEC가 증권형 토큰을 등록하도록 하면서, 디지털 자산의 종류를 구분하고 있다.

유틸리티형은 이용권, 상품권, 디지털 쿠폰 같은 것이고 지불형은 선불지급수단이다. 따라서 합리적으로 판단하면 가격이 오를 이유가 적어 정확한 정보만 제공된다면 시장안정이 가능하다. 증권형은 증권거래법에 따라 엄격하게 관리하면 된다.

예컨대 어떤 테마파크가 완공 전에 이용권을 유틸리티 토큰으로 만들어 미리 판매한다고 가정해 보자. 이용권은 완공 후 10만원에 판매될 예정인데, 이용권으로 바꿀 수 있는 토큰은 완공 전 1만원에 파는 것이다. 이 토큰은 거래가 가능해 가격이 오를 수 있지만 결과적으로 10만원에 수렴할 것이다.

디지털 자산가격이 합리적인 판단에 따라 움직이려면, 정보가 충분히 공개되어야 한다. 사업의 실현가능성과 개발 진척사항을 적나라하게 평가하고 디지털 자산에 대한 사자·유보·팔자 의견을 내는 신평사들이 생겨야 한다.

또 공시제도 필요하다. 상장 기업들이 한국거래소에 공시하는 것처럼 일정 부분 자진 공시하게 하고, 허위공시하면 처벌하고, 공시요구에도 대응하게 해야 한다.

토큰을 특성에 따라 분류하고, 토큰에 대한 평가가 이뤄지게 하면 가격이 널뛰기할 이유가 없어질 것이다. 큰 걱정 없이 시장을 안정화할 수 있다.

수행 내용

재료 · 자료

- 디지털 자산 관련 자료

기기(장비 · 공구)

- 컴퓨터, 문서작성 프로그램, 프린터, 주변기기

안전 · 유의사항

- 디지털 자산 관련 장비의 안전 및 유의사항을 숙지한다.

수행 순서

01 기업금융 강화를 위해 디지털 자산활용 검토를 분석하라.

앞으로는 실물경제 지원(기업금융)을 강화하는 디지털 금융 혁신정책이 필요하며, 디지털 자산활용을 증대할 필요가 있다.

포스트 팬데믹 시대를 대비한 디지털 금융정책 방향에서 과거에는 수집 · 처리가 불가능했던 데이터가 활용되면서 새로운 형태의 기업금융 수요가 생겨나고 있다.

디지털 자산을 활용하면 고가 자산의 소유권 분할이 가능해지면서 자산시장 유동성이 증대되고, 디지털 기술과 데이터를 활용해 동산 · 지적재산권 등 담보능력을 활용하는 데에도 기여할 것이다.

정책당국은 금융규제 샌드박스나 시범사업 등을 통해 디지털 자산의 활용도를 검증해 볼 필요가 있다. 중소기업이나 자영업자의 상거래 활성화를 위한 제도적 · 기술적 인프라를 개선해야 한다.

기업금융 분야의 핀테크를 중점적으로 육성하고, 중소기업 · 자영업자에 특화한 은행이나 저축은행 등을 허용해주거나 기존 금융그룹이 온라인전용 금융회사를 설립할 수 있도록 진입규제 완화를 검토할 수 있다.

플랫폼 기업과 금융회사 간 공정한 경쟁 · 협력이 촉진될 수 있도록 규율체계를 설계해야 한다.

기존 금융회사들이 플랫폼 비즈니스를 확대하는 데 역차별이 없도록 금융회사의 겸영·부수 업무범위를 확대하거나 금융규제 샌드박스 제도의 유연성을 제고해야 한다. 비금융 데이터를 금융플랫폼 등에서 활용하는 방안을 마련해야 한다.

플랫폼 기업들의 리스크 유형과 리스크 전이 경로를 파악하고자 주기적으로 평가해야 한다. '아시아 디지털 금융허브 전략' 추진도 검토해야 한다.

금융 테스트베드를 구축해 협약을 맺은 아시아 국가의 샌드박스를 통과한 서비스는 국내에서도 출시할 수 있도록 하거나, 해외 핀테크에도 디지털 샌드박스 활용기회를 제공할 수 있다. 복수의 '디지털 금융 특구'를 지정해 세제혜택을 강화하고 지적재산권과 데이터 등 유무형 자산의 토큰화를 통해 다양한 자금조달 수단을 실험해볼 수 있다.

출처 : 연합인포맥스(http://news.einfomax.co.kr)

02 중앙은행 디지털 화폐(CBDC)의 의의, 영향 및 시사점에 대하여 분석하라.

최근 IT기술의 발전과 더불어 화폐의 디지털화에 대한 논의가 국내외에서 활발히 이루어지고 있다.

2009년 비트코인을 비롯한 다양한 가상화폐(Cryptocurrency)가 처음 등장한 이후 가파른 가격상승을 보이며 세간의 주목을 받았으나, 극심한 가격변동성과 화폐가 갖는 지불수단으로서의 한계 등이 노정된 바 있다. 2019년에는 전세계 25억명의 사용자를 보유하고 있는 페이스북(Facebook)이 가상화폐와 달리 명목가치가 상대적으로 안정되어 있는 새로운 디지털화폐인 리브라(Libra)의 발행 계획을 발표하였다. 이에 따라 전통적인 화폐의 개념과 관행에 변화가 예상되면서 각국 화폐발행 주체인 중앙은행들도 우려와 관심을 나타내는 계기가 되었다. 이후 우리나라를 포함한 주요국 중앙은행들은 전자적 형태의 화폐발행에 대한 연구를 다양하게 진행하고 있으며 2020년에는 국제결제은행(BIS)을 중심으로 6개 선진국 중앙은행이 이에 관한 경제적, 기술적 지식과 경험을 공유해 나가기로 발표하기도 하였다.

1. 중앙은행 디지털 화폐의 의의 및 현황

각국 중앙은행이 발행을 검토하고 있는 디지털 화폐(Central Bank Digital Currency : CBDC)란 기존의 실물화폐와 달리 가치가 전자적으로 저장되며 이용자간 자금이체 기능을 통해 지급결제가 이루어지는 화폐를 말한다.

이는 민간에서 발행하는 가상화폐와 구별되는 법정통화(Legal Tender)로서 실물화폐와 동일한 교환비율이 적용되어 가치변동의 위험이 없고 중앙은행이 발행하므로 화폐의 공신력이 담보된다.

중앙은행이 발행하는 디지털 화폐는 은행 등 예금취급 금융기관에 대해서만 발행하는 '도매 디지털 화폐'와 개인 등 민간 경제주체들에게도 발행하는 '소매 디지털 화폐'로 나눌 수 있다. 전자의 경우 개인은 중앙은행으로부터 디지털 화폐를 공급받은 은행을 통해 간접적으로 디지털 화폐를 획득하게 된다.

개인이 중앙은행 디지털 화폐를 보유하는 경우 화폐발행액에는 기존의 구성요소인 민간보유 실물화폐와 은행의 시재금과 더불어 디지털 화폐 발행액도 포함하게 된다. 이는 은행이 중앙은행에 전자적으로 예치 또는 계리하는 지급준비금과 마찬가지로 개인 등 민간경제 주체들도 전자적 형태의 디지털 화폐를 실물화폐와 함께 보유하고, 이를 지불수단으로 사용할 수 있게 됨을 의미한다.

아직까지 중앙은행 디지털 화폐를 구현하기 위한 실질적인 방안이 구체화된 상황은 아니나 다양한 기술적인 대안들이 제시되고 있다. 지급결제의 중앙집중 혹은 분산형태에 따라 지급결제 관련 정보의 보관과 관리를 중앙은행 또는 위임받은 은행이 운영하는 단일원장방식(계정형)과 블록체인기반에 의거하여 거래정보가 다수에 의해 분산되어 관리되는 분산원장방식(Distributed Ledger Technology, 일명 토큰형)으로 나눌 수 있다.

분산원장방식의 경우 중앙은행을 포함한 다수의 보유자가 전자지갑을 활용하여 잔액을 보관하고 거래할 수 있어 익명성을 기반으로 한 실물화폐와 유사한 특성을 갖는다.

분산원장방식은 다시 허가형과 비허가형으로 나눌 수 있는데 거래취소 등에 따른 지급결제의 안정성 확보를 위해 허가형이 바람직한 것으로 인식되고 있다.

주요 선진국의 경우 아직까지 디지털 화폐의 발행을 공식화한 나라는 없으나 다양한 형태의 실험과 연구를 진행하고 있다. 스웨덴의 경우 경제내 현금 이용 비중이 하락함에 따라 중앙은행 디지털 화폐(e-krona)의 발행 여부를 금년중 여론수렴을 거쳐 결정할 계획인 것으로 알려지고 있으나 미국, 일본, 영국 등 대부분의 선진국은 아직까지 발행계획이 없는 것으로 전해지고 있다. 다만, 캐나다와 싱가포르는 도매 디지털 화폐 발행을 거액지급결제시스템의 효율성 제고로 연계하기 위한 방안을 강구하고 있다.

신흥국의 경우에는 인구가 적고 현금이용이 감소추세인 경우나 지급결제서비스 등 금융서비스가 미흡한 나라(우루과이, 튀니지 등)에서 이를 보완하기 위한 목적으로 중앙은행이 디지털 화폐의 발행을 시도하고 있다.

특히 중국은 블록체인기술을 이용한 디지털 화폐를 이용하여 은행간 결제에 시험성공한 것을 바탕으로 중국인민은행이 중앙은행-상업은행-일반고객으로 이어지는 2단계 디지털 화폐의 유통을 적극적으로 추진하고 있는데, 이를 국경간(Cross-border) 거래에 활용하여 위안화의 국제화를 촉진하려는 의도가 깔려 있는 것으로 평가된다.

2. 디지털 화폐 발행시 영향 및 리스크

중앙은행이 은행에 대해서만 디지털 화폐를 보급하는 도매 디지털 화폐의 경우에는 디지털 화폐와 지급준비금간의 전자적 교환을 통해 거래가 이루어질 것으로 예상되므로 디지털 화폐가 발행되더라도 경제내의 통화총량이나 금융부문에 새로운 영향을 주지는 않을 것으로 보인다.

그러나 일반 경제주체들에게 디지털 화폐가 보급되는 소매 디지털 화폐의 경우에는 지급결제의 편의성은 물론 통화정책의 효율성과 금융안정성 등에 미치는 영향이 적지 않을 것으로 예상된다. 소매 디지털 화폐의 보급 확산시 금융분야 전반에 미칠 영향을 예상해보면 아래와 같다.

첫째, 우선 지급결제와 관련하여 편의성과 효율성이 향상될 것으로 전망된다. 최근 많은 나라에서 현금의 보유나 이를 이용한 결제비중이 대체로 줄어들고 있는 상황을 감안할 때 디지털 화폐의 보급은 현금사용에 따른 도난 및 분실 위험을 줄이고 거래의 신속성 및 편의성은 높여 지급결제의 효율화에 기여할 것으로 보인다. 더욱이 중앙은행이 발행하는 디지털 화폐는 민간이 발행하는 전자결제수단과는 달리 중앙은행의 공신력을 바탕으로 하고 있으므로 일반 경제주체들에게 편리하고 안전한 새로운 결제수단으로 역할을 할 수 있을 것으로 보인다. 또한 은행에 대한 계좌개설이나 전자적 거래에 취약한 일부 금융소외계층에 대해 중앙은행의 디지털 화폐는 효율적인 지급결제수단을 확보하게 해주는 측면이 있다.

그러나 분산원장방식 하에서 익명성을 바탕으로 한 운영체계가 도입될 경우 개인정보보호 측면에서는 유리하나, 불법 및 지하경제 자금의 유통이 용이해질 수 있는 부작용이 있을 것으로 보인다. 또한 전자적 형태의 지급수단을 다양하게 도입하고 있는 민간부문의 은행 인터넷뱅킹이나 전자지급 및 송금업무 등을 담당하는 전자금융업자와의 경합이 불가피하므로 지급서비스 업계에도 큰 변화가 나타날 가능성이 있다.

둘째, 통화정책의 파급경로 및 유효성에 변화가 예상된다. 우선 긍정적 측면으로는 중앙은행이 디지털 화폐를 이용할 경우 민간 경제주체에 양적완화(Quantitative Easing)와 같은 신속한 유동성 공급수단을 확보할 수 있다.

예를 들어 금번 코로나19에 대응하기 위한 정부의 긴급재난지원금 지급시의 경우 실물화폐의 공급이 금융중개기관을 거쳐 통화승수효과가 발휘되는 데 소요되는 시간을 단축할 수 있을 것으로 예상된다. 더욱이 금융불안 확대와 같은 특수한 상황에서는 중앙은행이 음(-)의 디지털 화폐 금리를 부과함으로써 통화정책의 효과 제고가 용이해질 것으로 생각된다.

그러나 한편으로 중앙은행이 디지털 화폐에 금리를 부여하는 경우 금리전달경로에 의한 통화정책 파급경로에 변화가 예상된다. 디지털 화폐에 대해 지급하는 금리는 기준금리에서 디지털 화폐 유통에 따른 편의성을 차감한 수준에서 결정될 것으로 보이므로 '디지털 화폐 금리 < 기준금리 < 단기시장금리 < 은행 예금금리'의 순으로 금리체계가 형성되고, 디지털 화폐 금리는 단기금융시장에서 금리의 하한 역할을 담당할 것으로 보인다. 이 경우 디지털 화폐에 부과된 무위험 금리수준에 따라 은행 예금금리도 직접적인 영향을 받으면서 장기시장금리 및 은행대출금리 변화를 통해 실물경제에 영향이 나타나는 통화정책의 금리파급경로가 현재보다 복잡다기화되고 새로운 금리체계로 단기금융시장에도 변화가 예상된다.

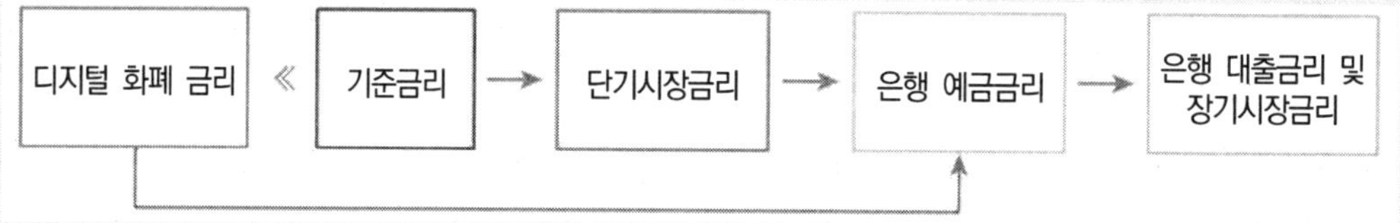

[그림 12-5] 디지털 화폐 발행시 통화정책의 금리경로

또한 양(+)의 금리가 부여된 디지털 화폐는 중앙은행이 발행하는 무위험 금융자산으로 인식되면서 금리수준이나 경제주체들의 안전사산 선호 등에 따라 은행예금 중 일부가 디지털 화폐로 대체될 것으로 보인다. 이 경우 은행의 신용창출을 통한 통화정책 파급경로가 약화될 가능성이 있을 것으로 보인다.

셋째, 은행의 금융중개기능 및 금융안정성에 부정적 영향을 미칠 수 있다. 은행예금의 일부가 디지털 화폐에 대한 수요로 전환될 경우 민간의 은행예금 감소요인으로 작용하면서 은행의 자금조달 비용이 커지고 대출여력이 감소하는 등 전반적인 은행의 금융중개기능 및 수익성 약화를 초래할 것으로 보인다. 특히 금융불안 등 위험회피성향이 큰 상황에서는 이러한 디지털 화폐에 대한 수요가 더욱 커지면서 은행예금이 급격히 줄어드는 이른

바 '디지털 런(Digital Run)'에 대한 우려도 제기되고 있다. 은행이 이에 대응하여 R/P나 콜차입과 같은 단기시장성 수신을 증가시켜 나가는 경우 금융기관간 상호연계성이 커지게 되므로 외부충격 발생시 금융안정성에 미치는 부정적 영향도 증가할 가능성이 있다.

이러한 은행의 자금여력 감소에 대해 중앙은행이 공개시장조작 등으로 국공채를 매입하거나 은행에 대한 대출을 늘려 유동성을 추가로 공급하는 경우 중앙은행의 대차대조표가 확대되므로 통화정책 운영에 부담이 될 수 있다. 결국 이러한 영향은 디지털 화폐에 대한 민간 경제주체들의 수요 정도와 이에 따른 은행예금기반의 감소 정도에 좌우될 것으로 보인다.

3. 시사점

중앙은행의 디지털 화폐발행은 전통적인 화폐의 개념과 관행에 변화를 가져올 뿐만 아니라 중앙은행 본연의 업무인 지급결제의 안정성, 통화정책의 유효성, 금융안정 유지 등에 광범위한 영향을 미칠 것으로 예상된다. 디지털 화폐의 발행을 통해 지급결제의 효율성과 통화정책의 유효성을 증진시켜 나가면서 금융안정성에 미치는 부정적 영향을 최소화하기 위해서는 다음과 같은 점에 유의할 필요가 있다.

첫째, 지급결제의 효율성을 제고하기 위해서는 무엇보다 새로운 결제시스템의 안전성에 우선하여 세부적인 발행형태를 설계하여야 한다. 블록체인 등 새로운 운영체계가 아직 완전히 검증되지 않은 점을 감안하여 사이버 공격에 대한 대비를 철저히 할 필요가 있다. 지급 편의성을 위한 출발이 결제시스템의 안전성을 침해하는 일이 있어서는 안 될 것이다.

둘째, 통화정책의 유효성 제고 및 금융안정성 유지에 각별히 유념하여야 한다. 디지털 화폐에 대한 금리수준 부과시 장·단기금융시장에 영향을 주면서 통화정책의 파급경로에도 변화가 불가피하고 은행의 자금조달 기반인 예금 감소로 은행의 자금중개기능 및 수익성 약화가 나타날 가능성이 있는 점에 유의하여야 한다. 따라서 새로운 금리체계 하에서 현금 및 디지털 화폐에 대한 수요변화나 은행의 신용창출 저하 가능성을 면밀히 분석하여 금융안정성이 손상되지 않도록 정책적 노력을 기울여나가야 한다.

셋째, 향후 중앙은행의 디지털 화폐가 발행될 경우 다양한 전자금융업자 등 민간부문과의 경합으로 지급서비스 업계에 큰 변화가 예상되는 만큼 디지털 화폐에 대한 기술적인 접근과 아울러 금융관련 법률의 정비도 중요한 과제이다. 무엇보다 화폐의 발행과 지급결제의 안전성을 최종적으로 관장하는 한국은행법의 정비를 기반으로 하여 은행법 및 전자금융거래법 등 관련 법률에 대한 금융당국자간 긴밀한 협조와 조율이 필수적이다.

중앙은행의 디지털 화폐 발행은 국민경제에 미치는 영향이 광범위하고 추진 과정 또한 생각보다 복잡하므로 다른 나라의 논의 과정이나 도입에 따른 영향 등을 보아가며 매우 신중히 접근할 필요가 있다.

03 NFT 저작권 관련 산업의 해외사례와 동향에 대하여 분석하라.

대체 불가능한 토큰(NFT : Non-Fungible Token)은 블록체인에 저장된 데이터 단위로서 사진, 비디오, 오디오 및 기타 유형의 디지털 파일과 같은 항목을 나타내는 데 사용할 수 있다. 이는 2017년 출시된 '크립토키티(CryptoKitties)' 게임을 그 유래로 하는데, 특히 2017년 말이 게임의 디지털 고양이가 11만 달러(약 1억 2,000만 원)에 거래되면서 화제를 모으기 시작하게 된 것이다.

특히 최근 코로나19 팬데믹 상황에서 확산되기 시작하여 현실세계와 같은 사회, 경제, 문화 활동이 이뤄지는 3차원의 가상세계인 메타버스(Metaverse)에서 거래수단으로 더욱 각광 받을 것임이 예고되면서, NFT의 가치는 향후 더욱 올라갈 것으로 예상된다. 온라인 또는 가상세계에서 일어나는 직접적인 형체가 없는 NFT를 이용한 거래는, 기존에 존재하였던 법적 관념이나 법리와 정확히 일치하기는 어렵고, 향후 많은 연구가 필요한 영역임이 분명하다.

저작권과 관련하여서도 많은 이슈를 생각해 볼 수 있는데, 이를테면 NFT에 원본의 소유권 또는 저작권이 어느 범위에서 화체되어 있는지, NFT가 판매될 때 양도되는 권리의 종류와 그 범위에 대한 것 등으로 아직까지 명쾌한 정리는 존재하지 않는다.

다만 일반 저작권 법리를 생각해보면 창작자에게 소유권 및 저작권이 귀속될 것이고, 창작자가 NFT로 작품 또는 제품을 판매하는 경우 그와 관련된 개별 소유권이 이전될 것이며, 저작권도 일정 범위에서 이전 혹은 라이선스가 부여될 것임이 예상된다. 이러한 거래 당사자 사이의 권리관계 외에도 각 플랫폼에게 부여되는 사용권리도 고려해야 하는 등 간단하지 않은 거래 당사자 간의 관계문제도 내포하고 있다. 또한 NFT 플랫폼에 참여하는 거래 당사자들은 블록체인 기술을 기반으로 하여 계약내용을 자동으로 실행하는 컴퓨터 프로그램을 통해 스마트계약 형식으로 계약을 체결하는데 소유권자, 전송 방식, NFT의 대상물을 등의 조건을 프로그램에 입력하면 계약의 교섭과 이행이 프로그램 코드를 통해 자동으로 실행 및 저장된다.

1. 게임 업계에서의 NFT 활용

1) 캐나다 크립토키티(CryptoKitties) 게임

NFT가 이슈가 되기 시작한 계기가 된 '크립토키티'는 캐나다에 기반을 둔 신생 기업인 Dapper Labs가 2017년 제작한 게임으로서, 사용자가 NFT 형태로 제작자가 설정한 알고리즘에 따라 가상 고양이인 크립토키티를 구매, 판매, 번식시킬 수 있다. 크립토키티 게임은 고양이가 그 이미지를 입힌 NFT이며, 고유한 식별번호를 가져 각각의 고양이들은 희소성을 가지고 거래될 수 있는 것이다. 각 크립토키티는 이더리움을 사용하여 NFT로 표시되며, 스마트계약을 통해 소유권을 추적하게 된다. 희귀한 크립토키티가 생성되면 입찰하여 플레이어들이 경매를 진행하는 방식으로 그 가치가 높아진다. 2017년에 플레이어들은 크립토키티를 구입하기 위해 670만 달러를 지불하였고, 2018년에 독점 크립토키티 'Celestrial Cyber Dimension'이 경매에서 14만 달러에 판매되고 'Dragon'이라는 크립토키티가 17만 달러에 판매되기도 하는 등 그 가치를 한정적으로 판단하기는 어렵다. 이 게임으로 2018년 현재 320만 건 이상의 거래가 발생하였으며 이더리움 트래픽의 25% 이상을 차지하기도 하는 등 크게 흥행하였는바, 이 게임으로 인해 전세계에서 NFT거래가 주목받기 시작하였다고 하여도 과언이 아니다.

2) 일본 SEGA, 2021년부터 클래식 IP 관련 NFT 판매

일본의 다국적 비디오 게임 개발 및 퍼블리셔인 SEGA는 2021년 여름부터 "클래식(대표) IP(지식재산권)와 관련된" NFT를 판매한다고 발표하였다. SEGA는 일본 로컬 게임회사인 'Double Jump Tokyo'와 파트너십을 구축하여 블록체인 기술을 활용한 NFT 디지털 콘텐츠 판매를 시작한다. 과거 SEGA가 출시한 하드웨어를 기반으로 개발되어 전 세계적으로 인기를 끌고 있는 클래식 IP가 출시 당시의 비주얼 아트, 게임에 사용되는 이미지, 그리고 BGM 등의 자산으로 되어 이들을 NFT콘텐츠로 판매하게 되는 것이다.

SEGA는 이를 시작으로 현재 개발 중인 IP와 향후 출시될 신규 IP에 다양한 NFT 콘텐츠를 개발할 계획이며, 향후 이용자가 보유한 NFT 콘텐츠를 효과적으로 활용할 계획이라고 한다.

2. 엔터테인먼트 업계에서의 NFT 활용

1) 일본 인기 아이돌 그룹 'SKE48'의 NFT 트레이딩카드 최초 판매

일본 블록체인 기업 주식회사 Coinbook(코인북)은 이더리움의 ERC-721 토큰에 부합한 트레이딩 카드 플랫폼인 'NFT 트레이딩 카드(NFT Trading Card)'를 출시하였는데, 이는 엔터테인먼트 아이돌 분야에서 NFT를 활용한 디지털 트레이딩카드를 처음으로 발행한 것이다. 사카에, 나고야에 거점을 둔 아이돌 그룹 'SKE48'의 새로운 사진들을 담은 'Suddenly NFT Trading Card'라는 첫번째 콘텐츠를 2020년 10월 3일 출시하였다. NFT는 해당 항목이 고유한 가치를 가진 유일한 것이라는 것을 보증할 수 있으며 게임아이템과 회원, 소유권 등 활용의 폭이 넓어서 아이돌 매니아 시장에 적합해 보인다. NFT 트레이딩 카드는 연예인의 이름, 공연명, 발행 매수, 구매자 등의 데이터가 블록체인에 기재된 사용자 간에 매매되면 새로운 소유자 정보가 추가되며, 기록을 온라인으로 누구든지 확인할 수 있게 하여 카드의 진위를 보장하게 된다.

2) 중국 아티스트 A Duo, 최초로 NFT를 이용한 곡 판매

'Sisters Who Makes Waves'라는 talent쇼를 통해 유명세를 얻은 A Duo는 최초로 NFT로 노래를 판매한 중국 아티스트 중 하나이다. 그녀의 싱글곡 'Water Know'는 2021년 5월 25일 경매에서 47,000달러에 낙찰되었고, 모든 수익금을 시골지역의 아이들에게 음악교육을 제공하는 자선단체에 기부하였다. 이는 중국 베이징에 본사를 둔 UCCA Labs가 3월에 사상 첫 암호화폐 전시회를 개최한 데 따른 것으로 NFT의 중국 주요 예술분야 진출을 예고한다. 이러한 NFT를 통한 음악판매방식은 특히 저작권 보호를 제대로 받지 못해 음악가들의 52퍼센트가 어떠한 수입도 창출하지 못하고 있는 중국에서 유용하게 사용될 수 있을 것이다.

또한 NFT 시장은 신흥 아티스트에게 더 크고 민주적인 플랫폼(누구나 인터넷에서 NFT를 구입할 수 있음)을 제공하고, 민감한 주제에 대해 자신을 좀 더 자유롭게 표현할 수 있는 공간을 제공한다. 이러한 과정에서 중국에서도 아티스트부터 버츄얼 패션 디자이너에 이르기까지 디지털 소양을 갖춘 크리에이터의 등장을 기대하고 있으며, 관련 인재들이 이미 럭셔리 브랜드 분야에서 성공적인 협업을 하기 시작했다.

3) 캐나다 록밴드 'Kings Of Leon'의 NFT 앨범 발매

블록체인 회사인 YellowHeart, 캐나다 기반의 록 밴드 Kings of Leon, 그리고 Rolling Stone(롤링스톤)이 협력하여 Kings of Leon의 최신 앨범을 'NFT Yourself'라는 명칭으로 출시했다. NFT로 구매시 한정판으로서의 묘미를 가질 수 있는데, 먼저 구입처로는 스포티파이, 아이튠즈, 애플뮤직과 아마존 등 세계적인 플랫폼에서 유통되는 일반 앨범과 달리 이번 NFT버전은 YellowHeart에서만 구입할 수 있다. 또한 각 토큰은 '향상된 미디어'로 50달러에 판매되는데, 한정판 음반(Vinyl)과 디지털 음원 다운로드가 포함된 가변적인 이동식 앨범 커버를 포함하며, 구매기간은 2주 동안만 가능하다. 그 후에는 이러한 특수 토큰을 가치 있게 만드는 것을 목표로 하는 2차 시장을 통해 거래될 수 있는 것이다. Yellow Heart는 이러한 NFT 판매를 통해 스트리밍 도입으로 매출이 감소한 가요계에서 앨범가격을 회복하고 수익성을 높이는데 일조할 수 있다고 보고 있다.

3. NFT 전시회 개최 등 오프라인 미술계에서의 적용 : 러시아 Hermitage 박물관 외

세계에서 2번째 대형 미술관인 러시아 국립 Hermitage 박물관이 NFT를 활용한 디지털 미술전을 2021년에 개최한다. 박물관은 이러한 'Hermitage NFT project'는 러시아 최초로 NFT 예술분야에서 열리는 전시회가 될 것이라고 박물관이 공식 발표하였다. Hermitage의 현대미술부서는 'Hermitage 20/21' 프로젝트의 일환으로 전시회를 준비하고 있으며, "NFT는 블록체인을 활용하여 저작권 및 소유권에 대한 명확한 통제권을 확립할 수 있는 새로운 형태의 기술"이라고 공표하였다. Hermitage에서 작품을 전시한 아일랜드의 컨셉츄얼 아트 작가인 Kevin Abosch와 같은 일부 작가들은 디지털 아트 설치를 위한 NFT 기술을 실험하면서 암호화 산업에 크게 관여한 바 있다.

그 외에도 라트비아 수도 리가에 위치한 Kiwi Space(키위 스페이스) 쇼룸은 다양한 NFT 아티스트와 NFT 공간에 대하여 Kiwie 1001이 주최하는 전시를 선보인다. 100년 이상의 역사를 지닌 Galerija Centrs에서 개최되는 이 공개 전시회는 6월 초부터 Kiwie 1001의 Discord 사용자들이 직접 투표한 신진 NFT 아티스트와 디지털 아트 공간에서 신선한 작품을 선보이고 있다.

또한 오스트리아 린츠의 Francisco Carolinum Linz에서는 2021년 6월 11일부터 9월 15일까지 'Proof of Art' 전시회가 열리며 이는 '세계 최초의 NFT 전시회로서, NFT의 예술 업계에의 역사, 적용, 미래 예측과 그 영향에 관한 전시'라고 홍보하고 있다. 또한 Francisco Carolinum Linz는 온라인으로도 이더리움 기반 Cryptovoxels에 박물관을 구축하여 NFT에 대해 배우고자 하는 모든 사람들이 편안하게 집에서도 접근할 수 있도록 하였다.

한편 중국의 대표적인 모바일, 온라인 디지털 미디어 및 엔터테인먼트 회사인 'Glory Star New Media Group Holdings Limited'('Glory Star')는 NFT 기술의 추가 개발과 적용을 위해 업계 파트너와의 협력을 강화하려는 노력의 일환으로 2021년 4월 22일 베이징 민성미술관(Minsheng Art Museum)과 디지털 콘텐츠에 대한 NFT 기술의 적용을 촉진하기 위한 협력계약을 체결했다고 발표하였다.

Glory Star는 디지털 예술작품의 민팅, 저작권 보호와 베이징 민성 미술관과 협력사가 관리하는 컬렉션을 위한 NFT 기술 서비스를 제공할 예정이다. 또한 양사 공동 NFT 자산을 민팅하고 NFT 예술 작품 및 기타 수집가능한 디지털 작품들의 거래에 참여 가능성을 추가로 검토할 계획이다. 이와 함께 Glory Star는 중국 미술품의 유통과 홍보를 촉진할 수 있는 'CHEERS e-Mall'이라는 플랫폼에 문화예술 컬렉션의 새로운 카테고리를 통합할 예정이다.

4. 러시아 NFT 미술품 거래사례

1) 작품이 자동생성봇에 의해 무단으로 NFT 아트로 제작되어 경매처에 업로드된 사건

@tokenizedtweets라는 이름의 자동화된 NFT 트윗 작성봇이 있는데, 해당 봇은 트윗 소유자에게 알리지 않고 트윗의 NFT를 생성하였다. 트위터 사용자들이 해당 트윗을 NFT로 만들기 위해서는 트윗 아래에 위 봇을 언급하기만 하면 되는 것으로 간단하게 NFT 창출이 가능하다. 러시아 예술가 Weird Undead는 자신의 가장 최근 작품을 홍보하는 이미지가 포함된 자신의 트윗 아래에 한 사용자가 '@tokenizedtweets'을 언급하는 것을 보고 의심하여 확인해 본 결과, 가장 큰 NFT 경매처 중 하나인 'OpenSea'에서 자신의 트윗(그림이 포함된)이 거래되고 있음을 확인하였다. 이에 대해 그녀는 OpenSea에 저작권 침해를 통지하였고, OpenSea는 이를 삭제하였다.

2) 작가 유족과의 협의에 의한 NFT 경매 진행

바라노프 로시네(Baranoff-Rossiné, 1888-1944)는 큐보 퓨처리즘을 따르는 우크라이나 러시아·프랑스의 화가·조각이자 발명가이며, 그의 1910년 작품 '아담과 이브'는 2008년 크리스티 런던에서 530만 달러에 경매되기도 하였다. NFT 경매장인 'Mintable'은 바라노프의 가족과 긴밀히 협력하여 2021년 3월 25일부터 3회의 경매와 6회의 한정판 판매에서 그의 작품에 대한 9개의 순수 디지털 NFT 작품의 추가 판매를 하였다. 이와 같이 사망한 작가에 대해서도 그 상속인들과의 협의하에 작품에 관한 NFT 판매가 가능하다.

5. NFT 출시를 통한 기존 업계의 저작권보호 등 외연 확장

1) 야후재팬의 인터넷 경매사이트에서 NFT 거래 개시

2021년 7월 27일, 라인의 블록체인 및 가상자산 전문업체 LVC가 야후 주식회사와 NFT 유통을 목적으로 협력관계를 맺었다는 것이 공표되었다. 이에 따라 야후재팬의 경매사이트 '야후오쿠!'에서 2021년 겨울에 NFT 거래가 시작된다. 이번 제휴로 사용자는 라인 블록체인의 자체 가상자산 지갑인 비트맥스 월렛에 보관하고 있는 NFT를 '야후오쿠!'로 전송하여 매매할 수 있게 된다. 라인 NFT는 2021년 6월 30일 NFT 마켓 시범서비스를 출시하였는바, 위와 같은 제휴를 통해 더욱 많은 이용자를 확보하여 NFT 콘텐츠 유통이 다각화될 것으로 전망된다.

2) 일본 Gaudiy사의 NFT를 이용한 전자책(e-book) 소유자의 이익 반환 매커니즘개발

현재 유통되고 있는 전자책은 대부분 책의 '데이터 자체'가 아니라 '읽을 권리'를 구입하는 방식인데, 이는 저작권 보호 등 데이터의 무단 복제를 방지하기 위하여 어쩔 수 없이 취하는 방식으로서, 해당 권리는 DRM(Digital Rights Management)을 통해 열람, 복사가 제한되고 있다. 이러한 DRM은 전자책을 제공하는 사업자마다 고유의 사양이 사용되고 있기 때문에, 사용자는 해당 사업자가 지정하는 단말기나 뷰어로만 전자책을 읽을 수 있었다. 블록체인을 다루는 일본 Gaudiy사는, NFT를 이용하여 전자책 소유자에게 이익을 반환하는 매커니즘을 개발하였다. 이때 전자책을 구매하면서 받은 권리는 '데이터 소유 전자책(Data-owned Electronic Books)'으로 평가되면서 NFT로 발행되고 있다. 이것은 전자책을 '소유'하면서 데이터의 무단 복제를 방지하고 더 이상 필요하지 않을 때 종이책처럼 판매할 수 있게 한다. 이러한 NFT 발행을 통해 '전자책 내용에만 저자 사인 추가', '초판 도서 한정 판매', '판매 후 주요 부분 추가 또는 변경' 등 다양한 변형도 가능하여, 저작권을 보호하면서도 전자책의 상품가치를 더욱 높일 수 있는 방식으로 보인다.

3) SIAE(이탈리아 작가 및 출판협회)와 블록체인 플랫폼 알고랜드의 협업에 따른 SIAE 회원의 NFT 출시

SIAE(Italian Society of Authors and Publishers)는 이탈리아의 신탁관리단체로서, 음악 저작권 사용료 징수 및 분배 등을 담당한다. 한편 알고랜드 주식회사(Algorand Inc.)는 대형 블록체인 회사이며, 알고랜드(Algorand)는 알고랜드 주식회사의 플랫폼 이름이기도 하다. SIAE와 알고랜드는 저작권 관리를 위한 새로운 개방형 생태계를 개발하는 것을 목표로 하여, 첫 단계로 95,000명이 넘는 저자의 권리로서 450만 개 이상의 NFT를 디지털화하였다. 이 NFT는 국가별로 나누어진 각 구성원의 다양한 권리를 나타내며, 동일 지식재산에 연결된 다른 아티스트 권리자의 정보, 작업, 관련 작업을 온체인으로 업로드하면, DSP(Digital Service Provider)가 관리하는 정보와 링크가 생성된다.

이러한 메타데이터를 이용하면, 스마트계약의 간단한 적용을 통해 스트리밍 사용료 권리자를 식별할 수 있으며, DSP가 단독으로 관리하던 음악 재생횟수 역시 저작권자가 직접 관리할 수 있게 되는 일종의 기존 저작권료 징수체계의 혁신 효과가 있다. 이들은 전세계적으로 권리자가 자신의 저작권을 직접 관리할 수 있는 시스템을 구축하고자 하는 것이다.

6. 영국의 암호화자산 및 스마트계약 지위에 관한 법적 성명발표와 디지털 자산 프로젝트 착수

영국에서는 암호화 자산 및 스마트계약 상태에 관한 법적 성명을 2019년 11월 18일 발표하였다. 이는 다른 국가에서는 거의 찾아볼 수 없는 획기적인 것이었고, 글로벌 금융서비스산업에서 위 영역에서 필요한 시장 신뢰와 법적 확실성을 제공하기 위한 의의를 가지고 있다. 먼저 암호화 자산의 경우, 그 결론으로 일반적으로 재산이 갖는 법적 표지들을 모두 보유하며, 이에 따라 영국법상 재산으로 취급되어야 한다고 하였다. 또한 스마트계약의 경우 컴퓨터가 읽을 수 있는 코드로 기록되어야 하나, 영국법상 계약으로 볼 수 있는 요소들을 충족하였다고 결론지었다. 따라서 스마트계약도 법률 원칙에 따라 식별, 해석 및 시행될 수 있다고 하였는데, 문서 서명 요건의 경우에도 원칙적으로 개인키를 사용하거나 코드요소가 소스코드에 기록된 스마트계약을 통해 그러한 요구사항을 충족할 수 있다고 보았다.

즉 위 성명은 암호화 자산 및 스마트계약에 기존의 영국법 일반 법리가 적용된다는 취지의 선언이다. 이후에도 영국정부에서는 법률위원회(Law Commission)가 암호화 자산 및 스마트계약 관련 현행법을 분석하고 개정해야 할 부분에 관하여 의견을 받기 위한 프로젝트를 진행중인데, 이러한 일련의 절차를 통해 영국이 디지털 자산에 부합하는 법 체계를 갖추기 위해 그 입법에도 상당히 적극적으로 움직이고 있음을 알 수 있다.

7. 해외사례에 대한 고찰과 국내법상 지향점

이와 같이 해외의 사례들을 살펴보면, 각국에서는 저작권과 밀접히 연관된 미술계, 게임 업계, 엔터테인먼트 업계 등에서 NFT를 적용시키면서 크립토키티와 같이 새로운 유형의 상품을 창작하거나, 기존 권리나 상품을 좀 더 다양한 방식으로 발전시켜 수익을 창출한다. 또한 알고랜드 사안에서와 같이 제3자에게 위탁되어 있던 권리를 권리자가 보유·행사하게 하는 등 원권리자가 조금 더 자유롭고 넓은 범위로 권리를 행사할 수 있는 것에 일조하는 긍정적인 방향성이 존재함을 알 수 있다.

NFT는 작품 또는 제품을 NFT로 민팅하여 가치를 산정하고, 경매 등으로 이를 극대화시키는 작업인데, NFT 자체가 바로 그 작품 또는 제품이 아니기 때문에 그 간극에서 여러 이슈가 발생하고 있다. 예컨대 앞서 러시아 자동생성봇 사건에서와 같이 저작자가 아닌 자에 의하여 창작물이 NFT화 되는 경우를 상정해 볼 수 있는데, 무권리자가 무단으로 NFT를 제작하여 판매하는 경우, 애초에 대상물이 진품이 아닌 경우 등을 생각해 볼 수 있겠다. 이러한 경우 실제 권리자가 아니거나, 대상물이 진품이 아님에도 NFT화 된 허위정보가 진품처럼 유통되게 되어 소비자 및 권리자들이 피해를 보게 될 우려가 존재하며, NFT가 활성화 되면서 점점 이러한 부분에 대한 제도적, 법적 보완이 필요할 것이다. 최근 한국의 대표적 메타버스인 제페토에서 럭셔리 브랜드 G사의 가방이 동일 모델인 오프라인 모델보다 더 높은 가격에 판매된 것이 큰 화제가 되었고, 최근에는 한정판 물품들도 출시되어 대거 판매된 바 있다. 어깨에 멜 수도, 소지품을 넣을 수도 없는 데다, 손으로 만져지지도 않는 럭셔리 가방 구입을 위해 몇 백만 원을 투자하는 새로운 MZ세대의 소비 형태에서 향후 잠재적인 NFT 시장이 상당히 광대하다는 것을 알 수 있다.

따라서 우리나라에서도 영국과 같이 저작권법 등 기존 법리를 발전시켜 새로운 법률관계에 맞는 법리를 개발하고, 필요 시 법률 개정 또는 입법을 통해 NFT가 양지에서 적법한 거래수단 권리로 활용될 수 있도록 적극적으로 논의 및 검토하는 것이 필요하겠다.

학습활동.12 교수 · 학습 방법

교수 방법

- 디지털 자산의 활용에 대한 관련 용어, 구성, 방식 이해 정도를 파악한 후 수업을 진행한다.
- 교수자의 주도로 디지털 자산의 활용 등의 내용을 PPT 자료로 제시한 후 설명한다.
- 가능하면 사전에 개인별 학습 자료를 준비하여 모든 학생이 참여할 수 있는 문제 해결식 수업, 협력 수업이 가능하도록 한다.
- 디지털 자산의 활용 전 과정을 작업의 순서에 따라 단계적으로 실습이 이루어질 수 있도록 지도한다.
- 교재를 통해 수업을 준비하는데 있어서 필요한 모든 정보나 팁, 힌트 등 도움이 될 만한 내용들을 확인할 수 있다.
- 학생들이 만들게 될 각 모델들은 수업시간에 중점적으로 다뤄질 부분과 어휘, 질문, 답을 포함하고 있으며 또한 탐구할만한 추가적인 아이디어들도 포함하고 있다.

학습 방법

- 디지털 자산의 활용에 대한 관련 용어를 숙지하고, 디지털 자산의 활용에 대해 이해한다.
- 디지털 자산의 활용의 각 단계별 중점 사항을 체계적으로 학습한다.
- 디지털 자산의 활용의 수행순서의 전 과정을 실습한다.
- 디지털 자산의 활용의 내용을 이해한다.
- 디지털 자산의 활용을 이해하고 숙달이 될 때까지 학습한다.

학습활동.12 평가 및 피드백

평가 준거

- 평가자는 피평가자가 수행 준거 및 평가 내용에 제시되어 있는 내용을 성공적으로 수행할 수 있는 지를 평가해야 한다.

학습내용	평가항목	성취수준		
		상	중	하
디지털 자산의 활용	디지털 자산의 활용을 이해할 수 있다.			

평가 방법

- 작업 포트폴리오

학습내용	평가항목	성취수준		
		상	중	하
디지털 자산의 활용	디지털 자산의 활용을 이해할 수 있다.			

- 필기시험

학습내용	평가항목	성취수준		
		상	중	하
디지털 자산의 활용	디지털 자산의 활용을 이해할 수 있다.			

- 체크리스트를 통한 관찰

학습내용	평가항목	성취수준		
		상	중	하
디지털 자산의 활용	디지털 자산의 활용을 이해할 수 있다.			

- 피드백

1. 작업 포트폴리오
   - 제출한 보고서를 평가한 후 주요 사항에 대하여 표시하여 돌려준다.
2. 필기시험
   - 평가 결과 성적이 저조한 학생은 보고서 제출 기회를 부여한다.
3. 체크리스트를 통한 관찰
   - 실습 과정에서 평가한 후 개선해야 할 사항 등을 정리하여 돌려둔다.

참 | 고 | 문 | 헌

- 김사무엘, 비트코인만 알면 손해, 알면 돈되는 디지털자산, 머나투데이, 2021.10.12.
- 김형지, NFT 저작권 관련 산업의 해외 사례와 동향, 해외저작권 보호동향, 2021.8.11.
- 박수용, 디지털 자산이 기업의 경쟁력, 한경(https://www.hankyung.com), 2021.9.06.
- 송하린, 기업금융 강화 위해 디지털자산활용 검토해야, 연합인포맥스, 2021.04.04.
- 송혜영 · 민형배, 암호화폐 자산가치 인정법 발의 금융위 디지터 자산업 육성해야, 전자신문(https://m.etnews.com/20210728000153), 2021.07.28.
- 이승호, 중앙은행 디지털 화폐의 의의, 영향 및 시사점, 자본ㅅ장포커스, 2021.02.01.
- 이하늬, NFT 한정판 디지털 아트 작품, '람보르기니' 차보다 자산 가치 높아, AI타임즈(http://www.aitimes.com/news/articleView.html?idxno=141557), 2021.11.17.
- 임유경, 디지털 경제 핵심인프라 디지털 자산, 지넷코리아, 2021.9.29.
- 한아름, 디지털자산 커스터디 서비스 현황 및 시사점, 자본시장포커스, 자본시장연구원, 2021.08.09.
- 헤시넷 위키, 디지털자산, http://wiki.hash.kr/

학습 1	디지털 자산의 개요
학습 2	디지털 자산관리의 기술
학습 3	디지털 자산관리의 플랫폼
학습 4	디지털 자산과 전통자산 융합기술
학습 5	디지털 자산과 디지털 금융 융합기술
학습 6	디지털 자산과 디파이 서비스 융합기술
학습 7	디지털 자산과 메타버스 융합기술
학습 8	디지털 자산과 보안의 개요
학습 9	디지털 자산과 디지털 지갑 보안 융합기술
학습 10	디지털 자산과 클라우드 보안 융합기술
학습 11	디지털 자산과 ISMS-P 융합기술
학습 12	디지털 자산의 활용

학습 13 디지털 자산의 미래

학습 목표

1. 디지털 자산의 미래를 이해할 수 있다.

13-1 디지털 자산의 미래

1. 가상융합 기반의 새로운 경제 패러다임 확산

'코로나19' 사태를 계기로 전세계는 경제위기 극복의 혁신도구로서 제조 · 의료 등 주요산업의 디지털 전환이 가속화되면서 디지털 자산에 보다 많은 관심을 갖게 되는 계기가 되었다.

가상융합기술(XR : eXtented Reality)은 오프라인 경제와 디지털 경제의 융합을 통해 현실과 가상세계 간 경계를 허물고 우리의 활동공간을 확장시켜 가상융합 공간에서 경제주체 간 상호작용이 확대되는 디지털 자산의 시대가 도래될 것이다.

XR 기술의 발전, 비대면의 급증과 산업기반의 디지털화로 XR활용이 크게 확대되며 경제전반에 新부가가치를 창출하는 가상융합경제가 급부상하고 있다.

[그림 13-1]처럼 XR을 활용해 경제활동(일 · 여가 · 소통) 공간이 현실에서 가상

융합공간까지 확장되어 새로운 경험과 디지털 자산의 새로운 경제적 가치를 창출하고 있다.

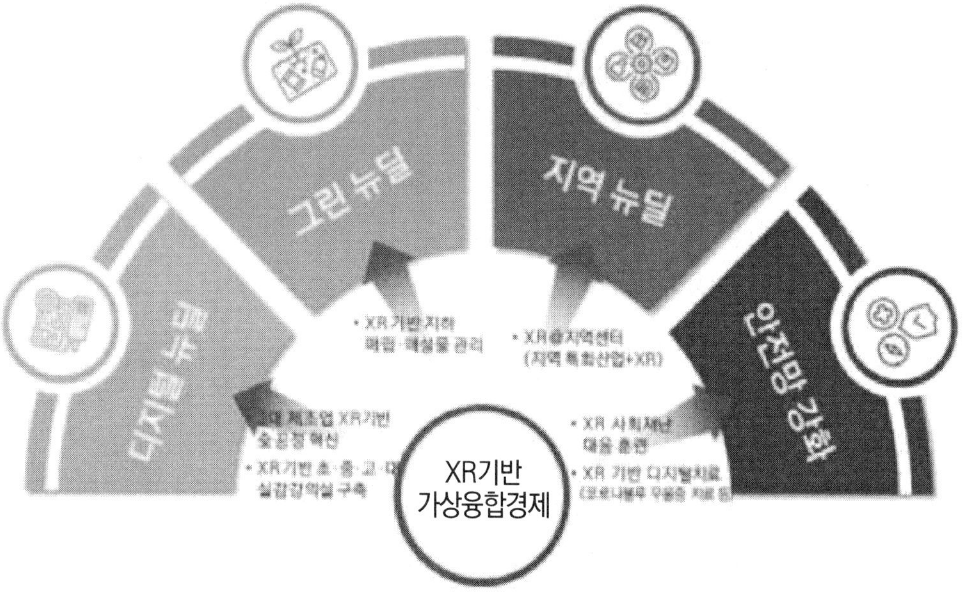

[그림 13-1] 가상융합경제를 통한 디지털 자산의 미래가치 창출

금융분야의 가상융합기술(XR)은 인간이 디지털 정보를 이해하고 상호작용하는 방식을 디지털 자산분야와 융합 · 혁신하는 기술로, 융합분야의 기술발전과 디지털 전환 가속화로 미래에는 디지털 자산분야의 활용이 대폭 확대될 것으로 예측된다.

특히 가상융합기술(XR)은 콘텐츠산업의 새로운 디지털 융합기술로 각광받아 왔으며, 최근에는 다양한 분야인 제조 · 건설 · 의료 등 경제를 견인하는 주요산업의 생산성을 제고하고 영역을 확장하는 핵심수단으로 인식이 확산되고 있다.

가상융합기술의 활용을 통하여 기존 금융산업의 변화를 유도하고 새로운 디지털 자산 성장의 모맨텀을 제공하여 문화콘텐츠 부문은 물론이고 개인의 일상, 산업 및 공공서비스 영역까지 활용되어 새로운 디지털 자산의 경제가치를 창출하는 이른바 "가상융합경제 + 디지털 자산 = 디지털 자산의 미래가치"로의 패러다임 시프트로 발전될 전망이다.

2. 디지털 자산은 메타버스와 디지털 트윈을 중심으로 발전할 전망

XR은 AR, VR, MR 등의 기술이 융합되어 발전함으로써 가상세계가 확장되고 이러한 가치를 평가하고 판단할 수 있는 디지털 자산은 인간의 감각과 연결시키는 메타버스(Metaverse)와 물리적(Physical) 세계와 동일한 디지털 쌍둥이(복제)를 만드는 디지털 트윈(Digital Twin)을 통해 가치가 창출될 것으로 예상한다.

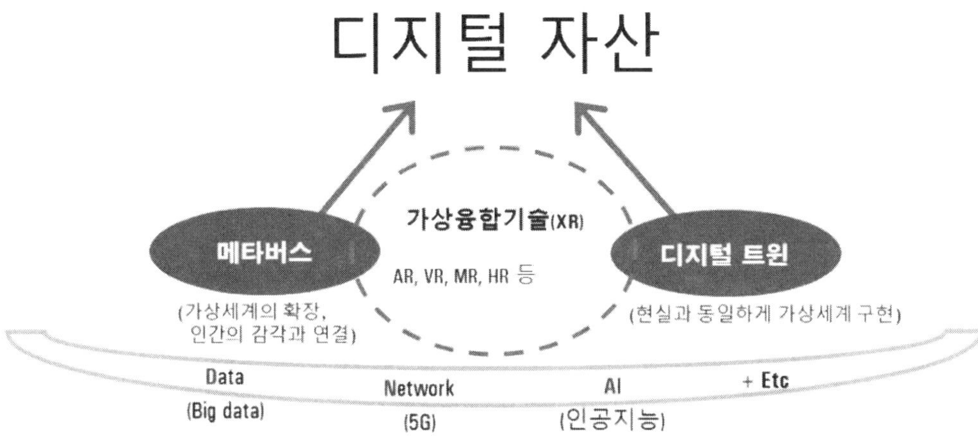

[그림 13-2] 디지털 자산 미래의 가상융합경제

향후 디지털 자산의 미래는 메타버스와 디지털 트윈의 성장에 따라 가상융합경제의 핵심인프라 기술인 D · N · A(Data, Network, AI) 및 블록체인 등 신기술 발전과 더불어 폭발적으로 성장할 것으로 보인다.

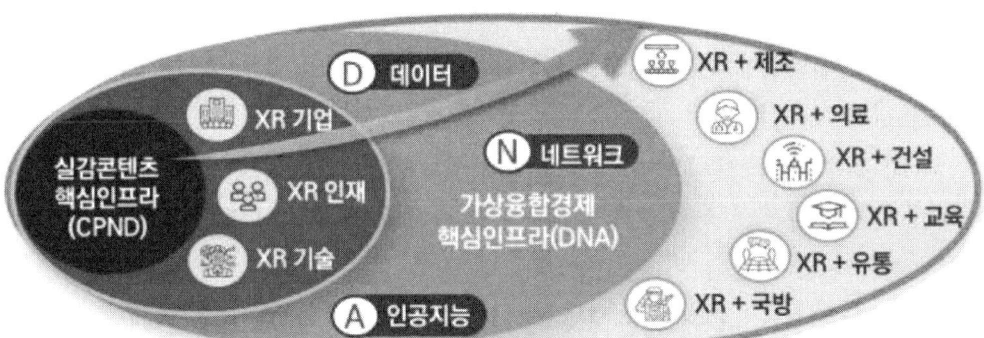

[그림 13-3] 가상융합경제의 핵심인프라 기술인 DNA

3. 가속화되는 비대면 디지털 자산

인터넷(모바일) 뱅킹 이용 규모는 꾸준히 확대되는 한편, 오프라인 점포 수는 지속적으로 감소하는 추세이다. 특히 코로나19로 인한 사회적 거리두기 등으로 인해 인터넷(모바일) 뱅킹 및 비대면 결제 등 디지털 자산의 이용 규모가 큰 폭으로 증가하고 있다.

학습 13

다양한 디지털 채널 확대로 디지털 및 모바일 환경에 친숙한 MZ세대(2030)들에게 젊은 시기부터 미래의 체계적 준비를 통해 노후를 맞이할 수 있도록 체계적인 디지털 자산관리의 계획, 맞춤형 디지털 자산 증대 솔루션, 디지털 자산의 미래 상속 설계, 디지털 자산의 합리적 재산증여 시기 등에 이르는 종합적인 미래 디지털 자산 금융솔루션을 제공할 필요가 있다.

[그림 13-4] 하나은행의 비디면 자산관리 사례

미래의 디지털 자산에 대한 전략은 비대면 자산에 대한 서비스를 미리 준비하는 언택트 소비 확산에 선제적으로 대응하여 비대면 고객의 높은 충성도를 유지할 필요가 있다.

특히 소액투자자 및 온라인 고객들에게 상대적으로 부족했던 자산관리 서비스에 대한 니즈를 충족할 수 있도록 비대면으로 특화된 디지털 자산관리 서비스를 전략적으로 마련할 필요가 있다.

새로운 디지털 자산에 대한 전략적 관심을 유도하여 구돌 경제모델을 구축하여 소액 구독료만 지불하면 프리미엄 디지털 자산관리 서비스를 제공하는 플래티움 전략 서비스를 마련할 기회라고 판단한다.

그러므로 디지털 자산의 비대면 금융을 타겟으로 신분증 진위 확인시, 사진 미확인 등 비대면 실명확인 절차상의 취약점을 악용한 사고가 발생하는 등 금융사기 기법이 다양화, 고도화되고 있다.

금융앱을 위 · 변조하거나 블랙마켓에서 공격정보를 습득하는 등 공격방식이 다양화되고 있으며, 신분증 사진의 스마트폰 내 저장 등 이용자 부주의에 의한 보안

사고 우려도 존재한다.

전자금융거래법이 개정되면 비대면 금융방식이나 서비스가 더욱 다양화될 것으로 보여 이를 악용한 공격도 지속될 전망이다. 오픈뱅킹, 마이데이터 산업 활성화 등으로 특정 금융회사 보안사고가 타 금융회사로 쉽게 전파될 수 있어 공격에 따른 파급력도 지속적으로 확대될 것으로 예상된다. 예를 들면 보안이 취약한 A은행에서 계좌개설 및 공인인증서 발급 → B은행에서 A은행 공인인증서 등록 및 A은행 계좌를 활용하여 인증 → B은행에서 대출을 실행한다.

4. 디지털 자산의 데이터 산업 경쟁 본격화

데이터(Data)는 디지털 자산에서 새로운 가치 창출 등을 위한 핵심자원으로 다수의 참여자가 동시에 사용 가능한 '비경합성(Non-rival)' 특징과 사용해도 양이나 가치가 감소되지 않는 '비소모성(Non-depletable)' 특징을 가지고 있다.

금융권은 데이터 산업 활성화를 위한 신용정보법 개정('20.8.5. 시행)으로 개인신용정보의 가명, 익명처리나 데이터 간 결합이 가능해지는 등 데이터 활용의 제도적 기반 및 인프라 구축하였다.

〈표 13-1〉 가명, 익명처리 및 데이터 결합내용

구 분	내 용
가명처리	- 추가 정보 없이는 특정 개인을 알아볼 수 없도록 처리하는 것으로, 통계 작성 · 연구 등의 목적에 한하여 정보주체 동의 없이 활용 가능
익명처리	- 특정 개인을 알아볼 수 없도록 처리하는 것으로, 익명 처리 시 개인정보가 아니므로 목적 제한 없이 자유롭게 활용 가능
데이터 결합	- 데이터전문기관(금융보안원 · 신용정보원)을 통해 금융, 통신 등의 데이터 간 결합 가능 ㉮ 카드사의 카드 이용 정보(온 · 오프라인 이용업종 · 장소 · 시점 등)+택배사의 배송 정보(온라인 소비 품목 등) 간 결합 → 온 · 오프라인 소비행태 분석 가능

금융 빅데이터 개방시스템(CreDB)은 한국신용정보원에 축적되는 금융거래(대출, 연체 등) 정보를 비식별 조치하여 제공 등을 통해 금융데이터를 개방하고, 금융데이터거래소를 출범(20.5월)하여 데이터 거래의 활성화를 지원한다.

본인의 개인신용정보를 본인 또는 특정 기관으로 전송하도록 요구할 수 있는 권리인 개인신용정보 전송요구권을 기반으로 신용정보 통합조회 등을 제공하는 본인신용 정보관리업(마이데이터 : Mydata) 도입이 금융당국 주도로 금융권 데이터 산업 주도권 확보를 위한 경쟁을 시작하였다.

마이데이터는 데이터를 통한 부가가치 창출이 용이하고 고객 잠금효과(Lock-in Effect)도 있어 금융회사, 빅테크, 핀테크 기업 등의 초기 시장선점 경쟁이 활발하다.

현재 금융분야 마이데이터 허가 수요조사 결과 116개 회사(금융회사 55개사, IT 회사 등 비금융회사 41개사, 핀테크 20개사)가 참여를 희망하고 있다.

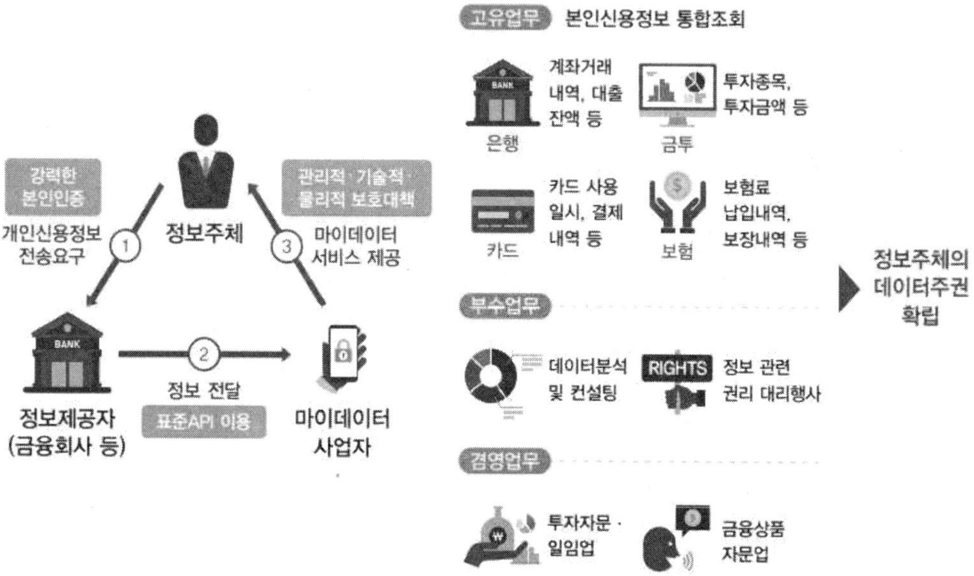

[그림 13-5] 마이데이터(MyData) 산업

금융권은 유통·통신 등 이종 산업과의 데이터 협업, 데이터 전담조직 신설 등 데이터 산업 경쟁에서 살아남기 위해 역량을 집중하고 있다.

금융회사, 빅·핀테크 기업은 대량의 데이터 보유, 우수한 개발 역량 등 자사의 여건과 장점에 맞는 다양한 금융데이터 산업을 추진할 전망이다.

디지털 자산의 데이터 산업의 성공을 위해서는 반드시 보안성 확보가 필수이다.

데이터의 활용 확대로 다양한 부가가치 창출이 가능한 반면 이를 타겟으로 한 보안 위협도 지속 확대될 전망이다. 특히 마이데이터 사업자는 개인의 금융데이터가 집중되므로 주요 공격대상이 될 우려가 있다.

안전하지 않은 인증이나 취약점 등으로 금융데이터 유출사고가 발생할 경우 금융소비자 피해는 물론 금융데이터 산업 전반의 신뢰성 저하가 우려되므로 철저한 보안관리 및 프라이버시 강화 조치가 선행될 필요가 있다.

5. 디지털 자산 플랫폼으로 다양한 서비스 개발 가능

현재 디지털 자산에 대한 NFT(Non Fungible Token) 거래시장이 지속적으로 성장하는 가운데 기존 시장을 넘어 게임, 미술, 엔터 등 다양한 분야에 활용될 것으로 전망되고 있다.

올해 블록체인 기반 디지털 자산시장에서 기대주로 떠오른 NFT는 차세대 주력 디지털 자산으로 주목받았다.

디지털 자산은 가치를 지닌 자산의 디지털화를 통해 새롭게 발행된 자산을 뜻한다. NFT는 블록체인 기술을 활용해 이러한 디지털 자산에 고유한 토큰 ID와 소유권이 명시돼 대체 불가능한 것이 특징이다.

상호 등가교환을 할 수 있는 대체 가능한 암호화폐인 비트코인과 이더리움 등 기존의 가상자산과는 달리 희소성을 갖는 디지털 자산을 대표하는 토큰이다.

최근에는 이를 기반으로 실물 금을 디지털 자산화해 안전하게 투자 · 거래가 가능하도록 한 서비스도 등장했다.

골드모어 서비스는 블록체인을 기반으로 한 금거래 플랫폼으로 금을 투명하게 거래하는 것을 목표로 한다. 실물 금을 대체하는 디지털 금 바우처와 모바일 애플리케이션을 통해서 금을 사고파는 방식이다.

이러한 서비스에 활용되고 있는 디지털 자산 플랫폼 기술은 NFT와 FT(Fungible Token) 등 디지털 자산 타입별 발행을 지원하고, 디지털 자산 지갑을 기반으로 다양한 금융상품을 개발할 수 있는 플랫폼이다.

㈜한컴위드와 신한DS가 공동으로 개발한 이 플랫폼 기술은 신뢰성과 안전성을 갖춘 플랫폼으로 금 거래뿐 아니라 타 분야 금융서비스에도 기술을 적용할 수도 있다.

작년 고려대학교 블록체인 연구소, 이노블록과 함께 정보통신기획평가원(IITP)의 스마트컨트랙트 가시화 R&D 과제를 수주했으며, 스마트컨트랙트 기반 포트폴리오 관리 애플리케이션을 개발하기도 했다.

여전히 가상화폐에 대한 법률적인 허들이 높고, 원화가 아닌 다른 화폐를 사용한다는 것에 대한 거부감이 여전히 존재한다. 원화를 자동으로 변환해 결제가 이뤄지는 서비스도 있지만 결국 중개자가 있는 형태가 되기 때문에 개인 간 거래에까지 탈중앙화 금융(Defi)이 활성화되기까지 사람들의 인식변화에 대한 시간은 필요할 것으로 판단된다. NFT는 메타버스 등 새로운 트렌드 기술과 결합해 시장이 지속적으로 성장할 것으로 예상되고 있다. 한컴위드도 NFT시장을 심도 있게 분석 중에 있으며, 한컴그룹이 보유하고 있는 기술을 융합해 차별화된 서비스를 제공할 계획이다.

한편 최근 디지털 자산 관련 사업을 수행하고 있는 산업에서는 명확한 정책적 방향 제시에 대한 목소리를 높이고 있다.

블록체인 기반 디지털 자산 기술개발에 있어 정책적인 방향을 명확히 해야 관련 사업을 영위하는 기업들이 유연하게 대응이 가능할 것이다.

블록체인 사업을 할 때마다 가장 크게 와 닿았던 문제는 명확하지 않은 도입 목적으로, 블록체인 기술을 도입한 후 해당 사업에 필요한지를 확인하는 경우가 있었다. 해당 목적에 맞게 설계가 돼야 진정한 블록체인 기반 서비스를 제공할 수 있다. 블록체인 기술은 데이터의 신뢰성을 제공하고, 프로세스 효율화를 하는데 최적화된 기술이다. 블록체인 적용시 프로세스 설계를 명확하게 한다면 더욱 효과적으로 기술을 활용할 수 있다.

13-2 디지털 자산의 미래 보안이슈

1. 미래 디지털 환경의 보안 위협

1) 메타버스 환경의 보안 위협

메타버스 플랫폼의 인프라 및 시스템, 네트워크, 데이터(DB) 등에서 취약성을 이용한 악의적인 공격(해킹) 위협 발생한다. 주로 서비스 마비, 플랫폼 환경 조작, 시스템 탈취 등을 목적으로 하는 해킹한다.

메타버스 서비스 영역에서는 서비스 콘텐츠, 이용자 정보 대상 해킹으로 개인정보의 유출, 콘텐츠 및 플랫폼 정보 위·변조 등의 위협이 발생한다.

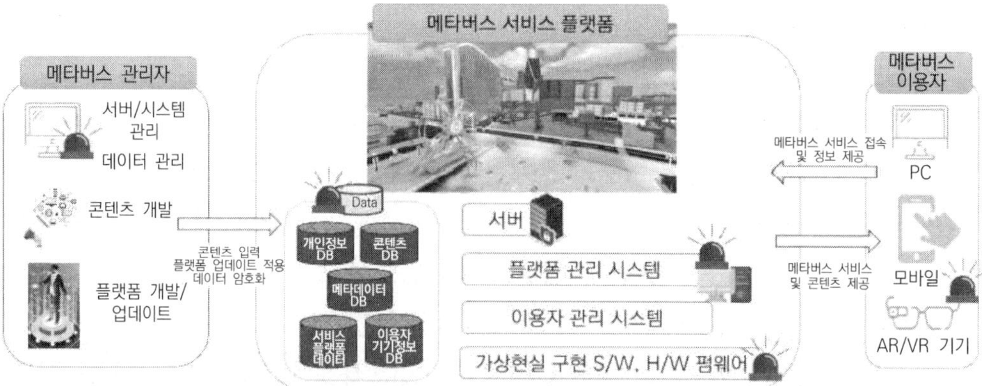

[그림 13-6] 메타버스 서비스 구성 및 보안 위협

<표 13-2> 메타버스 보안 위협 이슈 종류 및 내용

공격대상	내 용
인프라 및 시스템	• 가상환경 플랫폼 및 시스템(AR · VR S/W, 플랫폼 · 데이터 관리 시스템 등)에 대한 보안 위협 - 가상환경 구현 S/W 및 플랫폼 시스템 등에 대한 제로데이(Zero Day) 공격, 악성코드/랜섬웨어 유포 등 • 가상환경 · 메타버스 서비스 구축, 관리, 서버 등 인프라에 대한 물리적 및 S/W 보안 취약점에 따른 위협 • 메타버스 플랫폼 및 서비스 이용을 위한 WEB, 어플리케이션 등 취약점으로 인한 보안 위협
네트워크	• 가상환경 · 메타버스-서비스이용자 間 정보 송수신 네트워크 취약점을 이용한 정보탈취 및 시스템 해킹, 서비스 공격 - DoS/DDoS 공격, 웹(MAC Spoofing, DNS Spoofing 등) 및 클라이언트 취약점 등
데이터	• 가상환경 · 메타버스 플랫폼, 서비스 시스템에 저장된 개인정보, 콘텐츠 등 데이터 위변조 및 유출, 개인정보 암호화 또는 가명처리 미흡 등 • 아바타, 게임머니, 포인트, NFT 등 가상자산에 대한 탈취 및 불법 복제 등 보안 위협
서비스	• 가상환경, 메타버스 이용 단말기 · 디바이스 펌웨어 취약점, 보안패치 미적용 또는 패치파일 자체 취약점에 따른 보안 위협 • 실시간으로 수집되는 개인정보, 위치정보, 민감정보 및 프라이버시(생체, 활동) 유출에 따른 사생활 침해 및 개인정보 보호, 데이터 변조(신원 사칭 등) 위협

2) 디지털 트윈 환경의 보안 위협

현실세계를 감시 · 통제 · 검증하고, 상황예측 · 최적화 방안을 도출하여 현실에 적용하는 디지털 트윈 프로세스에서 보안 위협이 발생한다. 가상세계를 구축하는 프로세스 '① 생성 → ② 전달 → ③ 종합과 → ④ 분석 → ⑤ 인사이트 → ⑥ 행동'에서 활용되는 IoT, AI, AR/VR 등 주요 IT 기술들의 보안 위협이 존재한다.

<표 13-3> 디지털 트윈 프로세스별 보안 위협

프로세스	내 용
① 생성 (Create)	• 현실세계의 물리적 공정과 주변 환경으로부터 IoT 센서들을 이용해 데이터를 수집하는 과정에서 데이터의 해킹, 데이터 위 · 변조 등 위협 발생
② 전달 (Communicate)	• 수집된 데이터가 네트워크를 통해 전송될 때 네트워크 해킹, 네트워크를 통한 내부 시스템 침투, 악성코드 배포 등 보안 위협 발생 ※ 해킹을 통한 디지털 트윈 시스템에 접근하거나 데이터를 탈취 및 위 · 변조, DDoS 공격을 통한 디지털 트윈 시스템 마비 등의 보안 위협 증가
③-④ 종합과 분석	• AI 기술을 활용하여 수집된 데이터를 가상공간에 반영하는 과정에서 위 · 변조된 데이터학습, AI 시스템 권한 탈취, 시스템 무력화 발생

프로세스	내 용
(Aggregate & Analyze)	※ 악성코드, 멀웨어 등을 통해 시스템과 AI, 클라우드 서버 등에 대한 보안 위협 증가
⑤ 이해 (Insight)	• 분석을 통해 얻은 데이터를 AR/VR 등으로 가상공간에 시각화하여 검증하는 과정에서 시스템 또는 기기 취약점을 악용한 시스템 점거, 분석 데이터 위·변조 및 탈취 등의 보안 위협 발생
⑥ 행동 (Act)	• 생성부터 시각화 검증을 통해 실제 환경에 적용하는 단계에서 비정상 결과값으로 유도하거나 정상 결과값은 탈취하고 비정상 결과값으로 변경 등으로 현실에 중대한 위협(기기 오작동, 센서 조작 등) 발생

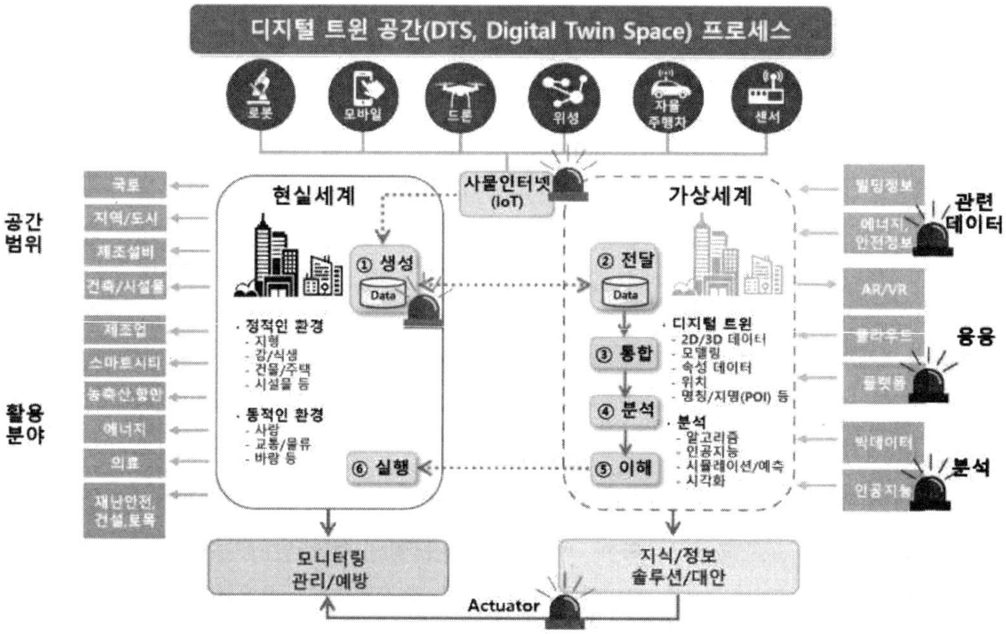

[그림 13-7] 디지털 트윈 프로세스 및 보안 위협 지점

특히 디지털 트윈 구축을 위해 수집·분석·저장되는 대량의 데이터 중 개인·기관·기업·시설 등 중요 정보의 유출과 위변조로 기기 오작동, 비인가자의 센서 조작 등 발생한다. 도시·공장 등에 설치되는 IoT, 지능형 CCTV에서 수집되는 정보에서 개인정보와 사생활 및 개인 위치정보 유출로 인한 보안 위협 및 2차 피해(보이스피싱, 신원사칭 등)가 발생한다.

2. 비대면 금융을 악용한 보안 위협

1) 인터넷(모바일)뱅킹 관련 취약점 사례

① 앱 실행파일의 일부만 무결성 검증기능을 적용하여 위·변조 가능
② 블랙마켓 내 위·변조앱 모니터링 대상에 주요 포털사이트 미포함
③ 중요정보가 앱 화면에 노출되거나 화면캡처 방지 등 보호대책 미적용
④ 신분증 사진의 서버 전달시 보안성이 취약한 암호화 방식을 사용하여 복호화가 우려
⑤ 앱 구동시 백신 프로그램의 업데이트 상태 미확인 등

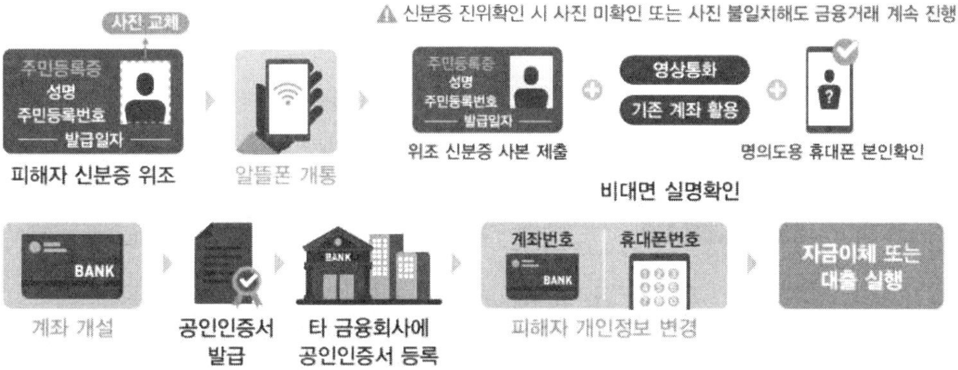

[그림 13-8] 비대면 금융을 악용한 사기(예시)

3. 인공지능 거버넌스 구축

AI 거버넌스(AI Governance)는 AI 위험 통제를 위한 기업 내부 관리체계로, AI 전담조직 및 의사결정 체계, AI 기준 및 내규 절차, AI 알고리즘 및 데이터 관리, AI 위험관리, AI 감사 및 평가 등의 포괄적인 구축이 필요하다. 책임있는 AI를 위한 디지털 지산을 위한 노력이다.

책임 있는 AI(Responsible AI)는 윤리, 신뢰, 공정성, 투명성, 설명 가능성, 안전성, 프라이버시 및 컴플라이언스 등의 측면에서 올바르다고 판단되는 AI이다.

AI 활용 확대에 따른 AI 위험(부작용) 우려가 제기되고 있다.

AI 편향은 AI가 특정 집단에 불리한 의사결정을 내리는 등 사회적·윤리적 가치에 반한 차별적 결과를 도출하여 금융소비자 피해를 유발한다.

AI 편향 발생 원인은 ① 학습 데이터에 사회적 편견이 반영, ② 특정 집단의 학습

학습
13

데이터가 불충분, ③ 학습 데이터가 악의적으로 조작 등이 있다.

AI 불투명성은 내부 처리과정을 알 수 없는 AI 특성상 도출된 결과의 원인 등을 설명하기 어려워 AI 공정성(기업 간 동일한 AI 알고리즘 사용 등을 통해 가격을 담합하는 '디지털 카르텔'은 AI의 공정성을 저해)에 대한 금융소비자 불신이 가중되고 있다.

AI 보안 위협은 적대적 공격(Adversarial Attacks)으로 AI가 정확한 판단을 할 수 없도록 조작된 입력데이터를 주입하여 오작동을 유발하는 공격 등 AI의 취약점을 악용한 보안 위협 우려되고 있다.

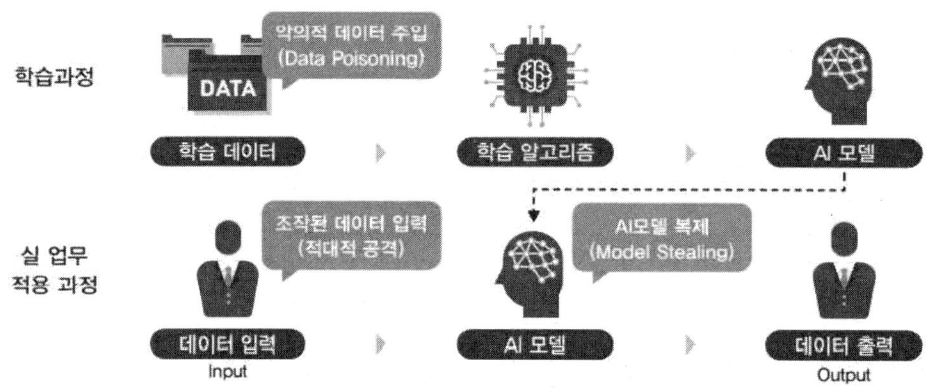

[그림 13-9] AI 보안 위협

로보어드바이저, 챗봇 위주였던 금융권의 AI 도입이 빅데이터와 연계하여 신용평가, 지급결제, 정보보안 등으로 점차 확대될 전망이다.

금융권의 AI 서비스 확대에 따라 AI 편향이나 금융소비자의 설명 요구권 행사 AI 취약점 등 AI 위험 이슈가 현실화될 것으로 예상된다.

AI 편향 완화나 설명 가능한 AI(XAI : eXplainable AI) 기술에 대한 연구가 국내외에서 진행되고 있으나, 아직 초기단계로 가시적 성과가 미비하다.

해외 주요국도 이러한 어려움을 인지하고 기업 내 AI 위험통제 체계인 AI 거버넌스 확립을 최우선 정책 과제로 강조하고 있다.

국내 금융권도 책임 있는 AI 구축을 위해 AI 전담조직 구성, AI 내규 및 사내감사 절차 마련 등 AI 거버넌스 확립에 주력할 필요가 있다.

수행 내용

재료 · 자료

- 디지털 자산 관련 자료

기기(장비 · 공구)

- 컴퓨터, 문서작성 프로그램, 프린터, 주변기기

안전 · 유의사항

- 디지털 자산 관련 장비의 안전 및 유의사항을 숙지한다.

수행 순서

01 디지털 자산 활용시 원격근무에 따른 주요 보안 위협에 대하여 분석하라.

원격근무는 회사 밖에서 근무하는 형태로 자택에서 근무하는 '재택근무', 출장지에서 근무하는 '모바일근무', 본래 근무지 외의 지역에 설치된 공용사무실을 활용하는 '위성근무' 등으로 다양하다.

〈표 13-4〉 주요 보안 위협

구 분	주요 보안 위협
원격근무 단말기의 물리적 통제 미흡	• 원격근무 단말기의 분실 · 도난이나 타인의 훔쳐보기 등으로 단말기 내 데이터가 유 · 노출되거나 기업 내부망 접근 등이 우려
안전하지 않은 네트워크 사용	• 원격근무자가 사용하는 외부 네트워크(인터넷)는 통제가 어려워 도청이나 중간자 공격(MITM)등으로 중요 정보가 유출될 우려 • 잘못된 네트워크 장비(VPN 등) 설정이나 네트워크 장비 취약점 존재
악성코드 감염에 따른 내부망 침해	• 악성코드에 감염된 원격근무 단말기로 내부망에 접속 시 시스템의 불법 침해 가능
내부 자원에 대한 원격접근 위협	• 기업 내부에서만 접근 가능했던 내부 자원에 대해 원격근무 단말기도 접근 가능해짐에 따라 비인가 접근 등 보안 위협 존재

학습 13

원격근무 장소나 단말기, 네트워크 등의 경우 기업 내부에 비해 상대적으로 보안통제가 어려워 공격자의 주요 공격대상으로 부각되고 있다.

공격자는 원격근무자에 피싱메일 발송, 크리덴셜 스터핑(Credential Stuffing : 다른 곳에서 탈취한 사용자 계정을 무작위로 대입 및 로그인을 시도하는 공격) 방식으로, 이를 통해 기업 메일, 인트라넷 등의 무단접속 시도 가능 공격 등을 수행하여 악성코드 유포, 내부망 접근, 기업 내부 정보 탈취 등이 가능하다.

화상회의 솔루션 자체 취약점이나 화상회의 접근통제 미흡(㉮ 회의방 전체 공개, 회의 참여 접근코드 재사용, 회의 참여자 신원 미확인) 등을 악용하여 공격자가 화상회의에 무단 접속하는 사례가 발생하고 있다.

화상회의 접속에 성공한 공격자는 회의 방해, 회의 중 공유된 정보 또는 파일 탈취, 악성코드 유포(㉮ 회의 시 업로드하는 GIF 형태의 이미지 파일에 대한 화상회의 솔루션의 검증 기능이 미흡할 경우, 악성코드가 포함된 이미지 파일을 업로드하여 회의 참여자에 유포) 등의 공격수행이 가능하다.

금융의 디지털 전환 가속화, 일과 삶의 균형(일명 '워라밸') 추구 확대 등으로 원격근무나 화상회의가 기업문화 중 하나로 자리매김되고 있다.

금융권은 「전자금융감독규정 시행세칙」을 개정(21.1.1 시행)하여 철저한 보안통제 하에 임직원의 상시 재택근무를 허용한 바, 원격근무 등이 빠르게 확대될 전망이다.

원격근무나 화상회의 수행에 있어 기존 근무 및 회의 형태에 비해 보안수준이 저하되어서는 안된다는 점이 매우 중요하다.

금융권은 원격근무나 화상회의 수행범위를 정하고 재택근무 환경 구축 시부터 종료 시점까지 철저한 보안통제 대책을 마련할 필요가 있다.

02 디지털 자산 업체의 빅데크와의 협력에 대하여 분석하라.

빅테크들은 금융서비스에 대한 충성도를 제외하면 모든분야에서 동등한 경쟁력을 갖고 있다. 따라서 대응을 위한 내부 디지털 역량을 강화하되 제휴를 통하여 상품전달과 서비스의 보완이 병행될 필요가 있다.

〈표 13-5〉 빅테크, 은행의 경쟁우위 비교

구 분		은 행	빅테크	핀테크	은행+핀테크
신뢰 (Trust)	규모	◎	◎	×	◎
	브랜드 인지도	◎	◎	×	◎
	고객충성도	◎	-*	-*	◎
	리스크관리	◎	△	×	◎
레버리지 (Leverage)	투자 역량	◎	◎	×	◎
	저원가 자금 조달	◎	◎	×	◎
	글로벌 고객 확보	×	◎	×	×
	네트워크 효과	×	◎	◎	◎
퍼포먼스 (Performance)	최신 IT기술	×	◎	◎	◎
	Cross-subsidization	◎	◎	×	◎
	규제대응 유연성	×	◎	◎	×

빅테크와의 협력으로 상호자원을 효율적으로 레버리지할 필요가 있다. 리스크 관리, 자본력을 공급하는 채널, 데이터를 얻는 방식으로 협력관계를 구축함으로써 당분간 윈윈을 도모해야 한다.

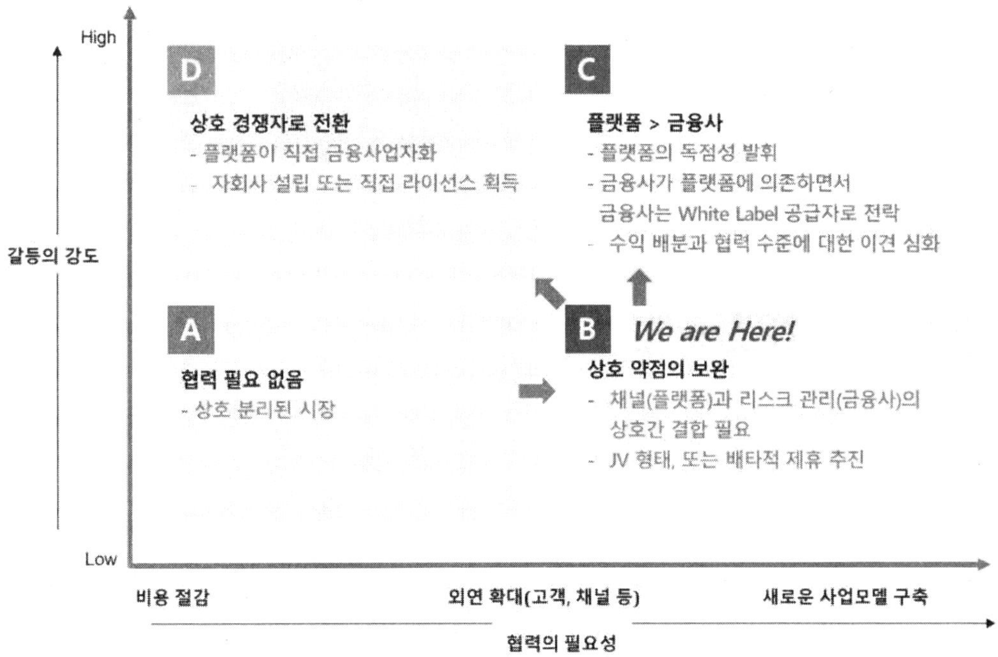

[그림 13-10] 빅테크 플랫폼 사업자와의 경쟁관계

학습 13

03 디지털 자산관리의 서비스 모델 진화 과정중 로보어드바이저에 대하여 분석하라.

1. 로보어드바이저 개념

로보어드바이저(RoboAdvisor)는 로봇(Robot)과 어드바이저(Advisor)의 합성어로 알고리즘, 빅데이터 분석 등의 기술에 기반한 개인의 투자성향 등을 반영하여 자동으로 '포트폴리오를 구성'하고 '리밸런싱(재구성)'하며 '운용'해주는 온라인상의 자산관리 서비스이다.

로보어드바이저는 2002년 언론에서 처음 사용된 용어이며, 이에 대한 정의는 법제도, 학계, 산업계 등에서 규정되어 있지는 않으나 현재 해당 서비스의 역할, 기술의 수준, 산업 동향 등을 통해 그 의미를 유추하여 정의하고 있다. 또한 자산운용 및 접근방식 등의 특징을 기반으로 Automated Investment Advisor, Digital Investment Advisor, Online Financial Advisor, Automated Investment Tool 등으로 불리우고 있다.

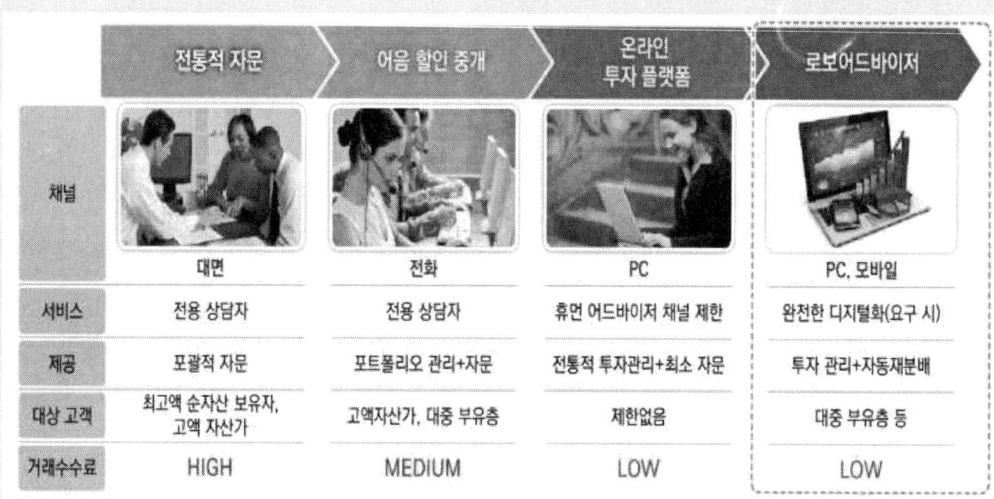

[그림 13-11] 자산관리 서비스 모델의 진화과정

[그림 13-11]은 기존 자산관리 서비스 모델에서 현재 로보어드바이저까지 해당 개념의 진화과정을 보여준다. 기존 금융권의 자산관리서비스인 프라이빗 뱅킹(Private Banking)은 개인 고액자산가를 대상으로 자산관리, 자산/부채 관리, 현금 흐름관리, 은퇴 설계, 세금 및 회계자문 등의 서비스들을 제공한다. 하지만 핀테크 등 기술의 발달에 힘입어 로보어드바이저는 합성된 단어의 뜻에서처럼 Robot 측면의 기술적 역할과 Advisor 측면

의 자산관리 역할까지 담당하는 형태로 부상하게 되었다.

현재 로보어드바이저 개념에는 전통적인 자산관리 서비스와 달리 사람의 개입을 최소화한 '자동화'와 더불어 '온라인 플랫폼', '저비용의 대중화' 등의 역할을 포함한다. 또한 기술의 발달과 더불어 '알고리즘', '빅데이터 분석' 등을 이용하는 '자동화된 투자자문 서비스'의 의미에 한정되지만, 향후 개인의 모든 재무활동을 지원하는 종합자산관리 서비스라는 광의의 의미로 진화할 것이다.

2. 로보어드바이저의 특징

로보어드바이저의 서비스 절차는 크게 ① 투자자 분석, ② 자산 배분, ③ 리밸런싱의 3단계로 구성되며, 세부적으로 아래와 같이 투자자 프로파일링 → 자산 배분 → 포트폴리오 선택 → 거래 집행 → 포트폴리오 리밸런싱의 흐름을 가진다.

로보어드바이저는 투자 포트폴리오를 제공하기 위해 인간의 개입을 최소화하여 비용절감을 추구한다는 특징을 가지고 있다.

로보어드바이저는 자산가격 예측, 트레이딩, 은퇴설계, 수입 및 지출관리 등에 활용이 가능하나 현재는 다양한 금융컨설팅 영역을 포함하고 있지 못하고 투자자의 성향을 파악하여 최적의 자산배분을 자동으로 수행하는 역할에 그치고 있다. 하지만 향후 상기 모든 서비스를 통합하고 더욱 진화된 역할을 수행하는 방향으로 전개될 것이다.

3. 로보어드바이저의 기술

로보어드바이저 관련 기술로서는 머신러닝(Machine Learning), 딥러닝(Deep Learning) 등 인공지능(Artficial Intelligence) 기술의 동향을 함께 살펴 보아야 한다.

머신러닝(기계학습)은 인간이 가지고 있는 지능적 기능인 학습능력을 기계를 통해 구현하는 방법으로, 환경과의 상호작용에 기반한 데이터로부터 성능을 향상시키는 알고리즘 및 기술이다. 여기서 '인간이 가지고 있는 지능적 기능'이란 인간의 지능이 가지는 학습 · 추리 · 적응 · 논증 등의 기능을 의미하며, '스스로 성능을 향상 시킨다'는 것은 기계가 학습(Learning)할 수 있는 것을 의미한다.

[그림 13-12]은 머신러닝의 일반적인 개념으로 학습데이터를 머신러닝 알고리즘 등을 통해 모델을 만들고, 실제 데이터를 해당 모델에 입력 후 만족할만한 결과를 얻을 때까지 계속 피드백을 반복하는 과정을 나타낸다.

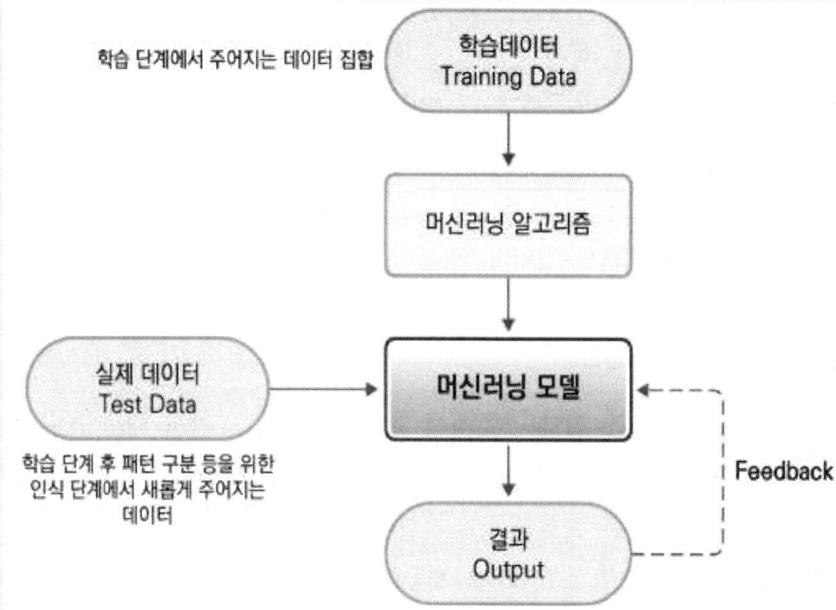

[그림 13-12] 머신러닝의 개념

딥러닝(Deep Learning)은 인공신경망(ANN, Artificial Neural Networks)에 기반하고 입력층(Input layer), 출력층(Output layer), 복수개의 은닉층(Hidden layer)의 계층구조(Layer Structure)를 가지는 심층신경망(DNN : Deep Neural Networks)을 학습의 주요 방식으로 사용하는 머신러닝에 의한 분야이다. 딥러닝의 심층신경망 구조이다.

인공지능(Artificial Intelligence, AI)은 인간의 지능(인지, 추론, 학습 등)을 컴퓨터나 시스템 등으로 만든 것 또는 만들 수 있는 방법론이나 실현 가능성 등을 연구하는 기술 또는 과학을 의미한다. 인공지능 기술분야 중 머신러닝과 딥러닝 관련 기술이 빠르게 확산되고 있으며, 산업분야에 적용 가능한 수준으로 발달하고 있다.

한편 빅데이터 시장규모는 계속 커지고 있으며, 특히 금융 및 보험업 분야에서 빅데이터 활용의 가치는 다른 산업군에 비해 큰 비중을 차지하고 있다.

로보어드바이저에서도 투자자의 데이터 분석 등을 통한 데이터의 활용이 중요하며 머신러닝, 딥러닝 등 인공지능 기술이 적용되고 있다.

04 디지털 자산관리의 시장에 대하여 분석하라.

① 디지털 자산관리 시장은 빅데이터 분야에 속하는 기술로, 디지털 자산관리는 이미지, 비디오, 디자인, 오디오, 애니메이션 및 3D 콘텐츠와 같은 디지털 자산의 저장·구성·검색·관리·배포 및 분석을 용이하게 하는 중앙집중식 허브를 제공하는 소프트웨어 응용프로그램이다.

② 인사(HR), 정보기술(IT), 영업 및 마케팅, 크리에이티브 운영 및 웹사이트 관리 부서는 디지털 자산관리 소프트웨어를 사용하여 디지털 자산을 관리하고 있다.

③ 데이터 기반 마케팅 업체인 TechTarget은 디지털 자산관리를 사진, 음악, 비디오, 애니메이션, 팟캐스트 및 기타 멀티미디어 콘텐츠와 같은 미디어 자산을 구성, 저장 및 검색하고 디지털 권한 및 권한을 관리하기 위한 비즈니스 프로세스 응용프로그램으로 정의하였다.

④ 디지털 자산관리 소프트웨어 공급업체인 Brandfolder는 디지털 자산관리를 조직이 디지털 자산을 쉽게 저장, 구성, 검색, 관리, 배포 및 분석할 수 있도록 하는 중앙정보 소스역할을 하는 소프트웨어 응용프로그램으로 정의하였다.

⑤ 무단 배포 및 저작권 문제를 피하기 위해 전세계 기업들은 산업 전반에 걸쳐 디지털 자산을 수집, 저장, 관리, 강화 및 배포하고 콘텐츠 전략 의사결정을 향상시키기 위해 디지털 자산관리 솔루션을 빠르게 배포하고 있다.

⑥ Adobe, OpenText, Aprimo, Sitecore, Widen 및 Canto와 같은 많은 주요 시장 참가자들도 시장 점유율을 높이기 위해 수많은 성장전략을 채택하였다.

⑦ 글로벌 디지털 자산관리 시장의 가치사슬(Value-chain)은 디지털 자산관리 솔루션 공급자, 디지털 자산관리 서비스 공급자, 배포 유형, 업무 구분, 산업, 최종 사용자로 구성되었다

⑧ 전세계 디지털 자산관리 시장은 2020년 34억 달러에서 연평균 성장률 12%로 증가하여, 2025년에는 60억 달러에 이를 것으로 전망된다.

⑨ 전 세계 디지털 자산관리 시장은 산업에 따라 소매 및 E-Commerce, 은행/금융서비스/보험, 제조, IT 및 통신, 미디어 및 엔터테인먼트, 정부 및 공공부문, 여행 및 접대, 헬스케어, 기타로 분류된다.

- 소매 및 E-Commerce는 2020년 3억 8,700만 달러에서 연평균 성장률 15.0%

로 증가하여, 2025년에는 7억 7,900만 달러에 이를 것으로 전망됨

- 은행/금융서비스/보험(BFSI)은 2020년 4억 2,400만 달러에서 연평균 성장률 11.3%로 증가하여, 2025년에는 7억 2,400만 달러에 이를 것으로 전망됨
- 제조는 2020년 4억 400만 달러에서 연평균 성장률 10.7%로 증가하여, 2025년에는 6억 7,200만 달러에 이를 것으로 전망됨
- IT 및 통신은 2020년 3억 9,600만 달러에서 연평균 성장률 11.5%로 증가하여, 2025년에는 6억 8,400만 달러에 이를 것으로 전망됨
- 미디어 및 엔터테인먼트는 2020년 5억 4,700만 달러에서 연평균 성장률 11.5%로 증가하여, 2025년에는 9억 4,100만 달러에 이를 것으로 전망됨
- 정부 및 공공부문은 2020년 3억 1,300만 달러에서 연평균 성장률 10.2%로 증가하여, 2025년에는 5억 1,000만 달러에 이를 것으로 전망됨
- 여행 및 접대는 2020년 3억 5,500만 달러에서 연평균 성장률 12.7%로 증가하여, 2025년에는 6억 4,500만 달러에 이를 것으로 전망됨
- 헬스케어는 2020년 3억 5,000만 달러에서 연평균 성장률 13.8%로 증가하여, 2025년에는 6억 6,700만 달러에 이를 것으로 전망됨
- 기타는 2020년 2억 2,400만 달러에서 연평균 성장률 11.0%로 증가하여, 2025년에는 3억 7,800만 달러에 이를 것으로 전망됨

⑩ 전세계 디지털 자산관리 시장은 유형에 따라 온프레미스, 클라우드로 분류된다.

- 온프레미스는 2020년 33억 1,467만 달러에서 연평균 성장률 19.06%로 증가하여, 2025년에는 79억 2,974만 달러에 이를 것으로 전망됨
- 클라우드는 2020년 13억 4,994만 달러에서 연평균 성장률 25.43%로 증가하여, 2025년에는 41억 9,059만 달러에 이를 것으로 전망됨

1. 산업환경 분석 - 5 Forces 분석

① 구매자들의 협상력

- 2020년 구매자의 협상력은 보통이며, 이는 가격 결정력에 영향을 미침
- 시장이 높은 성장률로 성장하고 있기 때문에 판매업체의 이윤은 증대될 수 있음
- 따라서 예측 기간 구매자들의 협상력은 보통일 것으로 예상됨

② 공급자들의 협상력

- 2020년 구매자의 보통 협상력 인한 판매업체에 대한 압력은 공급자들의 낮은 협상력으로 인해 완화될 수 있음

- 판매업체는 공급자의 낮은 협상력을 이용하여 투입 비용을 관리함으로써 이윤을 관리할 수 있음
- 따라서 예측 기간 공급자들의 협상력은 낮을 것으로 예상됨

③ 잠재적 진입자의 위협

- 잠재적 진입자의 위협은 글로벌 디지털 자산관리 시장 내 진입 장벽을 기반으로 함
- 예측기간 잠재적 진입자의 위협이 보통이기 때문에 글로벌 디지털 자산관리 시장에 대한 진입장벽은 변경되지 않을 것으로 예상됨
- 따라서 잠재적 진입자의 위협은 예측기간이 보통일 것으로 예상됨

④ 대체재의 위협

- 구매자의 협상력은 보통이며 대체재의 위협은 낮기 때문에 구매자는 판매업체에 압력을 가할 수 있으나, 전환 옵션은 없음
- 대체품에 대한 제한된 옵션은 구매자의 협상력을 약화시킴
- 따라서 대체재의 위협은 예측기간이 낮을 것으로 예상됨

⑤ 경쟁의 위협

- 시장은 초기 성장단계에 있으며, 판매업체는 디지털 자산관리 시장을 개발하기 위해 시장 참가자와 전략적 제휴를 맺고 있음
- 판매업체들은 가격 측면에서 서로 경쟁하는 대신 구매자들 사이에서 디지털 자산관리에 대한 인식을 높이기 위해 협력하고 있음
- 따라서 경쟁의 위협은 예측기간이 낮을 것으로 예상됨

학습활동.13 교수 · 학습 방법

교수 방법

- 디지털 자산의 미래에 대한 관련 용어, 구성, 방식 이해 정도를 파악한 후 수업을 진행한다.
- 교수자의 주도로 디지털 자산의 미래 등의 내용을 PPT 자료로 제시한 후 설명한다.
- 가능하면 사전에 개인별 학습 자료를 준비하여 모든 학생이 참여할 수 있는 문제 해결식 수업, 협력 수업이 가능하도록 한다.
- 디지털 자산의 미래 전 과정을 작업의 순서에 따라 단계적으로 실습이 이루어질 수 있도록 지도한다.
- 교재를 통해 수업을 준비하는데 있어서 필요한 모든 정보나 팁, 힌트 등 도움이 될 만한 내용들을 확인할 수 있다.
- 학생들이 만들게 될 각 모델들은 수업시간에 중점적으로 다뤄질 부분과 어휘, 질문, 답을 포함하고 있으며 또한 탐구할만한 추가적인 아이디어들도 포함하고 있다.

학습 방법

- 디지털 자산의 미래에 대한 관련 용어를 숙지하고, 디지털 자산의 미래에 대해 이해한다.
- 디지털 자산의 미래의 각 단계별 중점 사항을 체계적으로 학습한다.
- 디지털 자산의 미래의 수행순서의 전 과정을 실습한다.
- 디지털 자산의 미래의 내용을 이해한다.
- 디지털 자산의 미래를 이해하고 숙달이 될 때까지 학습한다.

학습활동.13 평가 및 피드백

평가 준거

- 평가자는 피평가자가 수행 준거 및 평가 내용에 제시되어 있는 내용을 성공적으로 수행할 수 있는 지를 평가해야 한다.

학습내용	평가항목	성취수준		
		상	중	하
디지털 자산의 미래	디지털 자산의 미래를 이해할 수 있다.			

평가 방법

• 작업 포트폴리오

학습내용	평가항목	성취수준		
		상	중	하
디지털 자산의 미래	디지털 자산의 미래를 이해할 수 있다.			

• 필기시험

학습내용	평가항목	성취수준		
		상	중	하
디지털 자산의 미래	디지털 자산의 미래를 이해할 수 있다.			

• 체크리스트를 통한 관찰

학습내용	평가항목	성취수준		
		상	중	하
디지털 자산의 미래	디지털 자산의 미래를 이해할 수 있다.			

• 피드백

1. 작업 포트폴리오
   - 제출한 보고서를 평가한 후 주요 사항에 대하여 표시하여 돌려준다.
2. 필기시험
   - 평가 결과 성적이 저조한 학생은 보고서 제출 기회를 부여한다.
3. 체크리스트를 통한 관찰
   - 실습 과정에서 평가한 후 개선해야 할 사항 등을 정리하여 돌려둔다.

참 | 고 | 문 | 헌

- 민경식 외, 가상융합경제의 확산과 보안이슈 분석, KISA, 2021.10.07.
- 디지털 금융 및 사이버보안 이슈 전망, 금융보안원, 2020.12.17.
- 이근영, 국내외 로봇어드바이저 동향 및 현황 분석, 전자금융과 금융보안, 2016.04.
- 김하늬, 디지털 자산 플랫폼으로 다양한 서비스 개발이 가능해진다, 공학저널(http://www.engjournal.co.kr), 202111.24.
- 가상융합경제 발전 전략, 관점부처 합동, 2020.12.10.
- 비대면으로 특화된 디지털 자산관리 서비스, 중앙일보, 2021.7.08.
- 최유리, 하나은행, 디지털 비대면 자산관리, 상속 설계 서비스, 뉴스핌(https://www.newspim.com), 2021.8.08.

저자약력

남 상 엽
- 공학박사
- 삼성종합기술원 정보시스템연구소 근무
- 모토로라반도체통신 기술연구소 근무
- 국제대학교 교수(현재)

강 민 구
- 공학박사(연세대)(1994)
- 삼성전자 연구원(1985-1987)
- 한신대학교 교수(현재)

홍 승 필
- 공학박사(카이스트)
- LG CNS inc 사업팀장 · 책임연구원
- 성신여대 교수
- 한컴위드 대표이사
- 한컴위드 자문(현재)

고 대 화
- 서울대 대학원(경영학석사)
- KPMG 근무(한국공인회계사)
- SBSi 총괄상무이사 근무
- 올리브나인 대표이사 근무
- 코탑미디어 대표이사(현재)

김 현 식
- 공학박사(연세대)
- 한국전자기술연구원 콘텐츠연구센터 책임연구원
- KETI 블록체인 단장(현재)

이 재 형
- 달스코리아 대표
- FIDO 국제심사위원
- 옥타고 대표이사(현재)

디지털 자산과 보안

2022년 1월 30일 1판 1쇄 발행

저 자 남상엽 · 강민구 · 홍승필
고대화 · 김현식 · 이재형

발행인 남 승 우

발행처 도서출판 상尙 학學 당堂
서울특별시 동작구 사당로9가길 6
TEL : 02) 595-1692~4
FAX : 02) 595-1394
E-mail : namdoo6@unitel.co.kr
신고 : 2-155호 (1968. 11. 29)

정가 33,000원

ISBN 978-89-6587-222-1 93000

〈디자인〉 편집 엄해숙 / 표지 토틀컴